福杯满溢

~ 弟兄篇 ~

The One Year® Book
Devotions for Men

【英】斯图亚特·布里斯柯（Stuart Briscoe）／著

李永程　林春姬　／译

南方出版社

图书在版编目（CIP）数据

福杯满溢. 弟兄篇 /（英）布里斯柯（Briscoe, S.）著；
李永程，林春姬译. — 海口：南方出版社，2012.11
书名原文：The One Year® Book：Devotions for Men

ISBN 978-7-5501-1280-3

Ⅰ.①福… Ⅱ.①布…②李…③林… Ⅲ.①男性—
人生哲学—通俗读物 Ⅳ.①B821-49

中国版本图书馆CIP数据核字 （2012）第252675号
著作权合同登记 图字：30-2012-162

书　　名：福杯满溢·弟兄篇
作　　者：[英] 斯图亚特·布里斯柯（Stuart Briscoe）
译　　者：李永程　林春姬

出 版 人：赵云鹤
出版发行：南方出版社
地　　址：海南省海口市和平大道70号
邮　　编：570208
电　　话：（0898）66160822
传　　真：（0898）66160830
经　　销：新华书店
印　　刷：环球印刷（北京）有限公司
开　　本：880×1230　1/32
印　　张：11.5
字　　数：316千字
版　　次：2013年9月第1版　2013年9月第1次印刷
书　　号：ISBN 978-7-5501-1280-3
定　　价：36.00元

该书如出现印装质量问题，请与本社北京图书中心联系调换
电话：（010）65068303-622

前　言

孙儿史蒂芬6岁时，一天早晨我问他："你说我们为什么要识字？"他想了一下，说："因为只有这样，才会变得聪明、有学问。"世界各国的教育普及率不尽相同。史蒂芬很幸运，他出生在一个教育普及率很高的国家，与那些教育普及率较低的国家的孩子们相比，他的前途显然更加光明。

然而，马克·吐温说："如果不读书，能够识文断字也是徒然。"他这么说的原因在于，他看到许多西方国家都有一个可悲的现象：虽然识字率很高，但许多人没时间、没兴趣读书，或没养成读书的习惯以使自己更加聪明睿智、通情达理。

对于一般人来说，好书尚且不读，就更不要说日常读圣经了。通过读经，我们可以通晓上帝的作为，领悟"生与死"、"永恒与时间"、"今世与天堂"的奥秘，了解上帝的位格与他奇妙之手的痕迹，在每天的生活中看清他的指引，知道如何顺从他的旨意。所有这些，只有通过读经才能做到。上帝之所以使用我们看得懂的文字写成圣经，是要我们认真阅读，借此打开一条通向他的康庄大道。可是，如果你手里有圣经却不认真读，那么你比那些无法读圣经的人也强不了多少。

人们读经的目的不尽相同。有些人是为了让肚子里多些墨水，有些人只是为了旁征博引来支持或驳斥圣经的可信性。在我看来，读经最大的好处在于获得每日所需。要想获得这样的好处，我们需要全心全意地读经，即读经时敏而好学，抱着渴望认识上帝、荣神益人的态度。如此读经，我们的内心会充满喜乐，并因此重新得力，能明辨是非，在生活中游刃有余。

本书的写作目的就是要帮助你每天"全心全意"地读圣经。为了适应现代人的生活节奏，本书各篇独立成章，而且篇幅短小，语言简练又优美易读。本书旨在为现代基督徒的生活提供"每日指南"，帮助他们将圣经中的古训应用到现实生活中。我衷心希望读者们通过阅读本书获得力量，更加了解上帝，学会赞美、感谢他的慈爱，随时随处见证上帝的丰盛和生命的改变。

总之，对于人生而言，识文断字固然重要，家里好书汗牛充栋更是美事，但只有按照圣经的原则生活，才是最最重要的。

斯图亚特·布里斯柯
2000年12月

正确的态度就是"敬畏"。

在这首诗的开头，诗人将耶和华自...作为——呈现给读者。作为一名以色列人、一名与上帝缔约的子民，诗人...上帝为以色列人成就的种种大事，赞美耶和华的伟大奇妙。上帝曾奇妙...他们离开埃及人的压迫（诗111：4），在旷野喂养他们（诗111：5），...向百姓显出大能的作为，把外邦的地赐给他们为业"（诗111：6），就是...之地。这一切，都是因为"他永远记念他的约"（诗111：5）。上帝向...做到！借着回顾这些真实发生的奇事，诗人自然而然地从心底涌出敬畏之...并积极地与读者共勉。

然后，作者笔锋一转，开始讲述...赐给以色列人的律法。这些律法是要教人如何过圣洁的生活，使人明白...才配称为上帝的子民。通过这些律法，上帝使人明白他的位格与心意，...清楚至高者的期待、应许和警戒。这些律法是上帝口中的谆谆教导，所有...顺服他的百姓都要认真聆听。

值得注意的是，作者写作这首诗...的，是要在"正直人的大会"上诵读（诗111：1）。由此可见，在作者...在敬拜中保持一颗敬畏的心格外重要。我们需要细细品味这首诗，因为...帮助我们怀着一种正直并充满期待、敬畏、尊崇的态度走进教会，开始敬...不仅如此，它更"是智慧的开端"（诗111：10）。

说到底，借着嬉笑怒骂，人们也...以表现出自己诙谐、机智，但是，只有"敬畏"的态度才能使我们看起来...！

感谢上帝，今天是礼拜一！

...天　经文：《马可福音》2：23～3：6

　　（耶稣）又对他们说："安...是为人设立的，人不是为安息日设立的。所以人子也是安息日的..."　（可2：27～28）

每到周末，办公室里总会有人禁不...高喊："感谢上帝，今天是礼拜五！"礼拜五本身并没有什么特别的，不过又...次日升日落。人们之所以兴奋，是因为它意味着一周的工作结束了，轻松愉快...末开始了。

然而，"礼拜五"现象并非自古...，因为经上写道："六日要劳碌作你一切的工，但第七日是向耶和华你神...的安息日。"（出20：9～10）守安息日是十诫之一，每个犹太人都知道。...命是因为上帝用6天创造天地万物，在第7天歇了一切的工，所以上帝规定...当如此记念上帝的创造，享受上帝所赐下的安息。因此，犹太人禁止族人...息日做任何工作，甚至做了详细的列表，列出39种定义为"工作"的行为。他们甚至规定，任何违反该条例的人将被处以极刑！

然而，在一个安息日，和主耶稣一起完成了繁重的传道工作后，门徒们边走路边掐了几根麦穗，简单搓去皮后，把麦粒放进嘴里吃了。这可正犯了"39条"里的"收割"一款。拉比们的眼睛不揉沙子，他们立刻跳出来，指责主耶稣纵容门徒干犯犹太的金科玉律。不料，主耶稣从容答道：安息日是为人设立的，所以门徒们摘麦穗充饥毫无不妥。眼看对头们仍然不依不饶，他接着说道："人子也是安息日的主。"（可2：28）

对于今天的基督徒来说，安息日是休息与敬拜的日子，是一周的第一天，而非最后一天，同时也是记念基督复活的日子（参见太28：1；可16：1～9；路24：1；约20：1，19；徒20：7；林前16：2）。新约圣经在多处称每周的第一天为"耶和华日"（参见启1：10）。但在世人看来，是否以一天的安息来记念创造主在太初的奇妙作为无关紧要，重要的是，周末可以使他们远离工作，自由地支配时间。

耶稣宣称自己是安息日的主，而且安息日是为人设立的。因此，对于现代人来说，我们的周末不仅是用来记念创造主的安息，更是记念圣子从死里复活。我们应该从这个角度出发，自觉地将敬拜与赞美定为周末生活的主旋律。通过周末假期，人们不仅可以从上一周工作的疲乏中恢复过来，还可以为自己的灵性充电，并且为下一周的生活做好准备。当一个人经过周末的安息，力量与灵性都重新处于饱和状态时，他会迫不及待地想要重新投入到工作中去，因而就会情不自禁地高喊："感谢上帝，今天是礼拜一！"

众人与门徒　第10天　经文：《马可福音》3：7～19

> 耶稣上了山，随自己的意思叫人来，他们便来到他那里。
>
> （可3：13）

每当有人扎堆儿，不是出了什么新鲜事儿，就是有人在派发免费赠品。无论是哪种情况，人群都是非常难以控制的，因为当人们一心想要大饱眼福或占点儿便宜时，通常都会心无旁骛，奋不顾身。当这样的人数以千计时，他们就会汇成一股巨大的力量，并且变化莫测、难以控制——如果得到了想要的东西，他们会心满意足；但如果被拒绝或怠慢，他们就会立刻翻脸。

《马可福音》3章7节就出现　　么一大群人。当主耶稣和门徒们要退
到海边去时，他们紧随其后，情势　　可能失控。他们中大多是想触摸主耶稣
的身体以求疾病得治的人，也有暴　　被鬼附的人。当然，里面还少不了公然
叫嚣与耶稣为敌的人。也就是说，　　的场面随时都可能演变成一场暴乱。于
是，耶稣马上叫门徒去预备一只　　　　"免得众人拥挤他"（可3：9）。

　　终于，当天的布道活动有惊无　　顺利结束了。然后，耶稣走上山，"随
自己的意思叫人来"（可3：13），　　们"常和自己同在"（可3：14）。起
初，门徒们丝毫看不出主耶稣是怎　　选人的，但很快就找到些头绪。原来，
主耶稣首先要找的，是那些把与他　　系看得比什么都重的"好人"，"他们
便来到他那里"（可3：13）。他们　　走向某个组织，也不是某个运动，而是
走向一个使他们灵魂苏醒、生命改　　生活有意义的人。这个人最终成为他们
的救主、生命的主、朋友、导师，　　成为他们的生命。面对主耶稣的呼召，
他们义无反顾地站了出来。

　　门徒们最大的使命就是跟随主　　　其次是献身服务这个世界。他们受命
要传播基督的好消息。在主耶稣的　　，他们满怀激情，广传福音直到地极
（参见太28：18～20；徒1：8）。　　这一切不是轻易就能做到的，许多人
为此殉道，献上了宝贵的生命。

　　耶稣有一大群追随者，但他　　　主要是通过一个核心小组来完成的。
追随者往往反复无常，但核心小组　　始终忠心耿耿——除了那个卖主的犹
大。追随者的热情来得快去得也快　　小组却目标明确，坚定不移。要是没
有核心小组，追随者再多，他也　　一群乌合之众。只有当核心小组建立
并运作起来时，使命才可能成为现　　是主耶稣教给我们的一条真理，所有
的教会都必须牢记在心！世人总是　　更大、更多就是更好，然而事实并非
如此。招来一帮看客并非难事，继　　立一个强有力的核心小组才是真正的
挑战，也是每个教会的首要任务。

面面俱到　第11天　经文：《马可福　）～35

　　耶稣进了一个屋子，众人　　　甚至他连饭也顾不得吃……（于
是耶稣说）"凡遵行神旨意的　　是我的弟兄姐妹和母亲了。"

　　　　　　　　　　　　　　　　　　　　（可3：20，35）

文斯·隆巴尔迪是美国著名棋　　GBP队最富传奇色彩的教练，他曾教

导队员，要按下面的先后顺序安排自己的生活：

1. 上帝

2. 家庭

3. GBP球队

隆巴尔迪安排生活的先后顺序得到了许多人的认可。作为一名橄榄球教练，当看到许多职业球员在生活中忽略家庭、远离主时，他教导他们要"把上帝放在第一位"并"关心家人"，这的确令人拍手称道。工作、家庭及信仰都是生活中的重头戏，但不是每个人都能应付自如。然而，隆巴尔迪的顺序表看似完美，其实却不然。

假如一个队员对隆巴尔迪教练说："对不起，教练，礼拜天的超级杯比赛我恐怕没法参加了，因为我得带家人去教会。你说过，我应该把上帝和家庭放在球队前面！"此时会怎么样呢？我猜，这队员十有八九会被赶出球队。给自己的生活列个顺序表固然没错，而且隆巴尔迪的顺序表的确比许多人强。但过日子不像买鞋子，只要知道尺码就不会买错。生活复杂多变，坚守一两个准则就会万事大吉的想法根本行不通。要知道，在生活中做到"有条不紊"绝非易事。

首先，问题的关键就在于，"生活可以有条不紊"这个假设不切实际。不信的话，我们一起来看今天的经文：一大群人把屋子塞得满满的，个个都渴求医治，甚至"连饭也顾不得吃"（可3：20）。显然，耶稣及门徒们的生活并不是"有条不紊"。然而他们对此毫无怨言，因为他们明白，生活中总是有许多"不得已"。他们的"不得已"不是要养家糊口，也不是要牺牲家庭和信仰生活来换取事业上的步步高升，而是在面对这个哭泣的世界迫切需要安慰的时候，他们全力以赴。在这样的压力下，没有人能做到"有条不紊"，比如"按时吃饭"。

耶稣的家人对他的生活方式不以为然，他们"出来要拉住他，因为他们说他癫狂了"（可3：21）。来自耶路撒冷的宗教领袖们更是声称，耶稣被鬼附身了（参见可3：22）。事情开始变得错综复杂。主耶稣及门徒们深知除了要努力济世救人，自己已经卷进一场属灵争战，一场抢救灵魂的争战。要想打赢这场战斗，他们需要投入每一分精力和体力，根本没有时间考虑如何让生活四平八稳。

在我看来，希望生活"十全十美"本身就是一个幼稚而错误的想法。当我们全身心为主做工的时候，"七全三美"又有何妨呢！

用心聆听   第12天 经文:《马可福音》4: 1~20

> 又说:"有耳可听的,就应当听。"……"叫他们看是看见,却不晓得;听是听见,却不明白。恐怕他们回转过来,就得赦免。"
>
> (可4: 9, 12)

每个人都喜欢听人讲故事,我的孙儿们当然也不例外。他们总是缠着我,要我给他们讲故事。有一个关于我爷爷的故事,他们百听不厌。爷爷小的时候,有一天邻居找上门来,声称他用砖头砸了他们家的窗户。爷爷对此矢口否认。于是爷爷的父亲决定给爷爷双重惩罚——一是为了爷爷打碎人家的窗户,二是为了他不肯承认。可事实是,爷爷根本没有丢过砖头!爷爷无辜受冤,一气之下,真的跑到邻居家窗外,往窗户里丢了一块大大的砖头!当然,我也希望寓教于乐,给孙儿们讲清楚这个故事的深刻寓意。无奈,我搜肠刮肚也说不出个道道来。

一个故事无论多么精彩,讲多了难免会褪色。当听众对故事已经耳熟能详,记住了每个精彩的情节和结局时,这个故事必然失去它的魅力。这就好像我们的感觉会慢慢迟钝一样:当年轻人没完没了地听高分贝音乐时,他们的听觉会渐渐迟钝,感觉到的刺激会慢慢减轻。

上帝派以赛亚去晓谕以色列百姓,传达一个沉重无比的信息。以赛亚受命前往,但他心里明白,百姓根本不会听这些信息,对此也不会有任何反应(参见赛6: 9~10)。乍一看,上帝似乎是故意陷以色列百姓于不义,明知他们会置若罔闻,还是派先知前去。然而,事实并非如此。以赛亚竭力将信息说得明明白白,言语里饱含关爱、怜悯——虽然明知以色列百姓已经心如铁石,知道他们会无动于衷,上帝仍要传出话去,可见他想要百姓们回转的心多么恳切。

耶稣在加利利传道时也曾面对类似的问题(参见可4: 12)。他说,他所传的道就好像一粒种子,有的落在硬土里,有的落在浅土里,有的落在荆棘里。并非所有的种子都会一样发苗、长大、结实。只有那落在好土里的种子,才会最终结出累累硕果。所以,耶稣说,"有耳可听的,就应当听"(可4: 9)。

我们每天读经,每周都参加圣经学习小组,每个周日都会听到精彩的讲道,但主耶稣的这句话为我们敲响警钟:当我们对圣经话语耳熟能详,渐渐对它们漠然处之时,我们会变得充耳不闻、视而不见!

我们的生活可以凭着上帝的话语结出累累硕果,生命也可以借着它日新月异地改变，但这一切不会自然而然地发生。要想让这些祝福临到我们身上，一定要用心聆听。

学无止境　第13天　经文:《马可福音》4: 21~25

> 因为有的，还要给他；没有的，连他所有的也要夺去。

（可4: 25）

当人们说"我在某校受过教育"，通常是指"我在某校上过学"。人们说自己"受过教育"，通常是指自己完成了全部学业，顺利毕业。但是有时，这句话背后的意思却是"虽然我上大学时努力学习，可应酬太多，以至没时间上课！"著名的时间管理专家彼得·德鲁克认为，所谓受过教育的人，是指懂得如何学习，并且活到老、学到老的人。因此，与其对人说我们在哪儿受过教育，不如告诉别人我们所受的教育进展到什么程度。学习天国的道，也是如此——真正得道的，是那些永不停止学习的人。

耶稣关于"灯"、"斗"和"床"的教导（可4: 21）说的正是这个道理。人点亮灯时，不会把灯放在斗底下或床底下，因为点灯的目的是要有光，好能看见。所以，把一个点着的灯藏起来，绝对不是一个正常举动。如果把点着的灯藏起来，不仅屋子不会被照亮，整个房子甚至会因此付之一炬！

可是，耶稣接下来说："掩藏的事，没有不显出来的；隐瞒的事，没有不露出来的"（可4: 22）。虽然没有人把点着的灯藏起来，但主耶稣正是用这种方式来传道，把福音藏在一个个比喻里——虽然掩藏的事最终会显露出来，但只有那些努力追求的人才能得到。

主耶稣当然希望人们用心倾听、思考，发现比喻里"神国的奥秘"（可4: 11）。耶稣是在告诉门徒，他来到这个世界的目的，就是要向人揭示上帝的心意和上帝的国度，但透过传道发出的信息只是其中的九牛一毛；灯仍然藏在斗底下、床底下，门徒们必须持之以恒地继续探寻他的计划和心意。换句话说，主耶稣的话语需要门徒们用一生来学习。

耶稣还说："有的，还要给他；没有的，连他所有的也要夺去。"（可4: 25）耶稣是在说，那些用心聆听他话语的人，能洞察更多的上帝的奥秘，能更亲近上帝。但同时，耶稣也警告说："那些没有用心倾听、思考的人最终将一无所获。"那些不寻求上帝旨意的人，虽然在听道时也会有所收获，但随着时间的流逝，却什么也没有留下。

当然，上帝无意将天国的信息一直藏在床底下，而是公之于众，让所有基督徒穷其一生去学习。

自知之明　第14天　经文：《马可福音》4：26～34

（耶稣）又说："神的国，如同人把种撒在地上。黑夜睡觉，白日起来，这种就发芽渐长，那人却不晓得如何这样。地生五谷是出于自然的：先发苗，后长穗，再后穗上结成饱满的子粒。"

（可4：26～28）

有一位著名的风琴师，曾在几个小镇的教会巡回演出。每到一处，他都会雇用一个小男孩，在他演奏时拉风箱。一次演奏会圆满结束后，小男孩兴奋地对风琴师说："我们今天的演出棒极了！"风琴师却回答说："不是'我们的演出'，而是'我的演出'棒极了！今晚，是'我'的演奏博得满堂喝彩！"结果第二天晚上，当优美的乐曲正演奏到精彩处时，风琴忽然哑了。接着，幕布旁露出了一张可爱的小脸。小男孩嘿嘿一笑，说："我们今天的演出不怎么样吧？"显然，这位风琴师过于看重自己的技巧，却忘记了自己绝对不能一边演奏，一边拉风箱。

主耶稣希望门徒们有自知之明，于是讲了一个农夫撒种的故事。在这个故事里，农夫撒完种后，自顾自地吃饭睡觉，而种子则自行发芽、生长、成熟，根本无需他操心，也不管他能否理解其中的奥秘。耶稣向门徒解释说："这种就发芽渐长，那人却不晓得如何这样。地生五谷是出于自然的。"（可4：27～28）

与故事里的农夫一样，门徒们的主要工作也是播撒福音的种子。但是种子撒下后，福音在人的心里如何成长、成熟，却完全不是他们能够控制的——掌管这一切的只有天父上帝。早在太初，上帝就将他奇妙的大能放在那一颗颗也许并不饱满、甚至毫不起眼的种子里了。只要把种子放入一块好土里，这能力就会被释放出来，使植物神奇地成长、成熟。即使在今天这个科技高度发达的时代，仍然有无数关于生命的谜团难以解开。传福音也是如此，中间会有许多奇妙的事情发生，而我们只要做好"播撒"的工作就行了，绝对不能越俎代庖，因为上帝会亲自做工，使信心在人心中成长、成熟。

有"自知之明"不仅意味着我们知道自己的能力如何，也意味着我们清楚自己的责任是什么。也就是说，门徒们只管放胆传福音，至于听道的人会怎么反应，则与门徒们无关。"撒种"的工作不容马虎，但种子如何成长，他们尽可以撒手不管，只要静观其变就好了。通常，一场好戏总会上演。

还需要注意的是，虽然农夫的能力有限，但当庄稼成熟时，主还是吩咐他去用镰刀收割（可4：29）。因此，有"自知之明"并不意味着我们无所事事——明白自己在哪些事上无能为力，与竭力完成主交付的使命，绝对是两码事！

要听耶和华的话　　第15天　经文：《诗篇》85篇

> 我要听神耶和华所说的话，因为他必应许将平安赐给他的百姓，
> 他的圣民；他们却不可再转去妄行。　　　　　　　　　（诗85：8）

英国著名诗人威廉·华兹华斯在《远游》这首诗歌中，描写了一个将贝壳扣在耳朵上的小男孩——"他全神贯注，用整个身心去倾听"。虽然这个小男孩从未见过大海，但他却能够从无声的贝壳中"听到海浪声声低吟"，使他的心"仿佛一下贴近了海洋"，于是"他的脸上顿时神采飞扬"。

要想让小男孩认真地（哪怕马马虎虎也好）去聆听什么，不是一件容易的事情，因为他们天性好动，不好静。但如果他们能够在行动前，按照铁道口标示牌上的要求——"一停，二看，三听"的话，在生活中将会有许多意想不到的收获。

话说回来，就算男孩长大成人以后，他还是难以在行动前"一停，二看，三听"。因为大多数人不喜欢停下手里的工作，觉得这会浪费时间；我们觉得不需要再去看，因为觉得自己已经知道得很清楚了；我们发现自己很难认真听别人说话，因为我们习惯了对听到的每一句话进行反驳。但是如果我们不认真倾听，就可能一无所获，或只得到只言片语。"一无所获"意味着我们活在无知当中；"听到只言片语"意味着我们将活在困惑里。

然而，诗篇的作者做出了一个完全不同的决定——"听神耶和华所说的话"，因为他知道，耶和华"必应许将平安赐给他的百姓，他的圣民"（诗85：8）。当时，先知是耶和华在世上的全权代言人，他们需要用心倾听上帝对他们说的话，然后向百姓们解释清楚上帝的每一句话。这可不是一件容易的事，因为人们往往充耳不闻，或敷衍了事，总是听不出先知们话里的警戒、预言、恳求和应许。于是，等到突然间大难临头时，他们不知所措，反过来质问上帝说："你要向我们发怒到永远吗？你要将你的怒气延留到万代吗？"（诗

85：5）那些用心听上帝话语的人，却发现"他的救恩诚然与敬畏他的人相近"（诗85：9），见证了上帝永不改变的慈爱、真理、公义与和平，看到他奇异的恩典临到了每个以色列民（诗85：1）。但他们绝不敢因此得意忘形，而是提醒自己"不可再转去妄行"（诗85：8）。

今天，人们可以轻易找到圣经，遇见敬虔的传道人，得到传讲上帝真道的好书。如果认真聆听上帝的话语，人们不难发现，上帝仍然愿意赐给人们"平安"，仍然在警告百姓不要"妄行"。然后，他们就会像那个听贝壳的小男孩一样，脸上"神采飞扬"。

大卫之城　第16天　经文：《以赛亚书》29：1～14

> 主说："因为这百姓亲近我，用嘴唇尊敬我，心却远离我；他们敬畏我，不过是领受人的吩咐。"　　　　　　　（赛29：13）

"鲁兹之家"是指纽约的洋基运动场。贝比·鲁兹既非这座宏伟建设的设计师，也不是建设者，乃是他辉煌的棒球运动生涯使他有幸成为冠名者，这座运动场也因此声名远扬。其实很多城市都有别名，如美国的新奥尔良被称为"自由自在"，英国的伦敦被称为"黑烟"。走进"鲁兹之家"的棒球迷们说起纽约时，总是喜欢把它的别名"大苹果"挂在嘴边。

同样，旧约圣经学者们都知道，"大卫之城"是指耶路撒冷，但大卫王并不是这座城市的设计者或建设者。早在以色列人从埃及迁到这里之前，耶布斯人就建立了这座城市，大卫只是通过征服耶布斯人，占领了这座城市，从此将它带进了历史（参见撒下5：6～7）。

耶路撒冷还有另外一个别名，以赛亚把这座大卫之城称为"亚利伊勒"。他解释说，"亚利伊勒"的意思是"一座被血涂抹的祭坛"（赛29：2）。对于这座城市来说，这个名字实在与众不同！

圣殿里的祭坛每时每刻都在提醒以色列人：你们当认罪悔改，并要为之献上祭品——这正是"基督以自己的生命为世人赎罪"的预表。但同时，祭坛也是"神赦罪"、"与人重新和好"的象征，是对以色列人的安慰和勉励。因此，"亚利伊勒"也具有双重历史意义——"神的审判"与"重新和好"。

不幸的是，以赛亚时代的耶路撒冷百姓麻木不仁，对耶和华发出的"认罪悔改"和"重新和好"的信息始终置之不理。这是人们长年累月无视真理的结果——铁石心肠和睁眼瞎。"亚利伊勒"即将面临上帝的审判，却仍执迷不悟，死不悔改。对他们来说，上帝所有的默示都是"封住的书卷"（赛29：11）。他们仍然参加崇拜，但他们"不过是领受人的吩咐"（赛29：13）。耶路撒冷百姓的宗教活动变得有名无实，看起来敬虔，实则忤逆。因此耶和华斥责他们说："这百姓亲近我，用嘴唇尊敬我，心却远离我。"（赛29：13）

预言中的审判终于降临了。但应许的祝福最终也如约而至——以赛亚死后700年，天使向牧羊人宣告，主耶稣基督诞生在伯利恒——"大卫之城"（路2：11）！伯利恒成了新的"大卫之城"。那里曾是大卫出生的地方，如今基督的到来，重新点燃了世人对应许之福的盼望。

你们要平静安稳　第17天　经文：《以赛亚书》30：8～17

> 主耶和华以色列的圣者曾如此说："你们得救在乎归回安息，你们得力在乎平平静静安稳。"你们竟自不肯。　　（赛30：15）

这是一个崇尚"行动胜于一切"的时代：路不平，立刻会有人去踩；问题刚一露头，解决方案、时间表、预算和目标就被拿上了桌面，甚至工作小组马上整装待发；所有的"王屋山"都需要被移走，招募"搬山愚公"则不费吹灰之力。因为在现代人眼中，问题就是机会！整个社会充满了"大无畏"的精神，"人定胜天"是唯一的口号。在世人看来，只要肯出手，所有的问题都会迎刃而解。

以赛亚时代的耶路撒冷同样充满了这种行动主义者。当时，他们面临的最大问题就是亚述王西拿基立。他自恃手下军队庞大，对耶路撒冷虎视眈眈。要想解决这个问题，似乎只有一个办法——联合所有可以联合的力量，与之抗衡。埃及人近在咫尺，于是有人建议与埃及建立战略联盟。结盟是要付出巨大代价的，但以色列人二话不说，马上派出了驼队，满载金银珠宝出发了（参见赛30：6～7）。如果埃及人能够挺身而出，亚述王的威胁就不足为惧了，问题就解决了！

然而驼队刚要上路，以赛亚就开始在耶路撒冷大唱反调。以赛亚宣称，埃及不过是一只不会咬人的纸老虎，根本靠不住。他警告随队出行的使者，派驼队去送礼完全是徒劳。如果犹大执迷不悟，他们建立起来的一切"好像将要破裂凸出来的高墙，顷刻之间忽然坍塌"（赛30：13）。同时，以赛亚提出了一个非常简单的策略，一个出自耶和华的计划——"你们得救在乎归回安息。你们得力在乎平平静静安稳"（赛30：15）。

行动主义者们看不出"平静安稳"里蕴含的智慧。他们以"自助者天助"为人生信条，但实际只看重和相信"自助"，只有束手无策的时候才会想到"天助"！对于以赛亚的建议，耶路撒冷的行动主义者们根本不屑一顾——他们对以赛亚说："不要向我们讲正直的话，要向我们说柔和的话，言虚幻的事"（赛30：10）。不仅如此，他们还说："不要再跟我们提'以色列的圣者'，我们已经听够了他的话！"（参见赛30：11）

事已至此，是不是所有的教导都是徒劳的呢？当然不是。耶和华吩咐以赛亚："将这话刻在版上，写在书上，以便传留后世，直到永永远远。"（赛30：8）通过成就以赛亚的预言，毁灭耶路撒冷，上帝要万世万代学习和记住其中的教训，"直到永永远远"。

这个教训就是：无论何时何地，只要我们依靠耶和华，平静安稳，他就会向我们展示他奇妙的作为！

责任心　　第18天　经文：《路加福音》12：35～48

> 唯有那不知道的，作了当受责打的事，必少受责打。因为多给谁，就向谁多取；多托谁，就向谁多要。　　　　　　　（路12：48）

在若干年前的"两性论战"中，不少妇女对男性痛加指责，而男人们则据理力争。平心而论，这些争论正应了那句俗话："公说公有理，婆说婆有理"，看起来双方似乎都有些道理。例如，妇女们主张，男性应该"积极接受自己女性化的一面"。虽然话有些偏激，但我非常赞同这个主张。男人们应该认识到，所谓"男子汉"并非专指那些整天惹是生非的"猛男"，男人们应该而且完全可以温柔、体贴。同时，妇女们建议男人们不要再耍酷，在生活中扮演牛仔或独行侠，而要敞开心扉与人推心置腹，更要有古道热肠，急人之所急。的确，敞开心扉、温柔、体贴和古道热肠，这些品质并非只属于女性，男性也应该并且能够拥有。

开始传道事工的时候，耶稣曾多次论及"责任"。他不仅预言了自己的离世，回到父家，还预言将要再来，建立他永恒的国度。为此，主耶稣讲了一个故事：一个富人离家远行，将他的家业交给一个忠心的仆人管理。耶稣说，他的门徒就是故事里的"仆人"，而他就是那个"主人"，将来必回来评价他们的行为。耶稣再来的时候，不会有事前通知，乃像蓄意偷盗的贼一样不期而至。所以，门徒们需要随时儆醒、预备。耶稣说："你们腰里要束上带，灯也

要点着。自己好像仆人等候主人从婚姻的筵席上回来。他来到叩门，就立刻给他开门。"（路12：35～36）

对门徒们来说，"对主人认真负责"的要求是一个挑战，会不断鞭策他们。但这个要求的本意并不是要门徒们整天提心吊胆，惶惶不可终日。主耶稣说，评价的标准取决于他们在主人到来前后的表现。为说明这一点，他形象地描写了不称职的仆人的种种劣行（参见路12：46～47），同时又说："唯有那不知道的，作了当受责打的事，必少受责打。因为多给谁，就向谁多取；多托谁，就向谁多要。"（路12：48）

但是，到底多少算"多"呢？我们可从主耶稣对好仆人的描述中看出答案。在这段经文里，他夸奖了一位"忠心有见识的管家"（路12：42）。"忠心"是指他能够持之以恒，对自己的职责从不懈怠，并且满心喜乐；"有见识"是指管家深知主人必将赐予他宝贵的恩典和特权，因此紧紧抓住机会表现。

忠心有见识的管家没有什么可担心的，因为他们的主信实、智慧！

英雄和名人　第19天　经文：《以赛亚书》32：1～8

看哪，必有一王凭公义行政，必有首领藉公平掌权。……愚顽人不再称为高明，吝啬人不再称为大方。因为愚顽人必说愚顽话，心里想作罪孽。　　　　　　　　　　　　　　　（赛32：1，5～6上）

我们中间曾有过许多英雄，如林肯、华盛顿、罗斯福和丘吉尔。可是曾几何时，这样的英雄已经踪迹难寻。我们身边曾不乏勇敢、节制、正直的人，不乏拥有理想、积极向上的人，不乏成就斐然、泽被苍生的人，可如今似乎彻底消失了。我们的运动场上，曾涌现过许多了不起的运动员。他们刻苦训练，奋力拼搏，场内场外都堪称表率，热心奉献，并且终生只效忠一支球队。可是现在，这样的运动员已经是凤毛麟角。世人动不动就说"上帝已经死了"，可是对身边英雄们的逝去却无动于衷。

在《呼召》一书中，华兹·吉尼斯列举了当今社会缺少英雄的三个主要原因。首先，现代人目空一切。吉尼斯写道："在现代人的词典里，没有'顶礼膜拜'，只有'目空一切'；没有'亦步亦趋'，只有'吹毛求疵'。"其次，现代人心目中的"英雄"越来越多地被各路"名人"取而代之。众所周知，所谓"名人"不过是指名声大的人，而非鞠躬尽瘁、名垂青史的仁人志士。他们大多只是碰巧做了一些吸引眼球的事情，或在各种场合频频亮相而已。第三，现代人不明白"上帝在人们的生活中时刻做工"的道理，所以在生活中看不到上帝"降大任于斯人"的奇妙事。得到上帝呼召的人，必然有高风亮节，自然会成为真正的英雄。

在先知以赛亚生活的年代，并不缺少英雄。但是，人们常常将"愚顽人"当做"英雄"。关于这一点，当下的世道与以赛亚时代如出一辙。名人被当做"鞠躬尽瘁、死而后已"的英雄也就算了，愚顽人滥竽充数却实在令人忍无可忍。遗憾的是，人们居然还没有认清那些所谓"英雄"的真面目！

在预言中，先知表达了自己的渴望，希望有一天"愚顽人不再称为高明，吝啬人不再称为大方"（赛32：5），因为只有这样，社会才会重回正轨：善就是善，恶就是恶；愚昧就是愚昧，成就就是成就。

当"公义之王"（赛32：1）降临，在地上建立他的国度时，这一天就会到来。在此之前，上帝的子民们需要明白，虽然世上的愚顽人会被称为英雄，但是在上帝的国度里，真正的英雄绝不会是愚昧人！

梦与得梦的人　第20天　经文：《耶利米书》23：23～32

> 得梦的先知，可以述说那梦；得我话的人，可以诚实讲说我的话。糠秕怎能与麦子比较呢？这是耶和华说的。　　　（耶23：28）

有个年轻人准备去欧洲做助理宣教士。临行前，他做了一个栩栩如生的梦，醒来后仍然记得一清二楚：他看见一只小船被拖到沙滩上，一个青年坐在小船的阴影里。他感觉这梦不同寻常，因此改变计划，夏天时去了另外一个国家。有一天，他在沙滩漫步，猛然发现这正是他梦里的沙滩，不远处就是他在梦里见到的小船和青年，于是他马上走过去与那青年攀谈。小船边的青年人问了他许多属灵的问题，当天就决志信主了。此后，这位青年积极参加当地团契活动，热衷于福音事工。正如你所见，上帝会在人的梦里陈明他的旨意。

但你要当心——耶利米深知，那些声称从梦中得上帝启示的人不应该信口开河，因为曾有许多人宣称得到了上帝的启示，结果被证明完全是子虚乌有。他们口中的"上帝的启示"，不过是自己的妄想，然后给它披上神圣的外衣。如果我们对这些话不多加审查，就全盘接受的话，极有可能被绊倒。

那么，如何区分上帝通过异梦发出的指示与个别人的痴言妄语呢？很简单，要看它是否符合圣经的原则。耶和华对耶利米说："得梦的先知，可以述说那梦；

得我话的人，可以诚实讲说我的话。糠秕怎能与麦子比较呢？"（耶23：28）

只要熟悉上帝写在圣经里的话语，我们就不会被那些信口开河的先知引入歧途（耶23：31）。因为只要尝过了麦子，你就可以准确地认出糠秕（就好像一旦你吃过了玉米粒，就一定会认出玉米棒子一样！）。比起天降异兆和天马行空的奇谈怪论，"认真学习圣经"、"谨慎地将圣经的原则应用到生活中"的教导看似平淡无奇，但圣经多处提醒我们，要当心假先知和他们的谎言。同时，更值得我们引以为戒的是他们悲惨的下场（参见耶23：39～40）。

圣经的话语活泼有力，饱含生命的哲理，发人深省，应该是我们每天饭桌上的主食。偶尔从耶和华而来的异梦，最多只能算是饭后甜点。

赤胆忠心　第21天　经文：《玛拉基书》2：1～12

> 祭司的嘴里当存知识，人也当由他口中寻求律法，因为他是万军之耶和华的使者。你们却偏离正道，使许多人在律法上跌倒；你们废弃我与利未所立的约。这是万军之耶和华说的。　（玛2：7～8）

英国皇家海军历史悠久，声名显赫，但在1933年曾发生过唯一的一次兵变。当时为了缓解全国性的经济萧条，政府冒险决定削减水兵的军饷，不料却由此引发了兵变。为了报复政府的决策，水兵们开始蓄意聚众，攻击士官。但皇家海军陆战队员们却誓死保卫这些士官。从此，英国海军立下一个规矩：所有舰船都要配备海军陆战队员，这些人占士官及水兵总数的四分之一，责任是保护士官，维护舰船安全。时至今日，英国海军只是象征性地执行这个规定，但它象征着对忠诚的褒奖，是皇家海军陆战队的骄傲，是他们独特的团队精神的核心。

当大卫王的儿子押沙龙背叛父亲、起兵造反的时候，大卫身边的许多近臣转去投靠了年轻的革命党。但是先知撒督忠心耿耿，誓死保卫大卫王（参见撒下15：1～37）。叛乱被平定后，撒督得到褒奖，他和他的子孙被指派担任耶路撒冷的祭司，直到被掳的日子（参见结44：15）。担任耶路撒冷的祭司无疑是一个极大的荣耀，但他们确实不负重托，在这个职位上尽心尽责。

相比之下，当以色列人从巴比伦回归后，玛拉基对众祭司说的话振聋发聩。他提醒众祭司，他们身居要位，责任重大——他们本应敬畏耶和华，本应将从上帝而来的知识传给以色列百姓，在世人面前成为"和平与正直"的榜样，努力"使多人回头离开罪孽"，"嘴里存知识"，以"万军之耶和华的使者"立身（玛2：5～7）。然而他们没有做到这些，反而废弃了上帝与利未所立的约（玛2：8）。他们不顺服耶和华，不守他的道，并且"在律法上瞻徇情面"（玛2：9）。不仅如此，他们还"偏离正道，使许多人在律法上跌倒"（玛2：8）。对以色列来说，这无异于一场浩劫。上帝没有等闲视之。"信徒"已经失去了"信"，"徒"有虚名。

在《彼得前书》里，彼得称基督徒是"被拣选的族类，是有君尊的祭司，是圣洁的国度，是属神的子民"（彼前2：9）。他是在说，借着主耶稣的宝血，我们已经直接到达天父上帝的面前。因此，我们应该以赞美为祭献给上帝，像英国海军陆战队那样赤胆忠心；应该以这句话为立身之本，恪守不渝。

无人知道的脚踪　第22天　经文：《诗篇》77篇

你的道在海中，你的路在大水中，你的脚踪无人知道。

（诗77：19）

阿道夫·希特勒认为犹太人是祸水，是恶魔的化身，是欧洲所有问题及灾难的根源，于是一手策划了针对犹太人的种族灭绝，就是所谓的"最后解决方案"。起初，纳粹将犹太人大批投入集中营，然后有计划地用"饥饿"和"苦役"将他们折磨至死。臭名昭著的奥斯威辛集中营的大门上有一块铁牌，上面写着"*Arbeit machts Freiheit*"（劳动会使你获得自由），但在纳粹的词典里，所谓"自由"是指"上西天"。美国参战后，抗法西斯联军军威大振，力量对比发生了根本性变化，使纳粹预感到了自己的末日。于是，纳粹加快了屠杀的速度，将大批犹太人送进毒气室，妄图赶尽杀绝。到战争结束，大约有67%的欧洲犹太人惨遭纳粹的毒手。

然而，即使在这样恐怖的环境中，仍有许多犹太人被一些勇敢献身者救出集中营，并想方设法转移到了安全的地方。他们隐藏在纳粹的眼皮底下，等到夜幕降临时，跟在营救人员的身后穿街过巷，经过一个个隐蔽处，辗转到达安全地带。

《诗篇》77篇是诗人亚萨在绝望中的深深叹息。他寝食不安，无心祷告，满腹疑虑，却不知怎样才能找到答案，因为上帝向他缄默。渐渐地，他开始怨天尤人，说："这是我的懦弱。"但他接着马上回忆了犹太人从上帝所经历的诸般恩典——"但我要追念至高者显出右手之年代"（诗77：10）。说到"至高者显出右手之年代"，当时每个犹太人都会想到上帝带领他们出埃及和穿过

红海的神迹奇事。于是，亚萨感叹说："你的道在海中，你的路在大水中，你的脚踪无人知道。"（诗77：19）

无论身处怎样的困境，甚至万念俱灰、走投无路的时候，上帝的子民们都应该记住：在无人知晓的地方，总有一条上帝为我们预备的救赎之路，慈爱之路。虽然并非所有人都有幸走过红海，或不幸地经历过恐怖的大屠杀，我们的生活往往平淡无奇，但我们每个人都同样曾被上帝的手牵拉着，走过各自的"死亡幽谷"，都曾经历过从"山重水复疑无路"的绝望，到"柳暗花明又一村"的惊喜。

可遇而不可求　　第23天　经文：《路加福音》1：5～25

> 天使对他说："撒迦利亚，不要害怕，因为你的祈祷已经被听见了。你的妻子伊利莎白要给你生一个儿子，你要给他起名叫约翰……他必有以利亚的心志能力，行在主的前面，叫为父的心转向儿女，叫悖逆的人转从义人的智慧，又为主预备合用的百姓。"
>
> （路1：13，17）

被总统或女王接见过的人总是屈指可数的。同样，打入过超级杯、世界杯、温布尔顿决赛或奥林匹克决赛的选手也寥寥无几。无论是谁有幸得此殊荣，都会无比珍惜，因为这样的机会可遇而不可求。

撒迦利亚在圣殿里侍奉多年，却始终没有机会在耶路撒冷圣殿的祭坛上焚香。当时在以色列，有近8000名祭司供职，被分为多个部门，分管圣殿的大小工作。其中"早晚焚香"是从第一位大祭司亚伦传下的传统（参见出30：7～8）。执行的祭司通过抽签的方式选出。终于，有一天，年迈的撒迦利亚被指派担任这个最神圣的工作，一个可遇而不可求的机会来了。可想而知，进入圣所的时候，撒迦利亚必然是心花怒放，同时又诚惶诚恐，因为他正在履行一个古老的传统，正在走进只有大祭司才可以进入的至圣所。一想到上帝的奇妙可畏，他就浑身发抖。不料，他竟然亲自见到了上帝的荣光！

天使加百利在祭坛边显现，对他说："神已经听到了你的祷告"（路1：13）。撒迦利亚年纪老迈，很容易忘记祷告的内容，所以天使不等他回答，马上告诉他，他将老年得子。这样的恩典不仅是"可遇而不可求"，简直是"绝无仅有"！施洗约翰不仅出生不同寻常，此后的一生更是跌宕起伏，成功地为主预备了"合用的百姓"（路1：17）。

在与天使的对话中，撒迦利亚说出了自己的疑惑。虽然这些疑惑在我们看来无可厚非，但天使却责备他的"不信"（路1：18~21），于是使他到这件事成就之前都不能说话。上帝必将成就他所应许的奇妙作为，在此前后，撒迦利亚的口当然不应该放肆。

并非所有人都见过天使，即使遇见过，也可能认不出来；同时，亦非所有人都有幸像撒迦利亚一样，从上帝那里直接得到指示。但上帝要求每个子民都要亲近他，为他做工。这个信息临到每个人的方式略有不同，有时轰轰烈烈，有时又如和风细雨。无论方式如何，对每个人来说，这个信息弥足珍贵，永远都不应该忘记，永远都应该恪守并遵行。

全能　第24天　经文：《路加福音》1：26~38

> 因为出于神的话，没有一句不带能力的。　　　　　　（路1：37）

第二次世界大战期间，英国皇家海军配备了3艘航空母舰——"光辉号"（Illustrious）、"永久号"（Indefatigable）和"不屈号"（Indomitable）。虽然这些名字很生僻，但背后的寓意却很深刻，用在这些战舰上恰如其分。在最残酷的战争岁月，皇家海军正是通过这些骄人的名字，向世人充分展示了其骄傲与传统。

无独有偶，在描述上帝的时候，神学家们也使用了3个生僻、高贵的词——"omnipotent"（全能）、"omniscient"（全知）和"omnipresent"（无所不在）。

在上帝与亚伯拉罕的对话里，上帝的"全能"尽显无遗。上帝对亚伯拉罕说："到明年这时候，我必要回到你这里，你的妻子撒拉必生一个儿子。"（创18：10）圣经没有记载亚伯拉罕对这句话的反应，但是撒拉的反应却写得很清楚——"暗笑"。因为她和丈夫早已过了生儿育女的年龄。上帝非常清楚撒拉心里是怎么想的，就对亚伯拉罕说："撒拉为什么暗笑，说：'我既已年老，果真能生养吗？'耶和华岂有难成的事吗？"（创18：13~14）就是说，没有任何事情是上帝做不到的。上帝亲口昭示了他的"全能"。

几百年后，收到同样的信息时，拿撒勒的年轻女子马利亚惊慌失措。她的反应与撒拉相去不远，但两者的情况大相径庭：撒拉不信是因为"老迈"，马利亚惊慌是因为她还是处女！马利亚的质疑脱口而出，而天使回答说："因为出于神的话，没有一句不带能力的。"（路1：37）

关于上帝的"全能",人们总是质疑不断。有人说:"如果上帝是全能的,他一定可以彻底消灭罪恶,但他没有这么做。所以,他要么是心有余而力不足,要么是无视人间疾苦。"也有人认为,圣经一方面说"耶和华岂有难成的事",一方面又说"神决不能说谎"(来6:18)。这岂不自相矛盾吗?

撒拉和马利亚听到的预言里暗示着上帝的"全能",但这个"全能"是服在"上帝旨意"下的"全能"。上帝的"全能"是指"只要他想做,就一定能做到"。撒拉和马利亚不应该对此有一丝的怀疑!

由此可见,"上帝全能"的信息既是对我们的挑战,也是对我们的祝福。所谓"挑战",是指所有抵挡上帝的行为都无异于自取灭亡;所谓"祝福",是指虽然困难重重,但全能的上帝必将为我们成就大事——他仿佛一艘巨舰乘风破浪,履险如夷,所向披靡。他"光辉万丈"、"永无竭尽"、"长盛不衰",因为他是全能的上帝!

坚持信心,必蒙祝福　第25天　经文:《路加福音》1:38~45

> 这相信的女子是有福的。因为主对她所说的话都要应验。
>
> (路1:45)

康斯坦丁大帝的儿子的家庭教师拉克坦修斯是一位饱学之士。在论及"地圆说"时,他曾讥讽道:"有谁会愚蠢透顶,认为脚比头高?一个人眼中的"横"是另一个人眼中的"竖"?五谷与树木都是倒长的?雨水、雪花和冰雹都在向上飞?如果那些哲学家们是对的,那么土地、海洋、城市和山脉都是悬空的,那么世界七大奇迹中的"空中花园"还算得上是奇迹吗?可见,这种理论荒谬绝伦,不值一提。[①]"

显然,拉克坦修斯对世界地理堪称孤陋寡闻。这也难怪,"地平说"是当时的一种信仰,很少有人敢对此提出异议。即便如此,仍有一些勇敢的探险家坚持质疑这个学说,并为此扬帆出海,终于发现了这个世界的广阔、奇妙。他们矢志不渝,最终得到了上帝的祝福。

圣经里同样不乏这样的人。听到天使的预言时,撒迦利亚不相信他年老的妻子还能怀孕,因此被噤声,直到孩子生下来才得以重新开口说话。可是,当马利亚听到天使预言"童女将怀孕生子"时,她的第一句话却是:"我是主的使女,情愿照你的话成就在我身上。"(路1:38)显然,看到伊利莎白怀

---

① 拉克坦修斯,《圣会》,第三卷,第24章。

孕生子后，马利亚信心大增，并专程赶去看望她。一听到马利亚问安，伊利莎白腹中的胎儿感受到她身上大而可畏的神迹，就欢喜跳动。于是伊利莎白对马利亚说："这相信的女子是有福的！因为主对她所说的话都要应验。"（路1：45）就像那些大航海时代的探险家们一样，马利亚保持信心，最终得到上帝的祝福。

当然，相信直觉与相信上帝的话语有天壤之别。"追求一个有待科学证实的假设"绝不能与"信靠上帝的应许"相提并论，因为后者正是上帝对以色列百姓亘古不变的要求。只要真心信靠上帝，我们就会经历到他所应许的祝福。

当初，那些探险家们雄心勃勃，立志环游世界以证明"地圆说"。为此，他们不惜以重金购买船只，添置设备，招聘船员，踏上了"南辕北辙"的旅程。当时，无论朋友还是敌人，都认为他们疯了——然而，事实证明他们是正确的，并因此大蒙祝福！

如果有人想要得到上帝的祝福，就应该坚持自己的信仰，勇敢地逆流而上，开始他们的探索之旅。如果他们感觉信心不足，不妨想想那个年轻的拿撒勒女子马利亚，想想她是如何坚守信心并得到祝福的。

圣者和卑微的人　第26天　经文：《路加福音》1：46~56

> 我灵以神我的救主为乐。因为他顾念他使女的卑微，从今以后，万代要称我有福。那有权能的，为我成就了大事，他的名为圣。
> （路1：47~49）

当今社会对名人往往极尽谄媚。他们随意出入豪华酒店，所有的过失都被一笑置之；闪光灯在他们面前闪得最久，特殊待遇落在他们身上最多，所有好处都被他们占光了；他们的粉丝前呼后拥，无数的记者站在门外等待进行专访；年轻人极力效仿他们，年长者对他们包容有加；他们总是名利双收，成熟与责任却似乎永远与他们无缘；他们的生活好像光彩照人，穷尽奢华，却不懂得如何处理日常琐事。在崇拜者眼中，这些名人的生活正是崇拜者本人的梦想，他们的成就亦是崇拜者毕生奋斗的目标。

耶稣的母亲马利亚也是一位家喻户晓的名人。她是无数雕刻家创作的对象，无数神学家讨论的焦点；她是罗马教皇通谕里永恒的主题，是无数信徒崇拜的对象。她被赋予了无穷意义，甚至成为异端和神秘信仰崇拜的对象。但是，你想知道她是怎么看待自己的吗？

显然，她并不认为自己有什么了不起的，而是说"我心尊主为大，我灵以神我的救主为乐"（路1：46～47）！如果有什么可夸的，她认为那是因为神"顾念他使女的卑微"（路1：48）。她非常清楚自己与耶和华之间的区别，称上帝是"有权能的圣者"（路1：49），而自己是卑微的人。然而，圣者竟然愿意顾念卑微的人！她认为，上帝为她成就的大事远远超出自己的想象。她知道，上帝对其子民的爱"直到世世代代"（路1：50），因为他从前就始终按应许善待"他的仆人以色列"（路1：54）。

这些就是马利亚的内心独白，字里行间没有一丝傲气。让她唯一引以为豪的，就是耶和华"叫卑贱的升高"（路1：52）。马利亚没有沾沾自喜，因为她知道"那狂傲的人，正心里妄想，就被他赶散了"（路1：51）。她尽情地赞美圣者，认为自己不过是被升高、被祝福的卑贱人。

耶和华不仅顾念"卑微"的人，"饥饿的人"也会因他手中的美食得饱足。这是给我们的好消息。可是，我们切不可忘记，耶和华也会叫许多富人"空手回去"（路1：53）。因此，我们必须要在这位"圣者"面前谦卑再谦卑！

家庭压力   第27天   经文：《路加福音》1：57～66

> 他要了一块写字的板，就写上说："他的名字是约翰。"他们便都希奇。
>
> （路1：63）

1999年感恩节那天，佛罗里达的一艘渔船在大西洋海域捕鱼时，从海中救起了年仅6岁的小男孩埃利安·冈萨雷斯。被救之前，这个古巴男孩靠着一只轮胎内胆，在海面上已经漂浮了整整两天两夜。母亲本来要带他一起从古巴偷渡到美国，结果小船中途沉没了，母亲与其他10人被无情的海水吞噬了。渔船靠岸后，小埃利安很快被送到迈阿密的亲戚那里，得到很好的照顾。虽然小埃利安大难不死，却从此成为一场斗争的核心人物。原来，得知儿子获救后，小埃利安的父亲明确表示，希望儿子回古巴一起生活。可是小埃利安佛罗里达的亲戚们却坚持认为，他死去的母亲显然希望小埃利安在美国生活，所以他应该留在美国。双方各不相让，为小埃利安的去留争论不休。很快，小埃利安的去留演变成了一场国际纠纷。两国总统出面表态，两国民众摇旗呐喊，聚众示威，更有各路政客粉墨登场，慷慨陈词，一时好不热闹。同时，小埃利安也开始慢慢适应美国的生活。所幸，并非所有的家庭纠纷都会这么兴师动众，大张旗鼓。

撒迦利亚也曾与亲友有过一场纠纷：按照以色列人的古训，撒迦利亚和伊利莎白新生的儿子需要接受割礼，表示他进入了上帝与以色列人所立的约，从此拥有由此而来的特权与义务。于是，亲友们赶到他们家来，要与他们一起分享快乐（参见路1：59）。可是，说到为孩子起名字的时候，亲友们与这对新父母起了争执。亲友们认为按照传统，孩子应该姓父亲的姓——撒迦利亚（路1：8～20）。可出人意料的是，伊利莎白坚持要为这个孩子取名约翰。撒迦利亚在天使预言孩子出生的时候，因为不信，就成了哑巴，但众人仍想知道他的意思。于是撒迦利亚在一块板上写下了相同的答案（参见路1：63），因为这是天使指示的名字（参见路1：13）。

"约翰"的意思是"上帝彰显慈爱"，是一个不同寻常的名字。在见证了起名的过程、约翰不同寻常的出生和他父亲奇异的复声后，众亲友们意识到这背后必有深意，于是彼此问道："这个孩子，将来怎么样呢？"（路1：66）约翰最终成为一代伟人，但这一切都要归功于他的父母——因为他们勇敢地顺服了上帝的指示，为约翰的成长打下了良好的基础。

在管教、督促孩子这件事上，父母们首先应该顺服上帝的教导，即便有时可能因此得罪亲人。维持家庭和谐固然重要，可是从长久看，更重要的是要让子女牢记："有主与他同在。"（路1：66）

父与子　　第28天　经文：《路加福音》1：67～80

> 孩子啊，你要称为至高者的先知；因为你要行在主的前面，预备他的道路，叫他的百姓因罪得赦，就知道救恩。　　（路1：76～77）

改装车大赛是深受美国人喜爱的一项运动。但你可能有所不知，这项运动事实上起源于"禁酒令"。当年，为了迅速把私酒运到各个地下酒吧，私酒贩子改装了汽车引擎，将追捕他们的警察远远甩在后面。"禁酒令"在1933年正式解除，于是不再有人为了贩私酒改装车了。可是不久，以竞速为目的的改装车开始出现在佛罗里达公路上，并最终催生了纳斯卡汽车大赛。有趣的是，今天在比赛中称雄的一些最佳车手，正是当年亡命飞车的私酒贩子的后代。由此可见，父母对子女的影响绝对不容忽视。

智慧的父亲都知道，每个孩子的身上都有耶和华特殊的旨意，身为父母，他们需要帮助孩子们发现并顺服上帝的旨意。撒迦利亚老年得子，在抚养儿子约翰的时候，他正是这么想的。在圣灵的感动下，撒迦利亚预言约翰将"预备主的道路"，并"叫他的百姓因罪得赦，就知道救恩"（路1：76～77）。他意识到，约翰将参与当年上帝对亚伯拉罕所应许的伟大计划，虽然只是其中的一部分（参见路1：73），但这个计划无比美好，好像"清晨的日光从高天临到我们"（路1：78）。

父亲需要为子女做的不仅是提供栖身之所、果腹之物，还要提供学习的机会和始终的陪伴。上帝为每个孩子都准备了一个奇妙的计划，但如果父亲教导不当，孩子就会与这计划无缘。扮演好"父亲"的角色绝非易事——他不仅要为子女提供所需的一切物质，更要给予孩子正确的属灵教导。只有这样，子女才会品行端正，成为对别人有益的人。

当然，并非每个人都是约翰，也并非每个父亲都像撒迦利亚一样，有先知的恩赐。但是，正如前面所讲的，每个孩子都是上帝眼中的宝贝，每个父亲都不应该只限于提供吃穿。上帝要求所有的父亲都要悉心培养自己的子女，"要照着主的教训和警戒养育他们"（弗6：4）。这倒不是说，绝对不能让子女参加纳斯卡汽车大赛，而是说，一定要让他们走上一条通往健全生活的康庄大道。

宝座　第29天　经文：《诗篇》89篇

> 我要建立你的后裔，直到永远；要建立你的宝座，直到万代。
>
> （诗89：4）

1215年的一天，英国国王约翰从伦敦赶到拉尼米德，在泰晤士河畔签署了《自由大宪章》。此举纯属迫不得已，因为他手下的男爵们威胁他，如果不签，将后患无穷。此前，约翰王横征暴敛、昏庸无道，令英国贵族们忍无可忍，这才上演了上面的一幕。这一笔签下去之后，约翰王的王权从此被大大削弱。时至今日，许多人仍将1215年定为王权没落的开始。

如今，大部分国家的君主制早已被民主制取代了。尽管民主制并非尽善尽美，诸多弊端早已显露无遗，然而，随着国王宝座和帝制王国的土崩瓦解，世人对至圣者的敬畏也几乎随之丧失殆尽。也许在政治家看来，这个变化无足轻重，但牧师和神学家们却对此痛心疾首。

在旧约时代，所有的王都是由先知膏抹按立的，他们庄严的仪仗和前呼后拥的威风，往往被看做是耶和华荣耀的彰显。甚至他们极尽奢华的宫殿、镶金嵌玉的服饰、汗牛充栋的财富，也都被看做是上帝爱世人的象征。在所罗门王金碧辉煌的宫殿面前，示巴女王曾诧异得神不守舍。《历代志下》中记载："王用象牙制造一个大宝座，用精金包裹……在列国中没有这样作的。"（代下9：17~19）所罗门王就端坐在这样的大宝座上，治理他庞大的国家。在世人眼中，他就是"力量"、"荣耀"与"威严"的化身。

正所谓"大江东去，浪淘尽，千古风流人物"。大卫王的神武与所罗门王的英明最终辉煌不再了——昔日的宝座下落不明，王国也分崩离析。但是，上帝宝座的根基却是"公义和公平"（诗89：14），永不会没落。并且，他应许大卫王说："我要建立你的后裔，直到永远；要建立你的宝座，直到万代。"（诗89：4）

那么，大卫王朝的倾覆是否意味着上帝的应许落空了呢？当然不是。因为数百年后，天使向一个谦卑的拿撒勒女子宣告说："你要怀孕生子，可以给他起名叫耶稣……主神要把他祖大卫的位给他。他要作雅各家的王，直到永远。他的国也没有穷尽。"（路1：31~33）有一天，马利亚的儿子耶稣将坐在宝座上，统治他的国度直到永永远远。他的宝座不像所罗门的宝座，我们不知道它是用什么做成的，但我们都很清楚，他的宝座至高无比——坐在宝座上的那位更是居于万有之上，被万民所敬仰的王！他无比荣耀，无比威严，无比尊贵，超乎想象，无人能及。我们都将俯伏、敬拜在他的宝座前（参见启4）。

坐着思考　第30天　经文：《路加福音》2：1~20

> 马利亚却把这一切的事存在心里，反复思想。　　（路2：19）

在地里劳作之余，丈夫都干些什么呢？一个农夫的妻子十分好奇，于是问丈夫："约翰，你闲下来的时候干什么？"他想了一下，回答说："我有时坐着思考，有时就呆坐着。"在电视问世之前，"坐着思考"曾是众人生活的常态，但如果这个年轻的农夫生活在电视机时代，他很可能变成一个"电视迷"。环顾当今世界，就打发时间而言，电视是当之无愧的冠军——男女老少，人人皆在奉献出大把的时间，过后却没有得到多少有益的东西。

但是，在生活中人们的确又需要安静思考的时间。现代人生活忙乱，心灵日趋沉重，对他们来说，沉默与独处是最好的补药，然而却很少看到他们"进补"。法国卓越的科学家、哲学家布莱斯·帕斯卡曾说过："我发现，人类所有的不快乐都来自同一个原因：无法安安静静地待在自己的房间里。"[1]

然而，马利亚却与众不同，她喜欢安静地待在自己的房间里。因为凯撒下令进行人口普查，她和约瑟不得不夹在返乡的人群里，赶到伯利恒。客栈住满

---

[1]　布莱斯·帕斯卡，《潘斯帝斯》

了人，约瑟和马利亚不得不在马棚里过夜。夜里，她生下了一个男婴。同时，天使向附近的牧羊人显现，宣布了大好的消息，于是他们赶来看望这个婴孩。牧羊人的所见所闻很快就传开了，伯利恒全城的人都为之震动，小城顿时充满了兴奋与好奇。可那时，马利亚却始终沉默、独处，只是"把这一切的事存在心里，反复思想"（路2：19）。

布莱斯·帕斯卡说得没错——马利亚懂得适时保持沉默的道理，因此得福。由此可见，上帝没有选错人。马利亚保持沉默，可能是因为她在生产中耗尽了力气，或是被初为人母的喜悦冲昏了头脑。在这种情况下，大多数人都只会呆坐，两眼无神、大脑一片空白。可是马利亚却不是这样。她不是在呆坐，而是"坐着思考"。

此时，她的心中正在思考着一件大而可畏的事——牧羊人口中的故事栩栩如生，而她"把这一切的事存在心里"。"这一切的事"包括婴孩、天使、弥赛亚、耶和华、平安、上帝所喜悦的人（路2：11～14），以及她在这一切事里的正确位置。

沉默与独处自有它的好处，你也应该努力追求。这并非意味着呆坐，而是指"坐着思考"。你也要思考马利亚曾思考过的那些事，这样就会获得来自内心的宝贝。

最杰出的领导者　第31天　经文：《希伯来书》2：5～15

> 原来那为万物所属、为万物所本的，要领许多的儿子进荣耀里去，使救他们的元帅因受苦难得以完全，本是合宜的。（来2：10）

随着1945年纳粹德国的无条件投降，欧洲终于走出了战争的阴霾，一时间到处都是欢声笑语。不久，英国举行了普选。出人意料的是，温斯顿·丘吉尔及其所属的保守党居然在选举中一败涂地。丘吉尔就此被赶出了唐宁街10号。二战期间，丘吉尔凭借其杰出的领导才能，曾多次力挽狂澜，所以，他在战后竞选中失利，堪称是一个惊天大逆转。造成这样的局面，是因为许多英国选民看到了一家主流报纸上的竞选漫画———根手指紧扣在一只手枪的扳机上，旁边的标题写道："谁的手指扣在扳机上？"这幅漫画显然是在影射丘吉尔，读者们也非常容易地读出了漫画里的寓意：丘吉尔是个杰出的战时领袖，但未必能够胜任和平时期的领导工作。这幅漫画的效果立竿见影，坊间立刻议论纷纷："不能让丘吉尔继续掌权，否则他很可能把国家带进另外一场战争。"在国人眼中，丘吉尔是个卓越的"士师"，却不一定是个和平时期的"好当家"。他们很可能是对的，因为一个好领导者的标准因环境、条件而异，还要看被领导者是什么样的人，以及这些人被领向哪里。

看到自己创造的世界被罪破坏，"为万物所属、为万物所本的"上帝痛心疾首（参见创3），然而，他还是决定"要领许多的儿子进荣耀里去"（来2：10）。要想做到这一点，就必须先洗净他们的罪，打败魔鬼的势力，将人们引进永远的救赎。这一切都需要一个"杰出的领导者"来完成。

要想完成这些任务，首先需要为世人的罪献上一个完美的祭品。同时，这个领导者要完全公义，毫无瑕疵，德才兼备，并且甘心为世人受死的苦（参见来2：9）。这个领导者就是主耶稣，上帝独生的儿子，圣洁的羔羊。为了救赎众人，"他也照样亲自成了血肉之体，特要藉着死，败坏那掌死权的，就是魔鬼"（来2：14）。这就是耶稣来到世间的目的，乃是"要释放那些一生因怕死而为奴仆的人"（来2：15）。

在战争期间，丘吉尔是当之无愧的英明领袖，但在和平时期未必会有同样出色的表现。但是，耶稣却是我们最好的领导者。他能够领导我们打赢各种属灵战争，靠着十字架得胜。同时，也只有他才能够将众人从死亡的阴影中解放出来，带他们走进永远的平安。所以，耶稣是最杰出的领导者，是最值得跟从的人。

见证真理　　第32天　经文：《约翰一书》1：1~4

> 论到从起初原有的生命之道，就是我们所听见，所看见，亲眼看过，亲手摸过的。
> （约壹1：1）

著名演员马龙·白兰度的爱子克里斯蒂安不幸遇害后，他应邀出庭作证。可是在作证前，他拒绝宣读传统誓言——"我保证我的证言真实、完整、绝无任何捏造。愿上帝与我同在。"也许是出于对宗教的忌讳（或不以为然），白兰度拒绝在上帝面前发誓不作伪证。直到法官批准了他的请求，允许他以口头承诺代替发誓，他才走上证人席，向法院作证。

与白兰度不同，古人认为信仰是生活中不可或缺的重要因素。他们认为，如果一个人敢在上帝面前发誓不作伪证，那他就一定会口吐真言。然而时过境迁，许多人早已不把这个誓言当回事儿了，证人席往往成了"谎话席"，在一场审判中出席的证人，常常变成下一场审判里的罪人——伪证罪。

与之形成强烈对比的是，使徒约翰在第一封信的开头就作了一个天大的见证。当然，约翰没有发誓，但他信誓旦旦，一再强调所说的是亲身经历。而且，当时教会信徒的证言通常无人置疑。由此可见，证明耶稣基督的身份是其见证的重中之重。

约翰所见证的绝非道听途说。论到主耶稣，约翰说他是"我们所听见，所看见，亲眼看过，亲手摸过的"（约壹1：1）。信徒们都知道，在主耶稣四处传道的时候，约翰和其他门徒们不离其左右3年之久。根据自己的所见所闻，约翰毫不犹豫地见证：耶稣生活的方式圣洁有力，他的工作奇妙可畏，他的话语充满权威，他的教导振聋发聩；耶稣就是"从起初原有的生命之道"，是"那永远的生命"（约壹1：1~2）。约翰亲自见证了主耶稣在十字架上的受死、3天后的复活及40天后的升天，所以，他才敢说这是他"所听见，所看见，亲眼看过，亲手摸过的"，他才敢放胆作见证。

约翰作见证的目的是要"使你们与我们相交；我们乃是与父并他儿子耶稣基督相交的"（约壹1：3）。约翰不仅希望读者们能够相信他所说的，更希望他们像自己一样与主耶稣相交，因为这是他人生中的至高喜乐。

分享真理永远是美好的，体验真实永远是快乐的。

廉价恩典　　第33天　经文：《约翰一书》2：1~6

> 我小子们哪，我将这些话写给你们，是要叫你们不犯罪。若有人犯罪，在父那里我们有一位中保，就是那义者耶稣基督。
>
> （约壹2：1）

第二次世界大战爆发之前，年轻的路德宗牧师迪特里希·朋霍费尔住在德国。出于一个基督徒的良知，他极力反对纳粹暴政，为此，他被盖世太保逮捕，投入监狱。就在他所在的集中营（福洛森堡集中营）即将被联军解放之前，1945年4月朋霍菲尔英勇就义，成为二战反法西斯的烈士。

在其代表作《做门徒的代价》一书中，朋霍菲尔提出了一个新词——"廉价恩典"，并对其大加批评。在他的笔下，"廉价恩典"是指"只传神的饶恕，而不要求悔改；勤于为人施洗，却疏于教导；喜欢分享圣餐，却不愿意带领人认罪；不要求信徒完成个人认罪，就宣布其罪被赦。廉价恩典是一种没有原则的恩典，没有十字架的恩典，没有道成肉身的耶稣基督的恩典。"[1]朋霍

---

[1]　迪特里希·朋霍菲尔，《做门徒的代价》。

菲尔认为，这是对圣经中"恩典"的扭曲。因为，"恩典"原是指上帝充满慈爱，主动走近迷失、犯罪的世人；虽然世人不配，他却不断向世人彰显其怜悯，将又大又美的祝福赐给他们。朋霍菲尔对"廉价恩典"的批评是正确的，而他自己更以身作则，向世人展示了一种真正与恩典相配的生活。

使徒约翰对此早有警觉，在信中警戒众信徒说："我将这些话写给你们，是要叫你们不犯罪"（约壹2：1）。约翰并非苛求众人"全然圣洁"，因为他接着说道："若有人犯罪，在父那里我们有一位中保。"约翰是在提醒信徒，上帝赦免他们的罪，不是要他们可以继续在罪里肆意打滚。约翰希望信徒摆脱罪的辖制，亲自体验到战胜罪的自由。

为了督促信徒重视罪的问题，从罪的束缚里走出来，约翰特意提醒众人，耶稣"为我们的罪作了挽回祭"（约壹2：2）。当想到罪的代价就是死，想到主耶稣为承担我们犯罪的代价，自愿接受世间最痛苦的死亡——钉死在十字架上，有谁还会无动于衷地继续犯罪呢？

那么，我们应该用什么方式来享受脱离罪的自由和胜利呢？约翰提出了两个好方式：首先，我们可以通过在生活中遵行他的话语，来表达对主耶稣的爱。因为经上记着说："凡遵守主道的，爱神的心在他里面实在是完全的"（约壹2：5）；其次，因为圣经上说："人若说他住在主里面，就该自己照主所行的去行"（约壹2：6），所以我们需要以主耶稣为榜样，在生活中努力效法他。

做到以上两点绝非易事，对于迪特里希·朋霍菲尔也是如此。为了顺服、跟随主耶稣，朋霍菲尔甚至献出了自己的生命。但是，要使上帝的恩典不至落空，我们就必须按照门徒的标准生活。

上帝的恩典永远不可能是廉价的。无论是基督，还是我们，都要为此付出宝贵的代价——且无论代价多大，付出都是值得的。

末时将至 　第34天　经文：《约翰一书》2：15～25

小子们哪，如今是末时了。你们曾听见说，那敌基督的要来。现在已经有好些敌基督的出来了，从此我们就知道如今是末时了。

（约壹2：18）

2000年元旦钟声即将敲响的时候，许多人准备迎接世界末日的到来。因为这些人相信，地球只能转动6000年，而上帝在公元前4004年创造了世界，所以推算下来，公元2000年将是大限之年。他们认为，圣经上说："主看一日如千年"（彼后3：8），并且上帝只用了6天就创造了天地万物，所以世界末日一定会在2000年1月1日午夜开始。当然，我们知道他们大错特错了。

一波未平，一波又起，紧接着又出现了"千年虫"问题。人们开始担心电脑可能会无法区分1900和2000。受其影响，杀人犯可能会提前出狱；核武器可能会自动启动发射程序；全世界的发电厂可能会自动关机。对核灾难、新冰川世纪、彻底的无政府状态的担忧一时间闹得人心惶惶。有趣的是，其实什么大灾难都没有发生，唯一的变化就是新年庆典更加隆重了（对某些人来说，是更让人头疼了）。"千禧年"成了一场彻头彻尾的闹剧。

多年来关于世界末日的预言始终不绝于耳，然后无一例外地不了了之，将一个个未知数留给世人。真的会有"世界末日"吗？世人开始提出质疑。

在公元元年即将结束之际，使徒约翰曾预言说："小子们哪，如今是末时了。你们曾听见说，那敌基督的要来。现在已经有好些敌基督的出来了，从此我们就知道如今是末时了"（约壹2：18）。基督徒相信，人类历史不会永远地写下去，因为上帝终将结束这个世界，然后创造一个"新天新地"，约翰所持的正是这一基督教历史观。他预言，在末时，敌基督的大人物将粉墨登场；此人将代表所有与上帝为敌的人，一心要篡夺上帝的宝座，但他最终将一败涂地，基督永远的国必将建立（参见帖后2：3～12；启11：7～13；13：1～18；19：11～21）。

早在约翰生活的年代，"好些敌基督的"就已经层出不穷，以至约翰认为末时到了。可是离约翰故去已经1900多年，"末时"却仍是个未知数。所以，真正聪明的人不会胡思乱想，只会感谢上帝的慈爱，感谢他继续允许万物延续。但同时，他们永远不敢或忘，"末时"终将到来。在生活的每一分、每一秒，他们都清楚地知道，抵抗上帝的势力仍然猖狂，但总有一天会被上帝除灭。他们期盼着最后的对决和基督最终的胜利。

顺利渡过"千禧年"之后，世人变得盲目乐观，以为"末时"不会到来了。时间将证明他们的错误，因为万物都在走向同一个终点，"末时"的到来只是个时间问题。

表里不一　第35天　经文：《以弗所书》2：11～18

所以你们应当记念，你们从前按肉体是外邦人，是称为没受割礼的，这名原是那些凭人手在肉身上称为受割礼之人所起的。

（弗2：11）

"眼见为实"这句话并非永远正确。虽然我们常说"百闻不如一见"，但是现代科技告诉我们，有时"亲眼目睹"的东西也可能是假的。比如1999年，在转播时代广场的新年庆典时，一家电视台发现画面上出现了竞争对手的巨大商业标志，于是他们把这个标志从画面上抹掉，轻而易举地换上了自家的标志。于是，亿万观众从荧幕上"看到"了时代广场的新标。当然，那根本不存在。

"偷梁换柱"、"瞒天过海"这些古老的伎俩，如今已经演变成了高明的艺术，而且并不局限于广告界。在宗教界，"挂羊头卖狗肉"的事存在了几千年。例如，对"圣餐"的传统解释是"内在属灵恩典的外在表现形式"。一般来说，外在形式服务于内在实质，但自古以来两者之间的关系却并非如此，古代犹太文化就是一个很好的例子。

犹太人是上帝拣选的民族，他们以此为荣。上帝用爱与犹太人立约，与他们交流紧密，并且决定通过他们来祝福地上的万国万民（参见创12：1～3；罗3：1～2）。因此，犹太人活在上帝特殊的应许里，接受着上帝特殊的指示，享受着上帝给予的各种特权。他们知道自己与众不同，并常常把这个挂在嘴边。

可是有时，他们难免得意忘形，甚至有意贬低他人来提高自己。这种倾向在他们对待非犹太人的态度上暴露无遗。在他们眼中，所有非犹太人都是"没受割礼的"（弗2：11）。"割礼"这个话题显然不适合一般社交谈话，犹太人总是把这个词挂在嘴边的原因，在于"割礼"是他们与上帝的特殊关系的外在形式。接受"割礼"意味着一个人"除掉"了所有上帝不喜悦的东西，代表上帝与他们的约定和坚定的信心。换句话说，"割礼"也是一个内在恩典的外在表现形式。

可是，问题在于外在形式并不总是与内在实质保持一致。虽然犹太人中常有圣餐、割礼，但内在的恩典却常常缺席。因此，保罗告诫以弗所人，犹太人自以为接受了"割礼"就很了不起，但他们的"割礼"是在肉身上的，不是在心里的（弗2：11）。

事实上，所有信徒都需要活出基督的样式，因为只有这样，才能证明他的信是真实的。然而，标志永远只是标志，象征永远只是象征，如果"里面"空空如也，标志或象征就一文不值。"表里如一"的标志才真正有价值，否则就是假冒为善。

喜乐，还是享乐？   第36天 经文：《诗篇》65篇

> 你所拣选、使他亲近你，住在你院中的，这人便为有福。我们必
> 因你居所、你圣殿的美福知足了。   （诗65：4）

有些人不去教会是因为他们希望尽情享受人生。灵性低落的时候，你也可能会有这种想法。这些人认为，有信仰是件好事，但同时会使自己束手束脚，无法尽情找乐子。到年老力衰的时候，他们会愿意多去几次教会，但在此之前，他们要尽情享受，不枉此生。

这些人并不反对信仰，但他们错误地认为拥有信仰会妨碍享受人生。他们并不否认上帝的存在，甚至遇到危难时，也会向上帝祷告，祈求帮助，但在他们眼中，上帝整天板着脸，不喜欢人们开心。

当然，上帝是需要敬畏的。上帝希望看到世人勤于思考严肃的问题，在生活中敬虔圣洁。同时，在论及"生死"等问题时，上帝的确要求我们不可等闲视之，要守自己的本分。但是，"考虑严肃问题"并不意味着拒绝快乐——这种想法完全误解了上帝的本质，以及他对以色列百姓的应许。

在描述自己的生活时，《诗篇》作者写道："罪孽胜了我，至于我们的过犯，你都要赦免……我们必因你居所、你圣殿的美福知足了。"（诗65：3~4）其实，对于那些自知有罪、良心不安的人来说，无论他们如何寻欢作乐，都不可能"知足"；但那些被赦罪、得饶恕的人会享受到难以言表的喜乐。许多人误以为教会是个无聊的地方，《诗篇》作者却感到"我们必因你居所、你圣殿的美福知足了"（诗65：4）。有趣的是，真正敬畏上帝的人，最终会放弃一味寻欢作乐的生活，在上帝赦罪的恩典里找到真正的喜乐。

比起世人在别处寻找到的快乐，从上帝而来的喜乐无疑更持久，更深入。那些得救的人将发现，这个世界充满了因上帝的慈爱而欢呼快乐的人。正如诗人所言："住在地极的人，因你的神迹惧怕。你使日出日落之地都欢呼。"（诗65：8）

当你经历过上帝的饶恕，不再受良心的谴责时，你会发现身边到处都是与你一样喜乐的人——天地之间，到处都有快乐。只有仔细观察，你才会发现，草场和山谷里所有的被造物"都欢呼歌唱"（诗65：13）。悉心感受这种喜乐远胜过在世间寻欢作乐。

难过的上帝　第37天　经文：《以赛亚书》63：7~14

他们在一切苦难中，他也同受苦难，并且他面前的使者拯救他们。

他以慈爱和怜悯救赎他们，在古时的日子常保抱他们、怀搋他们。

（赛63：9）

从前，当孩子不听话时，父亲可以打他们的屁股，而且不用担心被控告虐待儿童。采取自己认为适当的方式惩罚孩子时，他们往往会对孩子说："棍子打在你身上，但会疼在我心里！"大部分孩子都不相信这句话，等到长大成人，同样为人父母时，他们才会慢慢理解父亲管教时的心情。

以色列人曾多次因为悖逆而被上帝责罚，而且每次都是罪有应得。圣经处处都在证明上帝"永远不变的爱"，他的"良善"和"怜悯"（赛63：7），所以，耶和华说："他们诚然是我的百姓，不行虚假的子民。"（赛63：8）可当以色列人变得忤逆难驯时，上帝不得不伸手管教他们。

与所有被管教的孩子一样，上帝的子民开始哭哭啼啼，口出抱怨。他们质问上帝，为什么将他们丢在苦难里不管（参见赛63：11~13）；他们絮絮叨叨地说从前上帝是如何拯救、带领、看顾、喂养他们的，然后哭诉为什么从前的救主会离弃他们（参见赛63：18~19）。同样，他们也从未扪心自问："到底我是怎么落到这步田地的？"只是不断地抱怨："上帝到底在哪儿？他在做什么？"

其实这个问题并不难回答：上帝的确不再与他们同在，但他并非完全弃他们于不顾。以赛亚说："他们在一切苦难中，他也同受苦难。"（赛63：9）所以，上帝绝非一去不回头。耶和华好像一个伸手管教孩子的父亲：棍子打在孩子身上，却疼在父亲的心里！他的孩子或许不相信这一点，但事实的确如此。

父母管教子女绝非是为了自己的好处。同样，上帝管教自己的子民，也绝非是为了泄愤。通过适当的管教，上帝是要让他的子民痛改前非。施教者施教的目的，永远都应该是为了受教者得好处；如果不是，受教者就不可能悔改。父亲出于爱心不得不责打孩子，但在孩子喊痛的同时，父亲的心也同样经受着煎熬。

记住：下次接受耶和华管教的时候，切不可抱怨，因为他比你更难过。

懊悔　第38天　经文：《以赛亚书》64：1~12

我们都像不洁净的人，所有的义都像污秽的衣服；我们都像叶子渐渐枯干，我们的罪孽好像风把我们吹去。　（赛64：6）

本杰明·迪斯雷利不仅是一位小说家，还是20世纪杰出的政治家，曾两度担任英国首相。可是说到自己的一生，他在作品中写道："少年时轻狂，成年后百般钻营，老年时追悔莫及。"回顾自己跌宕起伏的一生，他可以轻易想起许多懊悔的事情：曾冒险涉足投资领域，结果赔得一塌糊涂，负债累累；曾与一位交际花关系暧昧，因此备受众人非议，名声一落千丈；曾在作品里尖酸刻薄地批评同僚，使自己四面楚歌；曾坚持"不抱怨、不解释"的个人原则，使他在政治舞台寸步难行。值得懊悔的事情真是数不胜数！

当以赛亚看到自己身处的社会时，同样也满心懊悔。忆起从前上帝同在的日子时，以赛亚大声呼喊道："你曾行我们不能逆料可畏的事。那时你降临，山岭在你面前震动。"（赛64：3）但是那些日子一去不返，他只能一心期盼往日的美好重现（参见赛64：1～2）。

在以赛亚生活的年代，人们远离上帝，肆意作恶。因此，他向上帝认罪说："你迎接那欢喜行义、记念你道的人。你曾发怒，我们仍犯罪……并且无人求告你的名，无人奋力抓住你；原来你掩面不顾我们，使我们因罪孽消化。"（赛64：5，7）

以色列百姓曾大蒙祝福。圣经上说："从古以来人未曾听见、未曾耳闻、未曾眼见在你以外有什么神为等候他的人行事。"（赛64：4）可是，他们没有继续等候上帝。虽然以赛亚明白耶和华"迎接那欢喜行义、记念你道的人"（赛64：5），但以色列百姓们拒不遵守耶和华的道，于是"像叶子渐渐枯干"（赛64：6）。

然而，耶和华对他们的爱并没有改变，仍然是他们的父亲，仍然是塑造他们的陶匠。只要他们真心悔改，山岭就会再次震动。

并非所有人都要等到年老才会心生懊悔。有时，人们会在沉思中重温前尘往事，重新评价自己的所作所为，然后心生悔意。这时，"悔不当初"的念头挥之不去，"如果往日重现"的种种假设层出不穷，从前的各种过错历历在目，"一失足成千古恨"的发现令人扼腕叹息，那么，亡羊补牢，未为晚也。只要我们肯改，仍然可以重拾希望。

要想"不见棺材不落泪"的悲剧不在自己身上发生，最好的办法就是早点学会"落泪"。话说回来，哪怕棺材已经到了眼前，"落泪"也还是必要的，因为它总好过"死不悔改"。而且，上帝总是会为认罪悔改者开一条出路的。

我在这里！　　第39天　经文：《以赛亚书》65：1~10

> （耶和华说）素来没有访问我的，现在求问我；没有寻找我的，我叫他们遇见；没有称为我名下的，我对他们说："我在这里！我在这里！"
>
> （赛65：1）

1999年，《基督教历史》杂志在读者和基督教历史学家中进行过一次问卷调查，试图找出最具影响力的5位基督徒。结果，凭借卓越的成就，C. S. 路易斯高居榜首。

路易斯别名"杰克"，1898年出生于北爱尔兰首府贝尔法斯特的一个书香之家。幼年时路易斯就是一个"书虫"，年纪轻轻即跻身牛津大学，成为一名讲师。有趣的是，路易斯原本是坚定的无神论者，后来却成为"最具影响力的基督徒"。这的确令人难以置信。

1929年，路易斯放弃了一直坚持的无神论，开始相信上帝的存在，但并不是心甘情愿。他称自己是"一个被拖进家门的浪子——拳打脚踢，拼命挣扎，满腔怨气，怒目圆睁，随时都在寻找逃脱的机会。"[①]显然，当时路易斯感到，上帝的爱正牵引着他。

两年后，路易斯真正笃信基督教。其间，他曾遍访心仪之士，发现他们竟然全都是基督徒，这令他瞠目结舌。他喜欢的作家里，有许多人是基督徒。虽然他起初阅读这些书的目的并非要了解基督教教义，但他在潜移默化中受他们的影响，对上帝的认识日益加深。直到他意识到，上帝是又真又活的，他必须拜在他的脚下——不是为了祈福，仅仅因为他是上帝。路易斯写道："如果你问人类为什么要敬拜神，最终的答案只能是——他说'我是神'。"路易斯强调，他曾像老鼠怕猫一样，努力回避上帝的面，然而，上帝一直在亲近他，以致最后他不得不回应上帝，降服在他面前，最终成为杰出的基督教护教家。

我们需要时刻谨记，所有关于上帝的思考都是从上帝而来的。同样，所有发现真理和美善的渴望也都出自他。耶稣曾说："若不是差我来的父吸引人，就没有能到我这里来的。"（约6：44）借以赛亚的口，上帝对世人说："素来没有访问我的，现在求问我；没有寻找我的，我叫他们遇见；没有称为我名下的，我对他们说：'我在这里！我在这里！'"（赛65：1）

通过结识朋友，阅读书籍，欣赏乡间小道上的美景，以及探索内心深处那

---

① C.S. 路易斯，《惊喜》

从未得到满足的渴望，路易斯终于听到上帝说："我在这里。"多年来，他对上帝一直视而不见，充耳不闻。可是，一旦他凝视、聆听，他的生命就变成了贵重的器皿，被上帝用来传递自己的话语。

每个得救的生命都应该是上帝的喇叭，对那些还没有听到上帝话语的人清楚地传递这样一句话——"我在这里！"

惊人的事实　第40天　经文：《以赛亚书》66：17~23

> 我要显神迹在他们中间，逃脱的我要差到列国去……并素来没有听见我名声，没有看见我荣耀辽远的海岛，他们必将我的荣耀传扬在列国中。
> （赛66：19）

1865年，约翰·莫特出生于纽约的利文斯顿。在康奈尔大学就读期间，他遇到了英国宣教士斯塔德，并在其引导下拥有了"至真至重的信仰"。此后不久，莫特有幸参加了美国著名布道家德怀特·慕迪的布道会。在这次布道会上，莫特与其他100名基督徒一起，决定投身于海外宣教事工。

1910年，45岁的莫特主持了爱丁堡宣教大会。在会前致辞中，莫特说："如今已经是20世纪，可是耶稣基督交给我们的'传福音到地极'的大使命还远没有完成。这不能不说是一个令人触目惊心的事实。"

为了督促教会投入到普世宣教中来，莫特可谓是"鞠躬尽瘁，死而后已"。他不辞辛苦地奔走于世界各地，在各个有宣教意向的地方召开宣教会，不惜余力地招募并训练许多立志宣教的年轻人。如今已经是21世纪了，可是这个世界仍有无数的人"素来没有听见我（神的）名声，没有看见我（神的）荣耀"（赛66：19），这个"令人触目惊心的事实"仍然存在。

耶和华要求以色列百姓将他的荣耀"传扬在列国中"，同时预言，有一天这些宣教士们"必将你们的弟兄从列国中送回"（赛66：20）。这些人将"每逢月朔、安息日"就在神面前下拜（赛66：23），而且上帝将"从他们中间取人为祭司，为利未人"，作永生神的仆人（赛66：21）。

相比之下，现代教会在宣教方面做得非常欠缺。在这个世界上，仍有许许多多没有听到上帝的名声，没有见过他荣耀的地方。为什么会这样呢？问题出在哪里呢？

耶和华告诉以赛亚："时候将到，我必将万民万族聚来，看见我的荣耀。我要显神迹在他们中间，逃脱的我要差到列国去。"（赛66：18~19）首先，

所谓"上帝拯救世人"，是指他将人们从一个地方转移到另一个地方。他们的灵曾经是"死的"，如今变得"活泼"；他们"本为可怒之子"（2：3），如今"坐在天上"——就是说，天堂绝非我们"世间旧爱"、"最爱"的缩影，而是指我们正在经历的一切，甚至包括世间最大的苦难！

那么"天上"到底指的是什么呢（弗1：3）？关于这个问题，约翰·斯道特的话非常值得借鉴——"天堂是肉眼看不见的属灵天地"[①]。天堂，就是我们所领受的"每个属灵祝福"，就是"天上执政的、掌权的"所接受的"神百般的智慧"（弗3：10），就是我们的"属灵天地"。

要想拥有"天上各样属灵的福气"，你就要亲近那复活的基督，立刻走进他的荣耀，享受他爱里的平安喜乐。要想自己的生活充满智慧、活力和快乐，你就要走进这"肉眼看不见的属灵天地"。与其为超级杯橄榄球赛的VIP票或碧海白沙欢呼，为什么不来享受这"丰盛的祝福"，将这"肉眼看不见的属灵天地"活出来给世人看呢？在奔走天路的过程中，请珍重现在的每分每秒，活出应有的样式。

自夸的人　第45天　经文：《以弗所书》2：1～10

> 你们得救是本乎恩，也因着信。这并不是出于自己，乃是神所赐的；也不是出于行为，免得有人自夸。　　（弗2：8～9）

泰坦尼克号曾是世界上最大、最豪华的邮轮，是造船者的骄傲——这艘船有双层船体和16个密封舱。泰坦尼克号的建造者曾夸口说，它是一艘"永不沉没的船"，"上帝都无法击沉它"。然而，1912年4月14日午夜，这艘载有2,224名乘客的巨轮以22海里的时速撞上一座巨大的冰山后，仅过了两个半小时就沉入了大西洋。不可能发生的事情发生了，不可能沉没的船居然沉没了。泰坦尼克号的建造者们的确拥有非凡的技术，但他们仍然没有任何可以夸口的资本。虽然泰坦尼克号宏伟壮观，它也根本没有资格与上帝的伟大相提并论。

人类在上帝面前同样没有什么可以自夸的。人类的确许多了不起的地方，是上帝所造万物中的灵长，任何生物都无法与之媲美。人类非常明白这一点，知道这是无法否认的事实，并为之欢呼雀跃。但是当人类得意忘形、自以为是的时候，好日子就到头了——就如同泰坦尼克号一样，人类绝非天下无敌。

面对上帝的时候，人们会见识到他法度的奇妙可畏，见识到他的至高、至

① 约翰·斯道特，《上帝的新城》

大。有人忘乎所以时，上帝的震怒会把他打翻在地，使他所夸口的全部落空。无论人类如何奋力挣扎，都无法改变失败的事实。每当人们夸耀自己不同凡响，声称自己天下无敌，以为自己应有尽有时，他都注定会落得一个失败的下场——他不仅找不到正确的航向，更不能救自己于水火之中。

因此，我们每个人都离不开上帝的恩典。每当人类发现自己无能为力的时候，上帝都愿意伸出援手，为他们排忧解难。世人得救不是出于他们的努力，而是出于上帝的恩典。正如保罗所说："你们得救是本乎恩，也因着信。这并不是出于自己，乃是上帝所赐的；也不是出于行为，免得有人自夸"（弗2：8~9）。

对世人而言，承认自己需要上帝的救赎是一件很难的事情；但如果人拒绝上帝的救赎，就根本不可能救自己。真正需要帮助的时候，与大声呼救相比，人们往往更习惯于大言不惭。

其实，当时另一艘船——加利福尼亚号，离失事的泰坦尼克号只有20英里。不幸的是，该船的无线电接收员没有监听无线电信号，所以，泰坦尼克发出的呼救信号没有得到任何回应。但是，上帝一直在听我们的呼求。

种族净化   第46天 经文：《以弗所书》2：11~22

> 因他使我们和睦，将两下合而为一，拆毁了中间隔断的墙……既在十字架上灭了冤仇，便藉这十字架使两下归为一体，与神和好了。
>
> （弗2：14，16）

乍一看，"净化"这个词很酷，很不错，因为"净化"这个词通常指"去除污秽"，"重现美好与纯净"。但是"种族净化"里的"净化"却一点也不酷。"种族净化"这个概念的存在有一个假设前提，即某个特定种族是肮脏的，无用的，需要被"净化"——这里指的是"屠杀"。

在这个方面，前南联盟就是个典型的例子。前南联盟成立于1945年，由塞尔维亚、克罗地亚、斯洛文尼亚、波斯尼亚、黑塞哥维那、马其顿、伏伊伏丁那和科索沃地区组成。1992年，随着统一的共产主义政权倒台，所有的联盟地区先后宣布独立，并且彼此反目成仇。很快，巴尔干半岛尸横遍野，血流成河，各种武装势力相互烧杀掳掠，肆意奸淫，而他们却美其名曰"种族净化"。他们口中的"种族净化"无异于"种族灭绝"，毫无"纯净"可言。

在新约圣经写成的年代，犹太人和非犹太人之间剑拔弩张的状态，也是由来已久了。那时，犹太人坚信自己是特殊的民族，因为上帝就是这么说的。但是上帝并没有说他们比别的民族更优秀。其实，上帝拣选他们是做自己的仆人，而不是拣选他们做别人的主人；上帝要他们将上帝的好消息传给世人，他们却因此在世人面前趾高气扬。于是非犹太人被激怒了，两者间的敌意日积月累，终于导致血雨腥风的来临。

这时，犹太人耶稣来了，然后犹太人保罗也来了。保罗见证耶稣说："因他使我们和睦，将两下合而为一，拆毁了中间隔断的墙……既在十字架上灭了冤仇，便藉这十字架使两下归为一体，与神和好了。"（弗2：14，16）

参与"种族净化"的人往往看起来"义愤填膺"，声称这么做是为了报往日的一箭之仇，血债血偿，但是"义愤填膺"、"血债血偿"、"残暴"和"复仇"，这些词都有一个共同的别名——罪。能够摆脱罪的方法只有一个：因为基督已经为我们而死，所以罪人应该谦卑地来到基督面前，请求他的饶恕，见证他改变生命的大能；只有这样，他们的灵魂才能得到净化，他们与宿敌之间的关系才能得到净化。这才是真正意义上的"种族净化"。

每个人都多少需要"净化"自己的种族偏见和敌意。能够完成"净化"的方式只有一个，就是耶稣基督的十字架。

观点　第47天　经文：《以弗所书》3：1~13

因此，我保罗为你们外邦人作了基督耶稣被囚的，替你们祈祷。

（弗3：1）

1773年12月16日，3艘满载茶叶的船只驶进了波士顿港。群情激奋的波士顿市民将船上的茶叶全部倒进了港口。消息传开后，美国人备受鼓舞，英国人则怒不可遏。对此，英国作家撒母耳·约翰逊发表声明说："爱国热情是暴徒们施暴的借口。"几个月后，弗吉尼亚州立法委员帕特里克·亨利却高调支持爱国热情。他在议会面前屈膝，说："生命诚可贵，和平价更高，若为自由故，两者皆可抛！至高的神与我同在！"随后一跃而起，振臂大呼："不自由"，同时手中作势戕胸，"毋宁死！"面对美国独立革命，约翰逊和亨利的观点正可谓针锋相对。

使徒保罗到达罗马时，几乎所有人都知道他是凯撒的囚犯，绝无活路，保罗却不这么认为。他说："我保罗为你们外邦人作了基督耶稣被囚的。"（弗3：1）保罗并不愚昧，他十分清楚，自己的生死完全掌握在残暴的凯撒手里，但是他认为，自己首先是耶稣的囚犯。如果耶稣要给他自由，即使残暴如凯撒，也断不能羁绊了他。如果他未获释放，那一定是耶稣要他继续坐牢。保罗的观点的确与众不同。

接着，保罗说，他之所以被囚，是为了向外邦人传福音（弗3：1）。事实上，保罗之所以会被押解到罗马，正因为他是罗马公民，有权向凯撒申诉。他也曾使用过这个权利。但对保罗来说，这一点并不重要，重要的是主耶稣交给了他向外邦人传福音的使命。可这个使命却惹恼了犹太人，对他群起攻之，要对他施以私刑。幸亏罗马驻军救下了他的性命，并将他押解至罗马（参见徒21～28）。在保罗看来，他来罗马，完全是因为基督要他去那里向外邦人传福音。

在罗马，保罗处境险恶，他却丝毫不以为然，这不仅是因为他坚信基督掌管一切，甚至掌管凯撒，更因为他坚信福音事工比自己的生命更加重要。

那么，保罗到底是个什么样的人呢？一个被宣布死刑的可怜虫，还是耶稣得胜、充满荣耀的仆人呢？这一点，由你来判断并得出结论吧。

计划   第48天   经文：《以弗所书》3：14～21

> 因此，我在父面前屈膝，天上地上的各家都是从他得名。
>
> （弗3：14～15）

1947年6月5日，任杜鲁门政府国务卿的乔治·马歇尔将军在哈佛大学发表开学祝词时说："美利坚合众国应该竭尽全力帮助世界经济复苏，否则将政治动荡，争端四起。"用温斯顿·丘吉尔的话说，当时的欧洲是"一堆乱石，一个巨大的停尸间，一个生产瘟疫与仇恨的温床"。显然，在杜鲁门、丘吉尔和马歇尔看来，如果美国不参与欧洲重建，第三次世界大战必将一触即发。于是，以125亿美元帮助欧洲各国（无论曾是敌国还是友邦）重建的"马歇尔计划"问世了。有人说，从来没有任何一个计划像"马歇尔计划"这样影响深远。

可是，的确有一个计划比它更了不起——保罗称之为"神奥妙高深的计划"（弗3：14，NLT译本）。这个"永远不变"的计划早在"神从创立世界以前"就已经有了，目的是要建立一个"按着自己意旨所喜悦的"家庭（弗1：4～5，NLT译本），"都是照他自己所预定的美意，叫我们知道他旨意的奥秘；要照所安排的，在日期满足的时候，使天上地上一切所有的，都在基督里面同归于一"（弗1：9～10）。因此，在创造世界之前，上帝一直在忙于"安排"这个世界。虽然这个世界最终离弃了他的道路，但上帝要让它"在基督里面"重新归入自己的荣耀与主宰。

同时，教会在上帝的计划里也担任着重要的角色——因为教会"是他的身体"（弗1：23），只有通过这个"身体"（并所有的身体），从"头"而来的美意和呼召才能得以实现。然而，最不可思议的是，作为上帝计划里不可或缺的部分，教会居然是由罪人组成的——这些人"死在过犯罪恶之中……我们从前也都在他们中间，放纵肉体的私欲，随着肉体和心中所喜好的去行，本为可怒之子，和别人一样"（弗2：1～3）。不仅如此，基督还将从前的宿敌"藉这十字架使两下归为一体，与神和好了"（弗2：16），并让他们组成教会！

上帝有一个计划，一个永远的计划，一个早在创世之前就已经设计好的计划，一个以基督和教会为核心的计划，一个专门为罪人设立的计划！它的"智慧和宽广"令保罗惊叹不已！——是的，上帝有一个计划，一个给我们的计划！

健康的身体　第49天　经文：《以弗所书》4：1～16

> 全身都靠他联络得合式，百节各按各职，照着各体的功用彼此相
> 助，便叫身体渐渐增长，在爱中建立自己。　　　　　（弗4：16）

弗洛伦斯·南丁格尔、理查德·西蒙斯和希拉里·克林顿3人之间，有一个巨大的共同点。在19世纪，参加战斗的士兵们很少得到及时有效的医疗救治，是弗洛伦斯·南丁格尔和一群淑女改变了这一切。当初，在克里米亚半岛的枪林弹雨中，她们奋不顾身地到处抢救伤员。为纪念她的英勇与慈爱，第一所护士学校就以她的名字命名。理查德·西蒙斯是一位电视名人，他成功地将许多习惯呆坐在电视机前的人们鼓动起来，投入到健康的有氧运动中来。希拉里·克林顿之所以为大家所熟知，部分原因是她大力主张政府支持公民的健康护理。那么，你看出他们之间的相同之处了吗？显然，他们都关心身体的健康。如今，整个西方都对此非常关注。这也不奇怪，因为这个世界如今已经充满了各种有害物质，时刻威胁着我们的健康。

保罗也非常关注健康问题。他不仅说"教会是他（基督）的身体"（弗1：23），更致力于使"身体渐渐增长，在爱中建立自己"（弗4：16）。要想让教会——基督的身体健康并充满活力，同样需要悉心看护。保罗曾教导我们应该如何去做。

首先，我们必须要记住，"身体只有一个，圣灵只有一个，正如你们蒙召，同有一个指望"（弗4：4）。在保罗看来，天马行空的个人主义绝对要不

得。在信仰的共同体里，信徒们不仅同享宝贵的真理，也要持守自己的本分，这样，教会才会健康。

其次，我们需要明白，教会里各肢体之间难免彼此不同，我们要谨慎处理这些不同。保罗教导我们要"凡事谦虚、温柔、忍耐，用爱心互相宽容"（弗4：2）。

最后，我们必须清楚，耶和华为每个教会预备了合适的仆人做属灵领袖，这些领袖负责"成全圣徒，各尽其职，建立基督的身体"（弗4：12）。这就意味着，我们每个人都需要接受领袖的领导，并做好自己的本职工作。这样，一个身体才能够健康成长。

当一个人意识到自己是信仰共同体的一部分，他会努力在其中营造彼此相爱、彼此关心的气氛，尽其所能帮助教会健康成长；而他自己，也会因此健康而有活力。

庆祝胜利　第50天　经文：《诗篇》118篇

> 这是耶和华所定的日子，我们在其中要高兴欢喜……你们要称谢
> 耶和华，因他本为善，他的慈爱永远长存！　　（诗118：24，29）

在新奥尔良的超级杯比赛中，GBP队打败新英格兰爱国者队后，无数球迷兴高采烈地涌上法兰西区的街道，欢庆球队胜利。与此形成鲜明对比的是，比赛结束时，GBP最重要的防卫队员——雷吉·怀特和另外一些运动员却跪在运动场上，向上帝献上感谢的祷告。并非所有人都欣赏他们的敬虔，甚至有不少人质疑，如果球队在比赛中失利，他们是否仍然会感谢上帝。但是不管怎样，以醉酒狂欢庆祝胜利和以祷告感恩庆祝胜利，这两者之间还是有着天壤之别。

《诗篇》118篇记录了以色列人凯旋后的一次庆祝。志得意满的统帅带领部队走向圣殿，祭司鼓励以色列人要为此向上帝献上感谢（参见诗118：1～3）。然后，这位统帅对百姓们说："我在急难中求告耶和华，他就应允我，把我安置在宽阔之地。"（诗118：5）经历了上帝大能的救赎后，他见证说："投靠耶和华，强似倚赖人；投靠耶和华，强似倚赖王子。"（诗118：8～9）这支胜利之师的统帅一再强调："耶和华的右手施展大能；耶和华的右手高举，耶和华的右手施展大能"（诗118：15～16）。

这位统帅要求进入圣殿（参见诗118：19）。当圣殿的门打开时，他说："这是耶和华的门，义人要进去。"（诗118：20）此情此景，令以色列的歌手

们不禁开口赞美耶和华，感谢他将统帅从败境中拯救出来，使其得胜归来。他们扬声唱道："这是耶和华所作的，在我们眼中看为希奇。"（诗118：23）因为这个欢庆胜利的日子"是耶和华所定的日子"，所以他们说："我们在其中要高兴欢喜。"（诗118：24）这位胜利的统帅要求祭司为其祝福，祭司回答说："我们从耶和华的殿中，为你们祝福。"（诗118：26）在这首诗的结尾，这位统帅将荣耀归给耶和华，鼓励人们"要称谢耶和华"（诗118：29）。

我们不是常常能有人在战场上获胜，或参加超级杯比赛，但我们每个人都可以在生活中获得属于自己的小胜利。我们的行为表明我们是什么样的人。如果我们出去举杯狂欢，就意味着我们缺乏正确的判断力，好像缺乏平衡力一样；如果我们跪下感谢耶和华，将荣耀归给耶和华，我们将无往而不胜。

留心听　第51天　经文：《箴言》4：1～22

> 我儿，要留心听我的言词，侧耳听我的话语。都不可离你的眼目，要存记在你心中。因为得着它的，就得了生命，又得了医全体的良药。　　　　　　　　　　　　　　　　　　　　（箴4：20～22）

在科幻小说《小岛》中，奥尔德斯·赫胥黎写道："如果对身边的事物漠不关心，你就没有活在当下。"要想对事物留心，我们需要通过感官时刻感知并关注身边发生的一切。但人们常常会犯"熟视无睹"的错误，将注意力放在其他地方。例如，开车回家已是"轻车熟路"，所以我们常常会忘记整个旅程，却对自己与身边人发生的口角念念不忘。

我们无法活在当下，往往是因为我们"先知先觉"——事先判断接下来的事物是否怪异、无聊或熟悉。如此一来，在我们眼中，许多无意义的事情往往因其陌生或不寻常，就显得意义非凡。所以，当主日证道的内容一再言及终极关怀时，如果下面的听众不留心听，孩子一声轻微的吵闹，甚至一个电话铃声就能勾走他的七魂六魄。为了避免听众注意力溜号，牧师们需要事先发出警报——在正式开始之前，需要经常使用"注意"或"听一下"这样的命令和指示。

《箴言》的作者谙熟此道，因此写道："我儿，要留心听我的言词，侧耳听我的话语。都不可离你的眼目，要存记在你心中。因为得着它的，就得了生命，又得了医全体的良药"（箴4：20～22）。

同《箴言》的作者一样，天父上帝也称以色列百姓为"众子"（箴4：1）。天父上帝无比慈爱，不仅创造了我们，更希望看到我们幸福地生活；而我们却常常像小孩子，表现得三心二意——因为对那些最重要的事情已经耳熟能详，所以无法留心；同时，对那些无关紧要的事情却容易表现出关注和兴趣，任由它们来支配我们的想法，牵引我们内心的私欲。

如果要把上帝的话真正听到心里面去，我们需要谨守、节制，将圣经的真理一字一句铭刻在心底，融会贯通在精神世界的每一个情感、向往与渴望里。不"留心"，你就会一无所获，甚至迷失生活的方向。所以，"侧耳听"，对于我们来说无比重要。

悖逆之徒　第52天　经文：《箴言》6：1～23

> 耶和华所恨恶的有六样，连他心所憎恶的共有七样，就是高傲的眼，撒谎的舌，流无辜人血的手，图谋恶计的心，飞跑行恶的脚，吐谎言的假见证，并弟兄中布散纷争的人。　　　　（箴6：16～19）

似乎总有些人天生悖逆——他们的生活没有计划，也缺乏节制。在他们身边的人很容易感受到，他们的生活充满紧张和冲突。他们本来有能力造福社会，并非一无是处，但是因为生性悖逆，以至最终毫无建树。

1998年全美篮球联赛冠军芝加哥公牛队里曾有一位篮球明星。他曾数年领导球队，比赛中多次力挽狂澜，在球队成为联赛最佳球队的过程中功不可没。起初，他放荡不羁、离经叛道的生活方式令他成为媒体争相报道的焦点，场内场外荒诞不经的言行亦使他屡次登上报纸的头版头条，常常令公众瞠目结舌。但随着时间的推移，人们开始对他的行为不以为然起来。许多球队都渴望拥有像他一样的优秀球员，但都因他声名狼藉，因此对他退避三舍，以至他最后投靠无门。他就这样把自己搞得满身是非，葬送了大好前途。

社会上天生忤逆悖逆的人比比皆是，公司、教会里也可以看到，国会和职业球队里到处存在着这种人。在圣经里，上帝对这类人痛加斥责。

这类人的根本问题在于他们的态度——"高傲的眼"和"图谋恶计的心"。前者反映的是一个人的思想，后者表现在言语中。这些隐而未现的态度，最终会转化成具体的行动——"撒谎的舌"、"吐谎言的假见证"、"流无辜人血的手"和"飞跑行恶的脚"（箴6：17～19）。所有这些，无一不会令兄弟反目，父子成仇。

难道这些恶行就不会得到惩罚吗？当然会。总有一天，这些悖逆之子将不得不面对愤怒的球队老板、教练或选民，承担一切后果。然而，更可怕的后果也在

将为基督受苦（参见腓1：29）；也知道自己并非孤军奋战，因为复活的基督与他们同在；他们在基督里得到了劝勉，从爱心里得到了安慰，在圣灵里彼此交通（参见腓2：1）；他们正在学习彼此关怀、谦让，努力做到"存心谦卑"，"各人看别人比自己强"，好使保罗的喜乐得到满足（参见腓2：3~4）。

　　这是因为基督钉死在十字架上，令腓立比信徒认识到了他的谦卑，看到了一个追求生活意义的榜样。如果你能够像耶稣一样，将生命交付给上帝，那么上帝就会与你同在。有上帝同在的生活，才是有意义的生活，否则不过就是混日子而已。

弯曲悖谬的世代　第59天　经文：《腓立比书》2：5~18

> 使你们无可指摘，诚实无伪，在这弯曲悖谬的世代作神无瑕疵的儿女。你们显在这世代中，好像明光照耀。　　　　　（腓2：15）

　　18世纪英国最伟大的诗人亚历山大·蒲伯，从小身体残疾且多病。在诗中，他曾这样描述自己眼中的世界：

> 宗教抱愧，圣火蒙羞，
> 道德无故夭折。
> 公理不再，私冤难申，
> 人心不古，苍天无眼！
> 啊，暮气沉沉，天地洪荒！
> 圣言未出，光明已死；
> 魔头张狂，帷幕坠地，
> 万事万物尽归黑暗。[1]

　　对于这个世界的弯曲悖谬，使徒保罗和亚历山大·蒲伯英雄所见略同，但保罗并不想作诗抨击，因为在他看来，黑暗正是光明降临的理由。保罗鼓励弟兄们说："凡所行的，都不要发怨言、起争论，使你们无可指摘，诚实无伪，在这弯曲悖谬的世代，作神无瑕疵的儿女。你们显在这世代中，好像明光照耀"（腓2：14~15）。面对悖谬的世代，有些人破口大骂，而保罗却选择迎头直上。

　　在一个充满黑暗世界里，一个人怎么才能发光呢？首先，他需要完全顺服上帝——因为"让生命发光"不是一个建议，而是来自上帝的命令！对于那些

---

[1]　亚历山大·蒲伯，《愚人志》中的"愚人的胜利"

远在腓立比的朋友们，保罗告诫说："我亲爱的弟兄，你们既是常顺服的，不但我在你们那里，就是我如今不在你们那里，更是顺服的，就当恐惧战兢，作成你们得救的工夫。"（腓2：12）许多人害怕恶人远胜过敬畏耶和华上帝，无力抵抗黑暗，因此无法成就上帝的美意（参见腓2：13）；即使他们有能力克服恐惧，战胜黑暗，在这个乌七八糟的世界里，又能到哪里找到力量，使自己"无可指摘，诚实无伪"呢？

对于这个问题，保罗的回答精彩、老练：属灵生命的关键，在于信徒心里运行的上帝。信徒们需要明白，"你们立志行事，都是神在你们心里运行"（腓2：13）。当然，人们不能因此而借借口说："既然神在我心里运行，那就全交给他了。"保罗这句话是要鼓励那些灰心、恐惧、软弱的人全心顺服上帝，使他们明白，上帝不仅会给他们战斗的意志，更会给予他们战斗的能力。因此，每一束光都可以与黑暗抗衡。

重要的配角　第60天　经文：《腓立比书》2：19~30

> 因为我没有别人与我同心，实在挂念你们的事。别人都求自己的事，并不求耶稣基督的事。（腓2：20~21）

对于大名鼎鼎的学院奖——奥斯卡金像奖，有一点我很欣赏：他们不仅慧眼识珠，善于挖掘真正的巨星，同时也非常看重配角，不仅设有"最佳影片奖"和"最佳演员奖"，也设有"最佳道具奖"和"最佳配角奖"。

这么做不是想处处讨好，而是因为众多配角的帮衬，才有超级巨星演出的成功。同样，没有进攻内线队员的掩护，就不可能有四分卫的精彩达阵；没有配乐小提琴的衬托，就不可能有独奏小提琴的出色演奏。

在建立普世教会的事工中，保罗是当之无愧的"天王巨星"。除了主耶稣之外，在建立"上帝永远的国"的事工中，没有什么人的功劳大过保罗，他理应得到最高的奖赏。然而，当我们阅读保罗书信时，随处能够发现他对身边同工的赞美和感激。

提摩太就是个好例子。保罗说："（除了提摩太）没有别人与我同心，实在挂念你们的事。别人都求自己的事，并不求耶稣基督的事。"（腓2：20~21）在保罗看来，提摩太与他心意相通，血脉相连——保罗向腓立比信徒们坦承自己意志消沉，一心希望这个年轻人能够给他带来安慰（参见腓2：19）；在垂暮之年，保罗更将他看成是自己"属灵的儿子"。

同样，谈到弟兄以巴弗提时，保罗说："他是我的兄弟，与我一同做工、一同当兵。"（腓2：25）当时保罗孤身一人，急需一个弟兄在旁边帮忙。当手头的工作堆积如山时，他需要有人分担自己的担子；当属灵的争战愈演愈烈时，他也需要有人与自己同仇敌忾。因此在他看来，年轻的以巴弗提是一位好弟兄、好同工和好士兵。

腓立比信徒们非常了解这位使徒，挂念着他的冷暖安危，所以派以巴弗提到他那里。对此，保罗万分感激，称以巴弗提是来"供给我需用的"（腓2：25）。在这期间，以巴弗提曾身患重病，但是比起自己的病，他更担心教会上下会为此焦虑不安。更难能可贵的是，即使重病缠身，以巴弗提仍然坚持履行自己的使命，尽力帮助保罗。

就算没有互联网，没有电话，没有传真或电脑，保罗仍然可以出色地完成事工。但是，如果没有像提摩太和以巴弗提这样的弟兄在身边，我相信保罗的事工也会举步维艰。我们也是一样，在事工中永远都需要弟兄姐妹的帮助。

夸口的资本　第61天　经文：《腓立比书》 1~16

> 因为真受割礼的，乃是我们这以神的灵敬拜，在基督耶稣里夸口，不靠着肉体的。　　　　　　　　　　　　（腓3：3）

男人喜欢吹牛。一有机会，爷爷就喜欢给孙子讲当年的戎马倥偬；年轻的父亲则喜欢给孩子讲当年自己在赛场上是如何所向无敌、八面威风的。低俗的汉子们喜欢夸耀自己如何精通"房中术"；高雅的绅士们也喜欢夸耀自己在领奖台上的无限风光。可见，男人的血液里天生就有吹牛炫耀的因子。

谈到属灵生命的时候，男人们会有些收敛，但如果你跟他们谈信奉的宗教，他们往往又会两眼放光，滔滔不绝地告诉你，他爷爷的爷爷是多么的虔诚，当年的洗礼是多么盛大，对自己却只字不提。男人们如此行，似乎要证明自己拥有这些优秀的宗教传统，所以虽然自己的信仰生活看上去支离破碎，但因为有此作挡箭牌就仍然说得过去。

说到宗教，最有资格夸口的人应该是使徒保罗。说到出身和传统，没有人能够比得过保罗——他生来就恪守犹太律法，所以他曾自信地说："其实我也可以靠肉体；若是别人想他可以靠肉体，我更可以靠着了。"（腓3：4）接着，保罗历数了自己完美的家世，严守律法和对宗教活动的热心，正如他自己所说："我是无可指摘的。"（腓3：6）

　　但是在保罗看来，这一切都毫无用处！他说："只是我先前以为与我有益的，我现在因基督都当作有损的。"（腓3：7）保罗不再拿肉体夸口，而变得无比谦卑，都因为他现在只以基督为荣。保罗见证说："（我）乃是有信基督的义，就是因信神而来的义。"（腓3：9）为耶稣基督，他甘心付出一切，"使我认识基督，晓得他复活的大能，并且晓得和他一同受苦，效法他的死"（腓3：10）。同时，他相信自己也将"从死里复活"（腓3：11）——这一切，都是因为基督，而不是自己的功劳！

　　但是，为了防止自己掉到另外一个夸口的陷阱里，保罗马上补充说："这不是说，我已经得着了，已经完全了，我乃是竭力追求，或者可以得着基督耶稣所以得着我的。"（腓3：12）

　　显然，保罗认为有些读者可能会"存别样的心"（腓3：15），所以接着说："我们到了什么地步，就当照着什么地步行。"（腓3：16）

　　相信在读过保罗书信后，仍有人想要夸口，因为"江山易改，本性难移"。但是真正活在基督里的人，一定要下决心改掉这个"本性"。

十字架的仇敌　　第62天　经文：《腓立比书》3：17～4：3

> 因为有许多人行事是基督十字架的仇敌。我屡次告诉你们，现在又流泪的告诉你们：他们的结局就是沉沦，他们的神就是自己的肚腹，他们以自己的羞辱为荣耀，专以地上的事为念。
>
> （腓3：18～19）

　　在俄罗斯圣彼得堡（从前的列宁格勒）的涅瓦河畔，耸立着一座绿、黄、白相间的建筑——冬宫，著名的艾米塔吉博物馆就位于其中。博物馆里陈列着叶卡捷琳娜大帝二世收藏的许多无价之宝，其中不乏出自大师之手的宗教艺术品。这些艺术品形态各异，但大多都取材于"基督受难"。

　　令人难以置信的是，在苏维埃政权时代，这块曾涌现出无数宗教艺术杰作的土地上，掌权者们却极力抵制救主的十字架。他们是真正的"基督十字架的仇敌"（腓3：18）——面对基督的受难和无数基督徒的悲伤与绝望，掌权者们无动于衷，显出一副铁石心肠。

　　除了他们以外，无论是谁看到主耶稣在十字架上受难的样子，都不禁心生悲怆。可是，几个世纪以来，对十字架的诋毁和排斥始终不绝于耳。

　　在使徒时代，保罗也曾面对过许多"十字架的仇敌"。虽然这些人混在基督徒里面，装作热爱基督，热爱十字架，但保罗还是一眼就认出他们。保罗说："因为有许多人行事是基督十字架的仇敌。"（腓3：18）可见，使他们原形毕露的，正是他们的行为。

"十字架仇敌"的行为，并不总是明显与基督敌对的，就像从前列宁格勒的执政者。谈到这些仇敌的行为，保罗说："他们的神就是自己的肚腹，他们以自己的羞辱为荣耀，专以地上的事为念。"（腓3：19）显然，他们只专注肉体的享受，寡廉少耻，庸俗不堪。然而，按照现代社会的标准，他们又完全正常，无可指摘。那么，到底是哪儿出了错呢？

为了赦免世人的罪，基督将自己钉死在十字架上。罪的力量非常强大，它能够诱发人的各种欲望，蒙蔽人的羞耻之心，使人生活在一个假象里：这个世界就是一切，根本没有天国。在"十字架的仇敌"看来，他们根本不需要救赎，甚至仇恨所有劝诫他们追求救赎的人。他们对基督在十字架上的受难漠不关心，只想着如何满足自己的私欲。在他们眼中，所有基督徒都已经误入歧途，不懂得享受生活；他们甚至希望帮助基督徒们"改邪归正"。

不幸的是，"他们的结局就是沉沦"（腓3：19），这就是为什么保罗会"流泪"告诫众人的原因（腓3：18）。

你们要喜乐　第63天　经文：《腓立比书》4：4～9

> 你们要靠主常常喜乐；我再说，你们要喜乐。　　　　（腓4：4）

对于各种教会事务，信徒间彼此意见不合的情形并不少见，教会的牧者们早就习以为常了。其中，圣乐往往是争议的焦点。曾经有一个教会诗班要求教会满足他们的要求，否则就不再参加敬拜了。在回信中，负责圣乐的牧长引用了圣诗里的一句话——"不放声歌唱赞美的人，永远不认识我们的神！"这句话或许可以帮助这位牧长解气，但显然无益于解决这场冲突。音乐的风格多种多样，人们对音乐的品味喜好也迥然不同，因此圣乐很容易成为信徒们彼此较劲的焦点，也是何为正统的辩论战场，甚至成为左右敬拜风格的重要因素。难怪有人会说："当撒旦被赶出天堂时，他降到了唱诗班里。"

尽管信徒们总是围绕着圣乐争吵不休，但圣乐仍然是信徒们向上帝表达赞美、感谢、喜乐的重要途径，因为赞美、喜乐和感谢是信仰生活中不可或缺的部分。

因为我们的上帝是充满喜乐的——正如《西番雅书》所说："耶和华你的

神是施行拯救、大有能力的主，他在你中间必因你欢欣喜乐，默然爱你，且因你喜乐而欢呼。"（番3：17）喜乐的上帝？欢呼的上帝？没错！因此，以色列百姓也应该是一群喜乐的人。

保罗在狱中书信中一再强调："你们要靠主常常喜乐；我再说，你们要喜乐。"（腓4：4）当时保罗正被关在阴暗的死牢里，所以这句话显得异乎寻常。在保罗的词典里，"常常"就意味着"永远"——但这是不是有些不现实呢？难道我们一点儿都不可以悲伤、软弱吗？说实在的，保罗难道就从来没有过心灰意冷，垂头丧气的日子吗？是的，保罗也曾有过低落的时候，但他这句话并不是在打自己的耳光，因为这句话的重点是"靠主常常喜乐"。"靠主"是指时刻铭记他的救恩，与他亲近，披戴他的恩典，因他的怜悯得安慰，相信他的信实，在他里面享受真正的平安。

在这个世界里，没有任何东西能够给予我们"常常喜乐"的力量，因为它里面总是充满苦难。然而即使在这些苦难里，我们也可以"靠主"得喜乐。对此，我们应该举双手赞美，应该大声欢呼！

语言的力量　第64天　经文：《诗篇》18：1~25

> 耶和华我的力量啊，我爱你！　　　　　　　　　　　　（诗18：1）

在莎士比亚著名的戏剧《奥赛罗》中，当富甲一方的威尼斯元老得知自己的爱女私下与一个摩尔人（非洲血统）结婚时，他怒不可遏。但是生米已经煮成熟饭，元老只好听从公爵的意见——"聪明人遭窃毫不介意"，决定"咽下这口气"！谁曾想，他的宝贝女儿又马上宣布，她从此要忠于丈夫，胜过忠于父亲。于是，聪明的元老说：

> 空言毕竟无补实际，好听的话儿几曾送进心底？

考虑到元老当时的心境，我们可以理解他说话有失公允，但是我们无法苟同"空言无用"这句话，因为"人言"远非喉咙里发出的声音那么简单。令人感动、悲伤、快乐或愤怒的，不正是"人言"吗？人的语言可以是刺入心房的一把刀，也可以是治疗悲伤的良药；可以是传递好消息的管道，也可以是发出快乐之声的喇叭。

从敌人手下死里逃生后，大卫王曾用一句简单直白的话表达自己的心意——"耶和华我的力量啊，我爱你！"（诗18：1）然后他笔锋一转，开始用生动、率直的语言描述自己心中的耶和华上帝："耶和华是我的岩石，我的山寨，我的救主，我的神，我的磐石，我所投靠的。他是我的盾牌，是拯救我的角，是我的高台。"（诗18：2）

大卫没有直接说自己饱经磨难，而是写道："曾有死亡的绳索缠绕我，匪类的急流使我惊惧；阴间的绳索缠绕我，死亡的网罗临到我。"（诗18：4~5）。写到上帝的反应时，大卫使用了"地震"、"火焰"、"黑云"、"闪电"和"惊雷"等词，描述手法别具一格，令人印象深刻（参见诗18：7~19）。大卫用这些词，是为了让圣诗班的歌唱更加传神——当圣诗班成员口中吐出这些词时，脑海中自然会浮想联翩，将那不可见的全能者想象成"磐石"、"盾牌"、"避难所"和"山寨"，真切体会到上帝的爱。借着这些生动的语言，唱歌的人会深切地感受到大卫所经历的痛苦，"看见"耶和华上帝那感天动地的回应。

我们也会遣词造句，但是这个本领都用在了什么地方呢？是用来赞美、伤害、治疗，还是用来点燃激情？记住：人言可畏。就算你仍然主张"空言无用"，但是"人言"巨大的力量永远都不会改变。

听和看的宝贵　第65天　经文：《箴言》20：1~21

> 能听的耳，能看的眼，都是耶和华所造的。　　　　（箴20：12）

海伦·凯勒生于1880年。不到两岁的时候，一场突如其来的发烧使她同时失去了听觉和视觉，从此，这个小女孩不能看，不能听，也不能再说话。谁能想到，这样一个盲聋哑的残疾人，后来竟然以优异的成绩从拉德克利夫学院毕业。她说："视觉与听觉同样重要，但比起失明，耳聋造成的困难更大、更复杂。因为声音是一个人生命中至关重要的刺激，可以为人带来欢笑，使人思考，促进心与心的交流，耳聋却意味着一个人一辈子与此无缘，因此是更不幸的疾患。"[①]

但是，如果这位坚强的女性能够活到今天，一定会惊讶地发现世人并不赞同她的观点。因为现代人相信，"一张好图片胜过千言万语"。随着电视的普及，有人宣称如今已经是"视觉至上"的时代。无论怎样，我们都坚持相信，不管失去视觉还是听觉，都是人生中难以承受的灾难。

对于"耳"和"眼"到底孰重孰轻，《箴言》的作者并没有妄加评论，他

---

① 《不列颠百科全书》第5卷1131页

只是相信："能听的耳，能看的眼，都是耶和华所造的。"（箴20：12）这两种感官能力，不仅仅是感受光和声音的途径，更是上帝赐予我们人类的宝贵礼物，因此，我们须抱同样的感激之心。我们应该充分利用自己的双眼，尽情享受眼中五彩缤纷、神奇奥秘的大千世界；同时，也应该充分利用自己的双耳，倾听丰富的知识和美妙的天籁。

对于我们来说，"听"和"看"就像呼吸和心跳一样习以为常，以至很少会意识到它们的存在和重要，除非出现障碍。但是，事实上，我们每天睁开眼睛捕捉光线，竖起耳朵收集声音，都是多么难能可贵。上帝通过这两种能力，使我们的生活丰富多彩。要想在世界的末了，向全能的上帝详细报告自己的所见所闻，献上赞美与感谢，我们现在就应该充分享受"眼"和"耳"所给予的乐趣，在敬拜中积极利用它们来寻求上帝的面。

当然，不是所有听到的东西都是有益的，正如圣经所说："大张嘴的不可与他结交。"（箴20：19）同时，"眼高心傲"乃是罪（箴21：4）。传说在印度有3只明智的猴子，分别是"非礼勿说"、"非礼勿视"和"非礼勿听"——显然，他们的智慧，就在于懂得正确使用"眼"和"耳"。

追求公义   第66天 经文：《箴言》21：17~31

> 追求公义仁慈的，就寻得生命、公义和尊荣。   （箴21：21）

虽然父亲只是费城的一位蜡烛工匠，但本杰明·富兰克林从小就机智过人。1776年7月4日，《美国独立宣言》在大陆会议中通过。8月2日，同其他成员一起在《美国独立宣言》上签名时，本杰明·富兰克林一语双关地说道："先生们，现在我们必须要同生共死，因为如果不'同生'，就只有'共死'。"

这句话看似诙谐，其实一语道出了他们面对的凶险——在英国政府眼中，当时富兰克林及众议员的举动无异于叛国，如果不幸被捕，很有可能会被处以绞刑。但他们坚信，抗击英国国王乔治三世的横征暴敛，还13州父老乡亲以追求美好、快乐生活的自由，乃是正义之举。

每个人都在追求成功，所有人都想拥有快乐，不幸的是，许多快乐可望而不可即。如今，人们生产出无数的玩具来取悦大众，"娱乐至死"的文化更是备受世人推崇——"追求快乐"俨然成了基本国策，"制造快乐"成了国家的支柱性产业。但尽管如此，这个世界依然充满了悲伤。

对此，《箴言》说："追求公义仁慈的，就寻得生命、公义和尊荣。"

（箴21：21）从追求"快乐"改为追求"公义"，这意味着追求的方向发生了根本性的改变。追求"公义"是指在生活中努力取悦上帝，而追求"快乐"是指在生活中努力取悦自己；同时，追求"快乐"通常是指"感觉美好"，而追求"上帝的公义"，是指一个人努力"成为美好"和"缔造美好"。两者之间有天壤之别——要知道，"感觉美好"有时恰恰意味着"成为丑陋"。

"成为美好"和"缔造美好"既是指天上的生活，也是指地上的生活。"成为美好"可以意味着取悦自己的父亲，"缔造美好"可以意味着雪中送炭——《箴言》称其为"公义仁慈"。只要人们坚持不懈地追求，就一定会得到丰厚的回报：不仅能够得到自己想要的，更会"寻得生命、公义和尊荣"。

《美国独立宣言》承诺给予国民追求快乐的自由，强调这是上帝所赋予的权力。当托马斯·杰斐逊在上面郑重签下自己的名字时，不要忘记《箴言》作者在高呼上帝所赋的责任——追求公义。追求快乐，你未必会如愿以偿，但追求公义，你一定会满载而归。而且，即使你会因此被人绞死，也会永远被人称颂！

富户和穷人　第67天　经文：《箴言》22：1~16

> 富户穷人在世相遇，都为耶和华所造。　　　　　　　　　　（箴22：2）

凯文·布朗1999年时任"洛杉矶道奇棒球队"主投手，在整个赛季里共出场35次。他当时年薪是10，714，286美元，如果按每场投100个球计算，他每投一球就净赚3000美元！相比之下，按当时最低工资标准，一个年轻人要努力工作近600个小时，才能挣3000美元。这就是"富户"与"穷人"之间的差距.

可是，与第三世界国家里的穷人相比，这个年轻人已经算得上"富人"了，因为他至少吃得起汉堡包。早在1978年，世界银行就这样定义"极度贫困"：长期营养不良，缺少教育，疾病不断，生活环境肮脏，婴儿死亡率居高不下，没有任何希望过上体面的生活。不幸的是，今天仍然有无数人过着这样的生活。约翰·斯托特曾表示，世界上有五分之一的人口"缺少基本的生存必需品"，同时另有五分之一的人口"消耗着全世界财富的五分之四"。因此，一些经济学家和政客们主张重新分配财富，想要通过税收"劫富济贫"。但是反对者指出，这么做可能会使穷人产生依赖性，从而失去摆脱贫困的动力。

从前，有些时事评论员宣称"富贵天注定"，所以每个人都应该安贫乐道。可是近年来，那些长期穷困的人（同样是上帝所造的）越来越成为社会的不稳定因素。对此，每个上帝的子民都不能置身事外。

对于贫困，《箴言》作者的见解显然有别于政治家、经济学家或社会学家——"富户穷人在世相遇，都为耶和华所造。"（箴22：2）既然如此，在上帝眼里，两者就都是他深爱的对象，是他努力救赎的对象，都极为珍贵——这一点与财富多少无关。同时，这句话也意味着，当富人有能力帮助那些饥寒交迫的穷人时，就应该尽力而为。

当一个人明白了这些真理后，他就应该照着去做。做的方式可以不必一致，但出发点必须是一样的——"上帝不仅造了我，也造了穷人，所以我们应该携手共进。"

上帝和基因　第68天　经文：《箴言》23：19~35

我儿，你当听，当存智慧，好在正道上引导你的心。

（箴23：19）

21世纪迎来第一缕曙光之际，人类完成了第一张完整的人类基因草图。我们被告知，正是这些基因密码决定了我们的体形外貌，手指的数量，眼睛的颜色，语言能力，记忆及提取信息的能力。就在我们为基因的影响力惊叹不已时，有人断言，基因甚至决定我们的言行举止。这些人主张，既然决定一个人行为的是先天基因，是上天注定的，所以就不应该为自己的行为负责。

不管基因是否真的会影响行为，都无法改变圣经在这件事上的立场：上帝早已为人们制定出了行为守则，所有违反的人都应该而且能够为自己的行为负责。正如《箴言》所说："我儿，你当听，当存智慧，好在正道上引导你的心。"（箴23：19）《箴言》并不否认人们的行为受习性影响，但它仍然坚持每个人都应该为自己的行为负责。

《希伯来书》12：1说："我们既有这许多的见证人，如同云彩围着我们，就当放下各样的重担，脱去容易缠累我们的罪，存心忍耐，奔那摆在我们前头的路程。"传道人经常引用这句话，探讨"缠累我们的罪"，指出有些罪在人心里根深蒂固，很难剪除。近些年来，受心理学影响，这些罪开始被赋予了一个新名词——"成瘾行为"。这些行为有许多形式，虽然《箴言》作者没有成为第一个使用这名词的人，但对它的论述同样精辟——"好饮酒的，好吃肉的，不要与他们来往"（箴23：20）；"好睡觉的，必穿破烂衣服"（箴23：21）；"妓女是深坑，外女是窄阱"（箴23：27）。酗酒、暴食、懒惰、淫乱，无论它们是被叫作"缠累我们的罪"，还是"成瘾行为"，都是坏的。

　　无论是被罪缠累，还是被"成瘾行为"束缚，都是可怕的，因为它们会导致"祸患"、"忧愁"和"无故受伤"（箴23：29）。这样的人仍然有希望改变，如果他们能够回应上帝的邀请——"我儿，要将你的心归我"（箴23：26），遵行教诲——"买真理，就是智慧，训诲，和聪明，也都不可卖"（箴23：23），他们就会发现"缠累之罪"或"成瘾行为"的铁箍会不解自开。

　　即使一个人天生偏爱奸邪，上帝仍然愿意给予他改邪归正的力量；不管一个人的基因如何，上帝的慈爱永远不变。

看见和留心思想　　第69天　经文：《箴言》24：23~34

　　　　我看见就留心思想，我看着就领了训诲。再睡片时，打盹片时，抱着手躺卧片时，你的贫穷，就必如强盗速来；你的缺乏，仿佛拿兵器的人来到。
　　　　　　　　　　　　　　　　　　　　　　　　（箴24：32~34）

　　J·W·斯蒂尔创作过一幅著名的板画，画的是一个小男孩坐在火炉旁边，托腮凝视着一个烧着开水的壶。这个小男孩就是詹姆斯·瓦特。18世纪早期，他和父母一起住在苏格兰的格里诺克。当他在观察蒸汽不断掀起水壶盖"啪啪"作响时，他的母亲正在与一个朋友聊天，全然不知儿子在做什么。全神贯注观察之余，这个小男孩开始思考这个现象。他通过看、学习、观察和积极思考，终于意识到蒸汽可以提供动力，而且可以控制，并最终将这一发现付诸实践。

　　在詹姆斯·瓦特出生34年后的1770年，威廉·华兹华斯出生在格里诺克南面100英里外的英国湖区。为了避开粗陋的家人，年轻的华兹华斯常常在山冈和湖畔流连，通过观察大自然来了解这个客观世界。长大成人后，他成了一位诗人，写下了这样的诗句：

　　　　因为我学会了，
　　　　怎样看待大自然，不再似青年时期，
　　　　不用头脑，而且经常听得到，
　　　　人生的低柔而忧郁的乐声。
　　　　不粗粝，不刺耳，却有足够的力量，
　　　　使人沉静而服帖。①

　　诗人华兹华斯同样通过观察大自然来学习。虽然他的方式与发明家瓦特

---

① 威廉·华兹华斯，《丁登寺》

迥然不同，但两人有一点是相同的——当他们的同伴都对身边的奥妙视而不见时，他们却反其道而行，仔细观察身边的事物，思考背后的意义，学习里面隐藏的道理。

在《箴言》24章，作者描述了自己走过一个荒芜的葡萄园的经历。目光所及之处，从前辛苦栽培的葡萄园长满荆棘，不禁令他无限感伤。深思之后，他这样总结："我看见就留心思想，我看着就领了训诲。再睡片时，打盹片时，抱着手躺卧片时，你的贫穷，就必如强盗速来；你的缺乏，仿佛拿兵器的人来到。"（箴24：33～34）

瓦特用心观察的时候，他天才的大脑会将所看到的东西转换成科学原理。华兹华斯用心观察的时候，能从眼前的一草一木中，领悟出人内心世界的波澜。《箴言》作者用心观察一个废园时，可以联想到人的懒惰，从中得出警世名言。

有人说，一个真正受过教育的人，是一个懂得学习，并且永远不停止学习的人。就是说，如果你学会了观察，就可以通过观察进行学习。这样，你也可以像瓦特、华兹华斯和《箴言》作者一样，在观察和学习方面远胜他人。

人言可畏　第70天　经文：《箴言》25：11～28

> 作假见证陷害邻舍的，就是大槌，是利刀，是快箭。
>
> （箴25：18）

经过浴血奋战，取得了独立战争的胜利后，美国联邦党人认为，要想让这个新生的国家长治久安，必须要有一个强大、集权的政府。可是在制定宪法的过程中，反对派在这个问题上与他们针锋相对，认为首先应该保障个人的权利。最后，双方达成了一个折中的方案——联邦党人保证政府一定会通过《权利和自由法案》，则反对派同意《宪法》获得通过。从此，"宗教自由"、"集会自由"、"言论自由"被写进了宪法。从此，美国公民可以自由地发表意见，表明信仰和交流思想。

可是，这些自由不应该被滥用。《箴言》里有许多至理名言，说的就是这种自由。比如"一句话说得合宜，就如金苹果在银网子里"（箴25：11）。在正确的时间，以正确的方式讲出正确的话，是一件非常美好的事情——绝望中的一句指引，针对谬误的一句纠正，疑惑中的一句解释，对干枯灵魂的一句激励——这些都是"银网子里的金苹果"。

《箴言》又说："智慧人的劝诫，在顺从的人耳中，好像金耳环和精金的妆饰。"（箴25：12）无来由的批评往往意味着"破坏"和"贬低"，但恰当的劝诫却会受到欢迎，因此有好的效果。如果没有人在旁边及时指正，一个人就有可能在错误的道路上越走越远，甚至可能陷入万劫不复的境地。一个人无意间形成的坏习惯，有可能会禁锢他一生一世。对于这种人，小心谨慎，恰如其分的劝诫，绝对是恩惠和祝福。

另一方面，《箴言》说："作假见证陷害邻舍的，就是大槌，是利刀，是快箭。"（箴25：18）需要注意的是，说错话与说谎不是一回事：前者是无心之过，后者却是有意而为；前者不过是口误，后者却是故意误导，极力贬低或占人便宜，其危害性远远大于前者。可见，人口中不仅可以说出"合宜的话"，"恰当的劝诫"，也可以说出"假见证"；前者可以鼓励人，造就人，后者却可以打击人，破坏人。

言论的自由固然十分宝贵，但发表正确的言论却是更重要的。

敬拜者应有的态度　第71天　经文：《诗篇》15篇

耶和华啊，谁能寄居你的帐幕？谁能住在你的圣山？

（诗15：1）

有些教会中规中矩，同时不免死气沉沉。这些教会在敬拜中强调上帝的可畏、神圣和威严，走进礼拜堂时，信徒们都轻手轻脚，肃穆恭敬，然后在长凳上端端正正地坐下。

另有些教会，在电话黄页上打出花哨的广告——"这就是你梦寐以求的教会！"当有些人按着指引找上门时，马上会有一个热情亲切的"向导"迎上前来。按照这位"向导"的介绍，你可以送子女去"青少年中心"，然后坐在礼堂前排的椅子上，接受"新慕道友组"的嘘寒问暖和会前赞美的"集中式轰炸"，教会里堪称熙熙攘攘。

只有上帝能够看透人的心思意念，只有他知道谁是真正的敬拜者。可以肯定的是，所有敬拜者进入圣殿以前，都需要思想这样一个问题——"耶和华啊，谁能寄居你的帐幕？谁能住在你的圣山？"（诗15：1）从前，进入耶路撒冷的圣殿前，敬拜者都要问祭司这样的问题。通常，祭司会提示以下10条标准：

1. 谨守神的律法；

2. 按神的律法过节制、圣洁的生活；

3. 品行端正；

4. 讲正直的话；

5. 关爱邻里，帮扶贫弱；

6. 远离不洁的人或环境；

7. 善待侍奉耶和华的人；

8. 言必行，行必果；

9. 就算自己吃亏，也不违背誓言；

10. 与人交易时诚实守信，无可指责。

如果现在严格执行这些标准，相信教会整体的出席率一定会创下历史新低。但是设立这些标准的目的，并不是将不合格的人赶出礼拜堂，而是要帮助敬拜者预备自己的"心灵与诚实"，它的重点在于"预备"。

耶和华希望以色列百姓都能够省察自己的心思意念，明白自己有哪些该做的事情没有做，以及做了哪些不应该做的事。当人们这么做时，他们自然而然会变得谦卑、懊悔，开始渴望救赎，心里会重新生出对上帝恩典的感激和喜悦，然后，才可以开始敬拜。

因此，敬拜绝不能只是"热板凳"！——一个真正的敬拜者应该有正确的敬拜态度。

火的试验　第72天　经文：《彼得前书》1：1～12

> 叫你们的信心既被试验，就比那被火试验仍然能坏的金子更显宝贵，可以在耶稣基督显现的时候，得着称赞、荣耀、尊贵。
>
> （彼前1：7）

公元64年7月18日，一场突如其来的大火烧毁了大半个罗马城，市民死伤无数。虽然当时罗马皇帝不在城中，但人群中盛传是他丧心病狂，蓄意纵火。罗马历史学家塔西佗在史书中写道："当时大众普遍排斥一群被称为'基督徒'的人，所以皇帝尼禄将这场灾难嫁祸于他们，对他们施以种种酷刑。"接着，塔西佗说道："可是在血腥迫害之后，罗马人开始意识到，尼禄百般折磨基督徒们，只是为了给自己找乐子。于是他们开始怜悯这些遭受无妄之灾的人。"

当时罗马帝国各省居住着许多基督徒。显然，这些凶信很快就传到了他们的耳朵里，因此使徒彼得在与保罗一起被嗜血成性的尼禄迫害致死之前，预见到各省基督徒们难逃这场劫难，于是写了一封勉励的信——"叫你们的信心既被试验，就比那被火试验仍然能坏的金子更显宝贵，可以在耶稣基督显现的时候，得着称赞、荣耀、尊贵"（彼前1：7）。

当时基督徒被捕后，或是被狗撕咬，或是被钉十字架，或像塔西佗所揭露的那样——"点天灯"——这些酷刑足以动摇一个最坚强基督徒的意志，所以彼得在信中陈明了3个基督教教义，与众信徒共勉，希望他们意志坚定。

首先，基督徒们必须时刻铭记上帝赐予的种种恩典。彼得写道："就是照父神的先见被拣选，藉着圣灵得成圣洁，以至顺服耶稣基督，又蒙他血所洒的人。愿恩惠、平安多多地加给你们！"（彼前1：2）彼得补充说："他（父神）曾照自己的大怜悯，藉耶稣基督从死里复活，重生了我们，叫我们有活泼的盼望。"（彼前1：3）既然圣父、圣子和圣灵曾竭力救赎众人，就一定会保守他们的平安，所以他们应该刚强壮胆。

其次，基督徒们不可忘记上帝的应许，即"可以得着不能朽坏、不能玷污、不能衰残、为你们存留在天上的基业"（彼前1：4）。血雨腥风也好，死亡和肉体的衰残也罢，都无法夺走他们手中永远的基业。

最后，他们必须明白，这是上帝对他们的试验。上帝允许信徒们经历苦难，是为了"叫你们的信心既被试验"（彼前1：7）——也许当时的信徒渴望保全性命，胜过坚持信仰，所以彼得提醒他们"（信仰）比那被火试验仍然能坏的金子更显宝贵"（彼前1：7）。生命诚可贵，信仰价更高！

残酷的迫害的确会使人丧胆，但它们只是上帝对我们信心的考验。所以，无论面临多大的患难，我们都应该交上一张令他满意的答卷。

上帝不偏待人　第73天　经文：《彼得前书》1：13～22

> 你们既称那不偏待人、按各人行为审判人的主为父，就当存敬畏的心，度你们在世寄居的日子。　（彼前1：17）

雕刻家刀下的"正义女神"往往身穿白袍，蒙着双眼，笔直站立，一手持天平，一手持剑。这个形象的喻义非常明显：正义女神洁白无瑕，不偏不倚，不徇私情，所有奸邪之徒都难逃她的审判；她铁面无私，疾恶如仇，只认真理不认人。

可是在现实世界中，人们看到的"正义"却与此完全不同。在现实生活中，"正义女神"似乎总能透过眼罩，看出被告的出身，将手中的剑更多地挥向弱势群体。同时，富人雇用的"超级律师"每次都能轻松地搞定那些初出茅庐的公诉人，把"正义女神"手中的天平拉向富人。即使在美国这样"崇尚正义"的国家，"正义女神"的真面目尚且如此，遑论那些一向无视正义的国家。所以，生活里总是有人蒙冤叫屈，呼求正义。

在《彼得前书》中，使徒彼得告诉了这些人一个好消息——上帝是公义的。"你们既称那不偏待人、按各人行为审判人的主为父，就当存敬畏的心，度你们在世寄居的日子"（彼前1：17）。这句话并不是指上帝最后的审判，决定一个罪人最终要去天堂，还是去地狱——而是说，当一个人蒙受了上帝赎罪的恩典后，他生活的样式应该与这恩典相称。所以，彼得才会接着说："知道你们得赎、脱去你们祖宗所传流虚妄的行为，不是凭着能坏的金银等物，乃是凭着基督的宝血，如同无瑕疵、无玷污的羔羊之血。"（彼前1：18～19）同时又明明白白地告诉他们："你们既因顺从真理，洁净了自己的心，以致爱弟兄没有虚假，就当从心里彼此切实相爱。"（彼前1：22）

可见，这里所说的"神按各人行为审判人"是指在信徒们"蒙了重生"后（彼前1：23），上帝期待他们能够在生活中处处顺服上帝自己的旨意。"上帝之子"的一言一行都应该表现出其"父亲"的品性。正如上帝所说："你们要圣洁，因为我是圣洁的。"（彼前1：16）

信徒不需要担心自己的罪将被审判，因为基督已经用自己的宝血涂抹了所有的罪；真正需要担心的是我们重生以后的生活样式必然要接受上帝的审判。上帝绝"不偏待人"，同时也看世人为宝贵，并且他的慈爱将存到永远。

重生　第74天　经文：《彼得前书》1：23～2：8

> 你们蒙了重生，不是由于能坏的种子，乃是由于不能坏的种子，是藉着神活泼常存的道。　　　　　　　　　（彼前1：23）

当吉米·卡特宣布要竞选美国总统时，除了他的家乡佐治亚州，没有多少人闻听过他的名字。比他寂寂无闻却大胆参选更令人惊讶的是，卡特告诉记者说自己已经"重生"了。当时人们并不理解这个词的真正含意，却都喜欢拿它来开玩笑。于是，后来人们越来越喜欢把"重生"这个词挂在嘴边，随口乱用。比如，当一个运动员伤愈复出时，人们说他"重生"了；当一个商人破产后东山再起时，人们也说他"重生"了。这样的例子数不胜数。事实上，"重生"这个词被用得越多，离它本身原有的意思就越远。最后，这个承载着属灵真理的词汇，其价值也被不幸地淹没于无数的口水之中。

　　当彼得说"你们蒙了重生"（彼前1：23）时，他指的是一个人获得上帝赐予的永生，并从此脱胎换骨。所谓"新生命"，不仅是指一个人超越死亡，可以进入天国，更是指他从此改弦易辙，努力奔走天路。

　　就好像"才生的婴孩爱慕奶一样"（彼前2：2），真正重生的人"尝过主恩的滋味"（彼前2：3）后，会竭力追求"灵奶"，好"叫你们（自己）因此渐长，以致得救"（彼前2：2）。只要仔细观察一个人言行举止的变化，我们就可以准确地判断出他是不是吃了"好奶"。这种变化远非"身披白袍"或"参加圣礼"那么简单，而是指一个人被圣灵感召后由里到外的升华。真正重生的人不会"假冒为善"，因为他已经"除去一切的恶毒、诡诈并假善、嫉妒，和一切毁谤的话"（彼前2：1）。

　　美国总统吉米·卡特在任期间备受争议，没有寻求连任，但因为他为人正直，关心百姓疾苦，身居高位却谦卑恭顺，被公认为是最优秀的美国总统之一。当一个人宣称自己"重生"时，常常会招来别人的嘲笑；但是当一个人活出"重生"的样式时，所有人都会刮目相看。

海外旅行　　第75天　经文：《彼得前书》2：9～17

> 你们在外邦人中，应当品行端正，叫那些毁谤你们是作恶的，因看见你们的好行为，便在鉴察的日子归荣耀给神。　　（彼前2：12）

　　对于那些深居简出的人来说，海外旅行总是充满了紧张与不安，因为他们常常要面对"语言不通"，"风俗难以适应"和"货币换算繁琐"等困难。为此，美国政府定期发布公告，介绍各国现状，列出旅行危险国家，以及各种海外旅行时需要注意的事项。如果旅行前能够认真阅读这些公告，旅行时就可以避免许多不必要的麻烦。

　　使徒彼得也曾给住在罗马各地、身处险境的朋友们写过类似的"公告"。他在信中说："亲爱的弟兄啊，你们是客旅，是寄居的。我劝你们要禁戒肉体的私欲，这私欲是与灵魂争战的。"（彼前2：11）彼得清楚那些针对肉体的迫害是多么凶残，但是他更关心众人的属灵生命，担心他们被恶灵所胜。比起众弟兄肉体的安危，彼得更关心他们的灵性是否坚强。

　　彼得指出，灵性的第一个敌人不在身外，而在身内。虽然信徒们总是会遇到各种各样的恶人，但彼得更担心他们被内心的私欲所胜。在这一点上，他朋友雅各的观点与他完全一致。雅各说："人被试探，不可说：'我是被神试

探'；因为神不能被恶试探，他也不试探人。但各人被试探，乃是被自己的私
欲牵引、诱惑的。私欲既怀了胎，就生出罪来；罪既长成，就生出死来。我亲
爱的弟兄们，不要看错了。"（雅1：13～16）

其次，身外的危险也不容忽视。所以彼得补充说："你们在外邦人中应当
品行端正，叫那些毁谤你们是作恶的，因看见你们的好行为，便在鉴察的日子
归荣耀给神。"（彼前2：12）彼得提醒众信徒，那些外邦邻居会因为他们的好
行为"归荣耀给神"。可见他对外邦人是很乐观的。当然，并不是所有的国民
都会善待外国人，也并不是所有的非基督徒都会对基督徒笑脸相迎。

就在彼得完成这封书信不久，罗马当局宣判了他的死刑。显然，信中称君
王所派的臣宰是"罚恶赏善的"（彼前2：14），难以在那些身处险境的年轻信
徒中引起共鸣。但是正如先前彼得所讲的那样，这是上帝对信徒的另外一种试
验——"忍受冤屈的苦楚"（彼前2：19），是每个信徒都可能要经历的。

无论我们的仇敌是在心里、在政府高官中，还是在邻里，作为基督徒，面
对他们的态度都应该一样——"行善"，"恭敬"和"品行端正"。无论是在
国内，还是旅居海外，基督徒们都可以通过这种方式，将上帝的国展现在世人
面前。

为良心受苦　第76天　经文：《彼得前书》2：18～25

> 倘若人为叫良心对得住神，就忍受冤屈的苦楚，这是可喜爱的。
> （彼前2：19）

在美国《独立宣言》里，托马斯·杰斐逊阐明了许多"不言而喻"的真
理："所有的人是受造而平等的，并且都被'造物主'赋予了不可转让的权
利，其中包括生命权、自由权和追求幸福的权利。"难以想象的是，杰斐逊
一辈子都拥有奴隶，并进行奴隶交易！他声称奴隶制度不仅是对奴隶的迫
害，也是对奴隶主的腐蚀，可是自己却从未解放过自家的任何一个奴隶。对
于他的这种"自相矛盾"，人们普遍的解释是"金钱泯灭了良知"。解放奴隶，
这件事说说容易，做起来可是要伤财的！即使在今天，如何平衡"良心"与"利
益"，仍然是横在世人面前的一道难题。

在现代人看来，新约圣经有关奴隶制度的观点，显然有许多可以指摘之
处。但是需要注意的是，罗马时代的奴隶与殖民时代的美国奴隶有天壤之别。
许多罗马奴隶身居高位，手握重权，有些甚至拥有自己的奴隶；许多奴隶获得

自由后，取得了罗马公民的户籍，可是他们的身份仍然是奴隶。

因此，新约圣经作者当时并没有主张废除奴隶制度，但是他们的确主张，所有的奴隶都同样是上帝按自己圣洁的形像造的，同时在上帝眼中看为宝贵，同样是基督用宝血所赎买的。因此，许多罗马奴隶后来成为忠实的信徒，有些甚至成为初代教会的领袖。

正是在这样的背景下，彼得在信中写道："你们作仆人的，凡事要存敬畏的心顺服主人，不但顺服那善良温和的，就是那乖僻的也要顺服。"（彼前2：18）彼得劝作仆人的信徒们不要一味奴颜婢膝，因为那样不仅自贬，也使灵魂蒙灰。他解释说："倘若人为叫良心对得住神，就忍受冤屈的苦楚，这是可喜爱的。"（彼前2：19）面对冤屈，一个奴隶能做的当然只有"忍受"，根本没人在乎他的基本权利，没人会为他抱不平，但是以良心"忍受冤屈的苦楚"却是难能可贵的。在被骂、遭迫害时，奴隶们若遵循"以牙还牙，以眼还眼"的原则进行报复、诅咒或"说威吓的话"（彼前2：23），那就大错特错了，因为这么做看似合理，在上帝眼中却是错的。所以，身为奴隶的基督徒们应该尽力忍耐。

如果有人认为这是不可能做到的事，就应该好好效法耶稣。因为经上记着说："他被骂不还口，受害不说威吓的话，只将自己交托那按公义审判人的主。"（彼前2：23）既然我们生命的主能够忍受这么大的冤屈，身为奴隶的基督徒们也当忍耐。

现代社会已经没有奴隶了，但是基督徒们仍然会面临各种冤屈，这时仍然要思考自己的反应"是否取悦上帝"。虽然身居人下的职员们不会受肉体的"责打"（彼前2：20），但其他形式的"责打"同样会让人受不了。这些"责打"固然令我们痛苦，但如果我们反应适当，它们反而会成为我们取悦上帝的机会。

得享美福　第77天　经文：《彼得前书》3：1～12

> 因为经上说："人若爱生命，愿享美福，须要禁止舌头不出恶言，嘴唇不说诡诈的话；也要离恶行善，寻求和睦，一心追赶。"
>
> （彼前3：10～11）

一次工人罢工，有人问警戒线边的示威者："你们为什么要示威？你们到底想要什么？"他们回答说："我们也不清楚。但如果我们得不到的话，绝不返回工作岗位！"他们真正想要的，应该与每个人想要的一样——"得享美福"（彼前3：10）。关于这一点，彼得在《彼得前书》里给出了许多值得借鉴的忠告。

有些人认为，"幸福"的生活和"敬虔"的生活是相互冲突的。在他们看来，遵照上帝的旨意生活（参见彼前3：9），就意味着要完全放弃幸福。其实，我们的生命和生活都来自上帝，只有他才知道什么样的生活对于我们是好的，是真正快乐的。所以，有智慧的人明白，只有在生活中顺服上帝的旨意，才能享受到真正的幸福。

什么才是真正的幸福？那就是"主的眼看顾义人，主的耳听他们的祈祷"（彼前3：12）。只有明白这一点，人们才会获得真正的平安与喜乐。同时，对于那些处处违背上帝律法的人，"主向他们变脸"，他们最终两手空空，注定与"美福"无缘。

上帝希望人们按照他的旨意过圣洁的生活，同时善待他人。在现代人看来，对与错全凭己心，上帝怎么说并不重要。显然，这些人不会收获幸福的人生，因为只有上帝才能界定"善恶"，世人需要做的就是学习这两者间的区别，并在生活中"离恶行善"（彼前3：11）。

因为生活是由一系列关系组成的，所以一个人的生活是否幸福，往往是由其人际关系的好坏来决定的。然而，人与人之间的关系非常脆弱，稍有不慎就会彼此反目成仇；但是如果他们"彼此体恤，相爱如弟兄，存慈怜谦卑的心"，就可以"不以恶报恶"，"寻求和睦"，最终获得幸福美满的人生（彼前3：8~9，11）。

虽然有些人总是不清楚自己想要什么，但如果他潜心默想的话，就会发现自己渴望的是幸福。同时，他只有按照上帝指引的方向寻找，才能得到自己的幸福。因为只有这样，他才能知道自己真正想要的是什么，并明白获得的方法。也只有如此，他才能够真正得享美福。

求你不要离弃我　　第78天　经文：《诗篇》138篇

　　　　耶和华必成全关乎我的事。耶和华啊，你的慈爱永远长存，求你
　　不要离弃你手所造的。　　　　　　　　　　　　　　　　（诗138：8）

1463年，意大利的佛罗伦萨大教堂购买了一块巨大的白色大理石，足有5米高。教堂负责人从锡耶纳雇了一位雕刻家，请他用巨石雕刻成一座人像，立在

教会显赫的位置上。可是这位雕刻家发现这块石料很难处理，最终放弃了这项任务。后来，这项任务又落到了佛罗伦萨一位雕刻家身上，他也知难而退了。最后，这块大理石不得不被闲置在一个仓库里。40年后，一位26岁的雕刻天才受命取出了这块大理石，用4年时间将这块"废石料"雕刻成了举世闻名的"大卫像"。他就是米开朗基罗，一位能够"化腐朽为神奇"的雕刻大师。

这座雕像的主角——大卫王，曾在诗中呼喊："耶和华必成全关乎我的事。耶和华啊，你的慈爱永远长存，求你不要离弃你手所造的。"（诗138：8）米开朗基罗没有丢弃别人眼中的废料，反而用其造出不朽名作。同样，耶和华上帝也不会离弃不完美的大卫，因为上帝知道怎样使他变成一个伟大的人。

大卫对此非常确信，所以他才会说："耶和华必成全关乎我的事。"大卫确信，耶和华在他身上有一个计划，并且一定会成全，并永远做他脚下的磐石。大卫称自己是"神的手所造的"正是这个意思。大卫认为，全能的创造主造他是有目的的，就像一个雕刻家动手前就已经胸有成竹一样。因此，上帝绝对不会弃他于不顾，这也绝非一厢情愿的妄想，因为耶和华已经一再显明"他的慈爱永远长存"。

当然，这并不意味着大卫的一生会一帆风顺，永远辉煌。相反，大卫称自己始终"行在患难中"，但是他确信，耶和华的"慈爱和诚实"永不改变（诗138：2），上帝一定会在他身上成就起初的计划，而自己完全不必担忧。

当生命经历低谷的时候，人们难免会感觉被人抛弃，感觉自己像那块大理石一样，被人丢在角落里，成为没用的废物。这时，他们往往会像大卫一样呼喊："不要离弃我！"但是在呼喊时，别忘记，也应该拥有与大卫一样的确信——"你使你的话显为大，过于你所应许的"（诗138：2）。

默默耸立的"大卫像"向世人展示着米开朗基罗炉火纯青的艺术造诣。同样，自信、坚定的信徒向世人展示着全能者永不改变的信实。

愚妄话　第79天　经文：《箴言》26：1～12

不要照愚昧人的愚妄话回答他，恐怕你与他一样。要照愚昧人的
愚妄话回答他，免得他自以为有智慧。　　　　　　（箴26：4～5）

1643年6月14日，英国议会通过一项限制图书出版的法案。按照该法案，所有的出版物都必须首先获得当局许可，才能出版。该法案的出台，源于一些国会议员认为许多出版物"下流，蛊惑人心，并恶意中伤他人"，其中就包括

诗人约翰·弥尔顿所写的一部关于离婚的小册子。针对这项法案，诗人弥尔顿马上还以颜色，发表了一篇非经许可的文章《论出版自由》。他在文章里驳斥道，自由地交换思想是人们学习的前提条件，因此限制出版自由无异于水中捞月，根本不会成功！弥尔顿说："让我有自由来认识、抒发己见，并根据良心作自由的讨论，这才是一切自由中最重要的自由。"可见，弥尔顿想要的是讨论的自由。

但是并非所有的讨论都是有益的，正如《箴言》26章4节说："不要照愚昧人的愚妄话回答他，恐怕你与他一样。"如果我们同意弥尔顿的观点，认为讨论的自由很重要，就必须首先明确讨论的标准，否则，讨论就有可能变成一场无意义的口水战，思考和表达也会愚不可及。

可是，《箴言》里还有一句话："要照愚昧人的愚妄话回答他，免得他自以为有智慧。"（箴26：5）这句话与上一句的意思明显相互矛盾。那么，面对愚昧人的愚妄话，到底应该回答还是不回答？针对这个问题，"回答"与"不回答"都是正确的答案。

对于这看似矛盾的两句话，最好的解释是：如果事情无关紧要，最好不要与人争辩，免得彼此不快；但如果事情很重要，你就不应该任由愚昧人逞强，容让愚妄话占上风。因为如果愚妄话横行无忌，就会误导许多失察或盲目的人，所以，不驳斥这些愚妄话，就等于鼓励愚昧。

要想获得一场出色的讨论，首先要看所讨论的是否值得讨论；其次要明确讨论的对象，进退有度，措辞严谨，同时虚怀若谷——这才是讨论的成功之道。

朋友　第80天　经文：《箴言》27：1～10

朋友加的伤痕出于忠诚；仇敌连连亲嘴却是多余。

（箴27：6）

公元前44年3月15日，朱利叶斯·凯撒在罗马参议院门前遭到60名叛乱者的袭击。当看到马库斯·朱尼厄斯·布鲁图手持匕首，夹在叛乱者中向他冲来时，凯撒难以置信，不禁喊道："Et tu, Brute？"——"布鲁图，难道你也要杀我吗？"因为布鲁图曾是他的敌人，归顺后深受凯撒宠信。他居然也参加了暗杀团，无情地将匕首刺进了凯撒大帝的胸膛。凯撒大帝虽然饶恕过许多手下败将，显然没有赢得几个真正的朋友。

美国第33任总统哈利·S·杜鲁门也曾苦于身边缺少知己。他说："如果你想在华盛顿特区找个朋友的话，最好养条狗。"既然连皇帝和总统都难寻知己，那么大多数人觉得建立和持续友谊实属不易，也就不足为奇了。这是因为培养友谊需要投入时间、精力，还要推心置腹。然而工作总是占去现代人大部分的时间和精力，推心置腹又常常被人看成是软弱的表现，所以现代人的身边不乏熟人和同事，却很少有真正的朋友。

但是，《箴言》教导我们："朋友加的伤痕，出于忠诚；仇敌连连亲嘴却是多余。"（箴27：6）可见，朋友实在是一个人生命中非常宝贵的财富。犹大在客西马尼与主耶稣连连亲嘴，看似在表示欢迎和祝福，其实却是背信弃义的标志。显然，彼得那把伤人的快刀，比犹大虚情假意的亲嘴要强过百倍。

"朋友加的伤痛"并不只来自快刀，它也可能是逆耳的忠言。这些话常常是医病的良药，但因为苦口，只有那些爱我们胜过想要讨好我们的良友才会坦诚相告。圣经说，朋友诚实的劝教，好像膏油与香料一样甘美，使人心喜悦（参见箴27：9）。朋友的劝教因为是诚实的，所以甜美。同时，只有两人彼此信任，才不会误解这些尖锐的批评和坦诚的意见。

真正的朋友是无价之宝，正如《箴言》所说："你的朋友和父亲的朋友，你都不可离弃。"（箴27：10）天有不测风云，人有旦夕祸福，有时，只有深厚的友谊才能帮助我们渡过难关。在华盛顿特区，或随便在哪里养条狗，固然会给你添不少乐子，但只有真正的朋友能在你需要的时候伸出援手。

诚实至上？　　第81天　经文：《箴言》28：1～13

> 行为纯正的穷乏人，胜过行事乖僻的富足人。　　（箴28：6）

"诚实至上"这句广为人知的格言，最早出自都柏林大主教理查德·惠特利之口。但当初他的原话是："诚实至上，但恪守此格言的人却不是谦谦君子。"可见，这位主教大人口中的"诚实至上"，其实是从实际功利的角度所说，并非发自"唯诚实可贵"的道德观。

对于某些人来说，"诚实至上"只不过是他们处世的策略，或谋利的手段。有些崇尚"诚实至上"的人其实并不在乎道德伦理，只要有利可图，他们随时都可以弄虚作假——对于那些心地不纯的人，"诚实至上"的含义仅限于此。

《箴言》告诉我们："行为纯正的穷乏人，胜过行事乖僻的富足人。"（箴28：6）这并不是说所有的穷人都是诚实的，或所有的富人都是诡诈的，而是指所有条件相同的情况下，诡诈的人往往占便宜，诚实的人常常吃亏。

可是，诡诈的人虽然表面上占了便宜，其实却付出了高昂的代价——他们良心不安，提心吊胆，费尽心机圆谎，将来更要接受上帝的审问。相反，诚实的人虽然可能在经济上蒙受损失，但在道德上却更加富足。

在金钱往来中不诚实无异于"盗窃"；在生意中不诚实无异于"自大"——通过说谎占便宜，无异于告诉他人："你这人是个傻子，我说什么你就信什么。"这是天底下最大的态度。

在婚姻中的不诚实往往会导致分道扬镳。通奸者利用情人的身体满足自己的情欲，这不仅是对其人格的否定，更是对其自尊的打击。他不仅无视妻子的感受，辜负了妻子的爱，更使其从此难于信任他人。因此这是彻头彻尾的恶行！

诚实的人可能会因为老老实实交税而捉襟见肘，或因为诚信而错失生意，或因为忠于妻子而永远无缘禁果的刺激，但是他的行为在上帝眼中看为正直，他也坚信自己在这个社会的"罪恶"（参见箴28：2）上无份，也从没有"诱惑正直人行恶道"（箴28：10）。对于他来说，这么做并非是为了趋利避害，而是为了追求属灵的正直。

孩子和管教   第82天 经文：《箴言》29：11~18

> 管教你的儿子，他就使你得安息，也必使你心里喜乐。没有异
> 象，民就放肆，唯遵守律法的，便为有福。   （箴29：17~18）

多少世纪以来，栽培得当的玫瑰一直是诗人和歌词作者眼中最芬芳、最美丽的花，不断激发着他们的想象，成为他们创作的对象。可是如果任由玫瑰生长，玫瑰很快就会面目全非：芬芳的花香会消失，花朵会凋零，花刺会遍满枝干，美丽和优雅荡然无存。只有经过花匠的剪裁，它们的美丽才能展现在世人面前。

与玫瑰一样，如果没有受到适当的管教，孩子也会"放肆"（箴29：18）——这样的孩子不仅会成为父母的心病，也会给自己或身边的人带来各种麻烦；父母会因为他们的行为当众蒙羞（参见箴29：15）。同时，那些不遵守上帝律法和父母教导的孩子，也不会有真正的幸福（参见箴29：18）。所以，如果父母想要按照正确的方式抚养子女，同时尽量减少不必要的麻烦，就应该听从圣经的教导："杖打和责备，能加增智慧；"（箴29：15）"管教你的儿

子，他就使你得安息，也必使你心里喜乐。"（箴29：17）

管教的目的不在于使父母省心，而在于帮助孩子成长。只有通过管教，年轻人才能远离愚昧，走近智慧；才能知道什么是正确的，追求真理。

许多孩子天生爱做蠢事，讨厌智慧，因为他们天生就喜欢用自己的方式做自己喜欢的事，随心所欲。只有通过管教，这些孩子才能学会什么是社会责任，放弃以自己为中心、为所欲为和一意孤行的生活态度，努力追求智慧、健康的人生，因为罪性不仅是对上帝的亵渎，对父母的羞辱，更会毁掉自己的一生。

在现代西方社会，关于"什么才是正确的管教方式"众说纷纭，在旧约圣经时代，这个问题的答案却很简单："不打不成材。"对于那些不听话的孩子，只有好好地敲打，他们才会老实。在现代人眼中，这种管教方式近似身体虐待，绝对不可取；但也有些人表示，这个社会实在太纵容孩子了。这两个观点似乎都有道理。

近来最流行的教养方式是耐心向孩子解释什么不能做，指出错误行为会导致的不良后果，努力激发孩子内心天生的真、善、美。对于这种教养方式，《箴言》里有非常好的一句对应："只用言语，孩子不肯受管教；他虽然明白，也不留意。"（29：19，NLT版）

那些悉心管教子女的父母，最终会收获内心的平安和喜乐。更重要的是，他们的子女也会因此得享平安，收获幸福的生活。

满足常乐   第83天   经文：《箴言》30：1～16

> 我求你两件事，在我未死之先，不要不赐给我：求你使虚假和谎言远离我；使我也不贫穷也不富足，赐给我需用的饮食。
>
> （箴30：7～8）

到19世纪为止，蚂蟥一直被内科医生用于治疗多种疾病。医生把这些绿褐色的虫子放在患者的皮肤上，然后蚂蟥尾部的吸盘就会开始工作。蚂蟥的唾液里含有抗凝血剂和麻醉剂，不仅可以防止患者（受害人）血液凝结，还会使患者感觉不到任何疼痛。同时，蚂蟥的唾液里面还有一种促进血管扩张的成分，可以促进血液流动。可见蚂蟥是天生的"吸血鬼"一点不假。

人内心的"不满足"也像蚂蟥一样。亚古珥在《箴言》30：15～16里说："蚂蟥有两个女儿，常说：'给呀，给呀！'有三样不知足的，连不说够的共有四样：就是阴间和石胎，浸水不足的地，并火。"那些永远不知足的人整天叫喊"给呀，给呀！"他们永远都在寻找自己没有的，却不懂得享用自己已有的。长此以往，他们的心里失去喜乐、满足和感恩，情感和灵魂也日趋枯干。

　　用蚂蟥来比喻那些永远不知足的人的确恰如其分，但是有些比喻，如"阴间"、"石胎"、"浸水不足的地"和"火"，却能够深刻地表达出这种人的内在状态——他们内心深处的不知足不仅无法获得满足，反而会使他深陷阴间的绝望，饱受欲火焚身的痛苦。他们的生活因此变成一片贫瘠的沙漠，无论他如何拼命呼喊，都得不到回应、重视和满足。这种人还有救吗？

　　亚古珥在《箴言》里做了一个成熟的祷告："我求你两件事，在我未死之先，不要不赐给我：求你使虚假和谎言远离我；使我也不贫穷也不富足，赐给我需用的饮食。恐怕我饱足不认你说，耶和华是谁呢？又恐怕我贫穷就偷窃，以至亵渎我神的名。"（箴30：7～9）这个祷告不仅为这种人指明了出路，更值得所有关心钱包，又关心灵命的人借鉴。"安贫乐道"这个词说起来容易，做起来难。为了生存，一些穷人会偷窃；一旦开始偷窃，自然很难罢手。于是，穷人最终会陷入欲望的泥潭，无法自拔。所以亚古珥智慧地向上帝请求，不要让自己贫穷。同时，富足也有弊端，值得警惕。富足不仅会激发一个人更大的贪婪，更会使人骄傲自大。因为当人自以为拥有一切时，往往会觉得自己不再需要上帝。所以，亚古珥请求上帝，不要让他富足，只要赐给他够用的饮食就可以了（箴30：8）。

　　永不满足的蚂蟥会吸干你身上所有的血液，但知足常乐的维生素会使你健康、快乐。

才德的妇人　第84天　经文：《箴言》31：10～31

　　　才德的妇人谁能得着呢？她的价值远胜过珍珠。　（箴31：10）

　　作家拿俄米·沃夫在最近出版的一本书里写道："所有的'淑女'都是世人强加的。"她宣称，所有的妇女都应该把自己从世俗观念中解放出来，每个社会成员不应该努力把女人塑造成"贤妻良母"，而应该让她们像男人一样，获得自由发展的机会。

　　如果拿俄米·沃夫的主张实现，《箴言》里所描述的"才德的妇人"从此将成为"稀缺资源"，世人一定会再次呼喊："才德的妇人谁能得着呢？"（箴31：10）如果世人认为拿俄米·沃夫的主张其价值"远胜过珍珠"的话，才德兼备的妇人将会从此"灭绝"。可是无论什么时候，"才德的妇人"永远都会是男人们心目里的佳偶和良伴——一旦拥有才德兼备的妻子，"她丈夫心里倚靠她，必不缺少利益，她一生使丈夫有益无损"（箴31：11～12）。

《箴言》此处所描述的妇人不仅拥有美德和能力，而且还是个"女超人"，可遇而不可求。相信很少会有妇女自信地说，自己符合这里描述的所有女性品质。这位"才德妇人"深谋远虑、蕙质兰心、亲切善良、扶老携幼，深爱自己的丈夫，值得信赖，是每个男人梦寐以求的良妻；无论谁拥有她，都会百般珍爱。

不幸的是，男人们往往看重女人的外表胜过看重她的内心，忽视许多真正宝贵的品质。然而，正如《箴言》所说："艳丽是虚假的，美容是虚浮的，唯敬畏耶和华的妇女必得称赞。"（箴31：30）可见，一个女人的容貌并不重要，重要的是她的内在品质，而这些品质来对上帝的敬畏。简单地说，就是她的信仰要比她的容貌重要得多！

许多女权主义者同拿俄米·沃夫一样，认为世上根本就没有好女人。但其实他们错了——敬畏上帝的妇女总是会受人称赞，是所有聪明男人追求的对象；一旦拥有，就会百般珍爱，不离不弃。

向山举目　　第85天　经文：《诗篇》121

> 我要向山举目，我的帮助从何而来？我的帮助从造天地的耶和华而来。　　　　　　　　　　　　　　　　　　　　（诗121：1～2）

在有些民族文化里，人们认为大山是众神的居所，山峰更是冒犯不得的。锡金政府就曾因为担心打扰山上的神灵，而阻止一支英国考察队登上干城章嘉峰的最高点。但在迦太基统帅汉尼拔眼中，大山却是他征途上需要翻越的一道屏障。在公元前3世纪，他曾率领士兵从西班牙出发，翻过阿尔卑斯山脉，突袭意大利北部。在这一壮举中，有个令人惊叹之处是：部队所有的辎重都是用大象驮过山的！还有另外一些人，他们认为大山是他们无法回避的挑战。所以，当有人问一位登山爱好者为什么要攀登珠穆朗玛峰时，他回答说："因为有山，就要去征服。"

《诗篇》的作者看到大山时，一句话脱口而出："我的帮助从何而来？"（诗121：1）也许当时诗人正在朝圣的路上，发现道路隐没在崇山峻岭之间，通往耶路撒冷的路上荆棘密布。面对这些艰难险阻，朝圣的诗人不禁自问，耶路撒冷（以及上帝）能否给他力量，战胜恐惧呢？又或者当时诗人刚刚在圣城过完了节日，在回家的路上发现大山横亘眼前，于是这个问题自然而然地闪过脑海。

答案就在眼前，《诗篇》作者马上将眼光放在耶和华上帝身上，因为上帝不仅造了山脉，更造了天地（参见诗121：2）。耶和华是万物的造物主，也是万有的主宰。

当我们面对生活中的"大山"时，我们的帮助同样来自耶和华。因为大山巍峨挺拔，神圣恢宏，所以人们会联想到造山及万物的耶和华同样威严、神圣，但是，《诗篇》作者要表达的是：只有耶和华上帝才能"保护你"（诗121：5）；他离你不远，就在你身边；他对你关怀备至，了解你，知道你一切所需；他满有慈爱怜悯，愿意倾听你所有的呼求。

生活中的"大山"可能令人心惊胆战，或忧心忡忡，但是无论它们看起来多么可怕，都绝对无法改变一个事实——"你出你入，耶和华要保护你，从今时直到永远"（诗121：8）。凭借大象的帮助，汉尼拔可以翻越险峻的阿尔卑斯山；凭借耶和华上帝，难道我们还会有什么无法克服的困难吗？

实践出真知　　第86天　经文：《马可福音》6：6～13

> 他也诧异他们不信，就往周围乡村教训人去了。耶稣叫了十二个门徒来，差遣他们两个两个地出去，也赐给他们权柄，制伏污鬼。
>
> （可6：6～7）

古希腊哲学家苏格拉底教导学生的方式，与今天哈佛商学院的教学模式相似——并不是一个人站在讲台后面讲课，学生们安静地坐在下面记笔记，而是鼓励、引导学生自由地发表观点。现在的商学院学生们注重案例分析，高中的学生们注重团队研究，医学院的学生们注重住院实习。可见，学习的方法多种多样。

作为一位出色的导师，耶稣有时滔滔不绝地讲道，有时鼓励门徒与自己对话。他偶尔会讲些比喻，类似于今天的案例，但他最为人称道的教学方法是"学以致用"。

十二个门徒接受了全备的传道训练后，耶稣就让他们外出去实践。出发前，门徒们显然还算不上是熟练的传道人或教师，甚至不清楚将面临什么样的挑战。这一点，从他们对耶稣受难的惊讶，以及对耶稣复活的诧异就可以看得出来。但是，在上十字架之前，耶稣已经多次告诉他们这些事了。同时，他们也不知道应该如何对付恶灵，怎样处理内部矛盾。即便如此，耶稣仍然命令他们出发！

耶稣嘱咐门徒旅行时要两个人一组，好彼此照顾。同时，耶稣还要求他们轻装上阵，随遇而安。因为任务紧急，他们不应该追求旅行的舒适；同时，因为他们要辗转各地，尽量多传福音，所以不可随身带很多行李。

这次传道旅行的课程中包括"制伏污鬼"（可6：7）。门徒们可能因此心里打鼓，但是耶稣将自己的权柄赐予他们，使他们能够像自己一样医病赶鬼。另外，耶稣告诉他们，不要在那些不听福音的人身上浪费时间；如果有村子不愿意接待他们，离开时就要像犹太人离开外邦人的地方一样，把脚上的尘土跺下去。

最终，门徒们带着紧张、忧虑和期待的心情，依依不舍地上路了。他们没有练好各种功夫，也不知道前面有什么样的艰难险阻在等着他们，有的只是对耶稣的顺服和倚靠。他们得到了主耶稣的祝福，并准备将这个祝福带给路上所有遇到的人。在传道的过程中，他们学会了侍奉的技巧，也在路上学会了怎么赶路。这就是上帝教导我们的方式，他从未改变过这一方式。

良知　第87天　经文：《马可福音》4：14~29

> 因为希律知道约翰是义人，是圣人，所以敬畏他，保护他，听他
> 讲论，就多照着行，并且乐意听他。　　　　　　　　　（可6：20）

在《美国精神的封闭》一书中，作者艾伦·布鲁姆引用了一段莎士比亚的名言："良知使我们成为懦夫。"接着，布鲁姆写道："良知是一个懦夫，不仅无力阻止罪恶的发生，也无法谴责世间的肮脏。"[1]

然而，施洗约翰与希律王之间的故事却有力地反驳了布鲁姆的观点。希律和约翰彼此非常熟悉。出于良知，约翰公开谴责希律的婚姻不道德，因为希罗底曾是"他兄弟腓力的妻子"（可6：17）。面对这样公开的指责，希罗底恼羞成怒，唆使希律囚禁了约翰。可是，身在牢狱的约翰并没有保持沉默，他"对希律说：'你娶你兄弟的妻子是不合理的'"（可6：18）。虽然约翰说了许多希律不喜欢听的话，但约翰的刚直不阿还是深深打动了希律，所以希律"乐意听他"（可6：20）。但是，希罗底却对她与希律的关系不以为然。因此，当希

---

[1] 艾伦·布鲁姆，《美国精神的封闭》

律（肯定是一时冲动或酒后失言）向希罗底的女儿许诺，无论她要什么，甚至她想要"国的一半"都给她时，希罗底指使女儿，要希律将施洗约翰的头放在盘子里送给她。希律怕丢面子，万般无奈之下答应了她的请求，使得希罗底除掉施洗约翰的阴谋终于得逞（参见可6：26）。

耶稣出现在人群中时，许多迷信的人说："这一定是施洗的约翰从死里复活了"（可6：14，NLT版）。这些话传到了希律的耳朵里，令这位大人物"游移不定"（路9：7）。这位统管加利利和佩雷亚的王，深受罪恶感的折磨，因为他知道自己处死的约翰"是义人，是圣人"（可6：20）。希律王高坐在宝座上，却因为亏了良心坐立不安；约翰身为阶下囚，却坦坦荡荡，问心无愧。

当然，约翰不是完人，也有不少缺点，但是他绝不懦弱。希律满身过错，其中最重要的过错是他的良知没有能够阻止他犯错。面对这些过错，希律的良知是否会时常在他心里敲响警钟，我们不得而知；但我们知道，他因此忧心忡忡，寝食难安。

对于每个现代人来说，如何保守自己的良知、找到力量、勇敢地按着良心生活至关重要。对于约翰来说，答案在于他对真理的委身以及与上帝的亲近。说到底，良知要么使人成为懦夫，要么使人对真理委身，从而获得坚持信念的勇气。

让我们选择：要么成为希律，要么成为施洗约翰。

不只给面包　第88天　经文：《马可福音》6：30～44

> 耶稣出来，见有许多的人，就怜悯他们，因为他们如同羊没有牧
> 人一般，于是开口教训他们许多道理。　　　　　（可6：34）

20世纪初，美国教会在一些神学观点上发生争执。有些"自由主义"牧师受德国神学家影响，认为教会应该积极参与社会改革，从而在地上建立上帝的国度。另一方面，一些传统、保守的基督徒们相信，教会的使命并不在于改善人们在世的境遇，而在于帮助他们进入天国。立场保守的后者被前者称为"画饼充饥派"，立场激进的前者则被后者叫做"社会福音派"。

20世纪发生的两次世界大战使那些希望奉耶稣的名进行社会变革，使上帝的国降临世上的"自由主义者"的理想破灭了——因为挑起战争、实施暴行的正是这些传统基督教国家。所以，20世纪中后期，主张社会福音的自由主义教会日趋式微，强调赎罪的福音和永生盼望的保守主义教会越来越兴盛。

可是到了20世纪末，许多曾坚决反对社会福音的保守主义教会，开始重新审视自己对教会使命的理解。因为圣经明明写着，耶稣曾"喂饱五千人"，可见他重视人肉体的需要，如同重视他们的灵魂。

《马可福音》记着说："耶稣出来，见有许多的人，就怜悯他们，因为他们如同羊没有牧人一般，于是开口教训他们许多道理。"（可6：34）针对人们灵魂的饥渴，耶稣将许多天国的真理教导他们；但是同时，耶稣发现这群人饥肠辘辘。于是，耶稣说了一句话，令门徒们大惑不解："你们给他们吃吧。"（可6：37）门徒们从没有想过自己有义务喂饱众人，但是耶稣认为他们责无旁贷！于是门徒们尽力寻找食物。虽然只找到一丁点儿食物，但耶稣认为足够了。经过耶稣奇妙的祝福，这些食物最后竟然喂饱了5000人！

如今，关于教会的使命，各教会已经达成一个普遍的共识：同时满足世人灵魂与肉体的需要。但在一些细节上，各教会仍有分歧。有些人主张，我们提供食物的目的是让人们接受福音；另有些人认为，反饥饿才是我们提供食物的根本原因，他们是否接受福音是另一回事；更有些人说，我们应该只向那些接受福音的人提供食物。

无论孰是孰非，每个饱足的人都应该记念那些饥饿的；每个灵魂得救的人都应该怜悯那些从未听到福音的人——因为，主耶稣就是这么做的。

驽钝的门徒　第89天　经文：《马可福音》6：45～56

> 这是因为他们不明白那分饼的事，心里还是愚顽。（可6：52）

有人开玩笑，形容职业橄榄球比赛其实就是一群拼命想参赛的人大骂22个拼命想休息的人。批评球员永远要比亲自下场容易得多。同样，批评12个门徒没出息，要比真正追随耶稣容易得多。但是圣经将他们的故事收录其中，就是要为我们提供借鉴，让我们从他们的错误中吸取教训。因为，从前人的失败中吸取教训是一种非常有效的学习途径，可以防止后来的人重蹈覆辙。

在喂饱5000人后，耶稣派十二门徒先行出海。但在加利利海上航行时，门徒们遇到了一场大风暴，所有人都危在旦夕。这时，耶稣决定抄近路回家，从海面上走过去。当他走到船边，"要走过他们去"的时候（可6：48），门徒们发现了他，却以为自己见了鬼。于是，门徒们"以为是鬼怪，就喊叫起来"，"耶稣连忙对他们说：'你们放心，是我，不要怕！'于是到他们那里上了船，风就住了"（6：49～51）。

显然，门徒们见证了又一个神迹。但在这个故事里，有两处令人费解的地方。首先，门徒们急需援助的时候，为什么耶稣"要走过他们去"呢？其次，为什么马可说"他们不明白那分饼的事，心里还是愚顽"呢？（可6：52）

谈到耶和华在旷野里看顾以色列百姓时，《诗篇》作者写道："（神）降吗哪像雨给他们吃，将天上的粮食赐给他们。各人吃大能者的食物。他赐下粮食，使他们饱足。"（诗78：24～25）另外，他还写道："你的道在海中，你的路在大水中，你的脚踪无人知道。"（诗77：19）耶稣用行动证明，自己就是旧约圣经里描述的那个上帝！耶稣正是行走"在大水中"，又赐给人们"大能者的食物……使他们饱足。"由此可见，他在门徒面前所行的这些神迹，正是旧约圣经里所描述的上帝的作为。

但是门徒们却始终难以相信耶稣就是道成肉身的上帝。他们对耶稣的认识仍然十分粗浅，他们的信心仍然有待提高。门徒们亲眼目睹了耶稣的一言一行，却看不出其中的奥妙。他们对旧约圣经中关于上帝的描述非常熟悉，知道这位全能者有能力行使奇迹。在列祖身上，上帝已经充分展示了他永远不变的慈爱与怜悯；可是当耶稣在风暴中走到他们面前时，门徒们仍然难以相信这就是上帝。于是，耶稣尽力安抚他们的恐惧，加强他们的信心。

门徒们的驽钝不妨一笔带过，经文里面的教训才是我们应该关注的重点。事实上，如果我们是当时的门徒，未必比他们更明白。

礼仪和传统　第90天　经文：《马可福音》7：1～13

> "这百姓用嘴唇尊敬我，心却远离我。他们将人的吩咐，当作道理教导人，所以拜我也是枉然。"　（可7：6～7）

大多数父母都会要求孩子们饭前洗手。这个要求看起来很小，但常常会成为父母与孩子日常冲突的焦点。出于卫生的考虑，吃饭前应该完成洗手这道程序，但说到底，这也只是一个卫生保健的问题。

可是，在耶稣生活的那个年代，这个基本的卫生措施被赋予了更高的意义。饭前及外出回家后洗手，逐渐演变成了一套繁杂的宗教仪式。在法利赛人和文士看来，"饭前洗手的犹太遗传"（可7：2，NLT版）不仅仅是"除去手上的污垢"，更是在上帝面前自洁的一种仪式。从市场回来，他们一定要沐浴，因为这象征着自己在这个污浊的世界里"出淤泥而不染"。

随着时间的推移，这些"古人的遗传"（可7：3）变得越来越重要，甚至成为评价一个人灵性好坏的标准。如果有人偶尔没有履行这些程序，无论是什么原因，都会被看成是不洁的人，不得参加敬拜。

正是在这种背景下，几个宗教导师大老远地从耶路撒冷赶来，质问耶稣："你的门徒为什么不照古人的遗传，用俗手吃饭呢？"（可7：5）不料，耶稣反驳说："以赛亚指着你们假冒为善之人所说的预言是不错的，如经上说：'这百姓用嘴唇尊敬我，心却远离我。他们将人的吩咐当作道理教导人，所以拜我也是枉然。'"（可7：6~7）

耶稣所说的是一个由来已久的问题：有人用拘守遗传来代替真正的灵命。耶稣说这些人"假冒为善"一点不错。当时，"伪君子"这个词通常是指戴着夸张面具的演员。这些相信形式至上的信徒正是如此——表里不一。那些来自耶路撒冷的宗教导师并没有真正的灵命，只是借着各种仪式假装属灵！

拘守洗礼或圣餐等仪式本是理所当然的，因为它们是内在灵命的外在表现形式。但是，如果这些圣礼变成了有名无实的仪式，它们就是无用的装饰，没有任何属灵意义。甚而，它们本身成了苍白的谎言，不代表任何属灵生命。所有宗教仪式的目的都在于表现属灵的生命，而不是取代它。

让我们不妨给自己做个"体检"，回顾一下：在参加过或正在参加的宗教仪式里，你是否真正体会到了其中的意义？它们是否引起了你内心的共鸣？它们是否是你生活中不可或缺的部分？

从人里面出来的　第91天　经文：《马可福音》7：14~23

> 从人里面出来的，那才能污秽人。　　　　（可7：20）

这个世界正在变得更好，还是更坏？关于这个问题，正是"仁者见仁，智者见智"。有一点是可以肯定的：只要不是瞎子，谁都能看出来，这个世界有许多痼疾。于是，又一个问题出来了：为什么会这样？有人说，这是因为西方文化腐朽变质，同时潜移默化地影响每个人，导致道德沦丧，世风日下。如此说来，要想拯救世界，就要变革文化。这时，又有人站出来说，文化归根结底是人创造的，如果说文化腐败了，首先应该是人心腐败了，因此，最终的答案应该在于净化人心。

耶稣开始传道事工的时候，也遇到过一场辩论，形式与此只是略有不同。当时那些信奉上帝的人坚信，是身外之物导致了道德与灵性的沦丧，因此只要人们远离那些容易诱发腐败的东西，就可以确保道德和灵性纯全。为此，他们设立了严格的行为准则，一丝不苟地执行各种宗教仪式，人人确保自己品行端正，社会方能健全。

然而，耶稣与这些人针锋相对，一针见血指出："从外面进去的不能污秽人；唯有从里面出来的，乃能污秽人"（可7：15）。对于这句话，门徒们都有些搞不懂，后来私下问他是什么意思。耶稣用生动的语言解答了他们的疑惑，指出食物象征着外部的腐化影响，并不能导致一个人的堕落，因为食物总是穿肠而过，并不停留在人体内（可7：19）；相反，"唯有从里面出来的，乃能污秽人……从人里面出来的，那才能污秽人"（可7：15，20）。

耶稣教导门徒，这个社会的种种痼疾都来自人心的腐败，因为"偷盗、凶杀、奸淫、贪婪、邪恶、诡诈、淫荡、嫉妒、谤讟、骄傲、狂妄，这一切的恶都是从里面出来，且能污秽人"（可7：22~23）。现代人将这个道理总结成了一句话："思成言，言成行；行成习，习成德，德定命。"

耶稣不仅指出思想的腐败会导致下场悲惨，更强调这些"从里面出来的"会使人远离上帝（可7：23，NLT版）。

内心腐败引发的种种倒行逆施的确令人触目惊心，但更重要的是，它们会使人深陷罪恶的泥潭，与上帝隔绝。同样，人心里的各种恶念确实会腐蚀社会，但更重要的是，它们会腐蚀你的灵魂。

唱新歌　第92天　经文：《诗篇》33：1~22

> 义人哪，你们应当靠耶和华欢乐，正直人的赞美是合宜的……应当向他唱新歌，弹得巧妙，声音洪亮。　　　　　（诗33：1，3）

在基督徒的日常对话中，出现了一个可悲的新词——"敬拜战争"，它专指信徒们为敬拜风格争论不休，令人备感遗憾。但是，这种争吵是真实存在的——虽然用"战争"这个词似乎显得有些严重，但鉴于信徒们实际争吵时的气势汹汹，用"口角"这个词显然又过轻了。

这种争吵的根源在于有人认为敬拜中使用的圣乐和敬拜一样重要。从前，带领敬拜赞美的人通常会配合主持，两者的工作很少有冲突。曾几何时，带领赞美的人忽然变成了主持，从此教会里不再安宁。当然，圣乐始终是信徒们赞美上帝、向他倾心吐意的重要方式，在敬拜中有着不可忽视的作用，但敬拜又绝非音乐会或赞美会。

核心问题也是最大的争论点在于"敬拜圣乐到底应该是什么样的？"对

于这个问题，不同时代的人所持的观点各不相同。现在的年轻人是在音乐的轰鸣声中长大的，流行音乐充满了他们生活的角落，他们的音乐品位早已根深蒂固，所以对那些非流行风格的音乐，既不熟悉，也不感兴趣。同时，那些上了年纪的人，从小听的就是优雅、缓慢的"教会圣乐"，当然会觉得那些流行乐难以入耳。

那么，怎么办呢？对此，《诗篇》作者给了我们一些提示。首先，他说："义人哪，你们应当靠耶和华欢乐，正直人的赞美是合宜的。"（诗33：1）圣乐在敬拜中的作用只有一个，那就是赞美耶和华。其次，他鼓励人们"应当向他唱新歌"（诗33：3），就是说，敬拜中应该有流行音乐。第三，带领敬拜圣乐的人，还应该是一个出色的音乐家，知道怎样"弹得巧妙"（诗33：3）。最后，无论是带领圣乐的人，还是主持，都必须保证敬拜中使用的一切符合"耶和华的言语"。因为无论一个人音乐品位如何，出生在哪个年代，"耶和华的言语"都应该在他们眼中看为"正直"（诗33：4）。

教会争战的对象永远只有一个，就是撒旦。只要不违背真理，教会敬拜的风格可以多种多样。"敬拜战争"这个词的出现，纯粹是撒旦的作为，旨在转移我们的注意力。所以，我们不应该在这个问题上纠缠不清，而应该多想想如何齐心协力，战胜撒旦。

挪亚和洪水　第93天　经文：《创世记》7：1~24

> 耶和华对挪亚说："你和你的全家都要进入方舟，因为在这世代中，我见你在我面前是义人。"　（创7：1）

《吉尔伽美什史诗》是人类最早的文学作品之一。史诗的主人公、英雄吉尔伽美什是一位国王，他渴望长生不老。于是，他长途跋涉，寻找一个在大洪水中幸存下来的人，名叫乌特纳比西丁。这个故事提到，因为地上的人类繁殖得太快，又太吵闹，搅得诸神不得安宁。于是诸神大发雷霆，决定用洪水来消灭人类。然而，并非所有的神灵都赞同这个解决吵闹问题的"最终方案"。其中一位神——埃易，偷偷警告乌特纳比西丁，大洪水就要来了。于是，乌特纳比西丁造了一艘船，使全家人躲过了这场浩劫。

这个古老的故事被古人刻在泥板上，流传了几千年。有趣的是，这个故事与挪亚方舟的故事有许多雷同之处，同时又大相径庭。没有人知道这两个关于大洪水故事，到底哪个是先写成的，显然它们源自同一个真实的历史事件，是人们对大洪水的记录。值得注意的是，虽然这两个故事的大纲相同，但里面所表达的意思却完全不一样！《吉尔伽美什史诗》里的诸神喜欢吵架，心胸狭窄，自私自利，同他们统治的芸芸众生没有什么两样。然而圣经里记载说，上帝发大洪水是因为他痛恨人类的大逆不道。但因为这位至高者的慈爱永远长存，他拯救了挪亚和他的家人，并且应许再也不会发这么大的洪水了。

在《吉尔伽美什史诗》里，当乌特纳比西丁发现风云变色后，马上钻进船舱，密封舱门，准备迎接暴风雨；但是圣经里写道，在洪水到来之前，挪亚接到了耶和华的命令："你和你的全家都要进入方舟，因为在这世代中，我见你在我面前是义人"（创7：1）。当挪亚带着家人和动物进入方舟后，"耶和华就把他关在方舟里头"（创7：16）。

可见，挪亚得救完全是上帝的恩典，因为他在上帝面前是义人。挪亚也有许多缺点，但他顺服上帝，热爱上帝，并且信靠上帝。当上帝要他造方舟时，他马上照办；当上帝命令他进入方舟时，他马上行动。在方舟里，上帝保全他的性命，没有任何风暴能够突破上帝的保护网！

在生活中遇到突如其来的灾难时，许多人都不知道去哪里寻找庇护。他们像吉尔伽美什一样，不知道应该如何面对，于是去寻找那些人生的幸运儿，希望得到他们的安慰。但是那些像挪亚一样跟随耶和华的人，会选择信靠上帝，并从他那里得到丰丰满满的祝福。当吉尔伽美什们在暴风雨中沉没时，挪亚们却安然无恙。

洪水过后   第94天   经文：《创世记》8：1～22

> 神记念挪亚和挪亚方舟里的一切走兽牲畜。神叫风吹地，水势渐落。
>
> （创8：1）

2000年3月，莫桑比克发生了大洪水。据许多老救援人员称，这是他们有生之年遭遇过的最大自然灾害。暴雨持续了多日，导致林波波河溃堤。作为非洲东南部的洪泛地，莫桑比克顿时变成一片泽国。洪水吞噬了成千上万的灾民，摧毁了无数的村落和庄稼。有些人侥幸爬上树冠或登上屋顶，却又因为树冠或屋顶无法承重，倒塌后重新落水。因为繁琐的官僚程序、严重的腐败和缺少救灾资源，救援工作迟迟无法开展。此外，洪水过后，灾区爆发了大面积的疟疾和伤寒病，夺走了更多人的生命。随后，饥荒又降临到这块多灾多难的土地上，一时间哀鸿遍野，饿殍满地。

　　莫桑比克经历的这场浩劫，使一些人联想到了圣经里记载的那场大洪水。那场大洪水的规模史无前例，空前绝后。对于莫桑比克的洪水之劫，神学家们无法给出合理的解释，但挪亚所经历的洪水却有一个非常明显的原因，那就是"耶和华见人在地上罪恶很大"，于是说："我要将所造的人和走兽……都从地上除灭。"（创6：5～6）

　　在莫桑比克，那些侥幸爬上树梢的幸存者们，只能漫无边际地等待直升机的出现，希望能够被飞行员救出困境。而挪亚却有一位更大能的拯救者——"神记念挪亚和挪亚方舟里的一切走兽牲畜。神叫风吹地，水势渐落"（创8：1）。挪亚先后放飞了一只乌鸦和一只鸽子，试探水势。确定水势消退后，作为洪水中幸免于难的一群人，挪亚和家人遵照上帝的指示——"你和你的妻子，儿子，儿妇都可以出方舟"（创8：16），离船登岸，然后"挪亚为耶和华筑了一座坛，拿各类洁净的牲畜、飞鸟献在坛上为燔祭"（创8：20～21）。于是，耶和华承诺说，从此，四季和昼夜将永不停息。可见，人类之所以有机会悔过自新，从头再来，完全是出于上帝的恩典。

　　莫桑比克的洪水之劫让我们有机会回想挪亚大洪水的可怕，也让我们再次面对人类罪行的严重和上帝最终审判这些事实。非洲东南部的救灾能力严重不足和挪亚从上帝那里得到彻底的救赎形成了鲜明的对比。人类的昭昭罪恶，衬托出了上帝恩典的分外宝贵。

彩虹为证　　第95天　经文：《创世记》9：8～17

> 我把虹放在云彩中，这就可作我与地立约的记号了……这就是我
> 与地上一切有血肉之物立约的记号了。　　　　（创9：13，17）

　　诗人威廉·华兹华斯曾居住在英国湖区。当地气候潮湿多雨，经常会出现彩虹。他触景生情，写下了这样的诗句：

> 每当我看见天上的彩虹，
> 心儿就激烈地跳动。
> 我年幼的时候就是这样，
> 现在成人之后还是这样，
> 但愿到年老时依然这样，
> 要不，就让我死亡！①

---

① 威廉·华兹华斯，《我心雀跃》

华兹华斯没有在诗中说，自己的心为什么雀跃。他挚爱大自然，习惯用诗人的眼光观察自然，显然，彩虹的美丽令他陶醉，并且从中醒悟到人生的哲理。

科学家看到彩虹时，马上会判断，光可以在水气中折射出五彩光芒；下过一场雨后，光通过不同角度的雨滴，围绕着太阳，折射出光谱里所有的颜色，于是就形成了彩虹。

面对同样的彩虹，诗人与科学家的观点迥然不同，各有千秋，但是圣经也有自己的观点，正如上帝告诉挪亚："我把虹放在云彩中，这就可作我与地立约的记号了……这就是我与地上一切有血肉之物立约的记号了。"（创9：13，17）

科学式的观察，使人类可以探索大千世界，发现其中的奥秘，发掘里面的宝藏，获得驾驭自然的力量，令其为人类造福；诗人的想象可以使我们的心灵更加丰富。但是，只有通过上帝的启示，人们才能获得最真实、丰盛的人生，了解永生。如果没有上帝的启示，我们永远都想不到，彩虹原来是宇宙的创造主与我们立约的记号，代表着他的爱无比信实，他主动与人立下的约定永远不变。

有些人会用科学的眼光观察世界，却无法从中发现创造主的真实；有些人会用诗人的笔触描绘世界，可是里面却找不到上帝的影子。但是，那些真正了解上帝创造之功的科学家们，每当看到世界的奇妙时，都会因此更加敬畏上帝；那些拥有信仰的诗人，每当看到上帝存在的证据时，都会才思奔涌。

下次看到彩虹的时候，千万不要只想到光线折射，或一把金壶，而要敬拜上帝，感谢他不变的应许。

交流和变乱　第96天　经文：《创世记》11：1～9

> 于是，耶和华使他们从那里分散在全地上，他们就停工不造那城了。因为耶和华在那里变乱天下人的言语，使众人分散在全地上，所以那城名叫巴别。
> （创11：8～9）

作家底波拉·坦嫩曾出版过几部关于人际交流的著作。[①]首先，她在书中阐述了人际交流中存在的种种障碍。其次，她指出男女之间的交流是个重灾区，几乎没有一个男人或女人不曾经历过这方面的问题。值得注意的是，坦嫩博士指出的这些交流障碍，都是在使用同一种语言时发生的。

当操着不同语言的人碰到一起的时候，彼此间的交流当然会更加困难。如果不相信，问问那些曾在异国海关遇到过麻烦的人，或曾在他国医院投医问药

———————

① 底波拉·坦嫩，《醉翁之意不在酒》和《其实你不懂我的心》

的人就知道了。

　　然而，这种语言的变乱竟然是上帝有意造成的。《创世记》说："那时，天下人的口音言语都是一样。"（创11：1）

　　那时，上帝与人类之间原本相安无事。可是，随着地上的人越来越多，他们开始变得野心勃勃。他们聚在一起说："来吧，我们要建造一座城和一座塔，塔顶通天，为要传扬我们的名，免得我们分散在全地上。"（创11：4）显然，当时人群中已经出现了分裂的迹象，令他们惴惴不安，所以他们决定采取行动，力挽狂澜。他们的计划是建一座壮观的高塔，既是地标，也可扬名。他们要通过这座雄伟的建筑来证明自己很了不起，把它当做敬拜自己的圣殿。每当人们看到它的时候，就会想到："只要我们团结一致，就所向无敌。除了碰不到天，没有什么办不到的。"

　　这个想法本身无可厚非，而且上帝当然愿意看到，所造的人能够充分使用自己所给予的聪明才智。但是，人的想象力和创造力是有限的。当人们因此洋洋自得，自以为是的时候，往往会忽视这样一个不变的真理：在受造的万物中，虽然人类是最伟大的创造之一，但仍然是有限的被造物，只有靠着上帝的恩典才能生存、得救。这时，他需要停下来，否则，与其说他是在修建高塔扬名，不如说是在为自己的愚昧立碑。

　　于是，上帝分散了人类，变乱了他们的语言，使他们彼此无法正常地交流（创11：7）。此举既带来了困难和混乱，也带来了光明和希望。语言彼此不通，的确造成了许多摩擦和分裂，但从好的一面看——人们从此无法再自以为是。自以为是令人们忘记上帝的命令，自己做神。人们需要永远铭记这个教训。

承诺　第97天　经文：《创世记》11：27～12：8

　　　　耶和华向亚伯兰显现，说："我要把这地赐给你的后裔。"亚伯兰就在那里为向他显现的耶和华筑了一座坛。　　　　（创12：7）

　　加利福尼亚出现淘金热的时候，许多淘金者涌入那里跑马圈地，梦想着一夜暴富。在殖民地时代，开拓者们到达异域海岸后做的第一件事，就是立起国王的旗帜，令当地土著大惑不解。在近代战争中，一方获胜后，最先做的事情同样是将自己的军旗插在得之不易的土地上。比如，在攻克硫磺岛后，美国海军陆战队在山顶插国旗的一幕被拍下后，成为传世佳作。可是很少有人知道，其实这张照片是战斗结束后的第二天拍的。

几千年前，亚伯兰得到耶和华的指示，要他离开迦勒底的吾珥，去一处未知的地方。亚伯兰听从了上帝的话，表现出了宝贵的信心。这群人在哈兰耽搁了很长时间，直到亚伯兰的父亲去世才重新启程。然后，耶和华直接晓谕亚伯兰："你要离开本地、本族、父家，往我所要指示你的地去。"（创12：1）亚伯兰再次照做了，最后两眼一抹黑地来到了示剑。这时，耶和华再次向他显现，指着这块"应许之地"说："我要把这地赐给你的后裔。"（创12：7）

亚伯兰手里没有旗帜，周围也没有国土资源局可以申报所有权。但他用自己的方式在那里做了个地标——"为向他显现的耶和华筑了一座坛"（创12：7）。后来到了伯特利的时候，"他在那里又为耶和华筑了一座坛，求告耶和华的名"（创12：8）。当初殖民统治者在新大陆树立旗帜，宣告自己是这块土地的新主人时，倚靠的不过是所谓文明民族的傲慢和坚船利炮；当亚伯兰进入迦南的时候，倚靠的却是上帝的旨意。虽然那块土地原来是迦南人的，但因为耶和华（所有土地的原主人）宣布把它赐给了亚伯兰的后裔，于是亚伯兰就信靠、顺服上帝，以祭坛的方式宣告这里属于耶和华上帝的子民所有。

仔细揣度上帝对亚伯兰的应许时，我们看不到任何实现的可能。就当时的情况而言，"成为大国"（创12：2）几乎是天方夜谭；"蒙福"、"名为大"以及"叫别人得福"的承诺看起来也遥不可及（创12：3）。即便如此，亚伯兰还是为此立下一个个祭坛，向世人展示了他宝贵的信心和顺服。

每个人都有信念。在漫长的人生旅途中，许多东西都是我们信念的见证——一桩生意，一座建筑，一艘船或一本书。当我们回首前尘往事，会发现一路上留下无数痕迹，它们默默地见证了我们曾经的追求，以及最终的成就。那么，你是否也像亚伯兰一样，在身后留下了一座座祭坛呢？

重回正道   第98天   经文：《创世记》13：1~18

> 遍地不都在你眼前吗？请你离开我。你向左，我就向右；你向
> 右，我就向左。   （创13：9）

无论是飞机脱离航线，火车脱轨，还是轮船偏离航道，都将导致一场灾难。当一个人失去信念、偏离正路时，也是一样：他会声名扫地，前功尽弃。这种事情如果发生在耶和华仆人的身上时，上帝的圣工更会受损，上帝的子民也会因此成为世人眼中的笑柄，嘲弄的对象。

亚伯兰到了迦南后不久就遇到了大饥荒，于是他不得不再次迁移，举家下

埃及（创12：10）。在一般人看来，这次逃难合情合理，但是，亚伯兰一到埃及就变了：他不再倚靠耶和华，曾经引以为荣的信心，因为对法老的恐惧变得不堪一击，于是信口雌黄。法老因耶和华降大灾于他，责备了亚伯兰一顿，派人将他遣送出埃及。

于是亚伯兰同家人一起"从埃及上南地去……他从南地渐渐往伯特利去，到了伯特利和艾的中间……也是他起先筑坛的地方，他又在那里求告耶和华的名"（创13：1～4）。

重新求告耶和华后，亚伯兰立刻迎来了一个考验。因为他和侄子罗得都有大群牲畜，当地的牧场资源明显不足，他们彼此负责放牧的仆人之间不断出现摩擦。为了不伤和气，亚伯兰主动找到罗得，提出了一个智慧、慷慨的建议："遍地不都在你眼前吗？请你离开我：你向左，我就向右；你向右，我就向左。"（创13：9）

罗得马上挑了一块自己最看好的土地，把看上去不好的部分留给了亚伯兰。亚伯兰本来完全有理由先选土地，毕竟他是受耶和华上帝呼召带家人出来的人，罗得尚且仰仗他的保护。但是，亚伯兰没有这么做，因为他深信，无论是困难还是罗得，都无法将耶和华应许的土地从他手中夺走。面对上帝的信实，亚伯兰没有理由不深深敬畏。

亚伯兰在埃及表现出的懦弱，差点给他带来灭顶之灾，这给他上了沉重的一课。但同时，上帝却借着他的失误给予了他一个大大的祝福——回到迦南，重新敬拜上帝。

每个人都可能犯错，但只有知道尽快返回正道的才是聪明人。

我一生的光景　第99天　经文：《诗篇》23篇

耶和华是我的牧者，我必不至缺乏。　　　　　　（诗23：1）

先知以赛亚曾哀叹："我们都如羊走迷，各人偏行己路，耶和华使我们众人的罪孽都归在他身上。"（赛53：6）他并不是在恭维羊，而是在说人像羊一样，天性散漫，并常常因此身入险境。但并非所有的羊都无可救药，有些羊知道，克服自身缺陷的唯一办法，就是紧紧跟随牧人的脚步。这个办法同样适用于人。

大卫曾是牧童，非常熟悉羊的习性。他曾在伯利恒的山上放牧多年，保护羊群不受狮子和熊的袭扰，带领羊群饮水、休息。正是因为有这样的背景，大卫在《诗篇》23篇中，寥寥几笔就描绘出了羊在牧人引导下安详而居的美丽画面，借此比喻自己在耶和华的看顾下得享美福。

在这个物欲横流的世代，自信"不至缺乏"（诗23：1）的人真是少之又少——在我们生活的环境里，充斥着诱人的广告，使人们难以分辨"需要"和"想要"、"必需"和"奢侈"。所以，"躺卧在青草地上"和在"可安歇的水边"的生活场景，很难在现代人身上看到（诗23：2）。在城市钢筋水泥的丛林里，每个人都在努力奋斗，渴望有一天出人头地。

大卫告诉世人"耶和华是我的牧者"（诗23：1），借着诗歌描述了上帝对他无微不至的看顾与保守；并且，这眷顾不是一时，而是"一生一世"（诗23：6）。对于空虚迷茫的现代人来说，"灵魂苏醒"和得到"走义路"（诗23：3）的指引，是难能可贵的。就算在生活中"行过死荫的幽谷"（诗23：4），时常暴露"在我敌人面前"（诗23：5），这样的信念也不会动摇。当我们倚靠耶和华的时候，他会使我们"不怕遭害"，并且使我们的福杯满溢（诗23：4～5）。要想获得这样的生活，就要有胜过常人的信心。

有人说，这样的生活根本不可能存在。的确，如果没有耶和华上帝的看顾，不可能有这么美好的生活。同时，即使是最任性的羊，也会发现上帝的恩惠慈爱，像忠诚的牧羊犬一样，紧紧随着自己（诗23：6）。

大卫不仅在今生倚靠上帝得福，就是"一生一世"结束后，他也会"住在耶和华的殿中，直到永远"（诗23：6）。这样的生活，才真正值得我们每个人追求。

坦诚相见   第100天   经文：《马可福音》9：38～50

> 耶稣坐下，叫十二个门徒来，说："若有人愿意作首先的，他必作众人末后的，作众人的用人。"
> （可9：35）

球队出现问题时，好教练会召集所有球员开会，商讨对策；家里出现问题时，好父亲会召开家庭会议，重申家规；公司出现问题时，好经理可能会休业一天，召开全体员工大会，讨论、解决问题。

这种处理问题的方式在圣经里早有先例。《马可福音》里，耶稣召来所有的门徒，一起坐下开会。因为，他有一些重要的话要对门徒们说（参见可9：35）。

首先，针对门徒们一直关注的问题——属灵的辈分，耶稣说："若有人愿意作首先的，他必作众人末后的，作众人的用人。"（可9：35）因为这句话是耶稣生平的写照，所以门徒们对这个教训举双手赞同。然后，耶稣批评了他们在事工中表现出的精英势态。他们曾遇到一个人奉耶稣的名赶鬼，但因为那人不是门徒，他们就"禁止他"（可9：38）。耶稣指出，他们这么做不对。因为这个人虽然没有直接亲近过基督，但他真诚地奉基督的名，努力从事与基督和十二门徒一样的事工，这并没有什么错。

接着，耶稣开始谈论那些容易使人在灵里跌倒的行为。他告诫门徒们说："凡使这信我的一个小子跌倒的，倒不如把大磨石拴在这人的颈项上，扔在海里。"（可9：42）这句话说得很重。耶稣所说的"小子"，可能是指围在门徒们身边的小孩子，也可能是指那些刚刚摆脱撒旦捆绑的年轻信徒。无论指的是谁，耶稣要表达的意思非常清楚。通过戏剧化、抽象化的语言，耶稣警告众弟子，在灵里犯罪不仅会使别人跌倒，也会使自己落入万劫不复的境地。通过这一番肺腑之言，耶稣希望门徒们能够时刻牢记"作光作盐"的使命，防止自己有一天"失去味道"。

一个人的言行举止往往会深刻地影响或误导身边的人。所以，如果一个信徒不想"绊倒"身边的弟兄姐妹，就要严格自律。只有这样，那些追随耶稣的人才算得上是在效法基督。耶稣希望他的"每粒盐"都是有味道的！

婚姻和离婚　　第101天　经文：《马可福音》10：1～16

> 但从起初创造的时候，神造人是造男造女。因此人要离开父母，
> 与妻子连合，二人成为一体。既然如此，夫妻不再是两个人，乃是一
> 体的了。
> （可10：6～8）

在创世之初，上帝就定下了天地运行的自然法则，其中就包括众所周知的万有引力定律和热力学定律。这些自然法则每天伴随着我们，正是因为有了它们，我们才能像水里的鱼儿一样自由地生活。可是，你是否想过，如果我们试图违反自然法则，结果会怎样？比如，从摩天大厦上跳下去，或坐在烧红的火炉上？当然，这么做的结果只能是自讨苦吃。

同样，上帝在太初就为人类定下了许多社会法则，以保障人们的生活幸福稳定。当法利赛人用问题试探耶稣时，耶稣就提起了其中的一些基本法则。他们用来陷害耶稣的问题是："人休妻可以不可以？"（可10：2～3）在我们这个以高离婚率著称的社会里，如果一个人想和妻子离婚，什么理由都可以。

但是在耶稣生活的那个年代，离婚可不是这么简单的事。当时，人们对

"离婚"这个问题各执一词，争论不休。有些拉比，如希勒，主张人们可以为一些鸡毛蒜皮的小事离婚，但只有丈夫才能提出离婚。另有些人，如沙买，对"离婚"的态度很保守，极力反对希勒的主张。

那些法利赛人希望借这个问题从耶稣嘴里套出一些话来，然后用来陷害他。耶稣反问他们："摩西吩咐你们的是什么？"（可10：3）他们回答说："摩西许人写了休书便可以休妻。"（可10：4）。耶稣借机阐明，在摩西时代，人们可以离婚，但那是专为"心硬"的人开出的一个"特例"（可10：5）。也就是说，这有违上帝的本意。所以，耶稣解释说："但从起初创造的时候，神造人是造男造女。因此，人要离开父母，与妻子连合，二人成为一体。既然如此，夫妻不再是两个人，乃是一体的了。"（可10：6~8）

上帝的本意非常明白。男人和女人通过婚姻连合，一起为子女提供一个安全和充满爱的家；当子女长大后，他们离开父母，建立自己的家庭，抚育自己的儿女。这就是人类生活的规律和幸福的法则。自然法则维护着自然界的正常运转；同样，人类能否拥有幸福的生活，取决于他们是否遵守社会法则。如果我们违反这些社会法则，下场会同违反自然法则一样惨不忍睹。

我们这个社会需要遵守上帝所定的"婚姻与家庭保障法"。那么，我们应该如何对待那些选择离婚的人呢？他们也需要关怀。其实，如何在关怀那些不幸离婚的信徒同时，捍卫上帝关于婚姻和家庭的教导，这正是当代教会所面临的一个巨大挑战。这是一个需要我们每个人都认真思考的问题。

奔走天路　第102天　经文：《希伯来书》12：1~13

> 我们既有这许多的见证人，如同云彩围着我们，就当放下各样的重担，脱去容易缠累我们的罪，存心忍耐，奔那摆在我们前头的路程，仰望为我们信心创始成终的耶稣。他因那摆在前面的喜乐，就轻看羞辱，忍受了十字架的苦难，便坐在神宝座的右边。
>
> （来12：1~2）

公元前490年，希腊人大败波斯人。一名士兵奉命从马拉松跑到25英里外的雅典，通报胜利的喜讯。许多年后的1896年，现代奥林匹克运动会组委会，专门为此设立了一项名为"马拉松"的长跑项目。1924年，这项运动的标准距离被定为42.195公里。如今，这项运动作为现代奥林匹克运动会的最后一项，成为整个体育盛会的高潮。当选手们精疲力竭地跑到终点时，无一例外地会受到观众如潮掌声的欢迎和鼓励。

最早读到使徒书信的基督徒们，对这项古代奥林匹克运动并不陌生。所以，当他们读到——"我们既有这许多的见证人，如同云彩围着我们，就当放下各样的重担，脱去容易缠累我们的罪，存心忍耐，奔那摆在我们前头的路程"（来12：1）时，马上就心领神会。这句话的意思对我们来说也不难领会。要想在马拉松比赛中一马当先，严格的训练、合体的装束、灵活的策略、极大的忍耐力和自制力，缺一不可。同时，沿途大量的观赛者会使马拉松选手们更加兴奋、紧张。

同样，信仰生活就是摆在现代基督徒面前的一场马拉松比赛，需要我们全力以赴。我们不可以等闲视之，也不可以在训练中马马虎虎。我们必须全神贯注，以极大的毅力跑完全程。

现代长跑运动员们往往以一些优秀运动员为榜样，如在1952年赫尔辛基奥运会上赢得5000米、10000米和马拉松长跑三项冠军的捷克运动员埃米尔·扎托佩克。同样，现代基督徒们也应该以圣经上的信仰英雄为榜样，如亚伯拉罕、挪亚、保罗和司提反，学习他们的敬虔。

最重要的是，基督徒们要效法"为我们信心创始成终的耶稣"（来12：2）。他不仅在这场比赛的终点等着我们，还向我们显示了自己是如何忍受苦难，完成任务，战胜敌人的。同时，他始终关注、看顾着奔跑天路的信徒们。正是因为有他，我们才无怨无悔地投入比赛，努力奔跑前面的路程。虽然他也许不会把金牌挂在我们的胸前，但相信他一定会在终点给我们热情的拥抱。我们奔跑天路最大的赏赐，莫过于此。

头等大事　第103天　经文：《哥林多前书》1：1～18

> 弟兄们，我藉我们主耶稣基督的名，劝你们都说一样的话。你们中间也不可分党，只要一心一意，彼此相合。　　（林前1：10）

越南战争是美国历史上无法轻易翻过的一页。虽然戴高乐将军曾警告过肯尼迪总统，这场战争将是一个"无法自拔的泥潭"，但美国最终还是跳了进去。结果，这个世界上最强大的国家败给了一群装备简陋的游击队。对此，许多"事后诸葛亮"在战后发表了各自不同的看法，并达成一点共识：政客与将军间的不和是导致惨败的主要原因。当时，美国军方有能力，而且有意彻底打垮越共武装，可是政客们却三心二意。因此，整个战争充满了矛盾和变数。与美国摇摆不定的立场形成鲜明对比的是，胡志明的立场始终如一，坚韧不拔，因此赢得了最终的胜利。

无论是在军政界，还是在教会，缺乏目标和团结往往意味着失败，就像哥林多教会当时所面对的情形。哥林多信徒从上帝那里领受了恩惠，又在他里面"凡事富足，口才知识都全备"（林前1：5）。哥林多教会当时身处最具影响力的城市，并且接受了使徒保罗亲自的教导和培训，可是，他们却在许多方面辜负了上帝的期待，其中最重要的就是"缺乏目标和不团结"。

当时不仅有保罗亲临指导这家教会，彼得和亚波罗这样德高望重的使徒也都相继来过。因为彼得、保罗和亚波罗的气质、性格各不相同，所以在他们身边各聚集了一些信徒。这本来是非常自然的事，但有人却因此分帮结派，搞分裂，这就大错特错了。当时，教会里有人说："我是属保罗的。"有人说："我是属亚波罗的。""我是属矶法（彼得）的。"或"我是属基督的。"（林前1：12）。结果，教会里从此是非不断，乌烟瘴气，大量的灵力因内讧而消耗。在哥林多这个对福音充满怀疑、排斥的城市里，这是一个多么不好的见证啊！

党派之争是许多人眼中的"头等大事"，但保罗对此不以为然。他提醒哥林多信徒："基督差遣我，原不是为施洗，乃是为传福音，并不用智慧的言语，免得基督的十字架落了空。"（林前1：17）显然，对于保罗来说，"传福音"和"基督的十字架"才是头等大事，才是教会上下应该一心追求的；党派之争绝不能成为教会活动的重点或追求的目标。

如此说来，任何组织想要获得胜利，都需要有明确的目标、团结和委身；混乱、倾轧和疑惑必然会导致失败。

智慧和愚昧　第104天　经文：《哥林多前书》1：18~31

> 世人凭自己的智慧，既不认识神，神就乐意用人所当作愚拙的道理拯救那些信的人。这就是神的智慧了。　　　　　　（林前1：21）

许多人喜欢在名家哲人的语录里寻找人生真理，也许偶尔会如愿以偿，但大多会更加迷惑，更加绝望。伯特兰·罗素是20世纪最伟大的哲学家之一，他曾在著作中写道：

> 因此，人类不过是因为无法预见其最终结果而形成的产物……所以，

他的起源、价值、希望、恐惧、爱和信仰，只不过是一些原子意外结合的结果……所以，没有任何冲动、英雄主义、思考和堕落的张力可以让一个生命超越其墓冢……如果无法超越这一切矛盾，所有否定它们的哲学都注定没有立足之地。[①]

聪明绝顶的罗素为什么会如此确定，没有人能够超越墓冢呢？对此，他没有进行解释，而且他也不可能解释，因为这个问题的答案不属于哲学家，只属于永恒的全能者、通过基督向世人揭示真理的上帝。那些忽视福音的哲学家们，真的应该好好读一读耶和华的教导，因为里面充满了人类理性无法触及的真理。正如保罗所说："神岂不是叫这世上的智慧变成愚拙吗？"（林前1：20）

幸运的是，上帝使"世人凭自己的智慧"无法认识他（林前1：21），否则天才们一定会恃才傲物，同时普通人会错失良机。上帝的计划绝对不是让精英霸占天堂。相反，为了让所有人都有机会蒙福，上帝"乐意用人所当作愚拙的道理拯救那些信的人"（林前1：21）。无论是天才还是常人，每个人都有机会领受福音。

当然，妄信是不会得救的。人们常常相信谎言，信奉谬误。但是，只有相信"钉十字架的基督"（林前1：23），相信那使我们与上帝和好、使我们公义、圣洁的耶稣，相信他通过自己的死亡和复活使我们重获自由（参见林前1：30），才能得救。我们只有相信基督和他的十字架，才能进入上帝永远的祝福。

关于这一点，罗素也有建议——"只有在无尽的绝望之上，才能安全地建起灵魂栖息之地"[②]。然而，基督却保证会给予我们永远的救赎。你愿意相信谁呢？千万别选错了。

十字架　第105天　经文：《哥林多前书》2：1~16

因为我曾定了主意，在你们中间不知道别的，只知道耶稣基督并他钉十字架……我们讲的，乃是从前所隐藏、神奥秘的智慧，就是神在万世以前预定使我们得荣耀的。`　　　　　　　（林前2：2，7）

英国国旗米字旗是由英格兰国旗、北爱尔兰国旗和苏格兰国旗组成的。每面国旗都无一例外地使用了十字架图案，代表各自的圣人，如英格兰的乔治，爱尔兰的帕特里克，苏格兰的大卫和安德鲁。

在西方文化里，十字架的图案经常出现在旗帜、教会的建筑和珠宝首饰

① 伯特兰·罗素，《自由者的崇拜》
② 同上

上，但它原来的意义却往往被忽略了。这也难怪，因为十字架的出身并不光彩。在罗马帝国时代，钉十字架是一种极度痛苦、残酷、可怕的死刑方式，因此不允许用在罗马公民身上。很难想象，这么一个可怕的刑具，如今竟然成为无处不在的美好象征。

答案并不在于十字架本身，而在于曾经被钉死的那个谦卑的木匠——拿撒勒人耶稣。两千年前，他在耶路撒冷大胆挑战当时以色列人有名无实的信仰生活。但是真正促成十字架受世人尊崇的，不是他的受难，而是因为他宣称自己是永生的上帝，并因此触怒了当时的宗教当局。可是，当他的坟墓在3天后空空如也、他的身体不翼而飞、有许多人见证他从死里复活后，他的宣告变成了无可反驳的事实，影响至深至远。

当耶稣被逮捕、鞭打、钉死的时候，门徒们曾一哄而散。当他们见到耶稣的复活后，立刻脱胎换骨，变得无比坚强、勇敢。于是，他们开始大胆传讲天国的福音，向世人见证耶稣就是圣经里所讲的弥赛亚，为世人的罪受死、复活，最终胜过了罪恶、死亡和地狱。很快，这个惊人的消息传遍了整个罗马。

使福音广传的使徒保罗称自己"只知道耶稣基督并他钉十字架"（林前2：2）。保罗说，如果那些决定将耶稣钉死在十字架上的人知道这个奥秘的话，"就不把荣耀的主钉在十字架上了"（林前2：8）。即便他们不知道"神深奥的事"（林前2：10），它仍然成为了现实——那就是，耶稣将自己钉死在十字架上，洗净了所有人的罪，使所有信耶稣的人得到上帝的饶恕，进入永生。

这个奥秘不再向世人隐藏。通过福音的广传，许多人借着十字架的图案，见证了受死复活的主耶稣。那些蒙恩得救的人，因此爱他，侍奉他。每当他们仰望十字架，就会在心里看到耶稣的形象。

默默等待　第106天　经文：《诗篇》62篇

> 我的心默默无声，专等候神，我的救恩是从他而来。
>
> （诗62：1）

对于男人来说，购物无异于执行军事任务。他们一进商场，就会直奔目标，然后径直走出出口，结账后便扬长而去。然而，对于女性来说，购物可不那么简单。出门前，她们通常并没想好要买什么。到了商场后，她们会一路走马观花，东挑西选，一试再试，一旦买回家后，稍不称心又会跑回去退货。天下男女大多如此，不落这个俗套的凤毛麟角。

如果一个丈夫"有幸"陪妻子逛街，他会在等待中感觉时间无比漫长，仿佛过了一生一世。可是在妻子看来，丈夫的"一生一世"不过是短暂的几秒钟而已！在这出"泡沫剧"里，男人永远显得不够耐心。如果他们遇到一个同病相怜的知己，会马上倾诉衷肠，惺惺相惜。可见，男人天生不擅长等待。

但是，大卫是个例外。他说："我的心默默无声，专等候神，我的救恩是从他而来。"（诗62：1）这句话出自一个男人之口，显得非同寻常。因为当妻子在丈夫不感兴趣的事上花时间的时候，男人向来不喜欢等待，甚至会恶语相向。然而在等待上帝伸手施行拯救的时候，大卫这个男人却能够"默默无声"。

"专等候神"意味着在一个特定的地点以一种特殊的状态静候。这种静候类似敬拜，是一种心无旁骛的等待。同时，"专等候神"也是指在上帝的旨意成就之前，专心仰望上帝，留心看他手中的作为。

对于那些习惯运筹帷幄的人来说，在上帝面前默默等待是很难的，因为需要耐心等候答案的时候，他们会强调"时间就是金钱"，所以就蠢蠢欲动。但是，大卫在诗中坦承，自己无法解决面前的问题——"大家攻击一人"（诗62：3）。他知道，耶和华的拯救是他唯一的希望。

上帝向来以自己的方式行事，无论等候的人是否心急如焚，都不会改变上帝的时间表。所以，当你只能倚靠耶和华的帮助时，唯一能做的就是专心仰望他，默默无声地等待。上帝是信实的，必会在最佳的时间，以最佳的方式施行帮助。

好管家　第107天　经文：《创世记》24：1～27

> 他说："耶和华我主人亚伯拉罕的神啊，求你施恩给我主人亚伯拉罕，使我今日遇见好机会。"（创24：12）

"强将手下无弱兵"，伟人手下的管家也往往有过人之处。不同的是，伟人通常集万千荣光于一身，管家却总是默默无闻。可是，如果没有这些幕后劳模的大力支持，伟人身上的光环一定会减色不少。

亚伯拉罕就是一个伟人；同时，他也有一位好管家。据信，亚伯拉罕的管家名叫"以利以谢"（参见创15：2）。名字可能会有误，但有一点是千真万确的——他是"管理他全业最老的仆人"（创24：2）。

有一天，亚伯拉罕决定交给管家一个重要的任务——为他的儿子找一位佳偶。这可不是一件容易事。他要找的女孩，不仅要让主人满意，还要让少主人喜欢。

如果这位管家真的就是以利以谢，那么他应该对亚伯拉罕的儿子满心憎恶甚至拒绝接受任务才对，因为当初如果少主人没有出世的话，他完全有可能继承亚伯拉罕的巨额家产。可是，作为一位德高望重的人，这位管家心中没有丝毫芥蒂。

出发前，主人给了他许多指示。这些叮嘱使他可以选择的余地极少，极大地加重了任务的难度。首先，他不能带着少主人同行；其次，他只能在亚伯拉罕的本家里为少主人择偶。这意味着，他要回到亚伯拉罕远在天边的故乡，回到他当初追随主人出发的地方。

当管家向主人寻求帮助时，亚伯拉罕说："耶和华天上的主……必差遣使者在你面前，你就可以从那里为我儿子娶一个妻子。"（创24：7）于是，管家揣着这句话，勇敢地出发了。

来到亚伯拉罕本家附近后，管家自觉没有把握找到一个好女孩，于是向上帝祷告，求上帝按主人所说的那样指引他。结果，上帝没有令老管家失望，不仅将利百加带到了管家面前，证明她兰心蕙质，还让利百加一口答应了婚事。

这个圣经故事的主角不是伟人亚伯拉罕，而是这位默默无闻、至虔至诚、善于祷告的忠仆。他不仅忠心耿耿地服侍地上的主人，更热爱、信靠天父上帝。这样的人，在世上越多越好。

默想　第108天　经文：《创世记》24：59~67

> 天将晚，以撒出来在田间默想。　　　　　　　（创24：63）

我们身边有许多"大忙人"，整天忙得团团转。对于他们来说，时间就是金钱。他们面前的任务总是堆积如山——如果没有他们，地球似乎都会停转。他们总是抱怨时间不够用，唯恐"大业未成身先死"的悲剧发生在自己身上。于是，"事业"、"效率"、"时间管理"、"最后期限"、"全面推进"等字眼充斥了他们整个生活；他们的健康往往会被忽视，婚姻变得可有可无，与子女会形同陌路，属灵生命更是一团糟。他们并非对此浑然不知，或毫不在乎，但是他们不断向自己保证，一定、马上、立刻会挽回生活中起码的平衡，找回真正的生活意义。可是，这些承诺最终都无一例外地打了水漂。只有当遭遇心脏病突发、强制退休或婚姻触礁时，他们才会静下心来好好沉思、反省。"亡羊补牢"固然值得鼓励，但如果能够早早领悟"默想"在生活中的好处，才能真的防患于未然。

以撒在年轻时就明白默想的好处。作为亚伯拉罕的儿子，以撒在继承庞大家产的同时，也要继承"治家"的责任。父亲老迈，母亲辞世后，以撒不得不仔细思考前面的道路。同时，他还面临着"包办婚姻"的巨大压力，不知道会同谁过一辈子。一天傍晚，"以撒出来在田间默想"（创24：63）。

当时，以撒面临着许多重大的人生抉择，千头万绪，不知该先从哪里下手。如果他没有花时间好好思考，排除杂念，审时度势的话，很可能会变成一只无头的苍蝇，或一个"大盲人"，到处乱撞，永远也找不到出路。

在面前的一堆繁杂事务里，以撒最应该用心思考的是上帝与父亲所立的约。这个约里有他的位子。通过回忆父亲为罗得解困时的所作所为，他可以学到许多宝贵的东西。同时，罗得的过失和最后的落难也值得他好好揣摩。

现代人应该像以撒一样勤于思考，凡事三思而后行，不可仓促做决定。遇到紧急事情的时候，当然要当机立断，但有关永生、灵性、道德的事情，也要好好默想才行。夸夸其谈、口若悬河，固然会吸引众人的眼球，但要想明白人生中最重要的事情，只有通过独自在上帝面前的默想，才能得到真正的答案。

不可能完成的任务　第109天　经文：《以西结书》2：1~10

> 他对我说："人子啊，我差你往悖逆的国民以色列人那里去。他
> 们是悖逆我的，他们和他们的列祖违背我，直到今日。"
>
> （结2：3）

电视剧《不可能完成的任务》曾创下美国年度电视收视率的新高。在每一集开始的时候，主人公都会接受一个神秘的任务。然后，随着剧情的发展，主人公一步步将"不可能"变得"可能"；而大获全胜的一幕，永远都要等到周末才会上演。

先知以西结也曾接受了一个任务，比起《不可能完成的任务》更加离奇，更具戏剧性。当时，上帝荣耀的形象出现在他面前，无比惊惶之下，他"一看见就俯伏在地"（结1：28）。虽然这副样子很不雅观，但完全可以理解。以西结一直保持着这样恭敬的姿态，准备聆听上帝的话。这时，他听到有声音说："人子啊，你站起来，我要和你说话。"（结2：1）这当然是上帝的声音。这声音不是一般的声音，这话也不是一般的话。这话里充满了令人顺服的权威和力量，正如以西结所说："他对我说话的时候，灵就进入我里面，使我站起

来。"（结2：2）

　　如今，很少有人会听到上帝的声音，并俯伏在地。但是，现代人手中有记载上帝话语的书——圣经。当他们阅读、标记、学习及消化吸收圣经的时候，同样会发现里面充满了令人顺服的权威和力量。只要我们用心领受圣经的话语，就会感受到里面的力量。

　　以西结很快就明白应该把这来自上帝的力量用在哪里了，因为上帝指示他说："人子啊，我差你往悖逆的国民以色列人那里去……这众子面无羞耻，心里刚硬……他们或听，或不听，你只管将我的话告诉他们。他们是极其悖逆的。"（结2：3~4，7）以西结的任务就像是"对牛弹琴"——叫不听话的人听话。这才真的是"不可能完成的任务"！

　　一定会有人问："明知没用，为什么还要派以西结去告诫他们呢？"上帝之所以会派以西结去，目的在于"他们或听，或不听，必知道在他们中间有了先知。"（结2：5）知道对自己说话的是一位先知，这似乎并不重要，但是只有知道了这一点，他们才会明白，接下来所发生的一切并非偶然，而是来自上帝的惩罚；只有这样他们才会知道，上帝言出必行；只有这样他们才会相信，即使世人悖逆难驯，上帝仍然有能力使他们改邪归正。

　　以西结的任务的确是不可能完成的。但是就算没有完成，也是有益的，因为他已经借着警告表明，上帝是至高的全能者；上帝言必行，行必果。不信，你就试试看！

承担责任　　第110天　经文：《创世记》25：28~34

　　于是雅各将饼和红豆汤给了以扫，以扫吃了喝了，便起来走了。
这就是以扫轻看了他长子的名分。　　　　　　　　　　　（创25：34）

　　"威尔士亲王"是英国国王对长子（即皇太子）的专属封号。自出生的那一刻起，皇太子就注定与众不同。作为长子，他被指定为王位继承人，而兄弟姐妹则只能是皇室成员。一旦父王驾崩，皇太子就会立刻封冠登基，继承大统。

　　乔治五世驾崩后，皇太子继承王位，成为爱德华七世。可是不久，他爱上了一位离过婚的美国女士，并决定相伴终身。由于英国政府坚决反对这门婚事，爱德华国王不得不在"江山"和"美人"、"责任"和"恋情"之间做出选择。最终，他选择了后者，自动脱袍让位，与沃利斯·辛普森夫人双宿双飞。后来，两人在法国巴黎定居，史上以温莎公爵夫妇著称于世。

古代希伯来人同样有"嫡长子继承制"，与英国皇室的继承法类似。根据这个制度，第一个出生的儿子享有特权，同时肩负特定的责任。以扫是以撒的长子，雅各是以扫的双胞胎弟弟。当初出生的时候，这个弟弟曾"手抓住以扫的脚跟"（创25：26）。因为比弟弟早出生几秒，以扫按规矩要传承和捍卫上帝赐予的属灵产业，这产业是当初上帝应许给他祖父亚伯拉罕的，后来传给他的父亲以撒。不仅如此，当他父亲死后，他会得到父亲的双份遗产。

可是，以扫对自己作为长子所享有的特权和责任似乎有些不屑一顾。雅各却不同，对这两样东西一直都很眼红。雅各非常了解哥哥以扫，知道他胸无大志，不在乎什么特权和责任，于是开始琢磨怎么从哥哥那里夺过长子的名分。终于有一天，以扫打猎回来饥肠辘辘，他垂涎于雅各熬的红豆汤，就和弟弟做了一笔赔本买卖——用长子的名分换雅各的一碗汤！以扫对长子特权和责任的漠视，由此可见一斑。《创世记》25：34说："以扫吃了喝了，便起来走了。这就是以扫轻看了他长子的名分。"以扫不知道珍惜自己的名分，犯下了难以挽回的错误。

当一个人被口腹之欲支配时，他会用生命中最宝贵的东西来填满，以至无视对上帝应负的责任，只想着立刻大快朵颐。这样的人同以扫一样，无德无义。而且，总有一天，他也会同样"号哭切求"（来12：17）。这样的结局，我们每个人都应该竭力避免。

只知牧养自己的牧人　第111天　经文：《以西结书》34：1～16

你们吃脂油，穿羊毛，宰肥壮的，却不牧养群羊。（结34：3）

众所周知，第二次世界大战期间，以第三帝国二号人物赫尔曼·戈林为首的纳粹领袖们，曾大肆劫掠被占领国家的艺术珍品，并秘密收藏在自己的小金库里。近来也有不少报道披露，许多独裁者在本国搜刮民脂民膏，然后将巨额财富储蓄在瑞士银行的保险箱里。这些人的倒行逆施令其名声扫地，威望全无，但他们根本不在乎。他们无心治理国家，只想着保全自己的地位，中饱私囊。

这种一心损公肥私的领袖自古就有。以西结就曾在耶和华面前，指责"以色列的牧人只知牧养自己"（结34：2）。针对这些被称为"牧人"的领袖，以西结以生动的语言描述了他们的胡作非为——"你们吃脂油，穿羊毛，宰肥壮的，却不牧养群羊"（结34：3）。这些以色列的领袖们眼中只有私利，正如经上所说："瘦弱的，你们没有养壮，有病的，你们没有医治……无人去寻，无人去找。"（结34：4，6）显然，耶和华对他们的所作所为深恶痛绝，宣布说："我必与牧人为敌，必向他们的手追讨我的羊，使他们不再牧放群羊。"（结34：10）

人的权威都是上帝默许的。上帝希望权威人物能够认真履行职责，以公义和慈爱待人。如果他们只想自己得好处，不照顾"羊群"，只图私利，不谋公益的话，一定会承受上帝的震怒。

妻子是上帝指定给丈夫的照顾对象，是需要丈夫牧养的"羊"。丈夫不可以一味利用妻子满足私欲，把妻子当成泄欲的工具或卑贱的奴隶，苛求妻子满足自己的每个要求，同时却忽视妻子的各种需要。否则，丈夫就不仅不是合格的"牧人"，而且将来更会接受上帝的审判！

绵羊和山羊   第112天　经文：《以西结书》34：11~31

失丧的，我必寻找，被逐的，我必领回，受伤的，我必缠裹，有病的，我必医治；只是肥的壮的，我必除灭，也要秉公牧养他们⋯⋯我必在羊与羊中间、公绵羊与公山羊中间施行判断。

（结34：16~17）

蒙冤受屈的人都渴望正义得到伸张。他们希望看到好人有好报，恶人有恶报。如果恶行猖狂无忌，他们希望有人挺身而出；如果好人被轻视，他们希望看到"老天开眼"。

相比之下，那些欺负人的恶人，希望正义之神到来时，能够睁一只眼，闭一只眼。他们甚至希望正义之神是个瞎子，永远都看不到他们的恶行。即使恶行被人揭露，他们也希望自己能够侥幸逃脱。那些应该接受正义审判的人，往往会哀求宽恕。当恶人得到宽恕时，曾经受屈的人会愤愤不平："正义在哪里？"反之，当大难临头的时候，恶人们则会抱怨："慈爱在哪里？"

在以西结生活的那个年代，就有人这样向耶和华抱怨。当有人说"耶和华不公平"时，耶和华回答说："我必按你们各人所行的审判你们"（结33：20）。上帝口中的"所行"，是指以色列人彼此间的所作所为。他们同属一个民族，受惠于同一个盟约，同样因为不忠于上帝而受罚，但他们彼此之间有许多不同。虽然乍看他们似乎都一样，但耶和华知道，他们中间有些人是"公绵羊"，有些人却是"公山羊"（结34：17）。对于那些一向欺负"受伤的"、"有病的"绵羊的"肥的、壮的"羊，耶和华声称必要除灭（结

34：16）。耶和华到底会怎么处理这些人呢？他承诺会继续牧养他们，但是他会"秉公牧养"（结34：16）。

那些目中无人、横行霸道的人，注定要面对耶和华的震怒和将来的审判。借着"绵羊"和"山羊"的比喻，上帝指出："你们这些肥壮的羊，在美好的草场吃草，还以为小事吗？剩下的草，你们竟用蹄践踏了……至于我的羊，只得吃你们所践踏的，喝你们所搅浑的。"（结34：18～19）

今天，我们称这种现象为"社会公平"问题。耶和华永远都不漠视这种不公平，但并不是每个以色列百姓都重视这些问题。所以，耶和华不断派先知去提醒以色列百姓，他们必须善待自己的邻舍。同时警告他们，作恶的人必然会接受上帝公义的审判！然而，他们仍然一如既往，随口抱怨不公，又乞求怜悯。

幸运的是，我们的天父上帝满有怜悯和慈爱。每个对此心存感激的人，都应该在生活中努力追求并捍卫公义。这就是"绵羊"和"山羊"之间的区别，也是"小子"和"成人"的不同。

健康和财富　第113天　经文：《诗篇》30：1～12

> 耶和华我的神啊，我曾呼求你，你医治了我。　　　（诗30：2）

本杰明·富兰克林曾说过："早睡早起使人健康、富足和睿智。"这句话真是千真万确。虽然很难解释，良好的睡眠习惯怎么会同"美好的生活"扯上关系，但富兰克林的警句里的确囊括了所有人的最大愿望：健康、财富和智慧。

圣经里许多地方都谈到了健康、财富和智慧。大卫曾在《诗篇》中说："耶和华我的神啊，我曾呼求你，你医治了我。"（诗30：2）虽然不知道大卫到底得了什么病，但显然他病得不轻，所以他才说："你曾把我的灵魂从阴间救上来，使我存活，不至于下坑。"（诗30：3）

当一个人的健康恶化时，灵性也会随之低落。身体得医治往往意味着灵魂得净化，所以大病得愈的人会由衷地感谢上帝。但是，有些人只有在病倒时才会仰望上帝！很少有人想到，如果我们感谢上帝医治疾病，更应该感谢他使我们健康，因为健康才是永远的、最好的治疗。我们的身体十分复杂，这个世界又充满各种病毒，意外也会随时发生，所以无病无痛才是最应该感谢的。我们大部分时间都无病无痛，所以常常以为自己会一直保持这种良好的状态。换句话说，我们自以为拥有健康是理所当然的，而非恩赐。因此，我们越健康，就越容易远离上帝；我们越舒服，就越不渴求耶和华的帮助。

不仅健康是这样，财富也是如此。大卫的健康失而复得后，不禁由衷地敬拜和赞美上帝。他在财富失而复得后，也是如此。他说："我凡事平顺，便说：'我永不动摇。'耶和华啊，你曾施恩，叫我的江山稳固。"（诗30：6～7）不幸的是，接受了耶和华赐给的荣华富贵后，他一度不再敬虔和顺服，以至他后来哀叹："你掩了面我就惊惶。"（诗30：7）。

无论是失去健康，还是失去财富，都会使我们一蹶不振。但如果不下这样的猛药，人们就会对这两样习以为常，不懂得珍惜。只有当耶和华使我们的健康和财富失而复得时，我们才会千恩万谢，变得聪明一些。"早睡"固然是明智之举，但每天清晨赞美上帝，才是真正的聪明。

性丑闻　第114天　经文：《哥林多前书》5：1～13

> 要把这样的人交给撒旦，败坏他的肉体，使他的灵魂在主耶稣的
> 日子可以得救。　　　　　　　　　　　　　　　　　（林前5：5）

保罗时代的异教社会与今天的美国社会大同小异，在"性泛滥"方面更是相差无几。其中，哥林多的居民尤其以"性乱"著称。当时，基督教教会在罗马全境遍地开花，建立了以信仰为基础的圣洁生活方式。基督徒们认为，性是上帝所赐予的礼物，只有在"一夫一妻"的异性婚姻中才可以享受。这种"性观念"广为人知，同时也备受世人非议。

不幸的是，哥林多教会的信徒们竟也并不拥护这样的"性观念"。他们极力崇尚"自由"，以至教会里出了一件丑事——有一个人"收了他的继母"（林前5：1）。更令人匪夷所思的是，自诩"属灵"的教会竟然容忍这样的事发生在他们身边。保罗尖锐地指出，即使异教徒都不会做这样淫乱的事。哥林多教会不仅没有纠正此人的行为，更以宽容自诩，可见其灵性已降到何等地步！所以，保罗责备他们说："你们还是自高自大，并不哀痛。"（林前5：2）

保罗明确指出，教会应该立刻把这个人赶出去。理由有二：首先，只有把他从属灵环境中赶出去，使其脱离信徒们的保护，才能将他"交给撒旦"。这么做不是要彻底毁灭他，而是要"败坏他的肉体，使他的灵魂在主耶稣的日子可以得救"（林前5：5），也就是所谓的"置之死地而后生"。其次，只有让他离开教会，信徒们才不会因为他而跌倒、犯罪。正如保罗所说："岂不知一点面酵能使全团发起来吗？"（林前5：6）这个人的罪完全有可能像面酵一样污染整个教会！

如今，很少能够在教会里看到这种教导了。有些教会甚至对信徒的不检点行为睁一只眼闭一只眼，或者干脆就不当一回事。相反，另一些教会却一味斥责一时失足的信徒，会众与"罪人们"势不两立，导致教会四分五裂。

教会内外的性丑闻始终不绝于耳。对此，圣经教导的处理方式合情合理。同时，一味主张教会的公义、绝情绝义的惩戒，或一味强调慈爱、无休止的包容都是不对的。无论世上流行什么样的主义，慈爱和管教永远都不冲突。处理性丑闻时，教会需要同时使用这两件法宝。

解决冲突之道　第115天　经文：《哥林多前书》6：1~11

> 你们岂不知不义的人不能承受神的国吗？不要自欺，无论是淫乱的、拜偶像的、奸淫的、作娈童的、亲男色的……你们中间也有人从前是这样；但如今你们奉主耶稣基督的名，并藉着我们神的灵，已经洗净、成圣、称义了。　　　　　　　　　　　（林前6：9，11）

有些车贴上的短语言简意赅，发人深省，但里面的道理往往并不完整。比如，时下非常流行的一个车贴是这么说的："基督徒并不完美，只是得到了上帝的饶恕。"基督徒坦承自己同样本性罪恶，需要上帝的饶恕，这本身并没有错。同样，他们声称罪得赦免，并不意味着自己从此完美无瑕，也是对的。但如果说，基督徒从上帝那里得到的仅仅是赦罪，那就大错特错了。基督徒们的罪的确已经被赦免了，他们也的确并不完美，但上帝不仅赐予了他们赦罪的恩典，更要求他们努力过一个全新的生活。

在《哥林多前书》里，保罗对此简单明了地进行了解释。在罗列了许多世人常犯的罪行后（有这些行为的人不能承受神的国），保罗总结说："你们中间也有人从前是这样；但如今你们奉主耶稣基督的名，并借着我们神的灵，已经洗净、成圣、称义了。"（林前6：11）哥林多的信徒们的确已经得到了上帝的饶恕，但既然他们借着上帝的灵"已经洗净、成圣、称义了"，就应该在活出一个更新、更好的样式。

例如，有些哥林多信徒彼此发生纠纷后，试图到法庭上去讨公道。哥林多人彼此告状的事情并不罕见，但保罗指出，基督徒不应该这么做，因为他们将来不仅要"审判世界"，更要"审判天使"（林前6：2~3）。所以，保罗认为他们完全可以自行解决这些矛盾，用不着让穿着法袍的非信徒来裁判他们之间的是非。

这条教导应该如何应用到现代基督徒的生活中？这一直是个争论不休的问题，没有一个肯定的答案。但是发生纠纷时，基督徒们至少应该"情愿受欺"，"情愿吃亏"（林前6：7）。没有人喜欢受欺或吃亏，相反，人们会极力避免吃亏。保罗的意思是说，面对生活中的不公平，基督徒们的反应应该与常人不一样才对，因为他们已经"成圣、称义"了。在这一点上，耶稣做出了充分的表率，无怨无悔地接受了不公平的审判，默默地走向十字架。因此，基督徒不应该仅仅满足于"被饶恕"，更应该活出圣洁的样子。因为，圣灵会给予我们力量做到这一点。

自由的有限性　第116天　经文：《哥林多前书》6：12～20

> 身子不是为淫乱，乃是为主；主也是为身子……因为你们是重价买来的，所以要在你们的身子上荣耀神。　　　（林前6：13，20）

虽然你有言论自由，却不可以在拥挤的电影院里开玩笑，喊："着火了！"同样，你有信仰的自由，却不可以用活人献祭。行动的自由同样是有限的，不可侵犯他人的权益。简而言之，世上没有绝对的自由。所以，"我可以为所欲为"这句话，其实是自欺欺人的妄想。即使你真的可以为所欲为，也要万分谨慎才对。有时，自由会给我们带来伤害，正如保罗所说："凡事我都可行，但不都有益处。"（林前6：12）既然对自己没有益处，对别人就更不会有利了！

此外，为所欲为的自由可能成为你身上的一道枷锁。具有讽刺意味的是，你可能会成为自由的奴隶。就拿"性自由"来说，它很容易变成"性成瘾"，结果使一个人的行为与保罗的教训背道而驰——"无论哪一件，我总不受他的辖制"（林前6：12）。

抛开有可能成为自由的奴隶这一点，且看"性自由"亦有许多其他限制。可能有人会说，性欲和食欲没什么两样，正所谓"饥不择食"，所以"色不择时"、"色不择人"也应该说得通。显然，当初哥林多人就是这么想的。但这种说法有一个致命的缺陷。虽说"食物是为肚腹，肚腹是为食物"，但这并不表明我们的身体是为满足性而造的。相反，我们的身体"乃是为主；主也是为身子"（林前6：13）。

食物和肚腹都会衰残，但我们的身体不会，因为经上记着说："神已经叫主复活，也要用自己的能力叫我们复活。"（林前6：14）就是说，我们的身体是为耶和华、为永生而造的。正如保罗告诉哥林多人："岂不知你们的身子就是圣灵的殿吗？这圣灵是从神而来，住在你们里头的。"（林前6：19）所以，保罗强调说："你们的身子是基督的肢体。"（林前6：15）

借着这些话，保罗要求那些信主前曾生活淫乱（有时是在宗教仪式里）的哥林多信徒，重视审视自己的性道德。他们需要明白"唯有行淫的，是得罪自己的身子"，而要在自己的身子上荣耀上帝（林前6：18，20）。具体说，就是要"逃避淫行"。对于基督徒来说，这句话前面没有任何限制。

婚姻大事　第117天　经文：《哥林多前书》7：1~16

> 但要免淫乱的事，男子当各有自己的妻子，女子也当各有自己的丈夫……我愿意众人像我一样；只是各人领受神的恩赐，一个是这样，一个是那样。　　　　　　　　　　　　　　（林前7：2，7）

男婚女嫁是上帝的旨意。早在创世之初，上帝就命令男人和女人通过彼此关爱的婚姻结合在一起。他明确表示，婚姻是整个社会的基础。

但是在哥林多教会以及当下的社会里，许多人因为这样那样的原因，不愿走进婚姻的殿堂。他们以自己独身为自豪，认为这才是最好的生活方式。当哥林多信徒咨询保罗的看法时，保罗说："是的，男不近女倒好。"（林前7：1，NLT版）还说："我希望大家像我一样独身。"（林前7：7，NLT版）但是保罗的话说到这儿就打住了，并没有表示独身比结婚更好、更高尚。相反，他认为，"各人领受神的恩赐，一个是这样，一个是那样"（林前7：7）。对于那些有结婚恩赐的人，保罗说："男子当各有自己的妻子，女子也当各有自己的丈夫。"（林前7：2）

在保罗看来，独身有个弱点，那就是难以节制性欲。对于那些生活在灯红酒绿的哥林多单身汉来说，要想完全不涉足红灯区是很难的。与其一失足成千古恨，他们倒不如正常娶嫁，在婚内享受健康的性关系。

但是，结婚也有它的弊端。当一个配偶信主，另一个还不信的时候，婚姻生活就会格外艰难。许多哥林多人忍受不了这样的彼此折磨，宁愿放弃婚姻，选择离婚。对于那些希望通过离婚走出困境的基督徒们来说，他们忽视或轻视了这样一个事实：使自己的婚姻"成了圣洁"是已婚的基督徒不可推卸的责任。不仅如此，他们也要让自己的儿女"圣洁"（林前7：14）。

真正明白这些道理的基督徒是不会选择离婚的。另一方面，如果不信的配偶决定走出婚姻，身为基督徒的一方应该"由他离去"（林前7：15）。

就婚姻问题而言，现代西方社会同古代希腊、罗马社会相差无几。所以，保罗关于婚姻的教导和基督的命令，同样适用于当下。

婚姻是美好的；在特定的情况下，独身也是一种祝福。但是，维护婚姻不是一件容易的事。在某些特定的情况下，离婚是可以接受的，但是有很大的弊端。因此，我们应该尊重婚姻，也尊重独身的选择，尽量避免离婚。同时，我们需要谨记，"神召我们原是要我们和睦"（林前7：15）。

你知道什么？　　第118天　经文：《哥林多前书》8：1～13

> 论到祭偶像之物，我们晓得我们都有知识；但知识是叫人自高自大，唯有爱心能造就人。若有人以为自己知道什么，按他所当知道的，他仍是不知道。若有人爱神，这人乃是神所知道的。
>
> （林前8：1～3）

如果读过古希腊人的哲学著作，看过他们的戏剧，研究过他们的建筑，学习过他们的数学，或观摩过他们令人叹为观止的艺术作品，所有人都会为古希腊人的聪明绝顶竖起大拇指。然而，有些聪明的古希腊人，竟因此以为自己无所不知！

在当时的哥林多教会里，有人就这么自以为是。有些信徒认为自己知识全备，而且每个人都应该向他们看齐（参见林前8：1）。这些人自以为很了不起，因此自高自大。

毋庸置疑，他们的确很聪明，但是聪明的背后也有许多难以觉察的不足。首先，正如保罗所说："若有人以为自己知道什么，按他所当知道的，他仍是不知道。"（林前8：2）其次，"知识是叫人自高自大，唯有爱心能造就人。"（林前8：1）哥林多信徒们需要明白，一个人知道得越多，就他所知道的而言，就越无知。他们还应该知道，如果只有知识，没有爱心，知识就会无益且有损。因为，有知识很重要，但并不是最重要的。

这里有一个很好的例子。希腊的神殿经常被用作餐厅，是哥林多人大快朵颐的地方，而端上餐桌的食物，很多都是献给偶像的祭品。聪明的哥林多人对此不以为然。因为他们知道，偶像不过是些泥胎木塑，所以只要食物好吃，就来者不拒。许多基督徒也明白这一点，知道"神只有一位，再没有别的神"（林前8：4）。所以，他们也经常出入神殿，打打牙祭。

　　但是，另外一些信徒不这么认为。他们觉得，出入神殿就难免和"拜偶像"扯上关系，所以坚决不去。他们不仅认为自己不应该出入这样的场合，还希望别的基督徒也不要去。于是，围绕着"吃，还是不吃"这个问题，哥林多教会内部展开了激烈的讨论。

　　从纯粹理性的角度来看，保罗显然认为，去神殿解决"温饱问题"没什么错。他说："我们知道偶像在世上算不得什么。"（林前8：4）但是，他选择从另一个角度来看待这个问题：如果这个理性的决定使一个弟兄跌倒了，它还是理性、聪明的吗？在这种情况下，显然，对弟兄的爱比知识更加重要。

　　知识不能解决所有的问题，爱与知识相比，爱甚至更重要。所以，那些有知识却无爱心的人，其实一无是处。他们并没有像自己以为的那么聪明。

对和错　　第119天　经文：《哥林多前书》9：1~14

> 因为耕种的当存着指望去耕种，打场的也当存得粮的指望去打场……若别人在你们身上有这权柄，何况我们呢？然而，我们没有用过这权柄，倒凡事忍受，免得基督的福音被阻隔。（林前9：10，12）

　　通常，一个国家文明程度越高，其公民就越有教养；一种文化越重视个人的权利，其中的人就越会善待他人。但因为人性本为恶，所以人们在生活中常常不能待人以诚，与人为善。因此，政府才会出面，制定各种法律，约束人的行为，保障每个公民的权利。无论是个人还是组织，都要谨守这些法律，否则就会受到严厉的惩罚。

　　在公元1世纪，显然没有这样的法律保障传道人的权利。他们同所有人一样，应当享有各种公民权；但当他们的权利被侵犯时，却没有人为他们挺身而出，伸张正义。这意味着那些传道人平白受了许多委屈。这种情况下，他们应该怎么做呢？

　　关于传道人的权利，保罗给了哥林多信徒许多宝贵的教导。所有教会的牧师都应该牢记这些教导。虽然当时一些教会对保罗的资格和能力提出过质疑，但他的使徒身份是毋庸置疑的。即使有些人不愿意承认他的身份，也不得不承认，他们有机会领受福音，是保罗努力传道的结果。所以，保罗说："我对那盘问我的人就是这样分诉。"（林前9：3）

　　接着，保罗向哥林多教会强调，自己和其他使徒一样，有权要求一些基本权利得到满足，如供应、鼓励和酬谢他们做工的辛苦。为此，他举例说，士兵不会自备粮饷，农民可以自由取食园里的果子，牧人可以随便吃喝牛羊的奶。所以，既然教会从传道人的侍奉中获益，就有义务好好照顾他们的生活。保罗提醒那些仍然拿不准主意的人："律法不也是这样说吗？"（林前9：8）他由此得出结论——"（这）不全是为我们说的吗？分明是为我们说的"（林前9：10）。一句话，传道人有权利得到供应！

可贵的是，保罗接着又说："然而，我们没有用过这权柄，倒凡事忍受，免得基督的福音被阻隔。"（林前9：12）保罗认为自己的权利不容否认，但为主的福音受委屈，却是值得的。

终日等候　第120天　经文：《诗篇》25篇

> 求你以你的真理引导我，教训我，因为你是救我的神，我终日等候你。
> 　　　　　　　　　　　　　　　　　　　　　　　（诗25：5）

有些人习惯早起，早晨的时候精神抖擞，活力四射，可是一到晚上，他们就像霜打的茄子一样蔫了。有些人虽然起床比较晚，但是当家人和朋友已经昏昏欲睡的时候，他们往往状态正佳，做事效率极高。无论习惯早起还是晚起，充实地过好一整天才是最重要的。虽然两者习惯不同，但把握一天的难度是一样的。

在开始一天的生活之前，那些喜欢早起的人通常会养成先读经、默想和祷告的好习惯，这一点很值得借鉴。但如果你每天出门前，连鞋带都来不及系的话，那还是算了吧。对于喜欢晚起的人来说，午餐前或就寝前灵修会更好。

16世纪英国著名的牧师和诗人乔治·赫伯特，曾在诗中给出过很好的意见：

> 夜晚总结一天里所做的事。
> 清晨谋划一天里该做的事，
> 仿佛灵魂的上妆、卸妆。①

灵魂的上妆和卸妆，同我们每天真正的上妆和卸妆一样重要。因为我们生命中的每一天，都应该活在与耶和华的紧密联系中。要想做到这一点，我们需要每天凡事预立，三省己身。每天的生活都充满了机会和挑战，所以必须好好预备，好好祷告。

---

① 乔治·赫伯特，《圣殿》

对此，大卫有一句话说得非常好——"你是救我的神，我终日等候你"（诗25：5）。虽然诗里面没有提到清晨灵修或夜晚默想，但因为他要整天与耶和华在一起，定睛在上帝身上，所以他应该两者兼备。

通过清晨灵修和夜晚默想，基督徒们可以在一天的生活中更好地亲近上帝。要想亲近上帝，我们就要"终日"倚靠他。当然，正在忙着摘除肿瘤的外科大夫，不可能脑子里只想着上帝；开着十八轮卡车在高速路上飞驰的司机，也不可能专心祷告。然而在完成这些任务的同时，知道上帝就在身边，清晰地感觉到他的看顾和保守，这是完全可能的。

在开始一天的生活前，如果每个人，包括外科大夫和卡车司机，能够专心等待上帝，准备好时刻与耶和华保持交流的话，他们就会"终日"与耶和华同行。每当遇到危险时，他们会本能地寻求上帝的帮助。当手术顺利完成，卡车送入车库后，他们会听到耶和华说："干得好。"

情感　第121天　经文：《创世记》37：1~36

> 以色列原来爱约瑟过于爱他的众子，因为约瑟是他年老生的，他给约瑟做了一件彩衣。约瑟的哥哥们见父亲爱约瑟过于爱他们，就恨约瑟，不与他说和睦的话。　　　　　　　　　（创37：3~4）

虽然在人类所有的情感中，爱是最大的，但它也有黑暗的一面，如果把握不当，很容易招来嫉妒、愤怒或无休止的憎恶。

雅各就是一个好例子。他"爱约瑟过于爱他的众子，因为约瑟是他年老生的"（创37：3）。为了表达自己的宠爱，雅各给约瑟"做了一件彩衣"。对此，约瑟的哥哥们当然不高兴。他们"见父亲爱约瑟过于爱他们，就恨约瑟"（创37：4）。

如果哥哥们只是排斥他，约瑟最多不过是受些欺负，没什么大不了的。但哥哥们心中的怒火越烧越旺，一发现有机会除掉约瑟，就立即付诸行动。他们说："来吧！我们将他杀了，丢在一个坑里，就说有恶兽把他吃了"（创37：20）。他们这么做的时候，根本没有意识到自己已经掉进了一个罪恶的深渊。

流便一心想救弟弟，于是劝弟兄们说："不可流他的血，可以把他丢在这野地的坑里，不可下手害他"（创37：22）。可是，他们当时已经完全被憎恶冲昏了头脑。内心的憎恶使他们变得麻木不仁：把约瑟丢进"坑穴"后，他们竟然若无其事地"坐下吃饭"（创37：25）。

这时，犹大良心发现，提议说："我们不如将他卖给以实玛利人，不可下手害他，因为他是我们的兄弟，我们的骨肉。"（创37：27）从蓄意杀害，到遗弃荒野，再到放逐远方，任其自生自灭——为了除掉弟弟，却又不担罪责，约瑟的哥哥们真是煞费苦心！然后，他们捏造了一个约瑟被野兽意外咬死的故事，回去报告父亲。听到这个噩耗后，雅各无比悲痛，"为他儿子悲哀了多日"，以致"他的儿女都起来安慰他，他却不肯受安慰"（创37：34～35）。显然，虚情假意的安慰一点用处也没有。

憎恶的表现形式多种多样，但无一例外都是损人不利己的自毁行为。因为，憎恶本身就是一个深渊。

在乎上帝   第122天   经文：《创世记》40：1～23

> 他们对他说："我们各人作了一梦，没有人能解。"约瑟说："解梦不是出于神吗？请你们将梦告诉我。"   （创40：8）

在进行心理咨询时，维也纳心理医生西格蒙德·弗洛伊德注意到了梦的重要性，并最终完成了名作《梦的解析》。弗洛伊德对梦的解释令人着迷，同时也颇受争议。直到今天，仍然有无数人热衷于支持或反对他的学说。

同样，约瑟也是一个释梦者，为人解答梦里的奥秘。虽然他从未发表过任何专著（据我们所知），但他的释梦学说有一个非常明确的观点，那就是"解梦是出于神的"。当两位狱友同时来找他解梦时，他说："请你们将梦告诉我"（创40：8）。如果换作是弗洛伊德，虽然也会这么说，但对于"神在人心里做工"的观点，则一定会嗤之以鼻。

弗洛伊德和约瑟之间不同的观点其意义非常深远，它涉及一些古老的问题，如"上帝是否会主动干预人的生活"以及"他是否仍然掌管这个世界"。弗洛伊德是个无神论者，所以对"上帝是否掌管世界"这类问题不屑一顾。在他看来，上帝根本不存在，所以根本无从谈起"掌管世界"。然而，许多人并不相信无神论，只是不清楚上帝是否仍然与人交流。他们承认上帝的存在，但不确定他是否仍然掌管世界，是否仍然介入个人生活。

可是，约瑟对此毫不怀疑。当波提乏的妻子试图诱惑约瑟时，他第一个反应是："我怎能作这大恶，得罪神呢？"（创39：9）当他为法老解梦时，他说："这不在乎我，神必将平安的话回答法老。"（创41：16）回顾自己的一生时，约瑟说："神使我忘了一切的困苦和我父的全家。"还说，"神使我在受苦的地方昌盛"（创41：51~52）。当他重新见到自己的哥哥们，谈到他们从前的所作所为时，他告诉他们："差我到这里来的不是你们，乃是神。"（创45：8）约瑟知道，他的生命掌握在上帝手中。

上帝永远是信实的，愿意看顾人每天的生活。如果有人不相信这一点，他就必须为生活中的"不测风云"寻找另外的答案，以求获得内心的平安。这时，他们只能用"命中注定"或"祖坟显灵"这类说辞来搪塞。与其如此，他们不如相信世界的主宰——耶和华上帝。因为他每天都在世人的生命中做工，施行神迹。

但是上帝　第123天　经文：《创世记》41：1~40

> 法老对约瑟说："我作了一梦，没有人能解，我听见人说，你听了梦就能解。"约瑟回答法老说："这不在乎我，神必将平安的话回答法老。"（创41：15~16，NLT版）

现代人十分不屑英语里那些冗长的词，只对那些字数不多的词情有独钟。例如，"disestablishmentarianism（主张政教分离者）"曾是教会里非常重要一个词，但是因为晦涩被弃用了。然而，"但是"这个词如今却被现代人时刻挂在嘴边。严格地说，"但是"是个转折词，表示"不一样"，"观点不同"或"与此相反"。"但是"可以用来表示"对"和"错"相对，"善"和"恶"相对，"真理"和"谬误"相对。"但是"这个词之所以意义不凡，是因为生活中充满了相对、相异的事物和观点。同时，"真理"和"谬误"的相对，"善"和"恶"的相对，"对"和"错"的相对，也都强化了彼此间的相异。

有一天，法老找来约瑟，要他为自己解梦。法老对他期待很高，他却说自己并非解梦的高手，无法胜任。可是，约瑟马上补充说："但神必将平安的话回答法老。"（创41：16，NLT版）

"但是"这个词固然重要，而"但是上帝"这个词组才真是微言大义。因为它表明，人的能力根本不可能与上帝相提并论。人力量、技巧的不足，正好衬托出上帝的全能；在人的缺乏、软弱上，正好可以显出上帝的至高、至大。约瑟对此确信无疑。

许多人殚精竭虑，最后却发现无计可施，只好放弃。他们怎么也找不到解决问题的答案，认为前面是死路一条。但是上帝会让我们经历"柳暗花明"的惊喜。倚靠上帝的人明白，一些明显不可为的事情不如尽早放弃。他不仅会有自知之明，更了解上帝的同在、智慧、力量和慈爱。他知道，虽然自己有所不能为，"但是上帝"凡事都能！

就算在生活中没有通过"但是上帝"这座桥经历过从"绝望"到"自信"的巨大转变，我们也可以拥有"上帝与我们同在"的信心。另外，"相信上帝能够做工"和"相信上帝一定会做工"可是两码事哦！

约瑟的不同凡响，在于他虽然不相信自己的能力，却十分确信上帝的能力。他不看好自己，却相信上帝无所不能，永远都不会令他失望。埃及法老知道，面前这个人非常不凡，因为他不仅明白自己的有限，更清楚上帝的无限。许多基督徒都像约瑟一样，在生活中喜欢用一个短小的词组——"但是上帝"。没错，在我们以为山穷水尽的时候，上帝能够、而且一定会帮助我们！

早知道，早行动　第124天　经文：《创世记》41：25~40

> "这就是我对法老所说，神已将所要作的事显明给法老了。"
>
> （创41：28）

每到飓风多发季节，美国国家气象观测站的观测员都会密切关注天气变化，随时向东南沿岸居民发布天气预报。随着时间的推移，越来越多的人开始重视天气预报。可是，仍然有人不把天气预警当回事儿，听到洪水避险或其他灾难避险的通知时，依然满不在乎。这种人往往可能会为自己的愚蠢行为付出生命的代价。提早知道，才能提早行动；但是提早行动不是"自动行动"，需要做出相应反应才可以，而且越早越好！

约瑟为法老解梦的故事，充分阐明了这个道理。他告诉法老："神已将所要作的事显明给法老了。"（创41：28）向法老详细解释了将来的丰年和荒年后，约瑟接着说："法老当拣选一个有聪明有智慧的人，派他治理埃及地。"（创41：33）首先，约瑟传达了上帝的旨意，然后建议法老采取相应的行动。同时，约瑟还告诉法老，如果他按建议采取行动，"所积蓄的粮食可以防备埃及地将来的七个荒年，免得这地被饥荒所灭"（创41：36）。约瑟的话说得很明白，把该怎么做讲得一清二楚。

法老提早知道了将来的事情，但是他会提早行动吗？按照圣经记载，他的确行动了，并且将任务交给了约瑟——这个埃及最聪明的人！

上帝的主权和人的责任之间的关系，一直是最难解的问题。圣经里处处强调，上帝的意志高于人的意志，因为他是至高的全能者。可是同时，上帝又要求人们按照他说的去做，希望看到人们满心欢喜、快乐地顺服、信靠。就是说，人们积极反应、采取行动是非常重要的。这两点看似自相矛盾，很难用语言完全解释明白。

上帝言必行，行必果。因为他是至高的全能者，所以在他没有难成的事。同时，他让人们提早知道他的计划，希望人们能够提早行动，积极预备。

我们翻遍哲学辞典或神学辞典，也不会找到这个问题的标准答案。但我们只要知道这样一点就可以了：上帝命立就立。同时，人们应该对上帝的话做出智慧、可靠、适当的反应。这并不是说，我们应该抛开那些难解的问题不管，而是说，在飓风即将袭来之际，我们不应该为气象预报的准确性争得面红耳赤。同样，在需要当机立断的时候，我们也不应该为这些难以说清的问题而放慢行动的脚步。

上帝和罪　第125天　经文：《创世记》42：1~38

> 他们彼此说："我们在兄弟身上实在有罪，他哀求我们的时候，
> 我们见他心里的愁苦，却不肯听，所以这场苦难临到我们身上。"
>
> （创42：21）

人心里的罪恶感不会轻易消失，往往会持续一生之久。

约瑟的哥哥们就曾饱受罪恶感的折磨。在他们狠心地把弟弟卖掉后，许多年过去了，他们照样以放牧为生，经历了生活的种种坎坷。此间，弟弟约瑟却一步步登上了埃及宰相的宝座。后来，他们的土地遭遇大饥荒，眼看着羊群一天天减少，他们却束手无策。看到儿子们唉声叹气，一筹莫展，年迈的雅各对他们说："你们为什么彼此观望呢？我听见埃及有粮，你们可以下去，从那里为我们籴些来，使我们可以存活，不至于死。"（创42：2）

众位哥哥千辛万苦地来到了宰相堂前，不料却与弟弟不期而遇。虽然他们没有认出弟弟，约瑟却一眼认出他们就是自己的哥哥。当约瑟疾声厉色地指控他们是奸细，下令把他们关到监狱里后，他们彼此说："我们在兄弟身上实在有罪，他哀求我们的时候，我们见他心里的愁苦，却不肯听，所以这场苦难临到我们身上。"（创42：21）身陷囹圄的窘境令他们百感交集，罪恶感和羞耻感一起涌上心头。所以，他们才会马上将这场飞来横祸，与从前在弟弟身上犯的罪联系在一起，认为一定是上帝在惩罚他们。

在上帝的指引下，约瑟最终放众哥哥回家，却留下了西缅。在回去的路

上，他们发现买粮的银子竟然还在自己的口袋里，不禁大惊失色（参见创42：25）。他们知道，自己会因此被人当盗贼捉起来，所以马上互问："这是神向我们作什么呢？"（创42：28）他们意识到自己在上帝面前是有罪的，知道上帝恨恶他们从前的恶行，所以这一路上遭遇的挫折，都是自己应得的报应。

对于那些有罪的人，就算他们洗手不干了，仍然会麻烦不断。他们可能会一时无视罪恶感，为所欲为，但是只要他们犯了罪，他们的灵魂就会不得安宁。一旦有风吹草动，他们就会坐立不安，六神无主。

要想解决罪的问题，办法只有一个——像约瑟的哥哥们那样面对它。上帝知道我们的一切恶行。如果在耶和华面前痛哭悔改，恳求饶恕，相信耶稣十字架的救恩，他就会赦免我们的罪，赐给我们平安和喜乐。

代沟 第126天 经文：《创世记》43：1～14

> 他们从埃及带来的粮食吃尽了，他们的父亲就对他们说："你们再去给我籴些粮来。"犹大对他说："那人谆谆地告诫我们说：'你们的兄弟若不与你们同来，你们就不得见我的面。'"
>
> （创43：2～3）

上个世纪60年代的美国社会曾动荡不安，人们经常谈论"代沟"问题。不同年龄层的人之间向来有许多差异，这本不足为奇，但是在60年代，它被赋予了新的名字，并备受关注。年轻人决定不仅要和父辈分庭抗礼，更要把所有来自权威的教导丢到垃圾堆里去。年轻一代人坚持认为，各种权威对他们造成了伤害，所以要与其势不两立。

在雅各生活的那个年代，同样存在着明显的代沟问题。雅各一向当家做主，习惯了对儿子们发号施令。可是随着饥荒一步步逼近，家里的口粮一天天减少，老子和儿子之间的冲突越来越明显。

当雅各要求儿子们再去埃及买粮时（参见创43：2），作为儿子的代表，犹大说："那人谆谆地告诫我们说：'你们的兄弟若不与你们同来，你们就不得见我的面'。"（创43：3）他还强调说："你若不打发便雅悯去，我们就不下去。"（43：5，NLT版）因为上次已经有一个儿子被扣下，所以雅各显然不会买儿子的账，坚持不放便雅悯走。可是，犹大不依不饶，说如果便雅悯不去的话，他们就谁也不动，让一家人等着饿死。

这使雅各陷入了两难的境地，他嘟囔着从前的丧子之痛，抱怨儿子们当初不应该向埃及宰相提起自己还有个弟弟。雅各甚至认为，儿子们这么做是针对自己的，因此质问他们说："你们为什么这样害我？"（创43：6）犹大苦口婆心地劝父亲，拍着胸脯保证会把弟弟带回来。同时他也提醒父亲，如果老爷子早早松口的话，他们早就可以把米买回来了。最后，雅各不得不让步，让这些年轻的儿子做主。虽然他给了儿子们许多锦囊妙计，但雅各的决定显然不是心甘情愿的，所以他在说这些话之前，加了一句"若必须如此"（创43：11）。可能他心里真正想的是："我若丧了儿子，就丧了吧！"（创43：14）倒不是说，儿子永远是对的，父亲永远是错的。只是在出去买粮这件事上，雅各的确有些糊涂。幸运的是，他的儿子们并不糊涂。

老一辈人早晚要让下一代人当家做主。只要父母们欣然交权，就会惊喜地看到儿子们的出色表现。如果不交权，代沟就一定会越积越深，甚至会葬送掉家庭的美好未来。

温和与伟大　第127天　经文：《诗篇》18篇

你把你的救恩给我作盾牌，你的右手扶持我，你的温和使我为大。

（诗18：35）

在犹太人悠久、辉煌的历史中，没有人像大卫王那样光彩夺目。他身经百战，开疆拓土，终生追随耶和华，定都耶路撒冷，更在《诗篇》里为世人留下了众多灿烂的诗歌。无论是作为一代君王，还是一个人，他都配得世人的景仰。

每当谈到上帝对他的恩典，大卫都忍不住张口赞美。比如他在《诗篇》中写道："他救我脱离我的劲敌和那些恨我的人，因为他们比我强盛。我遭遇灾难的日子，他们来攻击我，但耶和华是我的倚靠"（诗18：17~18）。当人们庆祝胜利的时候，很少有人会像大卫这样谈起自己曾经的软弱，告诉别人自己是怎么得救的。凯旋而归的人大多会夸夸其谈，吹嘘自己是如何奋力拼搏，以致有今天的丰功伟绩。在胜利面前，大卫从未否定过自身所做出的努力，但他并不把所有的功劳都归到自己身上，而是告诉世人，这些都是上帝为他成就的。正如经上所说："你救我脱离百姓的争竞，立我作列国的元首，我素不认识的民必侍奉我。"（诗18：43）

大卫的成功秘诀在于耶和华与他同在。但是《诗篇》在表达这层意思之外，还有些特殊的内容。用生动的语言描述完曾经的战斗和胜利后，大卫说："你的温和使我为大。"（诗18：35）温和？为大？这句话真的非同寻常。借着这句话，大卫告诉世人，自己的伟大，完全是因为耶和华的"温和"之故。

当我们查看上帝在大卫身上所做的工时，很难从中找出"温和"这个词来。或许是因为大卫一生中最大的成就，并不在于攻城掠地；或许大卫对上帝感悟最深的，并不是"大地摇撼战抖"，或"山的根基震动摇撼"（诗18：7）。大卫的伟大，在于他曾两次放过扫罗（参见撒上24；26）；在于他恩待扫罗没落的后人——米非波设（参见撒下9）；在于他从扫罗的屠刀下舍命救出了亚比亚他（撒上参见22：23）。这位曾驰骋沙场的国王，内心拥有异乎常人的温和。这份温和，正是从至高至大同时又温和的上帝那里学习到的。

今天的伟人，同样是温和的人。同时，温和的人才是伟大的！

创造主的奥妙 第128天 经文：《哥林多前书》12：1～31

> 圣灵显在各人身上，是叫人得益处……你们就是基督的身子，并
> 且各自作肢体。   （林前12：7，27）

"三位一体"是基督教教义中最奇妙的概念之一。圣父、圣子和圣灵，既是3个不同的位格，本质上又是一体，这个道理很难用语言解释得明白。在试图说明某种未知的事物时，我们常常使用某些熟悉的事物进行比喻，但我们很难找到一个熟知的事物，来解释"三位一体"的概念，充分说明同一的上帝拥有不同的位格。然而，这是千真万确的。

另一方面，在上帝所造的这个奇妙世界里，有许许多多"多元且统一"和"统一且多元"的事物，可以用作比喻上帝的品性。比如人体。我们都知道，人体是由许多不同的部分组成，每个部分都有各自不同的结构和功能。对人体了解的越多，我们就会发现人体是如此复杂难懂。正如保罗所说："身子是一个，却有许多肢体。"（林前12：12）这一点不言而喻，但是保罗的话却另有所指。他真正想说的是，教会作为基督的身体，正是上帝"多元统一"的真实写照。所以，说完身体与肢体之间的关系后，保罗话锋一转："基督也是这样。"（林前12：12）

教会里的众信徒，就好像一个身体里的不同肢体一样，是基督身上不同的组成部分，在教会生活和健康发展上扮演着不同的角色。保罗明确地说："你们就是基督的身子，并且各自作肢体。"（12：27）

并非所有信徒都认为自己是教会"不可或缺的肢体"。有些人完全不参与教会活动和侍奉，只喜欢做可有可无的看客。但事实是，如同每个肢体都必须

发挥自己的作用一样，教会里的每个信徒都应该尽各自的本分。各人应该按着各自从圣灵领受的"恩赐"在教会里侍奉，因为"圣灵显在各人身上，是要使教会得益处"（林前12：4，7，NLT版）。

无论是真正的身体，还是属灵的身体，只有每个部分各自发挥其作用，才能保持其健康成长的态势。只有当每个信徒都努力发挥自己的作用时，教会才会稳健，基督的事工才能得以高效进行。

最大的是爱　第129天　经文：《哥林多前书》13：1～13

> 如今常存的有信，有望，有爱；这三样，其中最大的是爱。
>
> （林前13：13）

虽然现代心理学的许多观点都与圣经的教导相背，但有一点却是相符的——心理学家们宣称，要想拥有幸福、圆满的人生，人们必须满足两个条件：充分地表达爱，并且充分地接受爱。那些不能或不愿去爱别人的人，注定会成为孤家寡人；那些没有得到过爱，或根本不知爱为何物的人，内心注定干枯、空虚。关系对我们至关重要，所以与人缺乏爱的交流，会导致人格扭曲，情感空虚和人际关系上的格格不入。

圣经里没有任何心理学术语，但表达了几乎完全相同的意思。哥林多的信徒们得到了许多奇异的属灵恩赐，却忍不住到处炫耀。然而，保罗告诉他们："我若能说万人的方言，并天使的话语，却没有爱，我就成了鸣的锣、响的钹一般"（林前13：1）。为了强调自己的观点，保罗接着说："我若有先知讲道之能，也明白各样的奥秘、各样的知识，而且有全备的信，叫我能够移山，却没有爱，我就算不得什么。"（林前13：2）他认为，如果他心里没有爱，就算能够移山倒海，也"算不得什么"。

保罗总结道："如今常存的有信，有望，有爱；这三样，其中最大的是爱。"（林前13：13）这里的"常存的"是指没有时间的限制，是人类经验中不可或缺的基本要素。"信"是我们生活中最基本的东西，没有它，我们在生活中就会寸步难行。对于我们来说，生活中不可以没有"望"，否则就只能生活在绝望和沮丧中。但是这两者的重要性，永远都比不上"爱"。因为爱是我们与人，及我们与上帝进行交流的基本语言，所以爱是最大的。

既然如此，基督徒们应该通过学习圣经，了解爱的真谛和奥妙，并且按照使徒保罗的教导去"追求爱"（林前14：1）。当然，这并不是说，其他的属灵恩赐不值一提，或福音事工不重要。而是说，爱会使它们如虎添翼。所以说，是爱使这个世界变得美丽，使我们的生活变得幸福、美好，直到永远。

交流　第130天　经文：《哥林多前书》14：1~12

> 弟兄们，我到你们那里去，若只说方言，不用启示、或知识、或预言、或教训，给你们讲解，我与你们有什么益处呢？ （林前14：6）

我最近听说，一位老人小时候曾坐牛车去到美国的西海岸，垂暮之年回到东海岸时，坐的却是飞机。在有生之年，他见证了西方世界的巨大变迁。似乎就在不久，美国还只是个农业社会，人们的生活与土地紧紧联系在一起。曾几何时，工业革命轰然而至，蒸汽和电气在生活中粉墨登场，立刻让人们的生活变得异常舒适。这些年来，人们把目光投入了信息交流，开始相信信息就是力量、财富，可以使人一夜暴富，也可以使人瞬间一无所有。虽然时代在变，有些东西却永远都不会变；虽然交流的方式在变，但交流的基本规则仍然与从前一样。

所以，在写给哥林多信徒的信中，保罗关于交流的教导仍然适用于当下。当时，哥林多教会面临着一个问题，就是信徒随便说方言。今天，许多教会也面临着这个问题。在五旬节那天（参见徒2），圣灵降临在门徒们身上，使他们用各地的乡谈见证基督，令周围的外邦人瞠目结舌。无论是对于说的人，还是听到的人，这都是一个不折不扣的奇迹（参见徒2：7~13）。后来哥林多的信徒们发现，自己拥有了一种属灵的恩赐——"说方言"（林前14：2），有些人相信，它与五旬节的恩赐一样。另有些人认为，它与从前门徒们受感所说的语言不同，而是在敬拜上帝时脱口而出的一种话，只有上帝或有解读恩赐的人才能听懂。不管"说方言"的恩赐到底是什么，正如它的字面意思，保罗担心非信徒走进礼拜堂的时候，会感觉莫名其妙，所以提醒哥林多信徒们说："我到你们那里去，若只说方言，不用启示、或知识、或预言、或教训，给你们讲解，我与你们有什么益处呢？"（林前14：6）交流最基本、最重要的规则从来没有变过：如果你想要传达某种信息，一定要用别人听得懂的话来说。

人们经常批评教会费时费力地用一种谁也听不明白的语言，解答一个谁也不会问的问题。这显然违背了交流的基本规则。说得明白和听得清楚是有效交流的前提。说得不明白，就不可能听得清楚；听得不清楚，说得再明白也白费口舌。教会必须学会用现代方式与人交流，学会用现代方式阐述圣经里那些古老的信息，深入浅出，通俗易懂，这样才能让现代人听得清楚明白。

基督徒也疯狂　第131天　经文：《哥林多前书》14：13～25

> 所以全教会聚在一处的时候，若都说方言，偶然有不通方言的，
> 或是不信的人进来，岂不说你们癫狂了吗？
>
> （林前14：23）

做一名基督徒，从来都不是一件容易的事情。在教会创立初期，基督徒们曾遭到残酷的迫害，许多人因为坚持信仰而失去了生命。即使有些基督徒并没有受到身体上的迫害，他们也经常被人误解、诬蔑。比如，因为他们在聚会时候常说"分享主耶稣的身体和鲜血"这类话，许多人就说他们是食人族（参见林前11：23～26）。还有人说他们是无神论者，因为他们从不去拜异邦的神明。甚至，有人指责他们乱伦，因为教会里的"兄弟"们娶主内的"姐妹"们为妻。面对这些诬蔑，基督徒们往往百口莫辩，既没有方法，也没有力量与这些敌对势力对抗。

但是有些指责并非空穴来风，当时的基督徒们的确做了一些容易引起别人误解的行为。比如，有些基督徒在敬拜中表现得歇斯底里、极度怪异，偶尔参加敬拜的人看到后大惑不解，便心生反感。所以保罗说："全教会聚在一处的时候，若都说方言，偶然有不通方言的，或是不信的人进来，岂不说你们癫狂了吗？"（林前14：23）当时基督徒们是众矢之的，很难对所有的误解或诬蔑做出有效反驳，但是至少他们可以在敬拜中约束一下自己的行为，不让别人骂他们是一群疯子。

对于这个问题，保罗给出的答案简单明了。首先，如果上帝给了你说方言的恩赐，你可以在敬拜中使用，但要注意节制，不要让非信徒认为你是疯子。就是说，你应该尽量在私下使用这个恩赐。如果一定要在公开敬拜中使用，若有非信徒在场，你至少要先向他们解释一下。用现在的说法，就是要"关注慕道友"。其次，要尽量使非信徒也能参与到敬拜中来，好使"他心里的隐情显露出来，就必将脸伏地，敬拜神，说：'神真是在你们中间了'"（林前14：25）。

保罗曾经历过基督无比奇异的显现和启示（参见林后12：1～10），然而当谈到公开敬拜时，他冷静地说："在教会中，宁可用悟性说五句教导人的话，强如说万句方言。"（林前14：19）这句话真是至理名言，今日所有的教会都

应该遵行这一教导。

　　基督徒可以私下敬拜上帝，也可以聚在一起敬拜上帝。对于上帝的子民来说，这两者都很宝贵，都是信仰生活中不可缺少的部分。如果人们因为这两者称你"疯子"，就由他们去说吧；但如果是因为别的事情称你"疯子"，那你就不妨做些调整吧。

有次序的敬拜　第132天　经文：《哥林多前书》14：26～40

　　　　先知的灵原是顺服先知的，因为神不是叫人混乱，乃是叫人安静。……凡事都要规规矩矩的按着次序行。

　　　　　　　　　　　　　　　　　　　　　　　　（林前14：32～33，40）

　　在比赛当中，大部分球员都非常清楚自己的位置，也会认真担当自己的角色。但另外一些球员则喜欢天马行空，出奇制胜，有时却因此"出奇制败"。同样，有些人喜欢循序渐进地工作，另有些人则讨厌一成不变的工作，善于独出心裁；有些人喜欢有条不紊的生活，另有些人却偏爱灵感，喜欢随心所欲的生活。

　　从理论上说，形式和自由是相辅相成的，所有有效进行的活动都同时需要这两者，缺一不可。但是在现实生活中，这两者之间的关系并不和谐。比如说，在教会里就存在这样的情况。信徒们承认，教会主要的权利和义务是通过敬拜中赞美、敬拜上帝，荣耀他的名，建立他的国度来体现的，但是，他们又往往对敬拜的形式争论不休。这种分歧十分明显，以致出现了一个令人匪夷所思的专有名词——"敬拜战争"（见第92天内容）。

　　这样的问题，两千年前的哥林多信徒也曾遇到过。出于他们特有的气质和爱好取向，哥林多信徒崇尚自由和自然。因此，哥林多教会的敬拜总是活泼生动，自由开放，但常常会过了头，显得混乱不堪。在他们的敬拜中，所有参加者都可以站起来领会，结果闹得鸡飞狗跳。因此，有人站出来，要求整顿敬拜的次序。

　　所以，在写给哥林多信徒的信中，保罗罗列了一些"敬拜规则"——"若有说方言的，只好两个人，至多三个人，且要轮流着说，也要一个人翻出来……至于作先知讲道的，只好两个人，或是三个人，其余的就当慎思明辨……妇女在会中要闭口不言，像在圣徒的众教会一样"（林前14：27，29，34）。保罗要求这3种人要谨言慎行，知道什么时候应该保持沉默。如果所有的先知都站起来说预言，有恩赐的信徒都开口说方言，或每个妇女都大声提问，教会里就会充斥着噪音和混乱。这样的教会根本不能荣耀上帝，也不能使自身蒙福。所以保罗教导他们说："凡事都要规规矩矩的按着次序行。"（林前14：40）

保罗既不是一个自由主义者，也不是一个形式主义者。他所主张的是一个允许自由和自然存在的良好形式。这也是今天所有教会需要追求和挑战的目标。

最重要的事　第133天　经文：《哥林多前书》15：1～11

> 弟兄们，我如今把先前所传给你们的福音，告诉你们知道。这福音你们也领受了，又靠着站立得住。　　　　　　　　　（林前15：1）

如果队员们在运动场外彼此不融洽，整个队伍在场上就不可能有出色的表现。对于公司、家庭或教会来说也是一样。一名优秀的领袖会努力使队员彼此和睦相处，尽量避免摩擦。为了达到这个目的，他会不断用团队奋斗的目标提醒队员，鼓励他们把全部精力都集中在最重要的事情上。他会告诉手下的人："最重要的事情，就是要努力把最重要的事情当成最重要的事情来做。"

从保罗的书信中不难看出，哥林多教会里有一些信徒让保罗非常头疼，因为他们总是争论不休。在保罗看来，他们所争论的都是些鸡毛蒜皮的小事。保罗就一些争论的问题给出了正确答案，同时提醒他们要彼此相爱。然后，保罗话锋一转，要求他们把精力放在更重要的事情上。他写道："弟兄们，我如今把先前所传给你们的福音，告诉你们知道，这福音你们也领受了，又靠着站立得住。"（林前15：1）对于他们来说，最重要的事情不是谁说了算，谁得什么样的恩赐，或谁的工作最重要，而是上帝在人类历史中做工，改变人的生命，给予他们永生。这就是他从前传给哥林多信徒的福音。因为如果没有这福音，教会、恩赐、事工、使徒、救赎和饶恕就统统无从谈起。也就是说，如果没有福音，就不会有哥林多教会，更不会有那些鸡毛蒜皮的小事！

那么，福音到底是什么呢？"就是基督照圣经所说，为我们的罪死了，而且埋葬了，又照圣经所说，第三天复活了"（林前15：3～4）。曾有许多人勇敢地面对死亡，更有些人是主动选择死亡，但是除了耶稣基督，没有任何一个人是为了复活而死（参见约10：17～18）。由此可见，耶稣的死意义非凡。正因为如此，才使所有人的罪因此得到赦免。

对于基督徒来说，最重要的是事情是基督为了世人得赦从死里复活，战胜了罪恶、死亡、魔鬼和地狱。这就是保罗毕生努力传播的好消息。

当复活的基督在你的生命中居首位、掌王权时，你就会知道另外那些事其实并不重要。这两者之间的轻重，千万不要混淆。

你要大大张口　第134天　经文：《诗篇》81篇

> 我是耶和华你的神，曾把你从埃及地领上来。你要大大张口，我就给你充满。
>
> （诗81：10）

英国著名作家G. K. 切斯特顿曾说过，开放的态度就像大大张开的口，只有在里面填满东西的时候才是有用的。不幸的是，有些人大大地张开嘴巴，却只想往里面放些没用的东西。

对于嘴里应该放什么，《诗篇》作者有个更好的点子。他以上帝的名义鼓励人们"你要大大张口，我就给你充满"（诗81：10）。这句话的背景是上帝子民根据"以色列定的律例"，在"月朔并月望"举行的宗教庆典（诗81：3～4）。定期举行这些庆典，是为了使以色列人牢记上帝在他们先祖身上所做的工，牢记耶和华是谁，以至世世代代都不偏离正道。

耶和华始终在提醒以色列百姓："我是耶和华你的神，曾把你从埃及地领上来。"（诗81：10）同时，上帝认为需要"严正警告"他们："在你当中不可有别的神。"（诗81：9）但是不幸的是，人类的历史上写满了对上帝的故意冒犯。因此，耶和华伤心地说："无奈我的民不听我的声音，以色列全不理我。"（诗81：11）

在全国设定节日是为了使以色列人回归本原，鼓励他们敬拜、顺服上帝。因为这些上帝的子民时不时会心生异念，拒绝承认自己的安全和喜乐都来自耶和华。他们远离耶和华，按自己喜欢的方式生活。所以，通过节日，使他们重新记住上帝的至高至大。

就因为如此，上帝要求他们大大张口。这个动作意味着他们正在向上帝"大声欢呼"（诗81：1）；他们要通过赞美来融化冰封的关系，激活沉睡的灵魂。同时，这个动作还意味着他们应该"开口"说属灵的话，以面前的真理为食，努力消化上帝救赎的福音。

与古代以色列不同，美国没有设立定期敬拜上帝的节日。但是所有的属灵规则都证明，只有通过定期敬拜上帝才能获得真正幸福的生活。这么做一点都不会构成负担，因为定期敬拜上帝的人总是会得到"上好的麦子"（诗81：16）。对于每个张开的大嘴来说，这才是最好的"填充物"。

能听我说句话吗？　　第135天　经文：《出埃及记》3：1～15

摩西说："我要过去看这大异象，这荆棘为何没有烧坏呢？"

（出3：3）

　　一个人越忙，别人就越难和他搭上话。一个人在公司里职位爬得越高，同事就越难有机会和他搭讪。这样的人在飞机起飞前，即使听到飞行安全指示时（已经听过无数次），可能也会充耳不闻，埋头在财务报表里。当他走进家门，正值青春期的女儿想和他说句话时，他可能也会左耳朵进，右耳朵出，只顾着下载最新的股份单和赛季日程。当电视上开始播出比赛时，无论妻子向他抱怨水龙头漏水，还是孩子在学校惹祸也好，仿佛都是在对牛弹琴。听到有人问："能听我说句话吗？"他的答案永远可能都是"不能"。

　　虽然在圣经所记载的年代，人们的生活节奏非常慢，但他们却同样很难用心听别人说话。因此，当上帝想要向人传达旨意时，也要先弄出些花哨的东西，如摩西面前着火却不损的荆棘。看到这个奇异的景象后，摩西对自己说："我要过去看这大异象，这荆棘为何没有烧坏呢？"（出3：3）充分吸引了摩西的注意力后，耶和华开口吩咐他该做的事：他非常清楚以色列百姓在埃及所遭受的逼迫，愿意救他们脱离苦海，并命令摩西在前面冲锋陷阵！

　　假设耶和华想同现代人交流，同时知道现代人总是漫不经心，那么他会用什么方式来吸引我们的注意力呢？如今再没有人见过着火却不烧坏的荆棘，但是有些信徒的信心却同样能够浴烈火而不褪色。他们在压力面前从不退缩，在诱惑面前绝不动摇，在患难中常常喜乐，在灾难面前镇定自若，表现出了超凡的品质。他们是坚定的鼓励者，不知疲倦的支持者，是值得所有信徒效法的楷模。他们的信心永不褪色！

　　一位上帝精兵的出色表现，会吸引所有人注意力，使他们驻足观望。这正是向他人见证信仰的大好时机，告诉他们着火的荆棘没什么了不起的，真正值得关注的是他心里的火焰。保罗说："现在活着的不再是我，乃是基督在我里面活着。"（加2：20）这就是基督徒生命的本质。每个基督徒都应该成为世人眼中烧不毁的荆棘。

上帝耐心的尽头　　第136天　经文：《出埃及记》4：10～18

　　"现在去吧！我必赐你口才，指教你所当说的话。"摩西说：
"主啊，你愿意打发谁，就打发谁去吧！"耶和华向摩西发怒说：

"不是有你的哥哥利未人亚伦吗？我知道他是能言的，现在他出来迎接你，他一见你，心里就欢喜。"　　　　　　　　（出4：12~14）

莎士比亚曾说过，再高明的哲学家也忍受不了牙痛。可见，哲学家也有自己的极限，牙痛就是最好的试金石。同样，大名鼎鼎的约伯也有自己的极限，他极强的忍耐力众所周知，但是好友一厢情愿的"安慰"还是令他忍无可忍。对大多数人来说，了解自己耐心和耐力的极限并不是一件难事，但是，上帝的耐心是否也有极限呢？

这是一个很难回答的问题，因为上帝的耐心不仅清清楚楚地写在圣经上，而且所有领受过他的饶恕和恩典的人也都深有体会。然而，那些不爱上帝的人却往往假设上帝的耐心是无限的，取之不尽、用之不竭。这些人或者相信一些莫名其妙的东西，或者根本没有信仰；或是相信上帝存在，或是不相信。所以，这些不敬不虔的人自以为（或是希望），即使自己一辈子昧着良心生活，也不会遭到任何报应——他或是认为上帝并不存在，或是把上帝当成了弥勒佛。

虽然很难说得明白，但"上帝的耐心是否有尽头"这个问题的答案还是有迹可寻的，线索就藏在摩西与上帝最初的对话中。当时，上帝命令摩西去埃及，直接对抗法老，摩西却提了一个又一个问题，找了一个又一个借口，最后干脆就说："主啊，你愿意打发谁，就打发谁去吧！"（出4：13）

这时，上帝不想再听下去了，"耶和华向摩西发怒"（出4：14）。当摩西一再拒绝听从上帝的旨意时，上帝的耐心终于走到了尽头。上帝用着火的荆棘吸引摩西走到自己面前，让他亲自听到自己的声音，再三保证会与他同在，又给他看了神迹，甚至当他说自己"拙口笨舌"时，上帝也答应赐给他口才。可是即便如此，摩西还是拒绝接受上帝给予的使命，极力回避上帝交给他的任务，终于使上帝忍无可忍了。

虽然摩西耍赖，上帝还是让亚伦给他做代言人，打发摩西去见法老。于是，摩西上路了。可见，有时好说好商量是没用的，不给摩西点儿颜色，他也是不会听话的！

上帝的忍耐极其宽广，否则我们今天还会站在这里吗？但上帝的忍耐也绝不是无限任凭的，我们不应该一试再试，或不当一回事。要知道，讨上帝的喜悦永远好过试验他的耐心！

遇。只是，他会按自己的时间表而不是我们的时间表工作。而且，他不受时间的限制，他计划的执行期是"永远"。

逾越节　第139天　经文:《出埃及记》12: 1~28

> 你们的儿女问你们说: "行这礼是什么意思?"你们就说: "这是献给耶和华逾越节的祭。当以色列人在埃及的时候，他击杀埃及人，越过以色列人的房屋，救了我们各家。"　（出12: 26~27）

除了送孩子去学校读书，还有许多其他教育子女的方法。比如说，父母的言传身教通常会深刻影响年轻子女的生活态度。聪明的父母非常清楚这一点，为了向孩子传达一些正确、宝贵的信息，他们往往会有意调整自己的生活，包括建立、保持家庭仪式和传统，并使其成为"教育现场"。比起西方社会，传统的犹太社会更明白这一点。

第一个逾越节距今已有3000多年，那时以色列人还在埃及为奴。在救以色列人出埃及的过程中，耶和华告诉摩西: "日后，你们到了耶和华按着所应许赐给你们的那地，就要守这礼。"（出12: 25）时至今日，犹太家庭仍然在5月14日，即犹太历法上的尼散月，守逾越节（出12: 6）。在这一天，家长会向孩子详细解释这个节日的意义。回答子女提问的，通常是家里的父亲;问答的场所，就是逾越节的餐桌。在现代犹太家庭里，有一本专门教导子女的书，叫做《轶话》，里面详细记载了父亲在解答儿女提问时需要的各种答案。

耶稣向来注重和门徒们一起守逾越节。同时，耶稣被出卖、钉十字架和复活，正好发生在当年的逾越节期间，绝非偶然。基督徒们认为，逾越节正是基督死亡的预表。在第一个逾越节，上帝命令以色列人杀一只羊，然后把羊血涂在门框上，这样以色列百姓就不会被伤害，得以在审判中存活（参见出12: 22）。同样，只有基督的宝血（象征死亡）才能使基督徒们得到平安和救赎，在上帝的审判中得以存活。这就是为什么在犹太人的逾越节前后，基督徒们会欢庆复活节。

这些传承了3000多年的传统，最后变成了西方人一年一度的复活节。那么，我们不禁要问: "现代家庭应该如何庆祝复活节? 现代人应该如何向子女解释这个节日的意义?"通过建立良好的家庭传统，复活节可以成为教育子女的大好机会。因为，只要给予孩子合适的刺激，他们就一定会问合适的问题。当孩子们睁大双眼，等待答案时，今天的父亲们应该对答如流，不失时机地告诉他们人生中最宝贵的真理。对于他们的孩子来说，这是最好的人生礼物。

死讯　第140天　经文：《出埃及记》12：29～50

> 到了半夜，耶和华把埃及地所有的长子，就是从坐宝座的法老，直到被掳囚在监里之人的长子，以及一切头生的牲畜，尽都杀了。法老和一切臣仆，并埃及众人，夜间都起来了。在埃及有大哀号，无一家不死一个人的。
> （出12：29～30）

说到卡尔·马克思、西格蒙德·弗洛伊德和阿尔伯特·爱因斯坦之间的共同之处，世人马上会指出，他们都是20世纪最具影响力的人。马克思的政治理念是苏维埃政权的基石，影响了无数的人；弗洛伊德关于人格和人类行为的理论，彻底改变了西方人看待自己，以及理解精神问题的方式；爱因斯坦的相对论将人类带入了原子能时代，而且这还只是他对人类贡献的一小部分。

但是除此之外，这3个人还有另外一个共同之处：他们都是犹太人。其实，在漫长的历史中，这3个人只是犹太人对人类贡献的一个缩影。犹太人在世界人口所占比例极小，对世界的影响却令世人瞩目。丘吉尔曾说：从来没见过这么少的人，对人类历史产生过如此巨大、深刻的影响！

犹太人曾在埃及的土地上做了430年的奴隶。他们最终获得了自由，是因为上帝给了法老致命的一击。虽然法老有过无数次机会放走以色列人，他却一再拒绝。最后，摩西警告他说："耶和华这样说：'约到半夜，我必出去巡行埃及遍地，凡在埃及地，从坐宝座的法老，直到磨子后的婢女，所有的长子，以及一切头生的牲畜，都必死。'"（出11：4～5）法老还是不肯听。于是上帝的审判来临，灾难横扫埃及全地，波及了所有的家庭，以至"在埃及有大哀号"（出12：30）。

这时，法老的态度才发生了180度的回转。当初摩西和亚伦拜见他时，他趾高气昂地说，自己不认识上帝，所以绝对不会答应他的要求；在后来遭受的一系列灾难面前，他刚愎自用，誓不让步；可是当死亡降临在他家里时，他连忙对摩西说："依你们所说的，去侍奉耶和华吧！也依你们所说的，连羊群牛群带着走吧！并要为我祝福。"（出12：31~32）

每个人都知道死亡的可怕，并且人人难逃一死。可悲的是，有些人只看到死亡可怕的一面，却忽视了那位最伟大的犹太人——主耶稣，通过自己的死亡和复活拯救了全人类。犹太人的历史证明，上帝的确在人们的生活中做工。他关心世人的疾苦，愿意用各种方式与人进行沟通，甚至通过死亡来达成这一目的。死亡通常是痛苦、血腥的，但是基督的死，却蕴藏着上帝给予世人的极大祝福。

台，然后站在上面随意演说。有些演讲者想到什么就说什么，但只有那些内容离奇的演讲才能吸引听众。好奇是人的天性，只要有离奇的事发生，就会有人围观。

　　主耶稣在传道事工中遇到的人也不例外。对于耶稣来说，吸引观众并非难事，但不是所有的观众都会成为他的门徒。很多时候，人们目睹了耶稣的神迹后，转身就走，根本不理会他下面的教训（参见约6：66）。

　　耶稣非常清楚身边这些观众的所思所想，他一眼就能看出谁是来看热闹的，谁才是真正的门徒。他说："真正的门徒会多结果子。"（约15：8，NLT版）我们都知道，果子是果树内在生命的外在表现。同样，只有那些从耶稣的道获得生命的真门徒，才能结出耶稣口中所说的属灵的果子。

　　是否真门徒，这个问题关乎信，但又不仅限于信，因为这个问题也关乎行为。就是说，真正的门徒要像耶稣说的那样，通过自己的行为使上帝"得荣耀"（约15：8）。一个真正的门徒，会努力在生活中荣神益人，让人们在自己身上看到上帝奇妙的作为。

　　真正的门徒都要荣耀上帝。要想做到这一点，有许多方法，耶稣就曾向门徒介绍过其中最好的一个。他说："你们要彼此相爱，像我爱你们一样，这就是我的命令。人为朋友舍命，人的爱心没有比这个大的。"（约15：12~13）一种充满爱和自我牺牲的生活，就是身为门徒最好的证据。对于有些人来说，这种生活毫无乐趣，但是耶稣告诉我们，这样的生活充满喜乐（参见约15：11）。

　　耶稣解释说："我是葡萄树，你们是枝子；常在我里面的，我也常在他里面，这人就多结果子。"（约15：5）真正的门徒，永远会同活着的主耶稣紧密联系在一起，好像枝子与葡萄树之间的关系一样。有些枝子不结果子，而且是枯干的，然而，真正的门徒不会不结果子，因为他们很聪明，紧紧连在葡萄树上！他们知道，正如耶稣所说——"若不常在我里面，就不能结果子"（约15：4，NLT版），所以，他们一刻都不离开树干，永远倚靠、顺服上帝。

　　信靠和顺服是所有门徒的座右铭。同时，离弃和悖逆是基督徒们信仰枯干、不结果子和缺乏喜乐的罪魁祸首。所以，作为耶稣的门徒，你要时刻警

转变　　第144天　经文：《约翰福音》16：1~15

　　　　我已将这些事告诉你们，使你们不至于跌倒……我将这事告诉你

们，是叫你们到了时候，可以想起我对你们说过了。我起先没有将这
事告诉你们，因为我与你们同在。　　　　　　　　　（约16：1，4）

当明星球员引退，才华横溢的CEO下台，或忠诚的老牧师离世时，球队、
公司或教会就会面临一个艰难的转型期。如果下一任不堪重任，这些组织往往
难以重振往日的雄风，难免士气低落。

当耶稣告诉门徒们，自己将要离开他们时，担心的正是这个。他说："我
已将这些事告诉你们，使你们不至于跌倒。"（约16：1）但是这并没有使他改
变计划，而是坚持说："现今我往差我来的父那里去。"（约16：5）就是说，
耶稣告诉门徒们，虽然他要离开他们，他们却不应该因此跌倒。

当这些门徒群龙无首时，他们的信心极有可能动摇。耶稣非常担心门徒们
无法应对将来的转变，所以尽力让他们做好准备。耶稣警告他们说："人要把
你们赶出会堂。"（约16：2）现代人根本不会担心被"赶出会堂"，因为如今
很少有教会开除信徒教籍的事发生。就算被开除了，他们要么干脆从此不登教
会的门，要么去另外一家，甚至可以自己开一个教会。但是对于初代信徒们来
说，"被赶出会堂"是一个极重的惩罚，因为它意味着从此被整个社会排斥，
被家人抛弃，甚至找不到一份可以糊口的工作。更有甚者，他们会因此成为众
人的眼中钉、肉中刺，除之而后快，正如耶稣预言说："凡杀你们的，就以为
是侍奉神。"（约16：2）

耶稣又告诉门徒，他的离开有一个好处，那就是会给他们带来全新的属灵
体验。他向门徒们承诺说："我去是与你们有益的。我若不去，保惠师就不到
你们这里来；我若去，就差他来。"（约16：7）这里所说的"保惠师"是指圣
灵。当他们痛苦、彷徨的时候，圣灵不仅会安慰、指引他们，还会永远伴随在
他们身边。耶稣承诺说："他不是凭自己说的……他要荣耀我，因为他要将受
于我的告诉你们。"（约16：13～14）所以，门徒们不必担心群龙无首，无依
无靠，或只能坐以待毙。他们也不必担心今后的路无人带领，因为圣灵将成为
他们的向导、领袖和力量。

那么，为什么一定要经历这样的转变呢？耶稣的离开，到底有什么好处
呢？正确的答案是：当圣灵代替耶稣与众门徒同在时，他们不仅会为里面拥有
的圣灵欢呼雀跃，更会因此力量倍增。这不仅是一次转变，更是一次转型。

对于今天的基督徒来说，最令人兴奋的事情，莫过于发现那足迹曾遍布加
利利海边的基督，正通过圣灵与自己同行，并永远伴随我们左右！

耶稣的祷告　第145天　经文：《约翰福音》17：1～26

> 耶稣说了这话，就举目望天说："父啊，时候到了，愿你荣耀你的儿子，使儿子也荣耀你。"　　　　　　　　　　　（约17：1）

主耶稣教导门徒，不可把祷告当成表演，也不可像异教徒那样，在祷告时说许多重复的话。耶稣要求他们，祷告时要找一个安静的地方，不要引人注意（参见太6）。此外，他还教给他们一个示范性的祷告，就是所谓的"主祷文"（太6：9～13）。世人给这个祷告文起的名字并不恰当，因为主耶稣从未在自己的祷告中说过"饶恕我的罪"（太6：12，NLT版），原因是他从未犯过罪（来4：15）。因此，《马太福音》里的祷告文（太6：9～13），叫"门徒祷文"可能更合适。

严格说，主耶稣在《约翰福音》17章里的祷告才算得上是真正的"主祷文"。整整一章，写满了耶稣向天父上帝的祷告，被一些人称为"圣经里的至圣所"。因为这段圣父和圣子的亲密对话，向我们充分揭示了上帝的慈爱。

耶稣祷告时举目望天，向天父敞开全部心扉。首先，他祷告说："我在地上已经荣耀你，你所托付我的事，我已成全了。"（约17：4）多么美好的一句话啊。接着，他要求天父："父啊，现在求你使我同你享荣耀，就是未有世界以先我同你所有的荣耀。"（约17：5）主耶稣暂时放弃自己永远的荣耀，道成肉身来到我们中间，甚至甘心情愿地为我们走上十字架；然后，他要求天父使他重获从前的荣耀。通过这个要求，我们可以知道耶稣降世为人的难能可贵，可以看出他已经准备好回到天父那里了。

然后，耶稣为门徒们——将来教会的核心，献上了祷告。总有一天，教会将充满世界每个角落，遍布万国万邦。门徒们在一个充满敌意的世界里播撒福音的种子时，将面临无数的艰难险阻，这令耶稣忧心忡忡。他们需要紧紧倚靠圣经、爱和团结，否则就不可能战胜面前的困难。

最后，耶稣出人意料地祷告说："我不但为这些人祈求，也为那些因他们的话信我的人祈求。"（约17：20）他所代求的对象是那些从使徒领受福音、因此追随耶稣的人。就是说，他是在为今天的你和我代求！为了我们，他向天父祷告说："正如你父在我里面，我在你里面，使他们也在我们里面，叫世人可以信你差了我来。"（约17：21）他们将见证，因为主耶稣降世、死亡和复活的过程中，都有天父上帝的同在，所以无数人的生命会因为信耶稣而得到更新、变化。

　　主耶稣通过祷告，表达了自己的所求所想。同时，他对自己的企盼，也应该是我们对自己的期待——与他同享荣耀，在天路上努力奔跑，在一切事上彰显他的荣耀。

一个叫彼得的人　第146天　经文：《约翰福音》18：1~27

　　　　耶稣就对彼得说："收刀入鞘吧！我父所给我的那杯，我岂可不
　　喝呢？"　　　　　　　　　　　　　　　　　　　　　（约18：11）

　　西门·彼得绝非等闲之辈。想当初，在人迹罕至的橄榄园，月黑风高的时候，他突然看到"犹大领了一队兵和祭司长并法利赛人的差役，拿着灯笼、火把、兵器，就来到园里"（约18：3），这些人是来捉拿耶稣的。气壮如牛的彼得立刻抢上前去，拔刀出鞘。要知道，他面前站着的可是一队训练有素，且全副武装的罗马士兵。虽然毫无胜算，彼得还是冲到这群人面前，一刀砍下了走在最前面的马勒古仆人的耳朵。可是，不等他再次发威，也不等这群兵丁反应过来，耶稣却说："收刀入鞘吧！我父所给我的那杯，我岂可不喝呢？"（约18：11）

　　彼得的确是一位男子汉大丈夫，只是不懂上帝的奥妙。就英雄气概而言，彼得绝对会得满分：没有人敢冒犯他，也没有人能动他朋友一根汗毛。可是，这次"见义勇为"的行为，从洞察上帝心意的角度，他却只能得0分。

　　此前，耶稣曾不只一次告诉彼得，自己将受难。就在这个事件发生之前，在最后的晚餐上，主耶稣还清楚地告诉大家，自己会被人出卖（参见约14：18~30），甚至指出这个人就是他们中间的一个（参见约13：26）。耶稣还嘱咐彼得："等不多时，你们就不得见我；再等不多时，你们还要见我。"（约16：16）但这些话显然都成了耳旁风。彼得敢于挑战数倍于自己的敌人，却不懂得省察上帝奇妙的计划。如今人们常说："没有胆量就没有荣耀。"彼得的确有胆量，却根本没有荣耀。

　　彼得的匹夫之勇并没有改变事情的发展。耶稣最终被带走时，彼得紧紧跟在后面，一直到了大祭司的院子，站在一堆篝火旁观看事情的结果（参见约18：15~19）。这时，旁边的人认出他来，说他是与耶稣一伙的，彼得却再三否定。这个敢于挑战一队罗马士兵的人，此时竟然不敢承认旁观者的指认。

　　同所有人一样，彼得有时勇敢，有时软弱。一时冲动的时候，他天不怕、地不怕，可是要让他坚持真理却是不容易。基督徒所面临的真正挑战，有时并非你死我活的搏斗，而是在属灵战争中的坚韧不拔。

这些"狮子"自以为成功地消灭了耶稣的肉体，彻底结束了他的生命，但是黑暗的周末过后，礼拜天的清晨，"天快亮的时候"（太28：1），发生了一场大地震，坟前的石头滚到一边，耶稣从死里复活了。至此，大卫在诗中的祷告——"愿你的荣耀，高过全地"（诗57：5，11）得到了成就。当耶稣复活时，他驱散了死亡的黑暗，以希望之光照亮了我们前方的道路。

每个曾在洞穴里瑟瑟发抖的人都应该以歌唱和祷告迎接清晨，因为在新的一天里，至高的耶和华必将"过于诸天"（诗57：5，11）。阿们。

千真万确　　第149天　经文：《路加福音》24：1～12

> 那告诉使徒的，就是抹大拉的马利亚和约亚拿，并雅各的母亲马利亚，还有与她们在一处的妇女。她们这些话，使徒以为是胡言，就不相信。
>
> （路24：10～11）

葛拉蒂丝·艾伟德曾经只是一个卑微的女佣，没受过多少教育，也没什么本事。但是她坚信，上帝呼召她去中国宣教。于是，她向一个宣教机构提出申请，希望得到差派。然而在简短的面试后，她被拒之门外了。该机构受理申请的负责人认为，这个小女孩自不量力，居然以为他们会派她去作基督的使者。然而，葛拉蒂丝并没有因此打退堂鼓，而是买了一张车票，穿过广袤的俄罗斯和西伯利亚，经历了千辛万苦，只身来到中国。最终，她凭借自己不屈不挠的精神和无私的奉献，成为了一名杰出的宣教士。虽然宣教机构认为，她绝不可能是上帝选中的人，但她却用行动证明自己是合格的人选。

想来，"抹大拉的马利亚和约亚拿，并雅各的母亲马利亚，还有与她们在一处的妇女"（路24：10）一定非常理解艾伟德小姐在宣教机构受到的冷遇，因为当她们向使徒们报信的时候，也经历了类似的遭遇。当天，她们一大早赶去耶稣的墓室，一路上不停地在想怎样才能把洞口的巨石搬开。可是到了那里，她们却发现石头已经滚在一边，坟墓里空空如也，耶稣的身体不翼而飞。正当她们百思不得其解的时候，天使突然从天而降，问她们："为什么在死人中找活人呢？"（路24：5）天使提醒她们，耶稣曾经再三预言自己将从死里复活，如今这个预言已经应验了。

于是，这些妇女连忙跑去，"把这一切事告诉十一个使徒和其余的人"（路24：9），结果却被他们当成了精神病患者。正如经上所记："她们这些话，使徒以为是胡言，就不相信"（路24：11）。这些落荒而逃的门徒们，原本没有资格批评这些妇女们的勇气和热心，更何况她们是对的。

对于自己不明白的事就认为是胡言乱语，有时是很危险的。如果仅仅因为自己从未经历过弟兄姐妹所见证的事情，就拒绝相信它们是真的，这显然是傲慢。其实，我们只要再往前迈一步，就会亲眼看到这些事情，我们却往往固执地拒绝相信。

但是这时，彼得悄悄地溜了出去，跑到墓室亲自考察。这不失为明智之举，因为他不仅得以亲眼目睹空空的坟墓，重新思考这件事，更有幸在路上遇见了复活的主耶稣（参见路24：34）。

正如彼得亲眼所见，最初一味拒绝相信那些见证显然是不对的。正确的反应应该是，虚心听取见证，然后亲自取证。这样才不会错失良机。

身后事　第150天　经文：《帖撒罗尼迦前书》4：13～5：11

> 我们若信耶稣死而复活了，那已经在耶稣里睡了的人，神也必将他们与耶稣一同带来。　（帖前4：14）

从前，有个人在20多岁的时候努力锻炼身体，30多岁的时候戒烟，40多岁的时候减肥，可是50多岁的时候还是意外身亡了。那些不喜欢锻炼、不想戒烟、不想减肥的人经常向身边的人讲这个故事。虽然大量的证据证明，规律、节制的生活的确能够延年益寿，但他们却视而不见。不过，有一点他们说的倒是没错：无论你如何努力，最终都难逃一死。

虽然死亡是不可避免的，可是世人大多轻死重生，不大理会身后的事。对于这个问题，许多人或怀抱虚幻的希望，或一笑了之。但是，这些都不是明智之举。为将来的发展，许多人喜欢提前制定5年、10年或15年计划。既然如此，这些人实在没有理由不为更远的将来制定一个万全方案。

显然，帖撒罗尼迦的基督徒们并不避讳死亡这个话题。对于死亡及身后事，这所教会非常恐惧、担忧，于是，保罗决定"照主的话告诉你们一件事"（帖前4：15）。保罗首先提到了基督的复活，然后告诉他们："我们若信耶稣死而复活了，那已经在耶稣里睡了的人，神也必将他与耶稣一同带来。"（帖前4：14）这句话有多层意思：其一，耶稣从死里复活了；其二，他在荣耀中再临；其三，基督徒们死后，将与基督在一起；其四，当基督再临的时候，会将与他在一起的人带回来。

这些真理，无疑给那些痛失亲人的信徒带来安慰，使他们不必"像那些没有指望的人一样"忧伤（帖前4：13）。当人们失去亲人时，难免会担心他们的身后事，因此保罗向帖撒罗尼迦信徒们保证，当"有呼叫的声音和天使长的声音，又有神的号吹响"（帖前4：16）时，主耶稣会带着那些死去的信徒再临，来见那些仍然活在世上的信徒。那时，他们不仅会再次见到基督，也会见到自己的亲人。

这些教导有什么实际意义呢？那就是，"你们当用这些话彼此劝慰"（帖前4：18）。当然，这些话只适用于那些已经预备好承受永生的人。

生活的艺术　第151天　经文：《提摩太前书》6：11～21

　　但你这属神的人，要逃避这些事，追求公义、敬虔、信心、爱心、忍耐、温柔。你要为真道打那美好的仗，持定永生。你为此被召，也在许多见证人面前已经作了那美好的见证。

（提前6：11～12）

赛缪尔·约翰逊，英国18世纪著名作者和健谈家，曾前后用了8年多的时间编撰了一部《英语词典》，里面收录了多达4万个单词的释义和例句。作为一个书商的儿子，约翰逊一生挚爱图书和文字，尤其钟爱圣经和"主祷文"。在垂暮之年，约翰逊宣称所有的书都是在教导生活的艺术。可见他一生挚爱的，其实是学习生活的艺术。

约翰逊宣称："所有新生的事物都会成为众矢之的，因为大部分人不喜欢受教；所有已知事物都会遭人排斥，因为人们大多不喜欢被提醒，只喜欢被告知。"[1]追求新知识固然重要，但"温故而知新"也是千古不变的真理。

想必约翰逊会赞同保罗对提摩太的提醒，因为他正是要借此教导这个年轻人生活的艺术。首先，提摩太需要记住，自己是"属神的人"。这里面包含了四层含义。第一，一旦你属于上帝，你就不能属于自己，必须让你的创造主和救赎者作自己生活的主人；第二，比起自己的事情，你更要关心上帝的事情；第三，属于上帝的人必须逃避恶事，"追求公义和敬虔"；第四，远离恶行就意味着要拥有节制、敬虔的生活，要拥有"信心、爱心、忍耐和温柔"（提前6：11）。

其次，提摩太需要记住，在一个不信的环境里做一名基督徒，尤其是做一名传播福音的使者，往往要面临残酷的斗争。保罗称这种斗争为"打仗"，但

---

[1]　赛缪尔·约翰逊，《漫步者》，第二卷

它是提摩太渴望参加的"美好的仗"（提前6：12）。

最后，提摩太需要记住，他永远都不能轻忽自己的使命。因为他"为此被召，也在许多见证人面前已经作了那美好的见证"（提前6：12）。既然已经表示要追随基督，郑重地宣布自己已经得救、得到永生，提摩太就必须永远记住，自己已经领受了一个全新的生命，需要为基督打那属灵的战争。

显然，提摩太需要学习许多新东西，但是保罗认为他更需要牢记许多旧知识——因为这位伟大的使徒知道，只有时刻牢记这些基础知识，才会明白生活的艺术。

归信　第152天　经文：《腓立比书》3：4～11

> 不但如此，我也将万事当作有损的，因我以认识我主基督耶稣为至宝。我为他已经丢弃万事，看作粪土，为要得着基督，并且得以在他里面，不是有自己因律法而得的义，乃是有信基督的义，就是因信神而来的义。
> （腓3：8～9）

正当越南战争打得如火如荼时，年轻气盛的重量级拳击传奇人物卡休斯·马赛拉斯·克莱宣布皈依伊斯兰教，改名为穆罕默德·阿里。同时，他以宗教信仰为由，拒绝应征入伍。结果，他被剥夺了所有金腰带，并被法院根据《选征兵役法》宣判有罪。

起初，许多人认为阿里这么做只是为了逃避兵役，并非真的皈依。但是30多年过去了，阿里仍然是一名穆斯林。

虽然阿里的皈依颇具戏剧性，但是，大数的扫罗的归信，相比之下更加令人难以置信。同样，归信后，他也将自己的名字从扫罗改为保罗。但最重要的改变，并不在于名字。就身世、血统和所受的教育而言，大数的扫罗是一个地地道道、当之无愧、出类拔萃的犹太人和法利赛人，他对自身的信仰曾忠心耿耿，在对基督教会的迫害中活跃异常。用他自己的话说："我是以色列族、便雅悯支派的人……就热心说，我是逼迫教会的；就律法上的义说，我是无可指摘的。"（腓3：5～6）

扫罗的归信意味着他彻底改变了对他来说曾经是最重要的信仰。从前，他满脑子想的就是"如何才能在神面前称义"（腓3：9）。在成长的过程中，夫子们一直教导他，只有遵行上帝的律法，才能在上帝面前称义。就是说，他只有靠自己的"善行"和"守律法"（腓3：9，NLT版）才能称义。对此，他曾笃信不疑，并热心于做一名"严格遵守犹太律法的法利赛人"（腓3：5）。可是当得知耶稣是上帝独生的爱子，并为世人的罪钉死在十字架上以后，他意识到从前的努力都是无用的，自己根本不可能救自己，只有"信基督"才能得救（腓3：9）。正如他自己所说："我先前以为与我有益的，我现在因基督都当作有损的。"（腓3：7）他终于明白，能否得救与自己的努力无关，而全在于基督的十字架。于是，扫罗义无反顾地脱离了那个否认基督受死、复活的宗教，全心全意地追随活着的主耶稣，投入到他的圣工当中。

当一个人真正归信基督后，不仅他的生活会发生改变，世界更会因他而不同。

自我表露　第153天　经文：《启示录》1：1～18

> 我曾死过，现在又活了，直活到永永远远，并且拿着死亡和阴间的钥匙。
> （启1：18）

众所周知，圣经最后一部书卷是《启示录》（"揭示"、"披露"的意思）。其实，这本书应该叫做《耶稣基督启示录》（参启1：1，NLT版脚注）。因为《启示录》里所记的，都是耶稣写给以色列百姓的自我介绍。可见，耶稣希望他们了解自己。

为了激励在罗马暴政下呻吟的信徒，主耶稣给了使徒约翰许多奇妙的启示。然后，约翰将所见所闻写在一封信里，分别寄给7个教会，鼓励他们坚守信仰。约翰写这封信的目的在于坚定信徒们的信心，鼓励他们勇敢地面对困难。

对于那些首先接到这封信的基督徒们来说，耶稣的自我表露难能可贵。他在信中通过再次申明自己的身份，使他们确信自己是值得相信、且时刻看顾他们的上帝，最终一定会战胜所有敌对势力。

时间在变，但耶稣自我表露的信息却从未改变，它对每个基督徒的意义也从未改变。今天，耶稣仍然希望看到基督徒们作为自己的追随者，在一个时常轻视、甚至憎恶自己的世界里过荣神益人的生活。在这样的世界里，努力追随耶稣的门徒们注定会举步维艰。

当约翰试图描述上帝那难以言表的荣耀时，苦于找不到合适的语言，只好大量使用抽象的象征和丰富的比喻，努力为世人呈上一幅多姿多彩的画面。显然，我们通过这些文字所能领受的远远不及他所见的万分之一，但他所记录的主耶稣的话却清晰、有力："不要惧怕！我是首先的，我是末后的，又是那存活的。我曾死过，现在又活了，直活到永永远远，并且拿着死亡和阴间的钥匙。"（启1：17～18）耶稣希望人们明白，作为"首先的和末后的"，他不仅参与了这个世界的创造，更会在末世审判这个世界。作为"活着的"上帝，他与那些世人崇拜的各种假神完全不同，因为他不仅活着，还曾死过；他从死里复活后，将"活到永永远远"。通过死亡和复活，耶稣打败了死亡，成为死亡和阴间的主人。显然，对于那些终日被罗马皇帝尼禄追杀的基督徒们来说，这是天大的喜讯！

距离耶稣的自我表露已经过去两千多年了。这期间，经历了无数的挑战、艰辛、荣耀和胜利后，区区几个使徒建立的教会，如今已经遍布世界各地。同时，每个世代的信徒都需要记住：耶稣是赋予万物存在意义的"阿尔法"，人类的救赎主，给予被赎之人力量的"活着的神"，赐给我们永生的"俄梅戛"。

这人将来如何？　　第154天　经文：《约翰福音》21：1～23

　　　彼得看见他，就问耶稣说："主啊，这人将来如何？"耶稣对他说："我若要他等到我来的时候，与你何干？你跟从我吧。"

（约21：21～22）

看到弟兄姐妹或朋友得到比自己更好的东西或待遇时，孩子们通常会大发脾气，马上大喊："这不公平！"这些孩子长大成人后，遇到不公时喜欢抱怨的脾气往往不会改变。因此，当已经富得流油的球员看到新队员的合同比自己更好时，就会强烈要求与球队重新签约；当犯人感觉自己在监狱里受到了不公平的待遇时，他们会毫不犹豫地提笔上诉；一个在机场老老实实排队的人，看到有人插队时，他马上会提高嗓门，大声抗议。

彼得同这些人差不多。有一天，耶稣对彼得说："年老的时候，你要伸出手来，别人要把你束上，带你到不愿意去的地方。"（约21：18）彼得看到约翰站在旁边，就问："主啊，这人将来如何？"（约21：21）耶稣告诉彼得将来会经历患难，这时彼得关心的却是与主耶稣关系密切的使徒约翰是否也会遭遇同样的苦难。

耶稣的回答非常直接："我若要他等到我来的时候，与你何干？"（约21：22）简单地说，就是耶稣想怎么对待约翰根本不关彼得的事，约翰将来会遭遇什么，这是耶稣和约翰之间的事。同样，彼得的未来也掌握在耶稣手中，会怎么样，只取决于耶稣和彼得。彼得需要知道的，只是耶稣所预言的自己的未来，仅此而已。

耶稣接着说："你跟从我吧。"（约21：22）想到将来的厄运，彼得不应该花时间去想别人会怎么样，而应该专注于耶稣的呼召，一心追随他的脚步。当初主耶稣在湖边呼召他做门徒的时候，就将大使命交给了他，而且一直都没有变。

"为什么上帝对每个人都不同？"我们很难找出这个问题的正确答案。看到别人过得比自己好时，我们难免会不快。但是要记住，耶稣自有他的计划，我们只要追随他就可以了。我们需要做的，就是求上帝保守我们不偏离正道。

临时抱佛脚的信仰　第155天　经文：《诗篇》66篇

> 我要用燔祭进你的殿，向你还我的愿，就是在急难时，我嘴唇所
> 发的、口中所许的。　　　　　　　　　　　　（诗66：13～14）

在枪林弹雨命悬一线时，没有人会否认上帝的存在。无论一个人平时对属灵的事情和永生多么不以为然，一旦进入战场，就会忍不住祈求上帝保佑。同样，走上绞刑架之前，许多人会在一夜之间变成虔诚的信徒。赛缪尔·约翰逊曾写过一个著名的评论，说的正是这种现象："当一个人知道自己明天就会上绞架时，他会洞察乾坤。"①从战场上全身而退时，许多人会履行自己对上帝的承诺，成为了虔诚的信徒；有些人却在大难不死后，把当初在上帝面前许下的誓言抛到九霄云外。

《诗篇》66篇在描述以色列民族的可怕经历时，诗人说："我们经过水火，你却使我们到丰富之地。"（诗66：12）在这种情况下，有些人会献上敬拜、顺服、信赖和侍奉，有些人却会忘恩负义，见异思迁。

进入应许之地之前，摩西给予以色列百姓最后的指示时，耶和华曾警告他们不可背信弃义。上帝告诉他们，到达"那美地"的时候，"你要谨慎，免得忘记耶和华你的神，不守他的诫命、典章、律例，就是我今日所吩咐你的"（申8：11）。

与此同时，《诗篇》作者写道："我要用燔祭进你的殿，向你还我的愿，就是在急难时我嘴唇所发的、口中所许的。"（诗66：13～14）可见，诗人并不是"临时抱佛脚"，而是真心实意地感谢上帝给予的大慈爱和大恩典。他真切地体会到，耶和华"没有叫他的慈爱离开我"（诗66：20），诗人的第一个反应就是感激，里面没有丝毫勉强或做作。为此，他献上了自己最好的公羊

---

① 赛缪尔·约翰逊，《致波斯维尔的信札》，1777年9月19日

（参见诗66：15），而不像《玛拉基书》里的那些人，"将瘸腿的、有病的献上"（玛1：8）。他抑制不住对上帝的感激之情，一再希望与人分享自己的真情实感，说："凡敬畏神的人，你们都来听，我要述说他为我所行的事。"（诗66：16）

对于那些经历了上帝永恒之爱的人，最好的反应就是不停地感谢、赞美信实的至高者。只有观察一个人在烈火、洪水和战争过后的反应，才能看出他的信仰是否真诚、坚实。

献祭的驴   第156天   经文：《出埃及记》13：1~16

> 凡头生的驴，你要用羊羔代赎，若不代赎，就要打折它的颈项。
> 凡你儿子中头生的都要赎出来。   （出13：13）

在美国，当杰瑞·法维尔领导的"道德多数派"出现在公众视野中时，许多人认为它属于共和党。因此，许多忠诚的民主党人对该组织的理念和活动表现出不以为然，其中一个人颇具幽默感，写信要求一个全国性杂志的编辑转告杰瑞·法维尔："如果耶稣希望我们投共和党，他就应该骑着大象进耶路撒冷。"因为通常驴子象征民主党，大象代表共和党。聪明的读者马上会想到，当初耶稣是骑着驴子进入耶路撒冷的。

其实，上帝一直在寻找献祭的驴。为了使以色列百姓逃出法老的魔掌，上帝派天使击杀了每个埃及人家里的长子，却放过了以色列人。为了记念这次惊心动魄的救援行动，上帝命令每个以色列家庭都要把长子献给自己。因为在以色列人出埃及的过程中，每个埃及人的长子都牺牲了，而每个以色列家庭的长子却因为上帝的保护得以幸存，因此，他们应该将自己家里所有头生的（男性和雄性的），当作感谢的祭献给上帝，即"要将一切头生的，并牲畜中头生的，归给耶和华，公的都要属耶和华。"（出13：12）这意味着，所有这些活物都需要被当作感谢的祭物宰杀，只有两个除外——长子和驴。以色列人可以用其他动物代替这两样牺牲。长子的重要性不言而喻，可是为什么要用其他动物来换驴子的命呢？这是因为在以色列人的生活中，驴子是不可缺少的劳动工具，当然活着比死了更有价值，因此在献祭时，驴子可以免于一死。这种代赎的做法，正如保罗所说："弟兄们，我以神的慈悲劝你们，将身体献上，当作活祭，是圣洁的，是神所喜悦的，你们如此侍奉，乃是理所当然的。"（罗12：1）

　　有时，上帝会要求信徒们为自己及天国的事工抛头颅，洒热血，但更多的时候，耶和华并不要求我们为他去死（或至少现在不要），而是希望看到我们为他而活，终生侍奉在他面前。我们就是应该献给上帝的驴，活着比死了更有价值。

上帝指引的路线　第157天　经文：《出埃及记》13：17～14：4

　　　法老容百姓去的时候，非利士地的道路虽近，神却不领他们从那里走，因为神说："恐怕百姓遇见打仗后悔，就回埃及去。"

　　　　　　　　　　　　　　　　　　　　　　　　　　　　　　（出13：17）

　　虽说两点间最短的连接线是直线，但直线并不总是最好的路线。当以色列人奔向上帝指示的"应许之地"时，"从埃及到应许之地最短的线路"就是地中海的海岸线（出13：17），但是那里是非利士人的土地，他们绝不可能让这群以色列人大摇大摆地从自己的地盘上走过去。上帝当然是全能的，但以色列人却不是刀枪不入的。

　　上帝认为以色列人并没有准备好打仗，于是命令他们不要走最短的路线，而是绕路而行。上帝很了解这些刚刚得到解放的以色列人，知道他们虽然欢呼雀跃地逃出埃及，庆幸自己摆脱了苦役，可是一旦生命受到威胁，就会立刻掉头逃跑，甘心回去做奴隶。这样一来，他们虽然会保全性命，却又重新回到起点，错失上帝的恩典。当以色列人听从上帝的指引，在寸草不生的荒野里艰难跋涉时，一定是满心抱怨，垂头丧气。这条路线绝不是一条轻松愉快的"观光路线"，显然会使他们多走许多弯路，耽搁许多时间，但是比起做非利士人的刀下鬼，不知要强多少倍。更重要的是，与"应许之地"的美好相比，这点儿辛苦也就算不了什么了。

　　没有人喜欢崎岖难行的路线，但是如果这是上帝指定的，就一定是最好的路线。只是，世人往往无法懂得其中的好处，无法看出上帝的苦心，因为人们更喜欢用最短的时间、最少的努力，获得最大的收获。但是，他们也往往看不到这么做的危险，不知道"欲速则不达"的道理。

不要惧怕，只管站住！　第158天　经文：《出埃及记》14：5～31

　　　摩西对百姓说："不要惧怕，只管站住！看耶和华今天向你们所要施行的救恩。因为你们今天所看见的埃及人，必永远不再看见了。
耶和华必为你们争战，你们只管静默，不要作声。"耶和华对摩西
说："你为什么向我哀求呢？你吩咐以色列人往前走。"

（出14：13～15）

　　说到出尔反尔，应该无人能及埃及法老。仅仅在几天前，他还在为失去
爱子而痛哭流涕，乞求以色列人快点离开。可一转眼，他又后悔当初的决定，
和大臣们彼此说："我们容以色列人去不再服侍我们，这作的是什么事呢？"
（出14：5）于是，他调兵遣将，沿着奴隶们逃跑的路线一路追杀下来。发现
埃及军队正在后面追赶时，以色列人马上与摩西翻脸，抱怨他强迫自己离开埃
及，走进旷野，甚至声称："服侍埃及人比死在旷野还好。"（出14：12）

　　面对这些惊慌失措的人，摩西镇定自若："不要惧怕，只管站住！看耶和
华今天向你们所要施行的救恩。"（出14：13）于是，以色列百姓站住不动，
腿却不住地发抖。接着，耶和华命令摩西："你吩咐以色列人往前走。"（出
14：15）于是，摩西收回站住的命令，改为马上行动！

　　当摩西要求以色列人站住时，他一再声称："耶和华必为你们争战，你们
只管静默，不要作声。"（出14：14）结果证明事实的确如此。但是如果众人
想见识上帝奇妙的作为，他们就必须穿过分开的海水，走到对岸去。

　　在我们的生活中有许多困难，只有上帝能够帮助解决；在我们的生活中有
许多疑惑，只有上帝才有答案。当一个人明白了这一点，就会在困难面前"站
住"，留心看上帝的作为。要想做到这点，信心和信赖是关键。当一个人一筹
莫展时，上帝也许会要求他大胆前进，这样上帝才能在前面开路。要想做到这
一点，关键在于顺服。

　　其实，所有的属灵经验都离不开信心和顺服，这两者并不冲突。当相信
上帝一定会为我们成就大事时，我们就会有能力顺服。没有信心，就不会有顺
服；没有顺服，信心也就无从谈起。所以正如赞美诗里所唱的："唯有信靠顺
服"。就是说，在上帝的指引下，你有时应该站住，有时则应该前进。

先知米利暗　第159天　经文：《出埃及记》15：19～21

　　亚伦的姐姐女先知米利暗，手里拿着鼓，众妇女也跟她出去拿鼓
跳舞。

（出15：20）

　　当摩西还是个嗷嗷待哺的婴儿时，母亲将他放在一个草箱里，顺着尼罗河

漂流（参见出2：1～10）。她这么做不是要伤害摩西，而是要让上帝的爱来保护孩子。同时，摩西的母亲非常谨慎，派女儿沿着河岸守望年幼的弟弟。经文此时没有出现摩西姐姐的名字，但是后面的经文告诉我们，摩西有一个姐姐叫"米利暗"，一个哥哥叫"亚伦"。所以我们有理由相信，在暗中守护弟弟的女孩，应该就是米利暗。

显然，米利暗后来蒙上帝的呼召，和亚伦一样成为先知。当摩西向上帝抱怨自己笨口拙舌，因此不想向法老传达上帝的旨意时，上帝说："他（亚伦）要替你对百姓说话；你要以他当口，他要以你当作神。"（出4：16）后来，上帝再次重申对亚伦的呼召，告诉摩西："你的哥哥亚伦是替你说话的。凡我所吩咐你的，你都要说。你哥哥亚伦要对法老说：容以色列人出他的地。"（出7：1～2）后来米利暗曾与亚伦议论说："难道耶和华单与摩西说话，不也与我们说话吗？"（民数记12：2）可见，米利暗认为自己也蒙受了同样的呼召。显然，专心侍奉耶和华，聆听他的话语，传达他的旨意，这些同样是米利暗的职责。

大败埃及军队后，摩西带领以色列人一起"向耶和华唱歌"（出15：1）。可惜的是，如今我们手里只有精彩的歌词，却没有歌谱。但是有一点可以肯定——它原来是有韵律的。正是伴着这首歌的韵律，米利暗手里拿着鼓，带领众妇女载歌载舞（参见出15：20）。

不难想象，如果今天米利暗在一些保守教会里这样翩翩起舞，一定会引起一片哗然！同时，也会有一些教会把她奉为英雄。她很快会成为争论的焦点，因为她身为一名先知，居然在敬拜中使用打击乐器，并认为在耶和华面前跳舞没什么不妥！

如果你曾反对以这种形式敬拜上帝，应该好好想一想米利暗；如果你一直把她看成效法的榜样，应该知道虽然她满有恩赐，但也曾犯错，也曾说错话（参见民12：1～16）。

日用的饮食　　第160天　经文：《出埃及记》16：1～36

> 耶和华晓谕摩西说："我已经听见以色列人的怨言，你告诉他们说：'到黄昏的时候，你们要吃肉，早晨必有食物得饱，你们就知道我是耶和华你们的神。'"（出16：11～12）

虽然很少有人亲历过饥荒，但许多人都在电视上看过这样的镜头：一个饱受饥饿折磨、肚子高高隆起的孩子，无力地倒在母亲的怀里；母亲骨瘦如柴，遍体鳞伤，身边到处飞舞着苍蝇。世上应该没有比这一幕更悲惨的景象了。

由此我们不难想象，当以色列人在寸草不生的荒野里行军一个月后，在周围根本找不到食物时，内心是多么恐慌。眼看所有人都要挨饿，他们不禁向摩西抱怨说："巴不得我们早死在埃及地耶和华的手下，那时我们坐在肉锅旁边，吃得饱足；你们将我们领出来，到这旷野，是要叫这全会众都饿死啊！"（出16：3）

面对指责，摩西辩解说，众人身陷险境并非他的错，因为他本人起初根本不想接受这个任务，带领众人走进旷野。要怪就只能怪上帝，因为这完全是上帝的旨意。可是既然上帝把他们带出了埃及，就一定有对付饥荒的锦囊妙计。事实的确如此。耶和华说："我要将粮食从天降给你们。"（出16：4）关于这些"空降"的食物，上帝进行了详细的说明，细致地指导他们如何收集及储存。以色列人称这种食物为"吗哪"，意思就是"这是什么东西？"令人吃惊的是，吃了40年后，他们还是没搞明白它到底是什么！

耶和华有意只供给他们一天所需的食物，并希望以色列百姓能够信赖他，每次只收一天的分量。但上帝允许他们在安息日前收双份，以便他们能够安心守安息日。"然而他们不听摩西的话。"（出16：20）他们自以为是，软弱、小信，辜负了上帝的期望。

教导门徒如何祷告时，主耶稣告诉他们，要祈求温饱："我们日用的饮食，今日赐给我们。"（太6：11）他提醒门徒，无论我们需要什么，上帝都会赐给我们。上帝乐意满足的不是我们的所想，而是我们的所需！他没有保证我们的冰箱会充满食物，而是只提供今天所需的。我们应该每天都学习信靠上帝，并且一定会得到满足。但是，如果我们像那些以色列人一样不听话，我们的"吗哪"也照样会生虫发臭。（出16：20）

前覆后戒　第161天　经文：《出埃及记》17：1~7

> 他给那地方起名叫玛撒（就是"试探"的意思），又叫米利巴（就是"争闹"的意思），因以色列人争闹，又因他们试探耶和华说："耶和华是在我们中间不是？"　　　　　　　　　　　（出17：7）

年轻人通常对历史不感兴趣。他们的过去往往乏善可陈，未来却看起来一

片光明。相比之下，年长的人更喜欢查看历史。因为与过去相比，他们的未来
显然更加短促。但是年轻人应该明智一些，明白什么叫做"前车之鉴"，正如
乔治·桑塔亚纳所说："那些忘记过去的人注定会重蹈覆辙。"①

　　即使在圣经里，这个道理也是屡试不爽，比如在玛撒（又叫米利巴）发生
的一个事件。当时以色列人找不到水源，惊慌失措，于是故态复萌，向摩西抱
怨。摩西再次求告耶和华。这时，耶和华立刻施行神迹，为摩西解困。上帝对
摩西说："你要击打磐石，从磐石里必有水流出来。"（出17：6）果然，摩西
遵命而行，水就从磐石流出。

　　但是，因为这些被解放的以色列人无休止的抱怨，背信弃义，顶撞和挑衅
上帝，一再"试探耶和华"（出17：2），使耶和华忍无可忍，终于决定剥夺他
们进入应许之地的权利。结果，这些人没有享受到上帝慷慨赠与的美福，最后
绝望地死在旷野里。

　　诗人大卫非常熟悉这个典故，并希望身边的人能够引以为戒："你们不可
硬着心，像当日在米利巴，就是在旷野的玛撒。"（诗95：8）他毫不客气地指
出，以色列人曾经犯过一个愚蠢的错误。那些悖逆上帝的以色列人最终死在旷
野；如果身边的人执迷不悟，始终"硬着心"的话，也会落到同样的下场。因
此，大卫向他们大声疾呼："唯愿你们今天听他的话"（诗95：7）！距此一千
年后，《希伯来书》的作者再次提起这个典故，引用大卫的告诫，对初代基督
徒们说："弟兄们，你们要谨慎，免得你们中间或有人存着不信的恶心，把永
生神离弃了。"（来3：12）

　　"前车之鉴"在这个典故里的意思是：上帝是轻慢不得的，我们不可辜负
他的恩典，不可试探他的耐心，否则一定会见识到他的烈怒。按耶和华的话说
就是："他们断不可进入我的安息。"（来3：11）不管你是否喜欢查看历史，
都应该牢记这句话——因为得享安息是每个人的愿望。

必不蒙羞　第162天　经文：《诗篇》34

> 凡仰望他的，便有光荣；他们的脸，必不蒙羞。　　（诗34：5）

　　诗人W.H.奥登曾在诗中描写过"酒吧众生相"，说透过面孔可以看出这些
人的内心"从来不曾快乐"。奥登的观察非常敏锐、到位。我们经常看到，有
些人的眼睛里永远闪烁着智慧的光芒，但有些人的眼睛里只有疲惫；有些人的

---

① 乔治·桑塔亚纳，《生命的理由》第一卷

嘴角总是隐藏着一丝微笑，有些人却嘴唇紧抿，暗藏咆哮与怒吼；有些人志得意满，所以眉间舒展；有些人却忧心忡忡，眉头紧锁。

诗人大卫也知道，每一张脸（包括他自己的）的背后都有一个故事。他说："凡仰望他（耶和华）的，便有光荣。"（诗34：5）他相信，仰望耶和华会使一个人的容貌发生改变。保罗也明白这一点，所以他说："我们众人既然敞着脸得以看见主的荣光，好像从镜子里返照，就变成主的形状，荣上加荣，如同从主的灵变成的。"（林后3：18）

大卫的一生充满了危险、痛苦和悲伤，这使他始终倚靠上帝，相信上帝。结果，大卫自豪地见证说："我曾寻求耶和华，他就应允我，救我脱离了一切的恐惧。"（诗34：4）显然，正是因为大卫通过祷告寻求耶和华，他才得以克服心中的恐惧，脸上容光焕发。大卫的脸曾因紧张而扭曲，但上帝亲自将它抚平，使其神采四溢。

曾经，大卫的脸因恐惧而僵硬，因羞愧而暗淡，因为他自知罪孽深重，自惭形秽。可是得到耶和华的饶恕后，他从罪恶感和羞耻感中得到了解放。欢喜之余，他不忘提醒身边的人，如果他们寻求上帝，"他们的脸，必不蒙羞。"（诗34：5）恐惧的阴云从此在他们脸上一扫而光，曾经的愁眉不展会被灿烂的笑颜所取代。

当所有的罪都被饶恕之后，我们就没有什么可怕的了。当我们一身轻松时，脸上的表情自然会舒展，微笑自然会洋溢在嘴边。

走进酒吧里的人，或是想借酒浇愁，或是想找个人说话以排遣寂寞，或是想找点儿乐子以稍微冲淡内心的愁烦。他们需要的是一个微笑、一个拥抱或一句鼓励的话。显然，那个自信地宣称"你们要尝尝主恩的滋味，便知道他是美善"（诗34：8）的人，最清楚怎么满足他们。

属灵成长　第163天　经文：《希伯来书》6：1~12

> 所以，我们应当离开基督道理的开端，竭力进到完全的地步……
> 神若许我们，我们必如此行。　　　　　　　　　（来6：1，3）

母亲轻轻地把孩子放在床边，做了祷告，给他喝了水，然后走下楼梯，准备安静一下。忽然，她听到楼上"咚"的一声响，于是连忙跑到孩子的卧室，看见孩子趴在地板上。母亲一边把孩子扶起来，一边问："怎么回事儿？"孩子回答说："我一直紧紧贴着床边，结果就掉下来了。"

最早收到《希伯来书》的基督徒们，因为刚刚归信基督不久，处境与上面的小孩一样岌岌可危——他们已经听过一些"基本教义"，如"懊悔死行、信靠神、各样洗礼、按手之礼、死人复活及永远审判各等教训"。现在，他们需要做的是，"竭力进到完全的地步"（来6：1～2）。这并不是说，前面这些事情从此就不重要了，相反，它们始终是基督徒信仰生活中的头等大事。但是除此之外，基督徒们需要追求更多，经历更多，否则就会像那个小孩一样掉下来。

作者在信中指出，灵性冷淡和懈怠会导致严重的后果，甚至会使一个信徒最终抛弃信仰。到时，他们会对从前珍视的东西——出于对基督的爱不以为然，他们曾甘心信靠、顺服，可是后来，他们的内心充满对基督和天国事工的愤怒、憎恶和仇视。

这些反对从前信仰、抵制从前主张的人，注定不会有好下场，因为如果他们拒绝基督的爱，就无异于"把神的儿子重钉十字架"（来6：6），就根本不可能得到饶恕。如果他们否认圣灵荣耀的作为，就不可能重新回到救主那里。

这并不是说，那些真心爱主、却没有努力侍奉他的人，以及那些知道自己信心软弱，无法按照上帝的旨意生活的人，都会丧失上帝的恩典，因为"神并非不公义"（来6：10），他知道我们的软弱，了解我们的不足。

如果一个人不满足于拥有信仰，在天路上奋力奔跑，就永远不用担心"从床上掉下来"——因为即使发生这样的事，上帝也会马上接住他。

灵魂的锚　第164天　经文：《希伯来书》6：13～20

> 藉这两件不更改的事，神决不能说谎，好叫我们这逃往避难所、持定摆在我们前头指望的人可以大得勉励。我们有这指望，如同灵魂的锚，又坚固、又牢靠，且通入幔内。　　　　（来6：18～19）

每个标志的背后都有一个深远的含义。例如美国国旗，50颗星星代表现在的50个州，13条蓝带代表最初的13个州。"十字架"是最常见的基督教信仰的标志，代表着基督教教义的核心理念：为了救赎我们的罪，主耶稣死了，又复活了。但是在教会建立初期，曾出现过其他重要标志。在埋葬大批殉道者的罗马公墓里，墓壁上常常会出现"鸽子"、"鱼"和"锚"的图案。这是因为鸽子代表圣灵；希腊语里的"鱼"字，按离合诗的方式正好可以解读为"耶稣基督是神的儿子，是救主"；锚则象征着"在患难中得着平安"。

《希伯来书》的作者在书中使用"锚"这个标志，是为了说明上帝话语的真实，他诺言的确实及其子民的正直。亚伯拉罕就是一个最好的例子。耶和华向亚伯拉罕重申自己将赐予他许多后裔时，强调说："你既行了这事，不留下你的儿子，就是你独生的儿子，我便指着自己起誓说：论福，我必赐大福给你。"（创22：16～17）上帝指着自己起誓，因为世上没有比他大的。事实证明，他完全兑现了自己的诺言。

在以色列人漫长的历史中，还有许多像亚伯拉罕这样的例子。这些例子足以使最多疑的人相信，上帝说到做到，言必行，行必果。

认识到这一点对一个人的信心会非常有帮助。正如经上所记："我们这逃往避难所（神），持定摆在我们前头指望的人可以大得勉励。"（来6：18）即使一个人不相信自己的能力，他也没有理由质疑上帝的全能；无论一个人认为世人多么不可靠，他都应该相信耶和华的正直，这样，他就会在生活中有盼望，在患难中有确信。当他信靠上帝，相信上帝会实现诺言时，他就会知道自己的"锚"坚定不移——无论风浪有多么大，都无法撼动他的"锚"；无论生活多么动荡，他的"锚"将稳如泰山！

一个叫麦基洗德的人　第165天　经文：《希伯来书》7：1～14

> 你们想一想，先祖亚伯拉罕将自己所掳来上等之物取十分之一给
> 他，这人是何等尊贵呢！　　　　　　　　　　　　　　　（来7：4）

关于圣经旧约和新约之间的关系，人们常说："旧约是新约的预表；新约是旧约的说明。"对照以下两点，我们有理由相信这种说法是合情合理的。首先，耶稣曾引用"从摩西和众先知起，凡经上所指着自己的话"，向门徒们解释自己是谁（路24：27）。其次，旧约圣经里的话在新约圣经里得到了完美的诠释，只有在新约圣经时代，从前的那些预言才能被完全理解。

麦基洗德的故事就是证明"新约是旧约的说明"的一个好例子。据圣经记载，亚伯拉罕打败五王凯旋而归时，迎面遇到了这个神秘的人物（参见创14：17～20）。麦基洗德"就是撒冷王，又是至高神的祭司"（来7：1），在亚伯拉罕回来的路上迎接他，并给予他祝福。作为答谢，亚伯拉罕将十分之一的战利品献给了麦基洗德。旧约圣经里没有记载麦基洗德的出身或后代，只说他的名字是"仁义王"的意思；"撒冷"是他都城的名字，意思是"平安"。

《希伯来书》的作者认为，旧约圣经中关于此事的记载，暗含的细节都指向基督——因为麦基洗德接受了亚伯拉罕的"十一奉献"，并祝福了他，所以

振。"盛装打扮、粉墨退场"这句话，就是当时威廉·艾伦·怀特用来讽刺该党的。当然，灰姑娘的问题正好相反——即将上场，却缺少盛装。

以色列人的大祭司永远都不会遇到这两个问题，因为对行使祭司职分时的装束，上帝给予了严格、细致的指导。这些祭司是上帝从以色列百姓中分别出来，专门侍奉上帝的（出28：1）。上帝命令摩西为大祭司亚伦制作荣耀、华美的"圣衣"，以显示他是被上帝分别为圣的（参见出28：2）。因此，在百姓眼中，亚伦的身份和职务的庄严一目了然：他是属于上帝的人，向百姓代表上帝，又向上帝代表百姓，所以他的外表和言谈举止，要与其特殊的身份相称。每当众人看到雍容华贵的大祭司时，就会立刻联想到他所侍奉的上帝是多么的荣耀、华美。

以弗得（参见出28：6）和胸牌（参见出28：15）上镶嵌了珍贵的宝石，上面刻着以色列十二支派的名字。这样，当大祭司穿戴着它们走进至圣所时，上帝就会想起以色列百姓（参见出28：29）。胸牌里面有两个神秘的东西——乌陵和土明，用来"决断耶和华给以色列百姓的旨意"（出28：30，NLT版）。

其实，耶和华不需要人来告诉他以色列百姓需要什么，因为当以色列百姓在旷野里行进的时候，他就在他们中间。但是每次亚伦穿戴的时候，这些装饰的宝石可以提醒他，耶和华不会忘记以色列百姓。当亚伦侍立在上帝面前时，身上沉重的饰物代表着他肩负着以色列百姓，使他知道自己责任重大，并将这个担子亲自交给上帝。随身携带的乌陵和土明是用来在上帝面前决断的，代表他信靠上帝，渴望明白上帝的旨意。

每天出门之前，亚伦都要盛装打扮，因为他有特殊的地方要去，有特殊的任务要完成。今天，每个信奉耶稣基督的人也都应该这么做。我们应该通过自己的外表和言谈举止，向世人展示基督的香气。我们每天都要把需要救赎的人的名字带到上帝面前，在传福音的过程中寻求他的引导。这么做，就是在上帝面前"供祭司的职分"（出28：1）。

朝三暮四　第172天　经文：《出埃及记》32：1~14

> 百姓见摩西迟延不下山，就大家聚集到亚伦那里，对他说："起来，为我们作神像，可以在我们前面引路，因为领我们出埃及地的那个摩西，我们不知道他遭了什么事。"（出32：1）

俗话说："山中无老虎，猴子称大王。"老板出差时，办公室里就会常常上演这出戏。不过，"猴子"往往做不了一个好"大王"，所以老板回来时，往往会受到员工热烈的欢迎。

对于以色列百姓来说，摩西就是他们的"老板"，是上帝派到他们中间的使者和化身，是上帝亲自带领他们的活见证。所以，虽然他们时不时顶撞他，威胁要回埃及去，可是当摩西去西奈山见上帝后，他们很快就变得坐立不安。他们说："领我们出埃及地的那个摩西，我们不知道他遭了什么事。"（出32：1）他们的惊慌失措是可以理解的，因为他们正身处一片茫茫旷野之中，却突然群龙无首。

他们之后的行为也可以理解，但是绝对不可以接受。在恐惧的驱使下，他们决定采取行动。他们找到亚伦，对他说："起来，为我们作神像，可以在我们前面引路。"（出32：1）他们的计划很清楚，就是重新崇拜偶像，好像从前在埃及那样。

不料，亚伦竟然准许了。他告诉这些人："你们去摘下你们妻子、儿女耳上的金环，拿来给我。"（出32：2）人们照亚伦的吩咐做了，亚伦就用这些金子铸了一只牛犊。令人难以置信的是，以色列百姓马上宣布，这座雕像就是带他们出埃及的"神"！亚伦看见了，就马上筑了一个祭坛，宣布："明日要向耶和华守节。"（出32：5）谁知，"向耶和华守节"很快就变成了异教徒的狂欢节，局面一发不可收拾（参见出32：6）。耶和华大发烈怒，摩西瞠目结舌。摩西回来，严厉地斥责亚伦，命令众人将金牛犊砸得粉碎。同时，许多人因为这次背叛行动被击杀。

当人们害怕的时候，往往会铤而走险。他们以为这样可以马上脱困，其实愚蠢透顶，甚至是倒行逆施。他们放弃原则，放弃誓言，轻举妄动，然后又追悔莫及。

其实，这个时候最需要的是冷静和坚信。试想一下，如果这时众人对亚伦说："亚伦，我们很害怕，心里七上八下，不知道该怎么办才好。摩西一直都不回来，我们应该怎么办呢？"亚伦可以回答说："我不知道怎么回答你们。我理解你们的心情，因为我也害怕。但我相信一点：上帝一直带领我们到这里，绝对不会抛弃我们的。上帝已经证明他是信实的，以后也一定是这样。所以，我们只要信，不要惊慌。"这该是多么美好的见证！

朝三暮四的信仰注定没有出路，只有一心一意的信仰才能得到丰盛的祝福。

敢作敢当　　第173天　经文:《出埃及记》32: 15~35

> 摩西对亚伦说: "这百姓向你做了什么? 你竟使他们陷在大罪
> 里!" 亚伦说: "求我主不要发烈怒, 这百姓专于作恶, 是你知道
> 的……我对他们说: '凡有金环的可以摘下来', 他们就给了我, 我
> 把金环扔在火中, 这牛犊便出来了。"　　　　　（出32: 21~22, 24）

与常人一样, 总统有时也会厚颜无耻地推卸责任。离开白宫时, 尼克松总统坚称"我不是一个骗子"; 面对弹劾, 克林顿总统一边狡辩"这要看你们说的'是'是什么意思", 一边对过错闪烁其辞, "大错已铸"。这两位总统完全可以站起来, 负责任地说: "我是这么做了。我做错了。对不起。我愿意承担所有责任, 接受一切后果。"拒绝为自己的行为承担责任的人, 通常不明白, 他们这么做无异于使自己成为"无助的弱者"。这绝对不是一个男人应有的姿态。

在这一点上, 亚伦的表现与摩西截然相反。当摩西责问亚伦为什么造金牛犊时, 他回答说: "求我主不要发烈怒。这百姓专于作恶, 是你知道的。"（出32: 22）换句话说, 亚伦没有说: "是我作了恶。"而是说: "这是他们逼我做的!"所以, 这不是亚伦的错, 而是"专于作恶"的以色列百姓的错! 但是接着, 他又笨手笨脚地补充说: "我对他们说: '凡有金环的可以摘下来。'他们就给了我。我把金环扔在火中, 这牛犊便出来了!"（出32: 24）金牛犊是自己出来的, 所以这应该是火的错!

当亚伦临危受命的时候, 心里一定承受了巨大的压力。可是, 金牛犊自己从火里跳出来的故事, 显然难以取信于人, 这一点他应该非常清楚。当然, 除非他想告诉摩西, 金牛犊自己造了自己! 亚伦试图文过饰非, 反而欲盖弥彰。他必须单纯地承认自己的过错, 愿意承担责任, 才会得到医治和恢复。

摩西的表现与亚伦形成了鲜明的对比。他回到耶和华那里, 为以色列百姓求情。他没有轻描淡写他们所犯的过错, 也没有否认他们应该接受审判。他对上帝说: "倘或你肯赦免他们的罪, ……不然, 求你从你所写的册上涂抹我的名。"（出32: 32）我们不知道摩西是否在暗示自己对众人的过错负有责任, 所以应该承担惩罚, 但是我们的确看到了摩西和亚伦两个人的不同: 前者不承认自己的过错, 后者却将别人的过错揽在自己身上。这两个人中谁是真正的男子汉? 应该一目了然。

认识上帝　第174天　经文：《出埃及记》33：1～23

> 耶和华与摩西面对面说话，好像人与朋友说话一般。摩西转到营
> 里去，唯有他的帮手一个少年人嫩的儿子约书亚，不离开会幕。
>
> （出33：11）

宇宙浩瀚无垠，无比神奇。我们不知道它的年龄，对它的大小也只能推测。至于它是如何产生的，我们更是只能依靠所谓的科学猜想。毋庸置疑，这些年来人类对宇宙的认识可谓一日千里。关于地球在太阳系的位置，伽利略与教会之间的激烈辩论早已尘埃落定。从前水手们认为地球是平的，以为直布罗陀海峡的后面就是地球的尽头，所以每次通过的时候都心惊胆战。如今，这样的日子也早已一去不返。现在每个人知道，地球围着太阳转，而不是太阳围着地球转，而且地球是圆的。我们对于宇宙的认识的确有了巨大的进步，然而对上帝的认识却并没有什么长进。

今天，有谁敢说自己比摩西更了解永生的上帝呢？因为经上记着说："耶和华与摩西面对面说话，好像人与朋友说话一般。"（出33：11）有谁敢说，比起在去大马士革的路上蒙主呼召的保罗，自己更了解复活的基督呢？

这里有两个原因。首先，现代人不像先辈们那样渴望认识上帝。现代科技日新月异，不仅使我们对这个世界更加了解，也极大地丰富了我们的物质生活。但与此同时，人们越来越远离创造主，反而崇拜被造物；越来越爱物质，不爱上帝。其次，在不同的时代，上帝向世人表露自我的程度不同。上帝曾对"朋友"摩西说："你不能看见我的面，因为人见我的面不能存活。"（出33：20）摩西希望瞻仰耶和华的面，以便更好地侍奉他，这是完全可以理解的。然而，耶和华提醒他，因为自身的局限，无论一个人多么渴望接近上帝，都不可能完全了解他。

只有当人有幸进入上帝永远的国度，才可能完全了解上帝的奥妙和荣耀。但在此之前，现代人仍然需要尽可能多地认识上帝，了解上帝，因为只有在他里面，才能找到永生和终极意义。在今生今世，我们最多能够"得见我（神）的背"（出33：23），但是进入永生后，我们将与他面对面。

上帝的自传　第175天　经文：《出埃及记》34：1～35

> 耶和华在他面前宣告说："耶和华，耶和华，是有怜悯、有恩典
> 的神，不轻易发怒，并有丰盛的慈爱和诚实。为千万人存留慈爱，赦

免罪孽、过犯和罪恶，万不以有罪的为无罪，必追讨他的罪，自父及子，直到三四代。　　　　　　　　　　　　　　（出34：6~7）

在国家公园度假的时候，一条狭窄的山路上，一位母亲与年幼的儿子突然遇到一只体形巨大的熊。此前，母亲曾接受过某个宗教的教导：如果你信心坚定，任何东西都不可能伤害你。这位母亲对此笃信不疑，于是告诉儿子："宝贝儿，你一定要相信这只熊不能伤害我们。"小男孩回答说："是的，妈妈。我知道这只熊不能伤害我们。可是，这只熊知道吗？"的确，在这种情况下，这对母子怎么想并不重要，重要的是这只熊怎么想！（你一定想知道故事的结局，可是很抱歉，我也不知道。）

今天，许多人自以为了解上帝，喜欢与朋友或同事分享自己的心得，获得别人的赞同时，马上会沾沾自喜。但问题是，我或我的朋友怎么认为上帝并不在重要，重要的是上帝怎么认为自己；除他以外，任何人的想法都无关紧要。幸运的是，我们并非完全无法知晓他对自己的想法。

有一天，在一座山上，上帝将自己的自传口述给了摩西。他反复说道："我是耶和华神。"（出34：6，NLT版）显然，他的名字代表着他的本质。"（耶和华）神"这个头衔意味着"我是"，告诉我们他是自有、永有的全能者。上帝的名字告诉我们，他渴望与以色列百姓亲密无间。

他不仅通过"（耶和华）神"这个称谓表明自己的威严和至高，还声称自己"有怜悯有恩典"，使我们知道他并非铁石心肠，而是满有慈爱，关心我们的疾苦，愿意随时帮助我们。

"不轻易发怒"表明上帝能够完美地平衡公义、慈爱和恩典之间的关系。因为他是公义的，所以每个违背其旨意、否认其地位的人，都要承受他的烈怒。他决定让人类懂得什么是责任，知道自己的行为会带来什么样的后果。但是"不轻易"这3个字表明，他的义怒是对世人的警告，同时意味着他们有足够的时间痛改前非，获得饶恕。

"有丰盛的慈爱和诚实"这句话清楚地表明，上帝始终如一，永不改变自己的目标，值得世人完全信靠。

上帝的爱远远超越人们的想象，但这并不代表他会"以有罪的为无罪"。相反，上帝宣称，他将追讨人的罪孽，直到三、四代（出34：7）。

许多人都妄图为上帝立传，却很少有人去读他亲口讲述的自传。要知道，后者言简意赅，虽然只有寥寥几句，却将上帝的美善和尊贵刻画得栩栩如生。

如何道谢　第176天　经文：《诗篇》116：1～19

> 我拿什么报答耶和华向我所赐的一切厚恩？我要举起救恩的杯，
> 称扬耶和华的名。我要在他众民面前向耶和华还我的愿。
>
> （诗116：12～14）

当一个人生活在幸福之中时，最乖戾的人也会忍不住微笑，最冷漠的人也会心里感激。当内心充满幸福的感觉时，每个人都会愿意张口道谢。这时，那些无神论者难免会抓耳挠腮，不知道应该向谁表示感谢。然而，基督徒们知道应该向谁表示谢意，却往往不知道如何正确表达。

《诗篇》作者也是如此，他扪心自问："我拿什么报答耶和华向我所赐的一切厚恩？"（诗116：12）换句话说就是："我能够拿什么献给你，拥有一切的神呢？"

所幸，《诗篇》作者自行找到了答案。首先，他"要举起救恩的杯"（诗116：13）。这句话的意思是说，他将忠诚地定期出席敬拜，因为在敬拜中高举装满葡萄酒的杯子，象征着一个人经历了上帝极大的恩典。可见，定期同信徒们一起敬拜上帝，是他表达感谢的最重要方式。对于现代基督徒来说，也是如此。每个礼拜天的早晨，他们都会同家人一起去教会敬拜。此外，他们还会在敬拜中领受圣餐，表示承认自己的罪已经被主耶稣在十字架上所流的宝血涂抹了。

其次，《诗篇》作者称自己要"称扬耶和华的名"（诗116：13）。此前，他曾表白说："我爱耶和华，因为他听了我的声音和我的恳求。"（诗116：1）赞美是表达爱的重要方式。虽然《诗篇》作者善于用诗歌向上帝表达爱，但许多人却没有这样的恩赐。不过，他们尽可以放声歌唱，向世人宣扬上帝的美善，以此来表达内心的感激之情。

最后，《诗篇》作者说："我要在他众民面前向耶和华还我的愿。"（诗116：14）人们容易在生死攸关，或得意忘形的时候海誓山盟，或轻易承诺，可是一旦时过境迁，就会抛之脑后。但《诗篇》作者并非如此，他要信守诺言，让所有人知道自己是一个正直、虔诚的人。

你可以独享高尔夫球的快乐，但是与朋友们一起玩会更开心；你可以独自敬拜上帝，但是与弟兄姐妹们一起敬拜会更美好——对于救你脱离罪恶的上帝来说，这就是一句非常清楚的"谢谢你"。

什么是信？　第177天　经文：《希伯来书》11：1~40

> 信就是所望之事的实底，是未见之事的确据。　　　（来11：1）

每个人心里都有信念。如果没有信念、相信和信任，一个人就无法正常地生活。举个最简单的例子：一个人要想开车上路，就必须相信路标准确无误；相信别的司机是可以信靠的；相信当你看到绿灯时，两侧的红灯不仅会亮起，两侧的车辆也会马上停止。对于世人来说，信念不仅可以用来维持日常生活，还有更大的作用和更高的价值。

初代信徒们"蒙了光照"后，信心无比坚定，以至能够"忍受大争战的各样苦难"（来10：32）。他们的信表现为一颗"勇敢的心"（来10：35）。按照古训来说，他们是"有信心的义人"，这信心就是"使灵魂得救的信心"（来10：38~39，NLT版）。

信的意义永远都不会被高估，而且永远不应该被低估。但是，到底什么是信？

信，就是相信别人对你说的话是真的。之所以相信这些信息是真的，是因为它们的来源是值得信赖的。信心，是指对某事的真实性毫不怀疑。拥有信心的信徒，会真心期盼所信之事的发生。因此，《希伯来书》的作者才会说："信就是所望之事的实底"（来11：1）。正是因为信徒们心里有了"实底"，所以当他们因为自己的信仰受逼迫，身体受摧残时，才会毫不动摇，历久弥坚。所谓"信徒"，正是指那些坚定不移的人。

世人常说"所见即所信"，虽然听起来有道理，但是，有时我们的"所见"恰恰取决于我们的"所信"。当耶稣从水面上走向门徒时，他们不相信人可以在水上行走（完全合情合理），但是他们相信世上有鬼魂。于是，他们的"所信"决定了他们"所见"。一个人相信什么，就会看到什么，因为信"是未见之事的确据"（来11：1）。

上帝创世的时候，没有任何人在旁边观看，没有人亲眼目睹整个过程。因此，直到今天，人们对此进行猜测和试图进行科学解释的热情仍有增无减。但是基督徒们"因着信，就知道诸世界是借神话造成的"（来11：3）。基督徒的整个生活，都建立在"信"的上面——但真正重要的是，你信的是谁，是什么。

与罪恶相争　第178天　经文:《希伯来书》12: 1~13

> 你们与罪恶相争，还没有抵挡到流血的地步。 （来12: 4）

每隔4年，来自世界各地的顶尖运动员们都会在奥林匹克运动会上同台竞技。为了登上最高领奖台，每个人都会在赛场上奋力拼搏。然而在名利的驱使下，许多人禁不住诱惑，在比赛中作弊，甚至受人尊敬的奥委会也曾爆出丑闻。

在古希腊，只有男人才能参加竞技比赛。但他们要保证此前接受了严格、系统的训练，遵守了苛刻的饮食规则，并且德行无缺才可以参加。"仅限男性"这条规则不仅适用于运动员，也适用于观众，因为当时所有运动员在比赛时都要赤身裸体！这么做，是要叫他们在比赛中"放下各样的重担"，努力发挥最好的实力，"存心忍耐，奔那摆在前头的路程"（来12: 1，NLT版）。

《希伯来书》的作者将基督徒的信仰生活比喻成一场"有这许多的见证人，如同云彩围着"的比赛（来12: 1）。这里所说的"见证人"很可能是指"殉道士"（希腊语里，它们是同义词）——那些为了追随基督，献上宝贵生命的人。

需要在奔走天路之前放下的重担里，包括那些"容易缠累我们的罪"。因为罪会严重阻碍属灵生命的成长，所以务必要尽力摆脱，不可掉以轻心。对罪的姑息，很可能会成为基督徒的致命弱点，所以需要始终给予最高的关注。

此外，信徒们需要在信仰生活中"与罪恶相争"（来12: 4）。这场"争战"激烈、残酷，有时甚至会因此使信徒们牺牲生命——当信徒们与罪恶相争时，身边那些正在犯罪的人会与他们作对，极力迫害他们。

如果一个人想过敬虔的生活，就必须先搬走"罪恶"这块绊脚石。要想做到这一点，就必须时刻"仰望耶稣"。耶稣曾为我们争战，为我们的罪死去，如今更成为我们"奔跑"的理由和目标。他是这场比赛的最终裁判，同时也是我们不偏离跑道的保障。

毒根　第179天　经文:《希伯来书》12: 14~29

> 又要谨慎，恐怕有人失了神的恩，恐怕有毒根生出来扰乱你们，
> 因此叫众人沾染污秽。 （来12: 15）

"同胞争宠"和"骨肉相残"所描述的是截然不同的两种情形。弟兄之间合理的挑战、争宠、竞争，能帮助年轻人快速成长，学会处理人际关系。但是

即使是最亲密的弟兄，也难免会因为一些误会反目成仇，心里生下毒根，从此势如水火。

以扫和他的弟弟雅各就是一个最好的例子。雅各不是一名"三好生"，但他的属灵意识远远超过哥哥；以扫则是个"不义"、"不虔诚"的人。说他"不义"，是因为他前后娶了两个外邦女子为妻，而且"她们常使以撒和利百加心里愁烦"（创26：35），以至他母亲说："我因这赫人的女子，连性命都厌烦了；倘若雅各也娶赫人的女子为妻，像这些一样，我活着还有什么益处呢？"（创27：46）说以扫"不虔诚"，是因为"他因一点食物把自己长子的名分卖了"（来12：16）。也许在现代人看来，这件事情无关紧要，但在当时，这个行为意味着"永远拒绝属灵传承和特权"。

以扫当然可以选择自己想要的生活，但是他无法选择随之而来的结果。所以，当他意识到自己从此失去了"父所祝的福"后，不禁"号哭切求"（来12：17），内心无比痛苦。他从前加在父母身上的"苦毒"，最终报应在自己的身上。

这时，他追悔莫及，却已经于事无补。生活就是这样——恶因必有恶果，甚至是毒果。另外值得注意的是，以扫"号哭切求"并不是为了从前的罪，而是为了难以承受的恶果。这也算是人之常情。面对自酿的苦果时，人们常常会心生懊悔，却很少承认自己从前的所作所为是罪恶的，不愿意从此改邪归正，"追求圣洁"（来12：14）。

当以扫内心痛苦，却死不悔改时，内心就会"有毒根生出来"，"叫众人沾染污秽"（来12：15）。人心里的"毒根"流毒无穷，不仅会使身边的人一样痛苦，还会使自己仇视所有人，破坏关系，制造矛盾。

因此，《希伯来书》的作者警告我们"要谨慎"（来12：15），不要让自己心里生出"毒根"。

金钱、性、权力　第180天　经文：《希伯来书》13：1～7

> 婚姻，人人都当尊重，床也不可污秽，因为苟合行淫的人，神必要审判。你们存心不可贪爱钱财，要以自己所有的为足。因为主曾说："我总不撇下你，也不丢弃你。"……从前引导你们、传神之道给你们的人，你们要想念他们，效法他们的信心，留心看他们为人的结局。
>
> （来13：4～5，7）

当教会刚刚兴起的时候，信徒们常常会面临残酷的迫害，甚至有许多人殉道。罗马皇帝（如戴克莱兴）对新兴的教会深恶痛绝，无情地折磨、摧残和杀害手无寸铁的基督徒们。但是在公元312年，康斯坦丁成为罗马皇帝后，决定支持基督教。于是很快，基督徒们从饱受逼迫的少数群体，迅速变成了鱼龙混杂的多数群体。从此，信徒们对基督的忠诚大打折扣，教会也被世俗风气严重腐蚀。面对这种情况，有些人选择去沙漠隐遁，他们不仅要与世隔绝，也与教会里的世俗风气隔绝。这些人恪守三个誓言："清贫"、"纯洁"和"顺服"，因为他们认为，当时教会最大的问题，就是"金钱"、"性"和"权力"。

俗话说"江山易改，本性难移"。几千年过去了，如今教会里的主要问题，往往仍然是"金钱"、"性"和"权力"，同禁欲主义兴起的那个年代毫无二致。新约圣经的作者们那时同样面对着这些问题。

"婚姻，人人都当尊重，床也不可污秽，因为苟合行淫的人，神必要审判。"（来13：4）这句话是说，婚姻在上帝眼中是神圣的，所以无论是婚前性行为，还是婚后性行为，只要是发生在婚姻之外，就是奸淫，是犯罪。

"你们存心不可贪爱钱财。要以自己所有的为足。"（来13：5）这句话是对那些财迷的警告，作者提醒世人不要痴迷金钱，不要整天只想着挣钱、存钱和花钱。

"从前引导你们、传神之道给你们的人，你们要想念他们，效法他们的信心，留心看他们为人的结局。"（来13：7）这句话不仅是对新信徒的劝勉，更是对领袖们的挑战，提醒他们：领导者的权力是用来带领、鼓励大众的，教导他们如何过圣洁的生活，不可滥用。

有人的地方就会有"金钱"、"性"和"权力"方面的问题。因此，基督徒应该知道如何正确对待这三者，因为这是上帝交给我们的使命。

永远一样的耶稣基督　　第181天　经文：《希伯来书》13：8~16

> 耶稣基督昨日今日一直到永远，是一样的。　　　（来13：8）

一个人的生活往往会在瞬间发生巨变：一场车祸会瞬间夺走一个人的生命；一个医生可以在瞬间诊断出疑难杂症；一个电话可以使一个经理立刻就变成无业游民；股市的一个波动可以使价值连城的股票瞬间变成一堆废纸；半夜的一阵门铃响就可能使一个人从此失去自由。在毫无征兆的情况下，生活往往会突然发生天翻地覆的变化。

"耶稣基督昨日今日一直到永远，是一样的"（来13：8），这句话含义深远，独立完整，但只有了解前后的背景，才能正确理解。"昨日"的耶稣基督是初代教会领袖们信仰的对象，《希伯来书》的作者对信徒们说："你们要想念他们，效法他们的信心"（来13：7）。通过回忆初代教会众位领袖和他们的敬虔，信徒们不难发现，耶稣的信实是他们全心倚靠、全力追随的基本原因。作者希望受逼迫的信徒们明白，就像从前保护众领袖那样，耶稣也会时刻保守、看顾他们。

因此，今天他们必须避免"被那诸般怪异的教训勾引了去"（来13：9）。如果从前的信徒能够靠耶稣得胜，那么现在的信徒们也可以同样得胜，因为即使在今天，耶稣基督也丝毫没有改变，所以那些"怪异的教训"会使信徒们不再倚靠耶稣，绝对是不可接受的。就救恩来说，耶稣永远都不会改变，因为耶稣"永远是一样的"。

生活中充满了不确定性。然而，在无数的不确定当中，耶稣好像一块磐石，坚定不移，始终如一，无比信实，值得永远倚靠。想来，亨利·弗朗西斯·莱特在谱写圣诗《与我同住》时，一定是在默想《希伯来书》13章8节，所以才会写道："四境所见，尽是变迁朽腐；永不变者，求来与我同住。"

新奇的思想总是会大受欢迎。对于许多人来说，只有追求新鲜刺激，生活才不会无聊乏味，所以他们渴望不断接受新的刺激，对那些恒久不变、始终如一的东西不屑一顾。其实，他们真正需要每天为之欢呼雀跃的，乃是"最充足的基督与我同在"这个事实。只有这样，在遭遇不测风云的时候，基督才会在他们生活中居首位，掌王权。只有这样，他们才能在动荡中表现出信心和喜乐。这两点也是永远不变的。

属灵的领导力　　第182天　经文：《希伯来书》13：17~25

你们要依从那些引导你们的，且要顺服，因他们为你们的灵魂时刻警醒，好像那将来交账的人。你们要使他们交的时候有快乐，不至忧愁，若忧愁就与你们无益了。　　　　　　　　　　（来13：17）

领导力有很多层意思，其中最重要的是"一呼百应"。如果"有呼无应"，领导力就根本无从谈起。就是说，领导力的关键在于"呼应"：追随者愿意响应领导者的领导，渴望追随领导者的脚踪。在这种关系中，领导者在追随者心中点燃追随的渴望，同时追随者们心甘情愿、满心欢喜地回应领导者的号召。

　　属灵领导者的任务是"为灵魂时刻警醒"，多结果子，以供他人效法（来13：17）。关爱灵魂，需要有一颗充满怜悯与关爱的心，仆人的精神，言传身教的能力，以及在必要时挺身而出，大声说出逆耳的忠言，喂他们吃下苦口的良药。领导者们之所以能够做到这些，是因为他们渴望看到人们在信仰生活中不断进深，力上加力。正像《希伯来书》的作者所言："但愿赐平安的神，就是那凭永约之血，使群羊的大牧人我主耶稣从死里复活的神，在各样善事上成全你们，叫你们遵行他的旨意，又借着耶稣基督在你们心里行他所喜悦的事。"（来13：20～21）这就是属灵领导者追求的目标。

　　这个目标要求领导者们具有坚实、活泼的属灵生命。这首先取决于他们个人对上帝的信任（来13：7）；其次在于他们深知自己是"那将来交账的人"（来13：17）。做工的时候，如果领导者们过分自信，觉得没有必要依靠上帝，他们注定会跌倒。因为，对灵魂的关爱，需要正直、悟性、洞察力以及活泼、充满感染力的灵性。如果领导者忘记自己牧养的"群羊"是属于上帝的——他们是上帝的羊——就可能随意对待牧养的对象，或利用他们满足私欲。此外，如果属灵领导者们无视最终向上帝交账的责任，他们就会变得粗心大意，麻木不仁，甚至寡廉鲜耻。

　　同时，跟随者们要记住——"你们要依从那些引导你们的，且要顺服。"（来13：17）对于很多人来说，顺服并不容易，因为他们喜欢天马行空的生活，不喜欢"俯首帖耳"，厌恶"放弃"、"牺牲"这些字眼。如果领导者身后跟着的是这样一群人，相信每个领导者只会想带他们做一件事——去见上帝。相比之下，那些心诚志坚的跟随者们却会让领导者"有快乐，不至忧愁"（来13：17），这样，双方便会各得益处。

愿上帝赐福与我们！　　第183天　经文：《诗篇》67：1～7

　　　　愿神怜悯我们，赐福与我们，用脸光照我们。　　　　（诗67：1）

　　按照犹太人的传统，安息日是每周分别出来让人们休息、反思、敬拜和感恩的日子。这一天结束的时候，人们会朗诵《诗篇》67篇，祷告说："愿神怜悯我们，赐福与我们，用脸光照我们"（诗67：1）。

　　时至今日，仍有人借朗诵这一诗篇，表达与《诗篇》作者相同的祈求。其实，这一古老的祈福祷告最早出自祭司亚伦之口，后来被世人不断传颂："愿耶和华赐福给你，保护你。愿耶和华使他的脸光照你，赐恩给你。愿耶和华向你仰脸，赐你平安。"（民6：24～26）在《申命记》中，摩西对这个祈福祷告进行了详细的解释：上帝会祝福他们的"城里"和"田间"；祝福他们"身所生的"、"地所产的"；祝福"牛犊"、"羔羊"、"筐子"和"抟面盆"。就是说，上帝会祝福一切与他们"出入"有关的东西。所有这些都是物质上的，但是上帝也同时应许了极大的属灵祝福。在以色列人思量这些物质上的祝福时，他们渐渐认识到，满有慈爱、怜悯的上帝已经将属灵的祝福放在他们面前。借着在这些物质上的祝福，他们看到了上帝是如何"用脸光照"他们的。

但是，敬拜者并没有在祷告中只为自己祈福。在他们眼中，除了个人生活外，"世界"和"万国"同样需要上帝的祝福。所以，在为自己祈福后，敬拜者们祷告说："好叫世界得知你的道路，万国得知你的救恩。"（诗67：2）一个人在生命中经历了神的恩典后，不应该仅仅满足于自己得到祝福而忽略身外的世界，那个在痛苦中挣扎的世界。

是什么使敬拜者拓展了祈福祷告里的异象呢？那是因为他们认识到上帝"必按公正审判万民，引导世上的万国"（诗67：4）。一旦心里的自私根深蒂固，人们就会对外面的事物视而不见。但是，"整个世界"在上帝看来都是宝贵的，所以人们应该关注、关心这个世界。那些亲自尝过主恩滋味的人与上帝心意相通，因此会在内心深处由衷地呐喊："神啊，愿列邦称赞你。"（诗67：5）

这个世界缺少上帝的祝福，所以在结束敬拜与祈福祷告的时候，我们应该为世界祈福。作为基督徒，成为别人的祝福，才是最大的祝福。

饱足之患　第184天　经文：《申命记》8：1～20

> 你吃得饱足，就要称颂耶和华你的神，因他将那美地赐给你了。你要谨慎，免得忘记耶和华你的神，不守他的诫命、典章、律例，就是我今日所吩咐你的。　　　　　　　　　（申8：10～11）

有句英国谚语说："穷过，富过，才知道富比穷好。"对于这句话，那些经历过贫穷与富裕的人也许会举起一只手；而那些只经历过贫穷的人，一定会举双手赞同。殊不知，富足里也隐藏着祸患。《箴言》作者非常清楚其中的凶险，因此说："求你使虚假和谎言远离我；使我也不贫穷也不富足，赐给我需用的饮食。恐怕我饱足不认你说，耶和华是谁呢？又恐怕我贫穷就偷窃，以至亵渎我神的名。"（箴30：8～9）字里行间透出作者惊人的成熟与睿智。

在进入应许的迦南美地之前，耶和华要摩西教导以色列人的孩子，留心不要掉进饱足的陷阱。而在此之前，在荒野漫长、艰辛的旅程中，耶和华不断地考验他们，要让他们知道，"人活着不是单靠食物，乃是靠耶和华口里所出的一切话。"（申8：3）"耶和华口里所出的一切话"有许多意思，其中包括"相信他的应许"和"顺从他的旨意"。面对寸草不生的荒野，以色列百姓别无选择，必须信靠耶和华，因为只有耶和华才能使他们得饱足。另外，在旷野生活中，耶和华严厉的惩罚也使他们不敢胡作非为。但是，一旦他们进入应许之地，今后的生活将发生翻天覆地的变化。摩西告诉他们："你在那地不缺食物，一无所缺。"（申8：9）并事先提醒他们："你吃得饱足，就要称颂耶和华你的神，因他将那美地赐给你了。"（申8：10）接着，摩西又警告他们说："你要谨慎，免得忘记耶和华你的神，不守他的诫命、典章、律例，就是我今日所吩咐你的。"（申8：11）经过多年缺衣少食的日子，他们好不容易学会了顺服和信靠耶和华。如今苦尽甘来，他们正要进入那流奶与蜜之地，满心感激，满口赞扬。但是，有时饱足不仅会使人心存感激，也会使人心存骄傲。耶和华上帝事先警告以色列百姓，不要以为"这货财是我力量、我能力得来的"，因为"得货财的力量"是耶和华上帝给的。（申8：17～18）

一个人成就越大，就越容易翘尾巴；而一个人越是睿智，就越愿意感谢耶和华赐予他们通达的道路。

心灵的习性　第185天　经文：《申命记》11：1～17

> 你们若留意听从我今日所吩咐的诫命，爱耶和华你们的神，尽心尽性侍奉他，他必按时降秋雨春雨在你们的地上，使你们可以收藏五谷、新酒和油。　　　　　　　　　　　　　　（申11：13～14）

1831年5月11日，法国社会学家亚历克西斯·德·托克维尔到达纽约，开始了为期8个月的访问，游历了整个年轻而迷人的美利坚合众国。归国后，他撰写了《美国的民主》一书。这本书分4卷，以法语写成。在书中，亚历克西斯对美国赞不绝口，唯独对其"个人主义"——当时的新概念，深表忧虑。讲到他眼中看到的美国人时，他详细阐述了美国人"心灵的习性"——那些"形成心理习惯"、塑造"道德与心智品性"的观点和想法。[①]

---

① 亚历克西斯·德·托克维尔，《美国的民主》。在罗伯特·贝拉的《心灵的习性》一书中引用

摩西虽然从未使用过这些专有名词，但他的确非常关心以色列百姓"心灵的习性"。他告诉他们："你们若留意听从我今日所吩咐的诫命，爱耶和华你们的神，尽心尽性侍奉他"（申11：13），作为奖赏，上帝乐意将迦南美地赐给他们。同时，摩西警告他们说："你们要谨慎，免得心中受迷惑，就偏离正路，去侍奉敬拜别神。"（申11：16）因为"偏离正路"，远离耶和华的后果是非常严重的。

"心灵的习性"是从哪儿来的呢？它来自人们心里坚持的某些信条，和人们对这些信条的切身感受，以及人们根据这些感受做出的诸多决定。对以色列百姓来说，这意味着他们应该通过对上帝的切身感受，了解他的心思意念，对上帝无私的供应和关爱做出应有的回应，发誓立约，永远信任、顺服上帝。日复一日，当以色列百姓不断重复这些行为时，这些感悟、感受和决定就会成为他们的"习性"，他们的生活就会折射出对上帝的挚爱，以至形成全人的敬拜。反之，如果他们让"敬拜别神"的想法和渴望在心里长驻，他们的习惯和生活方式必然背道而驰，与对耶和华的忠诚渐行渐远。就是说，一切都取决于他们"心灵的习性"。

现代基督徒需要时刻培养自己的"心灵的习性"。我们需要时常检查自己坚持的想法源自何方，内心的渴望来自何处。面对每个决定与行动，我们都需要叩问自己：它们是否荣神益人？因为一个人心灵的习性，不仅会深刻地影响其生存环境，更会影响周边的每一个人。

教训儿女　第186天　经文：《申命记》11：16～32

> 你们要将我这话存在心内，留在意中，系在手上为记号，戴在额上为经文；也要教训你们的儿女……使你们和你们子孙的日子，在耶和华向你们列祖起誓应许给他们的地上得以增多，如天覆地的日子那样多。
>
> （申11：18～19，21）

在美国，许多学生家长都对美国公立学校不满。公立学校里暴力横行，学生无法无天，毒品泛滥，纪律松弛，教学质量下降，而且漠视灵性成长，这些都是家长们批评的对象。在他们看来，学校对知识不加区分，什么都教是不合宜的，甚至是完全错误的。因此，许多家长将孩子从学校里领出来让孩子退学，开始在家里亲自教育他们。于是20世纪末和21世纪初，"家庭学校"发展的势头越来越强劲。令那些反对此教育方式的人们目瞪口呆的是，2000年"美国拼写大赛"的前三甲，都是接受"家庭学校"教育的孩子；而且几周前，其中一位还获得了"国家地理竞赛"的第二名。

这些坚持在家教育子女的家长关注孩子的属灵成长，且非常赞同摩西在应许之地针对如何教训以色列后代时所说的那番话。摩西告诉父母们，不仅要"将我这话存在心内，留在意中"，更要"教训你们的儿女"（申11：18～19）。当然，摩西是在转述上帝给众人的旨意。虽说赞同这些话并不意味着一定要在家教育子女，但是每个负责任的家长都应该好好思考这些话，想想如何在生活中实践它。

摩西认为，若要在应许之地长居久安，以色列的孩子们必须全心全意顺服、荣耀耶和华。所以，摩西告诉他们，要将耶和华的教训写下来（参见申11：20），"系在手上为记号，戴在额上为经文"（申11：18）。通过做这些，摩西希望他们能够时刻记住，心思意念和一举一动都应该符合上帝的旨意与期待。

在耶和华眼中，教导孩子们这些属灵戒律极为重要。上帝强调："无论坐在家里，行在路上，躺下，起来，都要谈论"（申11：19）。上帝告诉家长们，教导孩子早晚要遵守的戒律，如早餐时间和就寝时间是极其重要的。而且，生活中的每一刻都可以成为教训子女的良辰。

无论是在家，还是在旅行的路上，智慧的家长应该随时用上帝的话语和鲜活的见证回答孩子的问题，激发他们的好奇心，纠正他们错误的想法。这么做的目的在于上帝的应许——"使你们和你们子孙的日子，在耶和华向你们列祖起誓应许给他们的地上得以增多，如天覆地的日子那样多"（申11：21）。相信所有的孩子都渴望得到这美好的应许！

最终的胜利者　第187天　经文：《但以理书》7：1～1

> 我在夜间的异象中观看，见有一位像人子的，驾着天云而来，被领到亘古常在者面前，得了权柄、荣耀、国度，使各方、各国、各族的人都侍奉他。他的权柄是永远的，不能废去，他的国必不败坏。
>
> （但7：13～14）

中东地区曾孕育过灿烂的人类文明，如今却是满目疮痍。游历其中，在残垣断壁间仍可一窥当年的辉煌。而放眼20世纪那个刚刚离去不久的年代，希特勒的第三帝国曾经不可一世，斯大林领导下前苏联"强大"的政权亦曾暴虐无度。但如今，尘埃落定，追忆前尘往事，不禁令人凭栏感叹：大江东去，浪淘尽，千古风流人物。

这种景象，但以理也曾在梦中看到过。在梦里，但以理看到了4只强壮、狰狞的大兽——4个帝国的倾覆。接着，他写道："我观看，见有宝座设立，上头坐着亘古常在者"（但7：9）。所有"千古风流人物"最终都只会落个"浪淘尽"的下场，所有如画的江山最后都只会"灰飞烟灭"，只有"亘古常在者"永远端坐在"宝座"上，"从他面前有火，像河发出"（但7：9～10）。当然，这只是象征性的描写，意味着上帝是永恒的、大有能力、无比荣耀；他掌管万有，到时候必审判各方、各国。

但以理看到异象前一定非常渴望知道，到底谁会坐在耶和华的"宝座"旁呢？在异象中，他得到了渴望已久的答案——"见有一位像人子的，驾着天云而来，被领到亘古常在者面前"（但7：13）。但以理并没有明确地说，那位"像人子的"就坐在"亘古常在者"的旁边，但他清楚地告诉我们，那人"得了权柄、荣耀、国度，使各方、各国、各族的人都侍奉他"（但7：14）。所以，毫无疑问，"宝座"旁的座位一定是为他存留的。

被领到耶和华面前、代表上帝行使权柄的那位"驾着天云而来"（但7：13），为什么他看起来"像人子"（但7：13）呢？上达天庭，拥有永远的权柄，并要建立一个"不败坏"之国的那位到底是谁呢（但7：14）？显然，那一定是升天的主耶稣，完成天父所交付的救赎世人的使命后，回到天父那里，领受了至高的荣耀！

但以理告诉我们，即使在充满暴虐的日子，那"亘古常在者"与那坐在他右边的也仍然在掌管着一切，仍然在努力建立着那永远不会败坏的国（参见但7：14）。所以，毫无疑问，他将是最终的胜利者！

战事不再　　第188天　经文：《弥迦书》4：1～13

> 他必在多国的民中施行审判，为远方强盛的国断定是非。他们要
> 将刀打成犁头，把枪打成镰刀。这国不举刀攻击那国，他们也不再学
> 习战事。　　　　　　　　　　　　　　　　　　　　　（弥4：3）

1919年，第一次世界大战的硝烟散尽后，欧洲为了防止战火重起，专门成立了"国际联盟"。然而，不幸的是，这个联盟并没能阻止第二次世界大战的爆发，自己反而土崩瓦解了。第二次世界大战结束后，出于同样的目的，"联合国"诞生了，并立志"欲免后世再遭今代人类两度身历惨不堪言之战

祸"①。时至今日，联合国虽然做了许多对世界有益的事情，但远没有达成初衷。前苏联解体后，美国总统乔治·布什曾自信地预言说："一个崭新的世界格局将要到来。"然而，此后不到一个月，萨达姆·侯赛因就悍然入侵科威特，海湾战争随之爆发。在人类历史上，从来不乏"刀枪入库，马放南山"的美好愿望，但事与愿违，战火从未真正熄灭过。

相比之下，先知弥迦的预言至今仍振聋发聩："这国不举刀攻击那国，他们也不再学习战事。"（弥4：3）弥迦说，在经历了流浪的苦难与屈辱后，上帝的子民们必将迎来真正的和平。他说的是废墟上将重起高楼，被毁的耶路撒冷将重新崛起，一个新国度将屹立于天地间。

生活在耶稣时代的以色列百姓一心期待着预言中的"重新崛起"。在耶稣被钉十字架之前，门徒们曾坚信，耶稣将实现先知弥迦的预言，带领以色列人打败罗马殖民者，带给他们和平与繁荣。但主在十字架上赴难后，他们所有的希望都化成了泡影。目睹了主耶稣从死里复活后，门徒们马上重拾盼望，问耶稣说："你复兴以色列国，就在这时候吗？"（徒1：6）耶稣非常清楚地回答说，他的国并非世人盼望的"帝国"，而是一个永远的国——他要用"救赎"来建造这国；到那时，先知弥迦的预言才会真正成就。

这个国，就是今天每个基督徒祷告里的那个国——"愿你的国降临"（太6：10）；就是主耶稣口中那个"不属这世界"的国（约18：36）。只有当基督那永远的国降临时，才会真正地不再有战事。在此之前，保罗教导我们说："若是能行，总要尽力与众人和睦"（罗12：18）。我们也许无力阻止全世界的刀兵，但是凭着上帝的恩典，我们可以尽力遵守这个教导，"若是能行"，就要与世人和睦相处。

未卜先知　第189天　经文：《创世记》49：1～28

　　　　圭必不离犹大，杖必不离他两脚之间，直等细罗（就是"赐平安者"）来到，万民都必归顺。　　　　　　　　　　　　（创49：10）

农民渴望能够预知天气；投资者们渴望预知资本市场的走向；领导者们，不论大小，都喜欢寻卜问卦，渴望洞察天机，以便能够运筹帷幄。因为未卜先知，往往意味着占尽先机，稳操胜券。

旧约圣经里的某些人物就有这种非凡的能力，通过昭示未来，祝福他们的

儿子。《创世记》里就记录了这样一个故事："雅各叫了他的儿子们来，说：
'你们都来聚集，我好把你们日后必遇的事告诉你们。'"（创49：1）站在父
亲榻前，准备聆听父亲预言的儿子们，内心必然是忐忑不安的。如果他们的未
来只是过去的翻版，其中的酸甜苦辣只有他们自己知道。但是，雅各却按照出
生的顺序，对每个儿子宣讲预言，同时让其他的儿子旁听。

　　在我们看来，雅各对犹大讲的预言不同凡响。一开口，他就赞扬犹大的
雄才伟略。对于这一点，不仅犹大的兄弟们完全赞同，将来接受领导的下一代
人更是有目共睹——"你弟兄们必赞美你……你父亲的儿子们必向你下拜。"
（创49：8）。雅各预言犹大卓越的领导力必将无比刚强，"卧如公狮，蹲如
母狮——谁敢惹你？"（创49：9）论到更远的将来，雅各说："圭必不离犹
大，杖必不离他两脚之间，直等细罗（就是'赐平安者'）来到，万民都必归
顺。"（创49：10）

　　《马太福音》的开头记录着一个家谱，上面清楚地写着，那个带领以色列
人建立一个空前绝后之帝国的大卫王，正是犹大的后裔（参见太1：3~6）。纵
观犹大支派的历史，"圭必不离犹大，杖必不离他两脚之间"（创49：10）这
句预言显然应该是指着一代英主大卫说的，但是接下来，雅各说，这归属于那
"万民都必归顺"的人，这使我们不得不将眼光放得更远些，越过大卫，放在
他最负盛名的后裔——耶稣身上（参见太1：3~16）。

　　雅各预言说，总有一天，"大卫王非凡的后裔"将永远统治万国、万民[①]。
这一切，早在3000年前雅各就已经知道了！今天，每个信徒都清楚这个事实。
因为他们已经亲眼见证，正如圣经所预言的，主耶稣降在人间，成就了至高的
荣耀。所以，他们将自己的永福寄托在主耶稣的身上。一个聪明的农民或精明
的投资者，也必会如此。

永久的门户　第190天　经文：《诗篇》24篇

> 众城门哪，你们要抬起头来！永久的门户，你们要被举起！那荣
> 耀的王将要进来。荣耀的王是谁呢？就是有力有能的耶和华，在战场
> 上有能的耶和华。
> （诗24：7~8）

　　臭名昭著的奥斯威辛集中营的大门上有一块铁牌，上面用德语写着"Arbeit
machts Freiheit"——劳动会使你获得自由。其实，对于那些被赶进集中营、

_____

[①] 詹姆斯·蒙哥马利，《向耶和华的受膏者欢呼》，1821年

不幸的人们来说，他们最终的结局只有一个——劳动至死。所以，这个口号真正的意思是"只有死亡，才能超脱"。这句看似黑色幽默的话，令这个人间地狱更加阴森恐怖。这世上恐怕再也找不出比它更绝望的大门了。说到绝望的大门，我们不免会想到但丁《神曲》里的地狱之门。在这位文学大师的笔下，通往地狱之门上面写着："身入此间，希望尽绝"。无论是想到人们被赶进奥斯威辛集中营，受折磨至死，还是想到顽固不化的人坠入地狱的绝望大门，都会令人不寒而栗。

与绝望形成鲜明对比的是，《诗篇》24篇所描写的是通往"耶和华的山"的门户（诗24：3），通往上帝的途径。大卫将约柜迎入摩利亚圣殿山后，为表示庆贺，特作此诗（参见撒下6：12～19）。早在离开埃及进入应许之地前的旷野生活中，以色列的孩子们就始终紧紧跟随在约柜的后面。因为他们相信，约柜必保守他们胜过敌人（参见民10：33～36）。论到耶和华，以色列的孩子们说："荣耀的王是谁呢？就是有力有能的耶和华，在战场上有能的耶和华。"（诗24：8）将约柜迎入圣殿山，意味着迎接上帝进入以色列人中间。因此，这是一个天大的喜事；这一道道"门户"都在迎接着"荣耀的王"！

摩利亚山是被分别出来的圣地，用来敬拜耶和华那位拥有"地和其中所充满的"的至高者（诗24：1）。如果有人想认识上帝至高无上的权柄，他就必须通过敬拜来到上帝面前。问题是，"谁能登耶和华的山？谁能站在他的圣所？"（诗24：3）创造主大而可畏，世人满身罪污，根本无法上前亲近。有资格上前敬拜的，只有那些"手洁心清，不向虚妄，起誓不怀诡诈的人"（诗24：4）。也就是说，只有那些清楚自己不洁不净，因此努力寻找获得饶恕的人，才可以进入这些"门户"，敬拜上帝。对于那些走进"门户"的人，"他必蒙耶和华赐福，又蒙救他的神使他成义"（诗24：5）。

耶和华至高、尊贵，是世人的救主，因此万民都当在他面前谦卑恭顺，成为"寻求耶和华的族类"（诗24：6）。走进圣殿山大门的人们，不仅不会失去希望，反而会获得荣耀！

新歌 第191天 经文：《启示录》5：1～14

> 他们唱新歌说："你配拿书卷，配揭开七印，因为你曾被杀，用自己的血从各族、各方、各民、各国中买了人来，叫他们归于神，又叫他们成为国民，作祭司，归于神，在地上执掌王权。"

（启5：9～10）

从教会历史看，基督教在很多方面发生了变化，其中变化最大的是敬拜中的圣乐。每个年代，每种不同的文化都在努力寻找可以同时取悦敬拜者与耶和华上帝的音乐形式。于是，在教会敬拜中，老歌新曲往往同台演奏。这就是英国标准赞美诗集《赞美诗》分为"古代"和"现代"两部分的原因。

使徒约翰在异象中看到，有人唱新歌说："你配拿书卷，配揭开七印，因为你曾被杀，用自己的血从各族、各方、各民、各国中买了人来，叫他们归于神，又叫他们成为国民，作祭司，归于神，在地上执掌王权。"（启5：9~10）在圣经里，"新歌"意味着对真理的新感悟或新发现，从无例外。所以，以色列长老的赞美立刻变成了"许多天使的声音，他们的数目有千千万万"（启5：11）。人们之所以如此歌唱和赞美，是因为他们揭开了封印，打开了"坐宝座的右手中"的书卷（启5：1）。这部书卷曾被严密保护，"用七印封严了"（启5：1），里面记录着整个人类的历史。这书卷里的玄机一直被封，不为世人所知，直到"这羔羊前来，从坐宝座的右手里拿了书卷"（启5：7），向世人昭示耶和华上帝的终极旨意。因此，天上、地下的一切，都颂赞、感谢、欢呼！这全新的体验，在圣徒心里化成一首新歌。

唯一"能以展开那书卷，揭开那七印"的人，是"犹大支派中的狮子，大卫的根"（启5：5）。犹大的父亲雅各临终前祝福犹大时所指的后裔，正是这一位（创49：9~10）。"狮子"、"像是被杀过的"站立的羔羊、"有七角七眼，就是神的七灵"（启5：6），这些描述不同寻常，它们都是针对耶稣的表征，暗示他心甘情愿地为世人献上宝贵的生命，并且从死里复活，被上帝赋予七重（象征'完美'、'完全'）权柄、七重智慧与灵性。就是说，他是人类历史的核心人物，是唯一能够担此重任的。

敬拜中的新歌反映出信徒对上帝的旨意有了新的感悟，并因此俯伏敬拜。新歌真正重要的不是形式，而是里面所表达的内容。

审判和赏赐　第192天　经文：《启示录》11：4~19

> 外邦发怒，你的忿怒也临到了，审判死人的时候也到了；你的仆人众先知和众圣徒，凡敬畏你名的人，连大带小得赏赐的时候也到了；你败坏那些败坏世界之人的时候也就到了。　　　（启11：18）

从太空遥看地球，后者显得十分脆弱、微小。在浩瀚无垠的宇宙中，地球仿佛一粒微不足道的尘土，看起来既和平，又安静。但每个人都知道，地球上从未断过刀兵，充满了分裂与冲突，从不乏辛酸与血泪。这么微小、美丽的星球上，怎么会充满这么多的纷争，这么多的血泪呢？难道地球就只能是这样吗？难道这个脆弱的星球，就注定要承受无尽的暴虐吗？

这个终极问题已经困扰了人类好几个世纪。但是近来，这个问题显得更加急迫，因为人类的自毁行为愈演愈烈。借助科技手段，越来越多的迹象表明，因为人类各种故意及非故意的破坏行为，地球已经来日不多了。然而，科学预测的结果与圣经的启示，两者所说的并非一回事儿。

《启示录》中记着说，约翰在异象中看到了天国，同时预见到了未来。就自己所看到的，约翰见证说："天上就有大声音说：'世上的国成了我主和主基督的国；他要作王，直到永永远远。'"（启11：15）接着，约翰称耶和华是"昔在、今在的主神，全能者"（启11：17）。这个称呼象征着上帝的至高和永在，意味着在地球上昏暗无光的日子里，全能的上帝完全可以使用其能力和权柄，止息所有的纷争，罢免所有的刀兵，但他没有这么做。然而，上帝没有这么做必有其深意，因为使徒约翰在异象中看见了天国和未来，在那里，"执掌大权作王"（启11：17）的是耶和华上帝。数个世纪以来，上帝的子民们一直在祷告说："愿你的国降临。"（太6：10）这个普世的国度必将降临，并"直到永远"（太6：13）。

那么，那些施行暴虐的人会有什么样的结局呢？使徒约翰说："外邦发怒，你的忿怒也临到了。"（启11：18）总有一天，至高的耶和华上帝将施行审判，"败坏那些败坏世界之人的时候也就到了"。但是，对于上帝的子民来说，那将是欢喜、快乐的一天，因为，"你的仆人众先知和众圣徒，凡敬畏你名的人，连大带小得赏赐的时候也到了"（启11：18）。

天父上帝掌握万事万物。虽然有时事态看似完全失控，但万事万物不会脱离他的掌管，只要他愿意，随时都可以举起右手，在万民中施行审判和赏赐。到那时，接受"审判"，还是等待"赏赐"，要看你今天是否敬畏他的名。

白马　第193天　经文：《启示录》19：1~21

> 我观看，见天开了。有一匹白马，骑在马上的称为诚信真实，他审判、争战都按着公义⋯⋯他穿着溅了血的衣服，他的名称为神之道⋯⋯在他衣服和大腿上有名写着说："万王之王，万主之主。"
>
> （启19：11，13，16）

　　几百年来，无数军队踏上过以色列那片多灾多难的土地，但并非所有的军队都是来攻城略地的。1948年以色列建国前，巴勒斯坦被英国统治，由驻扎的英国军队维持当地的司法和治安。戈登将军曾是当地英军的司令，同时也是一位虔诚的基督徒。当他带领队伍接近耶路撒冷的城门，准备进入这座古城时，他从所骑的白马上下来，牵马步行通过了城门。他对手下的官兵解释说："唯一能够骑白马进入耶路撒冷的，只有那'万王之王，万主之主'。"

　　显然，戈登将军非常熟悉《启示录》19章的经文。在19章里，使徒约翰使用象征手法写道，骑白马的人"称为诚信真实"，"他的名称为神之道"，"在他衣服和大腿上有名写着说：'万王之王，万主之主'"（启19：11，13，16）。这些描述看似离奇荒诞，其中却隐含着宝贵的深意：他的能力和权柄超过世间一切掌权者；他的地位至高、无人能够取代，因为只有他深知上帝的计划与旨意；他的位格超越世间所有的王，永远不变，毫无奸邪、虚假，因为圣经上记着说，"他审判、争战都按着公义"（启19：11）。

　　那么，这样可畏、神秘的人物到底是谁呢？使徒约翰说这"道"就是主耶稣："太初有道，道与神同在，道就是神……我们也见过他的荣光，正是父独生子的荣光。"（约1：1，14）关于异象里看到的"人子"，使徒约翰称"从他口中出来一把两刃的利剑"（启1：16）——他就是耶稣，荣耀的君王，其国永不败坏。在使徒约翰眼中，他还是一个争战的王，要审判所有的敌人，其中有些审判要等到世界的末日。这分明就是基督的事工——有时被忽视，被藐视，甚至被拒绝，但是有一点不容否认，他"必按着公义"审判。而且，圣经上说，"他穿着溅了血的衣服"（启19：13）。这正说明，最终的审判将首先落在我们的救主身上。那些拒绝他救赎恩典的，否认其公义、法度的人，将来必要面临审判。他将骑着一匹可畏的白马来到我们中间——出于对天父的尊重，那时他一定会谦卑地下马，步行而来。

一切都更新了　第194天　经文：《启示录》21：1~8

　　神要擦去他们一切的眼泪，不再有死亡，也不再有悲哀、哭号、疼痛，因为以前的事都过去了。坐宝座的说："看哪，我将一切都更新了。"又说："你要写上，因这些话是可信的，是真实的。"

（启21：4~5）

　　在结束演讲前，政客们通常都会极力煽情，信誓旦旦地说，一定会给予我们的子子孙孙一个更加美好的世界。这句话的确很能打动人。试想，谁不想留给后代一个更加美好的世界呢？为达到这个目标，政客们宣布将致力于消除贫困，改善教育，结束战事，以及为全体公民提供有效的健康保险。完成这些任务固然可贵，不过，它们前面必须要加上"难能"两个字。

有趣的是，那"坐在宝座上的"从未承诺要给世人一个更加美好的世界，而是一个全新的世界！他说："看哪，我将一切都更新了。"（启21：5）。这恰恰是使徒约翰在异象中看见的。他记下说："我又看见一个新天新地；因为先前的天地已经过去了，海也不再有了。"（启21：1）对于"沧海桑田"、"海枯石烂"的异象，圣经解释说："因为以前的事都过去了。"（启21：4）无论一个政府多么高效，国家的领袖多么英明，滚滚红尘中的罪恶却永远都不可能被根除，因为它已经深深植入社会的每个角落。只要罪恶还存在，这个世界就不可能完美。然而我们知道，总有一天，这个世界将不复存在，一个新天新地将取而代之。这就是使徒约翰看到的世界末日的异象所传达出来的信息。

但是谁能成就如此的伟业，建立一个"不再有死亡，也不再有悲哀、哭号、疼痛"（启21：4）的新天地呢？就是那位"坐在宝座上的"，他说："我是阿拉法，我是俄梅戛；我是初，我是终。"（启21：6）他这么说，是因为只有那位创世的，才能毁灭这世界；只有那开始的，才能结束这一切。只有圣洁、公义、公正的上帝——阿拉法和俄梅戛，才能解决罪的问题，纠正世间一切的谬误。而且，他乐意这么做。

既然在异象中，罪恶最终将被剪除，新天新地将屹立人间，那么，是否没有必要认真对待世间的种种弊病了呢？不是。我们应该效法天父的怜悯和爱，即使不能彻底剪除罪恶，也仍然应当尽力抵抗。同时，我们必须谨记，即使关于美好未来的政治口号最终被证明只是口水，但天父上帝承诺的新天新地，却给生活在这个充满死亡、悲哀、哭号、疼痛的世界中的人带来无限希望。

混杂隐喻　第195天　经文：《启示录》21：9～27

> 拿着七个金碗、盛满末后七灾的七位天使中，有一位来对我说："你到这里来，我要将新妇，就是羔羊的妻，指给你看。"我被圣灵感动，天使就带我到一座高大的山，将那由神那里从天而降的圣城耶路撒冷指示我。
>
> （启21：9～10）

一位英国国会议员曾说："当我闻到一只老鼠的味道，我会留意那味道在空中的曲直，然后果断出击。"其实，他想说的是，一旦他感觉某件事不对劲，就会努力找出错误的部分，然后尽早解决它。他不会想到，他这句话正是典型的"混杂隐喻"。就他所想要表达的意思而言，所使用的混杂隐喻和非混杂隐喻都不清晰；但如果撤走隐喻，又会失去所要表达的意思。

无独有偶，在谈到一个天使的话时，使徒约翰也使用了一个"混杂隐喻"："你到这里来，我要将新妇，就是羔羊的妻，指给你看。"（启21：9）我们不知道使徒约翰曾期待看到什么，但是他接着告诉我们，天使"将那由神那里从天而降的圣城耶路撒冷指示我"（启21：10）。显然，"新妇"指的是一座新城，它从天而降。

约翰对这座城的描述惟妙惟肖。这座城市的尺寸清楚地表明，它就是耶路撒冷——"城是四方的，长宽一样。天使用苇子量那城，共有四千里，长、宽、高都是一样"（启21：16）。在十二道门上"又写着以色列十二个支派的名字"，而且"城墙有十二根基，根基上有羔羊十二使徒的名字"（启21：12，14）。可见，这座隐喻里的"城"是建基在以色列先人及初期教会使徒圣工之上的。这座"城"与使徒之间的联系，暗示着它与教会有关。假如翻开《以弗所书》，读到"你们作丈夫的，要爱你们的妻子，正如基督爱教会，为教会舍己"（弗5：25～27）时，我们就全明白了：在圣经里，教会被比喻成"基督的新妇"，这与约翰的比喻不谋而合！

因此，使徒约翰在异象中看到的正是上帝子民将来的荣耀，他们是基督的新妇。这荣耀只能是上帝赐予的，因为只有他才能将那些属血气的人变成自己的子民。上帝是要我们知道，虽然这个世界乌烟瘴气，教会仍然会屹立其间，并得胜有余。这将是一个充满荣耀的教会，上面点缀着无数珍宝；它将是一个普世教会，因为圣经上记着说"列国要在城的光里行走"（启21：24）；它也将是一个充满感谢的教会，"只有名字写在羔羊生命册上的才得进去"（启21：27）。最终，这其中的意思，一点都没有混杂！

英雄崇拜　第196天　经文：《启示录》22：1～21

这些事是我约翰所听见、所看见的，我既听见、看见了，就在指示我的天使脚前俯伏要拜他。他对我说："千万不可！我与你和你的弟兄众先知，并那些守这书上言语的人，同是作仆人的。你要敬拜神！"

（启22：8～9）

被儿子折磨得精疲力竭的父母常常无可奈何地感叹："男孩就是顽劣。"这时，也常会有人在旁边劝说："男孩的确生性顽劣，但如果你能耐心一些，男孩总有一天会成长为男人。"这话倒也在理。但对大多数男人来说，虽然他们外表成熟、豪迈，但在内心深处，却仍然保留着小男孩的幼稚。

比如说英雄崇拜。小男孩喜欢穿戴某些运动明星的服饰，确实无可厚非。可是，如果一位中年股票经纪人周末这么穿戴着出门，也不会成为当地新闻。话说回来，每个男人都多多少少有些"英雄崇拜"情结。就是说，男人喜欢关注另一个人生活的光鲜迷人，并心驰神往。

通常，这种"英雄崇拜"情结无关紧要。当使徒约翰在天使的引导下观看了奇妙的异象后，立刻想要拜倒在天使面前，天使却指出，这是绝不可以接受的行为。使徒约翰写道："我既听见、看见了，就在指示我的天使脚前俯伏要拜他。"（启22：8）约翰要拜的可是世间最大的"英雄"！但是，天使对他说："千万不可！我与你和你的弟兄众先知，并那些守这书上言语的人，同是作仆人的。你要敬拜神！"（启22：9）约翰的"英雄崇拜"得到了两个回应：首先，他不可以拜天使；其次，他只能拜上帝。

如今的运动明星们显然比天使差远了，所以不仅不配得过分的追捧，更不配那原本属于上帝的敬拜，而应该与世人一起敬拜上帝。"要敬拜神！"天使的命令简短有力。这个命令不仅是给约翰的，更是给今天世人的。

查阅《启示录》时，有一个有趣的发现：敬拜往往和"俯伏"两字联系在一起（参见启4：10；5：8；7：11；19：10；22：8）。这表明，当一个人真正认识了上帝时，他会无比震惊。然后，当他意识到自己应该献上敬拜时，他会谦卑而快乐地屈身在主人脚下，甘心乐意地顺服、侍奉上帝。

天使的回答指出了敬拜的两个要点：真正的敬拜，首先来自一颗顺服的心；当从前崇拜英雄的小男孩变成敬拜上帝的男子汉时，他们就会成为年轻人眼中的英雄和效法的对象——效法他们"单单敬拜那配得敬拜的神"的态度。

代代相传　第197天　经文：《诗篇》135

> 耶和华拣选雅各归自己，拣选以色列特作自己的子民。
>
> （诗135：4）

俗话说："龙生龙，凤生凤，老鼠的儿子会打洞。"昔日棒球明星的后代在球场叱咤风云；改装赛车鼻祖的孩子成为改装车大赛上的佼佼者；往届重量级拳击冠军的儿子在拳击场上谋生；杰出传道人的孩子成为传道人……如此种种，屡见不鲜。显然，上一代人很容易将自己的兴趣、激情、知识和立身之道传给下一代人，所以，一代人的选择不仅属于这一代人，更属于以后的几代人。

这一世间定律在属灵生活中也同样适用。在圣经里，美好的灵性通常会作为宝贵的遗产，从上一代人传给下一代人。《诗篇》作者曾说："这代要对那代颂赞你的作为，也要传扬你的大能。"（诗145：4）这样的代代传颂，意味着每一代人都熟知上帝在世人身上的作为，他们对这些故事珍重之至，像宝贝一样传给后代。同样，这也意味着每一代人都非常关心下一代的成长，更是不疏忽对他们灵性的培养。

每一代人都应该重视隔代交流和教育，否则任何一个社会都不会有持久的规则、传统、生活方式及价值观。不幸的是，当代的文化青年与上一代过分生疏，与同龄人却过分亲密，结果，次代文化里几乎找不到历史传承的影子，看不到宝贵的价值观或属灵生活的沿袭。

难怪在美国有人会说，再过一代，基督教信仰也许就要无疾而终了。虽然这种说法有些危言耸听，但也并非无稽之谈。受当今西方世界文化的影响，在最近三代人身上，灵性的退化非常明显，以至于许多曾是信仰堡垒的文化传统已经消失殆尽，后基督教理念的大行其道，使基督教信仰状态几乎退回到了原始阶段。

形势固然严峻，反击方法却非常简单：每个拥有子女的人，首先要把孩子看作是耶和华的精兵，是上帝派到世间的使者，传达其救赎旨意的邮差，相信他们必将在与上帝的联系中得享美福。没有谁能够保证下一代一定会坚守信仰，但是我们能做的，就是每个人都抓住手中的机会，努力教导下一代。

上帝的房屋　　第198天　经文：《哥林多前书》3：5~17

> 栽种的和浇灌的，都是一样……因为我们是与神同工的；你们是神所耕种的田地，所建造的房屋。我照神所给我的恩，好像一个聪明的工头，立好了根基，有别人在上面建造，只是各人要谨慎怎样在上面建造。
>
> （林前3：8~10）

有3个工人在工地上干着同样的活。一天，有人问他们每天都干什么。第一个工人回答说："我把土装进手推车，从坑里推出去，然后找个地方倒掉。"

第二个工人说：“我是在养家糊口，努力工作，好换取家人的幸福。”第三个工人说：“我很幸运，正在参与建造一座宏伟的教堂。”面对相同的工作，第一个工人看到的只有劳动；第二个工人看到的只是谋生手段；第三工个人看到的却是光荣且有意义的工作。

与同工们谈到传道事工时，保罗的描述与第三个工人相似。他说，“我们是与神同工的”，一起来建造“神的房屋”（林前3：8～9）。他完全可以像第一个工人那样，将自己的工作描述成“乘船”、“航行去新城市”、“传道”、“被殴打”、“被逮捕”等具体行为，但是，他看到的是一个宏伟蓝图，知道自己正在建造“神的房屋”——教会。

保罗希望哥林多的信徒们能够正确认识教会，重视教会。所以，他告诉他们：“岂不知你们是神的殿，神的灵住在你们里头吗？”（林前3：16）

面对这项浩大的工程，他和随行的门徒们并非孤军作战。他说：“我照神所给我的恩，好像一个聪明的工头，立好了根基，有别人在上面建造。”（林前3：10）而且，他不断告诫那些参与建设圣殿的人，“要谨慎怎样在上面建造”。只有谨慎、仔细，才能保证圣殿没有建在错误的根基上，因为教会正确的根基只有一个——“耶稣基督”（林前3：11）。毫无疑问，如果根基不坚固，无论上面的建筑多么华丽，都无法持久。同样，如果教会里的信徒们不挚爱、敬拜、侍奉主耶稣，那就不是一个真正的教会。

作为一个聪明的工头，保罗非常清楚背信弃义、自毁根基的危险性。同时，他更关注教会是如何被建造的，以及建成后的教会承担怎样的事工。他说，那些用“金、银、宝石”建造的工程，必将通过火的试验；而那些用“草木、禾秸”建造的工程（林前3：12），必将在试验中化成灰烬。保罗想说的是——“各人的工程必然显露，因为那日子要将它表明出来，有火发现，这火要试验个人的工程怎样”（林前3：13）

教会生活绝非庸庸碌碌、循规蹈矩的生活，而是上帝宝贵的工作。我们正在修建上帝的房屋，因此要做他称职的工人。

属灵的恩赐　第199天　经文：《哥林多前书》12：1～13

> 弟兄们，论到属灵的恩赐，我不愿意你们不明白……这一切都是这位圣灵所运行，随己意分给各人的。　　　　（林前12：1，11）

历史上名噪一时的名人志士、才子佳人层出不穷，可是最终都风过无痕，雁去无踪，能够在身后留下一些薄名的，只有那些真正不同凡响的人。列奥纳多·达·芬奇、莫扎特和威廉·莎士比亚的作品，在他们离世若干年后逐渐受到世人推崇。他们的名字能够流芳百世，不仅因为他们天赋异禀，而且的确有过人之处。

在人类历史上，基督教教会的沉浮也同样留下了浓墨重彩。主耶稣创立了教会，但其亲临传道的地方有限，所以，耶稣升天前将教会交托给门徒们。虽然他们最初曾有负重托，但后来通过不屈的努力，教会最终传遍了世界4个主要文明中心。教会所到之处，无数的人洗心革面，社会焕然一新。在世人看来，这也无疑是一个不朽的杰作。显然，教会有其特异之处。

但这个特异之处多少有些出人意料。因为教会之所以特异，不在于里面有杰出的人物，相反，保罗告诉我们，教会里的人"按着肉体有智慧的不多，有能力的不多，有尊贵的也不多"（林前1：26）。那么，一定会有人问："如果组成教会的都是这些平常人，教会怎么会有这么非凡的影响力，取得这么辉煌的成就呢？"

保罗在《哥林多前书》里给出了答案——"属灵的恩赐"（林前12：1）。教会的特异之处就在于，虽然里面的成员都是平常人，但他们都拥有"属灵的恩赐"。

基督教会之所以会有惊人的发展，完全是因为圣灵的祝福与引导。值得注意的是，这"属灵的恩赐"是赐给教会里每个人的。世界上所有教会的成员，加起来是个天文数字，但更重要的是，他们每个人都被赋予了属灵的恩赐。这意味着，教会里蕴藏着惊人的属灵力量。

这些恩赐并非千篇一律，就好像每个人都有不同的面孔，是圣灵"随己意分给各人的"（林前12：11）。因此，每个基督徒都应该清楚自己特别的恩赐是什么，并不断使用这些恩赐。当所有的教会信徒都这么做时，教会必然会有惊人的发展！

上帝奥秘的智慧　第200天　经文：《哥林多前书》2：1～16

> 然而，在完全的人中，我们也讲智慧。但不是这世上的智慧，也不是这世上有权有位将要败亡之人的智慧。我们讲的，乃是从前所隐藏、神奥秘的智慧，就是神在万世以前预定使我们得荣耀的。
>
> （林前2：6～7）

有一种"街头智慧",指的是当一个孩子被家庭抛弃被迫混迹街头时,懂得如何应付各种恶劣、危险的环境——虽然沦落街头,但只要有"街头智慧",他照样可以茁壮成长。

大学哲学系学生所看重的智慧与此截然不同。为了拥有这种智慧,他需要考查苏格拉底的辩论,学习柏拉图的理论,熟悉经典哲学及其在现代世界里的应用。试想一下,如果将这两人的环境互换,在街头叱咤风云的小伙子在大学教室里将举步维艰,满腹经纶的高材生同样会在街头寸步难行。两人都有各自的智慧,但是各自的智慧并不适用于对方的世界。

在哥林多传福音时,保罗非常熟悉那些哲学家们口中的智慧,但他拒绝使用他们的哲学语言,决定不与他们辩论。因为他所要传讲的智慧是哥林多的希腊人前所未闻、见所未见的,就像"街头智慧"与哲学是风马牛不相及的两件事。当然,这并不是说保罗故意说蠢话。相反,他说:"然而,在完全的人中,我们也讲智慧。但不是这世上的智慧,也不是这世上有权有位将要败亡之人的智慧。"(林前2:6)这智慧与世人的智慧不同,"乃是从前所隐藏、神奥秘的智慧"(林前2:7)。

伟大的希腊哲学家们皓首穷经,想要找出人类终极问题的答案,到头来却只能抓住一些影子。他们曾试图解开"神奥秘的智慧",结果却白费心机,因为只有上帝才能解开它们。面对这些终极问题,哲学家们百思不得其解。他们怎么也想不到,上帝智慧的核心,竟然是那位为世人的罪孽钉死在十字架上的耶稣。对于哥林多人来说,这个信息过于惊世骇俗,令他们难以接受。这也难怪,因为他们向来迷信理性,轻视圣灵奇妙的工作——保罗说:"这些事唯有属灵的人才能看透。"(林前2:14)就是说,只有内心拥有圣灵的人,才能明白上帝的智慧。

"街头智慧"在名牌大学里是行不通的;对于那些在贫民区的街头讨生活的人来说,哲学也是无用之物。但是,上帝奥秘的智慧在哪里都会闪光、发亮。无论何时,无论何地,它都能够使人脱胎换骨。

顺着圣灵而行　第201天　经文:《加拉太书》5:16~25

我说:你们当顺着圣灵而行,就不放纵肉体的情欲了……凡属基督耶稣的人,是已经把肉体连肉体的邪情私欲同钉在十字架上了。

(加5:16,24)

人们总要面对新的生活。两个人结婚后，要走进一个全新的婚姻生活；等到退休了，又要面对全新的家庭生活；如果不幸丧偶，接下去的生活同样是从未经历过的。因此可以说，生活里充满了机遇、挑战和选择。

面对结婚、退休、丧偶等人生中的重大转折时，我们需要花很长的时间，做很多的努力，才能渐渐适应。可是，当一个人决定将全部生命献给基督时，他需要更长的时间，更多的努力，才能完成调整。在这个过程中，保罗告诫信徒们要"顺着圣灵而行"，以一种全新的状态面对生活（加5：16）。与从前的生活相比，这个全新生活的最大特点就是"不放纵肉体的情欲了"，而是按照圣灵的引导生活（加5：16），"靠圣灵行事"（加5：25）。一个决心归信的人，将必须面对两种选择——要么顺从情欲，收获各种败坏；要么顺从圣灵，结出各种"圣灵的果子"（加5：22）。

慕道友们最初归信基督的喜悦过后，当尝试开始一个全新的生活时，常常会经历一个意外的低谷。他们原以为，所有的一切都会焕然一新，变成一个完全属灵的存在，从此告别痛苦、挣扎、忧虑及失败。结果却发现现实往往并非如此。慢慢地，他们会明白，虽然他们现在活在基督里，但两种势力——情欲和圣灵——始终影响着他们。正如圣经上说："这两个是彼此相敌，使你们不能做所愿意做的。"（加5：17）

这个信息多少会令人有些沮丧。但是需要注意的是，在这种情况下，信徒亦非完全被动，他仍有选择的自由和能力，决定自己或是跟随情欲，或者顺从圣灵。其实，这是上帝特意摆在他面前的选择。更准确地说，这是一系列选择。

选择"顺着圣灵而行"意味着在生活中对基督的话说"是"，对罪恶说"不"——因为基督已经为我们的罪死了。事实上，基督徒是"已经把肉体连肉体的邪情私欲同钉在十字架上了"，所以我们必须始终对罪恶说"不"（加5：24）。同时，基督徒需要对圣灵亲切的带领说"是"，这样，他才算是过上了一个全新的生活——一个充满恩惠、意义、荣神益人的生活。

基督的信　第202天　经文：《哥林多后书》3：1～18

> 你们明显是基督的信，藉着我们修成的。不是用墨写的，乃是用永生神的灵写的。不是写在石版上，乃是写在心版上。
>
> （林后3：3）

美国总统离职前通常会建立一个总统藏书室，将从前来往的信件分类收藏，以便后人查阅。大文豪们的信件也深具收藏价值，在他们死后会待价而沽。而名人的粉丝们，大多对此类拍品趋之若鹜，愿意以重金求购一副真迹。

至于耶稣的信件，收藏家们大可不必费心揣摩其市场价值，因为耶稣没有留下那种白纸黑字、写在羊皮纸上的信。

可是，正如保罗对哥林多信徒所说的那样，耶稣的确有信件流传于世："你们明显是基督的信，藉着我们修成的。不是用墨写的，乃是用永生神的灵写的。不是写在石版上，乃是写在心版上"（林后3：3）。这句话说得非同寻常。保罗这么说的原因，在于保罗使徒的身份受到哥林多教会信徒们的质疑。有些人不相信他是使徒中的一位，要求他出示相关证明。他回答说，这些生命被改变的哥林多信徒就是他的证明——这些哥林多信徒本身，就是上帝通过保罗在哥林多人心里做工的明证。保罗不需要任何推荐信，因为整个会众都是基督亲笔写成的信！

为了强化自己的立场，保罗提醒众人，上帝将信写在石版上的时候，"不是凭着字句，乃是凭着精意……那用字刻在石头上属死的职事尚且有荣光"（林后3：6~7）。保罗所说的信，指的正是上帝给摩西的律法。后来，这律法定了众人的罪，因为他们一再违反，但是现在，通过基督，上帝建立了一个"新约"。从前"定罪的职事"为众人带来审判和死亡，而这"新约"是"那称义的职事"（林后3：9）；那些在上帝面前称义的人，就是基督写给众人的信。

但是，众人能从这些"活信"里读出什么呢？首先是盼望，因为保罗指出："我们既有这样的盼望，就大胆讲说。"（林后3：12）在众人眼中，基督徒们的盼望不是盲目的妄信，而是欢喜的盼望，因为上帝已经应许，他将接受所有愿意通过他儿子来到他面前的人。其次，众人将看到上帝子民所享受的自由，因为正如圣经所说——"主的灵在哪里，哪里就得以自由"（林后3：17）。这不是随心所欲的自由，而是按上帝旨意生活的自由。最重要的是，当众人"读到"这些"基督的信"时，他们会因此认识基督，了解他的品性，"得以看见主的荣光，好像从镜子里返照，就变成主的形状，荣上加荣，如同从主的灵变成的"（林后3：18）。

这些"信"不是收藏品，不应该被束之高阁；相反，他们是公开读物，是用来教化万民的。要记住：所有的基督徒都是基督亲笔写成、亲手封印、亲自用爱邮寄而出的信。

如火挑旺起来　第203天　经文：《提摩太后书》1：1~14

> 为此我提醒你，使你将神藉我按手所给你的恩赐，再如火挑旺起来。因为神赐给我们不是胆怯的心，乃是刚强、仁爱、谨守的心。你不要以给我们的主作见证为耻，也不要以我这为主被囚的为耻。总要按神的能力，与我为福音同受苦难。（提后1：6~8）

基督徒们总是喜欢高抬信仰的英雄们，尤其是圣经里的英雄们，甚至神化他们。在我们的想象里，圣经英雄们出神入化，似乎不食人间烟火。但据圣经记载，他们与我们每个人一样，经受过各种沮丧、失望、心灰意冷和自暴自弃。考查圣经人物的目的，原本不是要我们膜拜，而是要我们学习他们如何克服自身缺陷，努力活出基督的样式。

比如使徒保罗的得意弟子提摩太。在《提摩太后书》的开头，保罗对这个年轻人大加赞赏；但笔锋一转，他无比慈爱地指出提摩太生活中可能存在的不足。在信中，他告诫提摩太说："为此我提醒你，使你将神藉我按手所给你的恩赐，再如火挑旺起来。"（提后1：6）显然，虽然提摩太蒙受呼召，乐意为主做工，但灵命的状态并不像一团活泼的火焰，而是像忽明忽暗的烛光。接下来，保罗补充说："因为神赐给我们不是胆怯的心，乃是刚强、仁爱、谨守的心"（提后1：7）。显然，提摩太在生活中面临着重重险境，保罗认为这些危险会愈演愈烈（果不其然！）。所以，不难想象，同大多数平常人一样，想到要在这样的险境中活出基督的样式，提摩太的内心就充满了恐惧、不安。也许，提摩太身上最大的缺陷，就是不敢公开见证基督。所以保罗提醒他："你不要以给我们的主作见证为耻"（提后1：8）。

不要以为保罗只是在给提摩太打气，其实他是想提醒提摩太：只有遵守这个基本的属灵规则，提摩太才能在自身的软弱上活出基督的样式——他不仅拥有上帝赐予的属灵恩赐，还拥有"在基督耶稣里的信心和爱心"，更有"那住在我们里面的圣灵"（提后1：13~14）。

提摩太成为圣经里的英雄，并不是因为他勇敢无畏，舍生忘死，而是因为在像常人一样经历磨难时，他用圣灵所赐予的能力，牢牢地守住了当守的道，获得了最终的胜利。这一点，我们每个人都可以效法。

前苏联宇航员和美国宇航员　第204天　经文:《诗篇》33: 1~22

> 愿全地都敬畏耶和华,愿世上的居民都惧怕他。因为他说有,就
> 有;命立,就立。　　　　　　　　　　　　　　　　　(诗33:8~9)

20世纪50年代末,美国与前苏联依靠各自的科技实力,开始了"太空竞赛"。当时,前苏联和美国将彼此当作敌对、竞赛的对象,为了主导人类的"思想"和"主义",剑拔弩张。所以,当前苏联宇航员从太空舱返回后,他们信誓旦旦地宣布,没有发现任何上帝存在的迹象,因此这个世界根本就没有上帝。但是,当一群美国宇航员进行绕地飞行的时候,他们通过广播,向成千上万的人朗诵了赞美造物主奇妙作为的《诗篇》,宣布上帝的确确存在,而且奇妙可畏。显然,关于上帝的存在与否,这两份截然不同的报告,彼此都不能说服对方。也就是说,通过察看宇宙万物,有些人会意识到创造主的存在,而在有些人眼中却只有被造物。

显然,《诗篇》33篇的作者与那些美国宇航员是一个阵营的,站在前苏联宇航员的对立面。因为他说:"愿全地都敬畏耶和华,愿世上的居民都惧怕他。因为他说有,就有;命立,就立。"(诗33:8~9)。

不仅如此,诗人也绝不相信这位创造主在完成6天创世的工作后,就退隐幕后,丢下被造物不管。他说:"耶和华从天上观看,他看见一切的世人;从他的居所往外察看地上一切的居民。他是那造成他们众人心的,留意他们一切作为的。"(诗33:13~15)显然,在作者心中,耶和华上帝是一位又真又活的神;虽然人类的行为常常乖谬无章,但耶和华上帝知道他们的"一切作为"。所以,至少世人应该承认,上帝洞察人的一言一行。因此,当人们认识到这一点时,就会因为上帝的亲近与理解而备感欣慰,并充满盼望。

关于上帝的旨意,《诗篇》作者已经在诗中留下了线索:"耶和华的眼目看顾敬畏他的人和仰望他慈爱的人。"(诗33:18)对于那些"仰望他慈爱的人",耶和华的慈爱永远长存,他的看顾永不止息。

在浩瀚的太空中,前苏联宇航员什么都没有看到,美国宇航员却通过观察,看到了冥冥中的创造主。在这两者之间,你希望谁来带你遨游太空呢?

争权夺利　第205天　经文:《民数记》16: 1~15

> 利未的曾孙、哥辖的孙子、以斯哈的儿子可拉,和流便子孙
> 中以利押的儿子大坍、亚比兰,与比勒的儿子安,并以色列会中的

上帝和权柄　第207天　经文:《民数记》17: 1~13

> 你要把这些杖存在会幕内法柜前，就是我与你们相会之处。后来
> 我所拣选的那人，他的杖必发芽，这样我必使以色列人向你们所发的
> 怨言止息，不再达到我耳中。
> （民17: 4~5）

很多人都喜欢批评政府，但是有一件事要比政府更坏，那就是"没有政府"。有些国家时常陷入无政府的混乱中，如苏丹、卢旺达、布隆迪和印度尼西亚等。这些国家真正是无法无天，每天都在上演着恐怖、暴力、屠杀和破坏。纵使执政者有百般的不是，但如果没有他们掌控大局，就不会有和平、安宁的生活。

在以色列历史上也曾有过这样"无法无天"的年代。"那时以色列中没有王，各人任意而行"（士21: 25），那些天生痛恨约束的人如鱼得水，肆意妄为，乐可不支。这种状态在以色列历史上绝非第一次，也非最后一次，因为以色列人向来崇尚"自由"，喜欢随心所欲，厌恶任何形式的权威。上帝将他们从埃及为奴之地带领出来的时候，他们本应庆幸拥有属灵的领袖和指引，谁知，他们却对上帝通过摩西和亚伦的引导，同时表现出了抵触。

上帝显然不能容忍这样的大不敬，告诉摩西要"使他们向我发的怨言止息，免得他们死亡"（民17: 10）。因为在上帝看来，对摩西和亚伦发怨言，其实就是对他发怨言。摩西和亚伦成为以色列人的领袖，不是他们毛遂自荐，也不是民主选举的结果，而是被上帝指派的。所以，质疑他们，就是质疑上帝；反对他们，就是反对以色列的圣者。

以色列人不喜欢上帝通过摩西和亚伦君临其上，所以上帝决定要想一个办法，一劳永逸地解决这个问题。他吩咐摩西去以色列人中间，"从他们手下取杖，每支派一根"（民17: 2），这每根杖代表一个支派的首领。然后，按照耶和华的指示，摩西把这些杖存在帐幕里。第二天回到帐幕的时候，摩西惊讶地发现，"利未族亚伦的杖已经发了芽，生了花苞，开了花，结了熟杏"（民17: 8）。在以色列众多首领当中，上帝最终拣选了先知亚伦做自己的使者。这并不是因为亚伦的杖特殊，而是因为亚伦特殊。亚伦之所以特殊，是因为上帝拣选了他。那根发芽开花的杖，不过是上帝去除人们心中疑虑的工具。

时至今日，我们身边还是不乏那些讨厌权威、渴望"无拘无束"的人。他们自以为，只要没有权威和约束，生活就会自由自在，幸福充实。的确，权威被滥用时，权威下面的人会苦不堪言；但权威行使得当，就会使所有人受益。

也许会有人对此不以为然，但这是上帝的旨意。人们往往以为，只要做自己眼中看为正确的事情，就会万事大吉。不幸的是，这种人早晚会发现，自己的生活将支离破碎。

米利巴的神迹　第208天　经文：《民数记》20：1~13

> 摩西、亚伦就招聚会众到磐石前。摩西说："你们这些背叛的人听我说：我为你们使水从这磐石中流出来吗？"……耶和华对摩西、亚伦说："因为你们不信我，不在以色列人眼前尊我为圣，所以你们必不得领这会众进我所赐给他们的地去。" 　（民20：10，12）

在米利巴发生了一个不折不扣的神迹。此前，无数的以色列人在寸草不生的旷野里艰难跋涉，已经近乎崩溃，水也将近耗尽。于是，他们开始口吐怨言，认为这都是摩西和亚伦的错，将所有的唾沫都吐到了他们的脸上。他们指着四周说："这地方不好撒种，也没有无花果树、葡萄树、石榴树，又没有水喝。"（民20：5）显然，他们的确陷入了山穷水尽、弹尽粮绝的困境。摩西和亚伦对此并不否认，而是立刻来到会幕门口，俯伏在地，向耶和华祷告。这也是他们唯一能做的事。

耶和华指示他们去召集会众，"在他们眼前吩咐磐石发出水来，水就从磐石流出，给会众和他们的牲畜喝"（民20：8）。当摩西照做后，磐石就真的发出水，会众和牲畜如愿喝了个够。至此，故事似乎有了一个圆满的结局。然而，事实并非如此。

神迹应验后，发生了一件意想不到的事情：40年来，摩西和亚伦辛辛苦苦地带领众人行走旷野，此时竟然被告知，他们俩将不得进入应许之地。对于出现这样的变故，耶和华对摩西和亚伦解释说，是"因为你们不信我，不在以色列人眼前尊我为圣"（民20：12）。原来，因为两人信心不足，使上帝给以色列百姓的教训大打折扣。但是，两人在哪里表现得信心不足呢？从摩西不耐烦的话里，我们可以看出一些端倪："你们这些背叛的人听我说，我为你们使水从这磐石中流出来吗？"（民20：10）现在的传道人是绝对不会用这种语气对会众说话的，但是问题并不在于摩西的语气，而是在于他话里"使水从这磐石中流出来"的并非"上帝"，而是"我"。

上帝没有姑息摩西的错误。上帝之所以允许百姓受饥渴的试探，是为了彰显他的"圣洁"与"至高"，而摩西用轻轻一句话，就使上帝的苦心付之东流。

磐石中涌出泉水——这是一个多么美好的神迹啊！可惜，被摩西的一句话给毁了。但愿世人能够以摩西的鲁莽、冲动为戒，不要犯他的错误，辜负上帝的恩典。

反目成仇　第209天　经文：《民数记》20：14~29

> 以东王说："你不可从我的地经过，免得我带刀出去攻击你。"……这样，以东王不肯容以色列人从他的境界过去。于是他们转去离开他。　　　　　　　　　　　（民20：18，21）

我们的朋友通常是我们自己选的，可我们的亲人却完全由不得我们做主。有时，我们最好的朋友就是身边的亲人；但有时，骨肉至亲间反目成仇、拼得你死我活的事也屡见不鲜。亲人间的这种恩怨，通常很难说清是什么时候、因为什么开始的，却会世代相传，使得彼此间冤冤相报，有时甚至兵戎相见。

以色列人和以东人之间就是这样一对冤家对头。他们曾是"弟兄"（民20：14），分别是亲兄弟雅各和以扫的后代。但是因为当初以扫对弟弟的所作所为耿耿于怀，导致后来的以东人对雅各后裔一直看不顺眼。如果以东人和以色列人天各一方，老死不相往来，彼此倒也相安无事。但是，当以色列人逃离埃及，赶赴应许之地时，以东人的地盘正是他们的必经之地。于是，摩西"从加低斯差遣使者去见以东王"（民20：14），恳切地请求以东王借道通过。言辞中，摩西恰如其分地强调了彼此的血缘关系，描述了以色列人从前的疾苦和上帝的引导与祝福，同时保证绝不践踏当地的庄稼，或毁坏饮水设施。然而，以东王不仅一口拒绝，更威胁说，如果摩西和以色列百姓胆敢犯境，就要派兵攻打。"小心驶得万年船"，面对战争威胁，以色列人选择了避让，不得不在崇山峻岭间绕道前行。

面对一大群带着牛羊牲畜要求大举过境的以色列人，以东王自然不敢掉以轻心，需要表现得决绝一些，但最重要的仍然是以东人对以色列人根深蒂固的敌意，否则，即使不能允许以色列人入境，念在彼此血脉相通的份上，以东王原本多少可以施以援手，使以色列人少受些苦。

可见，以东人念念不忘当初先祖以扫被弟弟雅各欺骗的旧仇，不相信"一笑泯恩仇"这回事。正所谓："冤冤相报何时了，得饶人处且饶人。"如果冤家对头中的一方能够摈弃前嫌，主动示好的话，恩怨原本可以很快了结的。

兄弟妯娌之间，当然并不总是荣辱与共或生死相托，但是彼此总应该尽力和睦，免得有一天成为冤家对头，上演骨肉相残的悲剧。

杆上的蛇　第210天　经文：《民数记》21：1~20

> 耶和华对摩西说："你制造一条火蛇，挂在杆子上，凡被咬的，一望这蛇，就必得活。"摩西便制造一条铜蛇，挂在杆子上，凡被蛇咬的，一望这铜蛇，就活了。　　　　　　（民21：8~9）

在现代人看来，蛇似乎很难与"医治"沾上边，但"杆上盘蛇"却是现代医疗最主要的标志。在希腊神话中，有一个关于医神埃斯科垃比俄斯的故事，里面讲的就是他用蛇为人医病。世人为他塑像时，通常将他雕刻成手中持杖、上面盘踞着一条蛇的样子。在古代的中东地区，巨蛇崇拜曾经风靡一时，影响深远。可见，在上古崇拜、神话以及圣经关于摩西的故事里，都有蛇的影子。虽然我们不知道这三者间到底有什么联系，但有一点很清楚——主耶稣很看重这个故事，所以我们也应该重视。

当以色列人要绕过以东地时，因为道路难行而心里烦躁，于是故伎重演，开始抱怨摩西。上一次正是因为他们的抱怨，摩西才在上帝面前失误，被罚不得进入应许之地，显然他们根本不在乎。这次，以色列百姓的抱怨有所升级，连上帝每天赐下的吗哪，他们都觉得淡薄无味。于是，耶和华使火蛇进入他们中间，咬死了许多人。

这时人们才意识到，他们的恶行成了自己的网罗，于是心里后悔，哀求摩西为他们祷告。摩西不计前嫌，为他们向上帝求情时，耶和华吩咐摩西："你制造一条火蛇，挂在杆子上，凡被咬的，一望这蛇，就必得活。"（民21：8）于是，奇异的事情发生了，"凡被蛇咬的，一望这铜蛇，就活了"（民21：9）。当人们顺服上帝的旨意，相信他的应许，抬头看蛇的时候，一个个都被治好了。

所以，要是没有摩西杆上的蛇，就不会有今天的以色列人。因此，希西家做王的时候，铜蛇已经变成了以色列人崇拜的偶像（参见王下18：4）。纵观古今，不难发现，人们总是喜欢崇拜敬拜中使用的某个具体器具，而不去拜那真正配得敬拜的上帝。他们不信靠那永远坐在宝座上为王的上帝，却喜欢向一个木杆上的铜蛇烧香磕头。

几百年后的一天夜里，耶稣对尼哥底母说："摩西在旷野怎样举蛇，人子也必照样被举起来，叫一切信他的都得永生。"（约3：14~15）耶稣所说的是古老的祝福之道。当人们信靠、顺服上帝的时候，上帝就会治疗他们的身体与灵魂，将他们放入他永远的计划里。至于手段，现代医学当然是要伏在圣经真理之下。

进入上帝的圣所　第211天　经文：《诗篇》73篇

> 等我进了神的圣所，思想他们的结局。你实在把他们安在滑地，使他们掉在沉沦之中……人睡醒了，怎样看梦，主啊，你醒了，也必照样轻看他们的影像。　　　　（诗73：17～18，20）

有谁还记得那个著名的乌干达屠夫阿敏将军吗？我最后一次在电视上看到他时，他正坐在沙特阿拉伯的一个游泳池旁，悠闲地看着卫星电视。或者，有谁还记得那个被罢免的海地独裁者杜瓦列尔吗？他后来在法国南部的一幢别墅定居下来。这些人恶贯满盈，最后却得以逍遥法外！

这种事情自古就有，正如《诗篇》作者亚萨所说："我见恶人和狂傲人享平安。"（诗73：3）这些恶人无病无灾，身强力壮，甚至日进斗金。正如亚萨所说："他们所得的，过于心里所想的。"（诗73：7）但是同时，"他们的口亵渎上天，他们的舌毁谤全地"（诗73：9）。与这些恶人不同，诗人亚萨一心想在耶和华面前过正直的生活，然而他却说："我终日遭灾难，每早晨受惩治。"（诗73：14）将自己与恶人的境遇进行比较后，他不得不承认："我见恶人和狂傲人享平安，就心怀不平。"（诗73：3）他怎么也想不通，为什么那些恶人无灾无难，而那些义人却多灾多难呢？亚萨百思不解，以至开始嫉妒恶人，感叹说："我实在徒然洁净了我的心，徒然洗手表明无辜。"（诗73：13）与身边那些"喝尽了满杯的苦水"的上帝子民一样，他不禁问道："神怎能晓得？至高者岂有知识呢？"（诗73：10～11）

可是，亚萨接着写道："等我进了神的圣所，思想他们的结局。"（诗73：17）当亚萨离开了唯物至上的世俗环境，进入到敬拜上帝的地方，他的所思所想就发生了本质上的变化，他的注意力开始集中在"结局"和"浮生如梦"（诗73：17，20）这些属灵问题上。此前，在他眼里只有物质享受和世俗荣华，并以此为标准，衡量一个人幸福与否，结果导致他心灰意冷。但是当他意识到荣华富贵并不等于人生幸福时，从前眼中羡慕的对象顿时失去了所有的光彩，于是他感叹说："人睡醒了，怎样看梦，主啊，你醒了，也必照样轻看他们的影像。"（诗73：20）

　　但是，亚萨仍然不确定，自己是否应该追求过义人的生活。他自省己身，说："我的肉体和我的心肠也许会衰残。"（诗73：26，NLT版）其实，他应该说"必会衰残"。于是，他开始思考"天国"，然后发出了胜利的感叹："除你以外，在天上我有谁呢？除你以外，在地上我也没有所爱慕的。"（诗73：25）

　　想到"天国"，虽然使亚萨感到伤感，却也令他变得更加睿智、坚强、平静、坦然和自信。他不再嫉妒那些恶人的生活，反而觉得他们十分可怜。这才是基督徒应有的态度。只有当你进入上帝的圣所，才会心领神会！

老而无畏的先知　第212天　经文：《路加福音》2：25～40

> 因为我的眼睛已经看见你的救恩，就是你在万民面前所预备的，
> 是照亮外邦人的光，又是你民以色列的荣耀。　　（路2：30～32）

　　飞行员们聚在一起的时候常常会说："这个世界上有老飞行员，也有无畏的飞行员，但永远没有老而无畏的飞行员。"因为那些喜欢在飞行中逞强好胜的飞行员，无一例外地都早早入土为安了。

　　然而在圣经里却不乏一些"老而无畏"的先知，新约圣经里的西面就是其中一个最好的例子。他在耶路撒冷住了很久，以"公义"和"虔诚"著称，并且"素常盼望以色列的安慰者来到，又有圣灵在他身上"（路2：25）。虽然他年纪老迈，却不像其他老人那样，整天只会追忆当年的"丰功伟绩"，而是"素常盼望"弥赛亚的到来，以及上帝的荣耀降临人间。这并不是说，西面每天生活在幻觉里，倒计时着这一切的发生，而是说，他非常确信"自己未死以前，必看见主所立的基督"（路2：26）。所以，当见到婴儿耶稣时，西面冷静地祷告说："主啊，如今可以照你的话，释放仆人安然去世。"（路2：29）在这里，我们看到的是一位深蒙主恩的老人。

　　但是同时，这位老人又非常勇敢。当他把婴儿耶稣抱在怀里时，受圣灵的感动，开始在马利亚和约瑟面前向耶和华祷告说："（他）是照亮外邦人的光，又是你民以色列的荣耀。"（路2：32）这的确是一个勇敢的祷告。这位勇敢的老人借着祷告，宣布这个孩子就是弥赛亚，将成为以色列的荣耀，成为照亮世界的光；他将不仅拯救以色列人，更会拯救外邦人。可以想象得出，约瑟和马利亚一定被这个祷告惊得目瞪口呆。

　　然而，西面接着又说："（他）要叫以色列中许多人跌倒，许多人兴

起。"（路2：34）借着这句话，西面大胆地暗示：弥赛亚不仅不会是一位犹太精英，而且犹太的领袖们将拒绝他；同时，弥赛亚将使他们跌倒。接着，西面又凭着爱心说诚实的话，向马利亚坦言，在那成就上帝荣耀的日子，"你自己的心也要被刀刺透"（路2：35）。

和西面一样，圣经里有许多老而无畏的先知，凭爱心和丰富的见识，见证了上帝的真道。他们是全人类的宝藏。

少年耶稣　第213天　经文：《路加福音》2：41～52

> 他父母看见就很希奇。他母亲对他说："我儿，为什么向我们这样行呢？看哪，你父亲和我伤心来找你。"耶稣说："为什么找我呢？岂不知我应当以我父的事为念吗？（或作"岂不知我应当在我父的家里吗"）"他所说的这话，他们不明白。　　（路2：48～50）

深受世人尊敬的基督教心理学家、家庭辅导畅销书的作者詹姆士·杜布森曾说过："从前我建立了4个家庭理论，却没有孩子；如今有了4个孩子，却什么理论都没用上。"许多家长从杜布森博士的教导中受益，改进了教育孩子的方式。但是青少年教育绝非拼图那么简单，它是塑造一个人的品性，帮助一个人建立立身之本的大工程。而且，工程的对象——每个青少年，都是不一样的。

关于耶稣的少年时代，我们所知不多，但是圣经里有一处记载非常值得家长借鉴。事情发生在耶稣12岁那年。为了过逾越节，他与家人一起从加利利赶到耶路撒冷。节期快满的时候，一大群加利利人打道回府，走过犹太的荒野，下到耶利哥，然后再上到约旦河谷。在赶路的整整一天里，耶稣的父母一直以为耶稣跟在队伍里，与伙伴或亲友在一起。直到晚上，他们才发现耶稣并不在队伍里，哪里也找不到。于是，他们不得不原路返回到耶路撒冷（一天的路程），在城里找了整整3天，最终找到了他。只见他气定神闲地坐在教师们中间，讨论着各种神学问题。当父母责备他不该掉队时，少年耶稣冷静地回答说："岂不知我应当以我父的事为念吗？（或作"岂不知我应当在我父的家里吗"）"（路2：49）

同现今所有青少年的父母一样，这对父母根本听不懂自己的儿子在说什么（参见路2：50）。这是因为父母不了解他们的儿子，儿子也不清楚父母心里在担心什么。教育青少年子女时，许多问题的根源就在于此。

当他们一起回拿撒勒后，耶稣"顺从他们"，而马利亚"把这一切的事都存在心里"（路2：51）。（当然，我们不清楚约瑟怎么想。）面对心急如焚的父母，少年耶稣选择了顺服；同时，父母开始认真审视儿子的成长。

这个少年成长稳健，身心灵合一。圣经说他的"智慧和身量，并神和人喜爱他的心，都一齐增长"（路2：52）。换句话说，他的身、心、灵及社会性共同成长。这种成长方式，正是每个父母所期待的。

毫无疑问，每个父母都希望看到自己的子女像耶稣一样全面成长。但是因为每个孩子都不同，所以达到这个目标的方式也不一样。不管使用哪种方式，子女都应该回应父母的教导，父母也都应该谨慎选择教育方式。有问题的父母永远都不可能培养出"没问题"的子女，成熟的父母会着意培养子女优良的品格。

名不符实　第214天　经文：《路加福音》3：1～20

> 你们要结出果子来，与悔改的心相称，不要自己心里说："有亚伯拉罕为我们的祖宗。"我告诉你们：神能从这些石头中给亚伯拉罕兴起子孙来。现在斧子已经放在树根上，凡不结好果子的树就砍下来，丢在火里。
> （路3：8～9）

一个小男孩正在地板上玩耍，旁边的收音机里正在播放敬拜活动。一会儿，收音机里传来传道人带领会众共诵《使徒信经》的声音："我信上帝、全能的父……"小男孩头也没抬，手里继续摆弄着玩具，随声应道："我也信。"然后继续玩耍，仿佛什么事都没有发生过。显然，这个小男子非常熟悉宗教活动，听过不少关于上帝的事情，所以这句信仰告白可以脱口而出。虽然他的告白是真实的，但显然也是空洞的，只是条件反射，而不是深思熟虑的结果。

就一个小孩子而言，这种表面信仰可以理解。然而问题是，许多成人的信仰状态竟然与这个小孩子相差无几。许多人声称自己是上帝的子民，可是嘴上说的和实际生活中的表现完全是两回事。他们和那个小男孩一样，嘴上告白信仰的时候，眼光从未离开过手中的"玩具"，哪怕只有一秒。如果他们真的信上帝，话出口之前，至少应该先经过大脑，或停下来想一想。

施洗约翰所痛恨的就是这样的信徒。他曾猛烈抨击当时的宗教"名义主义"。因为当时以色列人不仅相信上帝，更相信自己是上帝特别钟爱的人，整天把"我们是亚伯拉罕的后裔，没什么好担心的"这句话挂在嘴边。从某种意义上讲，这个说法并没有错，因为当初上帝的确曾与亚伯拉罕立约，而且他们也的确是亚伯拉罕的后裔。可是，施洗约翰却对他们说："神能从这些石头中，给亚伯拉罕兴起子孙来。"（路3：8）如果以色列人自以为与上帝关系特殊，但在实际生活中丝毫不顺从上帝的旨意，不信靠上帝的话，最后一样要面临上帝的审判。施洗约翰警告他们说："凡不结好果子的树，就砍下来丢在火里。"（路3：9）

这句话令以色列人非常震惊。当他们问约翰应该怎么做时（参见路3：10），约翰告诉他们，要用实际行动来证明自己已经悔改，并求上帝赦免自己的罪（参见路3：3）；他们必须要通过改变待人之道，来证明自己真的变了（参见路3：11～14）。

只有当人们真心悔改、真正改变的时候，才会真正得到上帝的饶恕。他们不应该对罪麻木不仁，也不应该轻视宝贵的饶恕。相反，他们要恨恶从前喜爱犯的罪，爱那些从前瞧不起的人们。悭吝富人将变得慷慨大度，贪污的人将变得诚实；强暴的人将变得温柔，抱怨的人将变得知足常乐；无情的人将被爱心充满。这一切，都是因为他们真的信上帝。施洗约翰的讲道可以用这样一句话来概括："那些有名无实的基督徒们要当心了！"

抵挡诱惑　　第215天　经文：《路加福音》4：1～13

> 耶稣被圣灵充满，从约旦河回来，圣灵将他引到旷野，四十天受魔鬼的试探。那些日子没有吃什么，日子满了，他就饿了。
>
> （路4：1～2）

喜剧演员富利坡·威尔森曾扮演过一个名叫"杰拉尔丁"的太太，整天说自己没做过错事，因为"所有错事都是魔鬼叫我做的"。才华横溢的爱尔兰作家王尔德在戏剧经典之作《温德米尔夫人的扇子》里，用一句更精彩的台词表达了同样的意思："我无能为力。我什么都可以忍，就是忍受不了诱惑。"在王尔德和威尔森之间很难找到共同之处，但是他们在这一点上达成了共识：面对诱惑，人们往往毫无防备，无力抵抗。

对于这两人的观点，圣经没有苟同。诱惑是真实存在的，但绝非无法避免或无法战胜。生活中总是少不了诱惑，上帝允许它存在，是要给众人一个选择的机会：坚持真理，还是偏行己路。当人们克服诱惑时，众天使会齐声歌唱；当人们被诱惑所胜时，魔鬼会尖声叫好，整个世界会黯然失色。

在圣经里，耶稣做出了一个战胜诱惑的表率。整整40个昼夜，耶稣在旷野里经历了饥饿、疲倦和孤独后，魔鬼建议他把石头变成面包。这个诱惑很明显，就是要他不去信靠上帝，而倚靠自己的力量。耶稣回答说："人活着不是单靠食物"（路4：4），表明他不会因为面包离开上帝。这一局，耶稣得1分，魔鬼撒旦没有得分。

接下来，撒旦承诺给耶稣万国的权柄和荣华，只要耶稣肯在撒旦面前下拜。耶稣回答说："当拜主你的神，单要侍奉他。"（路4：8）拒绝与撒旦交易，更加坚定了对真理的信念，表明自己对世俗权柄、荣华的鄙视。第二局，耶稣再得1分，魔鬼撒旦仍然没有得分。

最后，撒旦建议耶稣，用一个鲁莽的行为——从"殿顶上"跳下去（路4：9），来证明自己的信心。这个建议引自《诗篇》91篇里的一句话，貌似属灵。耶稣回答说："不可试探主你的神。"（路4：12）第三局，耶稣的得分变成3分，魔鬼撒旦仍然没有得到任何分数。于是，撒旦暂时退去了。

可能有人会说，我们毕竟不是耶稣，所以根本不是魔鬼撒旦的对手。其实，我们这么说是因为我们从未像耶稣那样直面撒旦的挑战。但最重要的是，我们有圣灵的引导和上帝的话语。耶稣能够战胜诱惑，也是因为依靠"圣灵的能力"（路4：14），并且能够灵巧地使用圣经。所以，靠着上帝的恩典，我们每个人都可以战胜诱惑。

忠诚和善变　第216天　经文：《路加福音》4：14～30

> 他在各会堂里教训人，众人都称赞他……会堂里的人听见这话，都怒气满胸，就起来撵他出城。他们的城造在山上。他们带他到山崖，要把他推下去。　　　　　　　　　　　（路4：15，28～29）

一位球员在一场比赛中屡屡得分，最终使球队赢得比赛。然而在第二场比赛中，他却犯了一个致命的错误，使球队最终输掉了比赛。于是仅仅两场比赛之后，他在队友口中就从英雄变成了害群之马。其实问题并不出在他的身上，因为前后两场比赛，无论输赢，他都全力以赴了。夺分并不意味着他是超人，一时失手也不意味着他一无是处。要说有问题，那就是队友们有问题：刚才他们还在大唱颂歌，一转眼就破口大骂了。当他们看好他时，紧跟前后；可是一旦他出现一点儿失误，他们就翻脸无情。

主耶稣对人们的善变深有体会。当他在旷野里胜过撒旦的试探、返回加利利时，他名声大振，受到所有人的追捧。"他在各会堂里教训人，众人都称赞他。"（路4：15）当耶稣访问幼年时的故乡——拿撒勒时，人们要求他在会堂里读经。结果他语惊四座，告诉众人，以赛亚的话是指着自己说的。读完《以赛亚书》61章1-2节，他说："今天这经应验在你们耳中了。"（路4：21）那些聚集在会堂里的人们对他的话报以称赞，"希奇他口中所出的恩言"（路4：22）。他们原本多疑少信，知道耶稣的背景，不会轻易接受这句话，但是即便如此，"众人都称赞他"（路4：22）。

可是接下来，耶稣说了一些他们不喜欢听的话。耶稣声称，当年以利亚和以利沙都没有在以色列做工、行神迹，所以他也不会在家乡行神迹，因为"没有先知在自己家乡被人悦纳的"（路4：24）。这句话的意思很清楚：就像当初以色列人没有准备好接受以利亚和以利沙一样，耶稣在拿撒勒的乡亲们也不愿意接受他所传的道。一听到这儿，众人"都怒气满胸，就起来撵他出城。他们的城造在山上。他们带他到山崖，要把他推下去"（路4：28～29）。看看，多么迅速的善变。

我相信，今天不会有人因为不喜欢你的话就把你从山崖上推下去，但是，如果你将真道告诉给一个朋友，他很可能转头就走，从此与你一刀两断！不要忘记，无论是粉丝还是朋友，都可能善变。

权柄和能力　第217天　经文：《路加福音》4：31～41

> 耶稣责备他说："不要作声！从这人身上出来吧。"鬼把那人撑倒在众人中间，就出来了，却也没有害他。众人都惊讶，彼此对问说："这是什么道理呢？因为他用权柄能力吩咐污鬼，污鬼就出来。"
>
> （路4：35～36）

你知道一个无能的老师和一个校园恶霸之间有什么区别吗？区别在于，前者有权柄而无能力，后者无权柄而有能力。如今这个社会"尊师重道"，所以老师通常会在工作中受到尊敬和礼遇，然而这种礼遇并不能保证他一定有能力驾驭班里调皮捣蛋的学生。一旦遭到学生挑衅，或缺乏领导的支持，他就无力捍卫自己的权威；虽然他手持教鞭，却软弱无能。

另一方面，校园恶霸非常清楚如何震慑身边的人，懂得如何操纵别人以满足自己的愿望。当然，他无权这么做。虽然没有权柄，他却懂得如何以能力补足。在我们的世界里，确实存在许多"无能"的老师和"有能"的恶霸。

耶稣来到迦百农时，他在安息日教导众人。众人惊奇地发现，"他的话里有权柄"（路4：32）。众人看到他治好一个"被污鬼的精气附着"的人（路4：33）时，更加坚信他是有权柄的人。耶稣命令这个作恶的污鬼："不要作声！从这人身上出来吧。"（路4：35）这个污鬼就乖乖地照做了。于是，人们彼此窃窃私语说："这人的话里充满权柄和能力！"（路4：36，NLT版）耶稣既不是一个无能的老师，也不是一个"有能"的恶霸，他拥有所有属天的权柄，并且因为圣灵与他同在，充满能力。

今天的基督徒们需要清楚自己的权柄和能力。从奉主耶稣的名完成决志祷告的那一刻起，赐福的圣灵就与我们同在，我们就同时拥有了权柄和能力。当我们遵行基督的旨意，奉他的名做工时，我们就会被赋予权柄。当我们传讲基督的话语时，每一个字都带着权柄；当我们努力完成基督所交付的任务时，基督就会亲自加给我们能力。我们必须相信，自己手中大有权柄，并且要好好使用它！但是，要想证明自己从基督那里得到了权柄，我们就必须用行动证明自己拥有圣灵所赋予的能力。当圣灵住在我们里面时，我们就会充满能力。所以，今天的基督徒们应该在生活中充分展示我们的权柄和能力。我们不应该是战战兢兢的老师，也不应该是横行霸道的恶棍。然而，正如耶稣的追随者们所说："这人的话里充满权柄和能力！"当我们奉主的名做工时，就有来自基督的能力和权柄伴随。

围绕百姓的上帝　第218天　经文：《诗篇》125篇

> 众山怎样围绕耶路撒冷，耶和华也照样围绕他的百姓，从今时直到永远。
> （诗125：2）

参加过军训的人都知道，行军时唱歌会有助于提高士气。新兵营的教官们非常清楚这一点，所以常常命令手下的新兵大声唱歌；至于歌词，通常都稀奇古怪的。

当朝圣者穿过犹太崎岖的山道，一路奔向耶路撒冷时，也会大声唱歌来振奋精神。但是与粗糙的军歌不同，他们所唱的歌高贵、典雅，气象不凡；歌曲大多与他们朝圣的旅程有关。朝圣者们的目的地是圣城耶路撒冷，耶和华的殿，他们要在那里敬拜上帝。有些诗歌被称为"上行之诗"，因为那些诗歌是他们在翻山越岭、奔向耶路撒冷的时候唱的，同时歌颂那些圣洁的节日。《诗篇》125篇就是一首"上行之诗"。

在赶往耶路撒冷的路上，朝圣者们发现这座圣城被众山环绕。从军事角度来看，耶路撒冷易守难攻，所以，朝圣者们在歌中唱道："倚靠耶和华的人，好像锡安山，永不动摇。"（诗125：1）朝圣的路上向来兵荒马乱，所以赶往耶路撒冷的朝圣者们无不期待一路平安。在当时人的眼中，锡安山固若金汤，但是人们渴望住在耶和华的殿里，并不只是为了平安。他们唱道："众山怎样围绕耶路撒冷，耶和华也照样围绕他的百姓，从今时直到永远。"（诗125：2）他们借着快乐的歌声表达出得胜的喜悦，是因为他们知道："恶人的杖不常落在义人的份上，免得义人伸手作恶。"（诗125：3）这句话的意思并不是说义人注定无灾无难，永远不会像恶人那样受苦，而是说，那位围绕他们的耶和华上帝，会在他们危难的时候伸手拯救，在他们受攻击的时候全力保护。众人祈求上帝"善待那些为善和心里正直的人"（诗125：4），因为耶和华也绝不会让他们失望，他总是垂听他子民的呼求。

至于那些喜欢"偏行弯曲道路的人"（诗125：5），耶和华任由他们选择自己的道路，但他们一定会接受耶和华的惩罚。至于那些"倚靠耶和华的人"（诗125：1），他们一定会得到"平安"（诗125：5）——因为知道耶和华必定会看顾保守自己，他们可以高枕无忧。

所以，如果今天你也在攀登生活中的险峰，不妨放开歌喉，尽情唱出上行之诗。

自私自利　第219天　经文：《约书亚记》1：1～18

> 约书亚对流便人、迦得人和玛拿西半支派的人说……你们的妻子、孩子和牲畜都可以留在约旦河东摩西所给你们的地；但你们中间一切大能的勇士都要带着兵器，在你们的弟兄前面过去，帮助他们。
>
> （书1：12，14）

有些人认为，上帝要求以色列人"爱人如己"，其实里面有两层意思：第一，"你要爱自己"；第二，"你要爱你的邻居"。这些人认为，许多人都很自卑，所以在努力爱别人之前，首先需要学习如何爱自己。但圣经从来没有这么说过。不管一个人是否自卑，总有自私自利的一面，多少都会首先力求自保。这是人类的本性，从未改变，随处可见。

就这一点来说，古人也不能幸免。在赶往应许之地的路上，以色列百姓穿越并攻占了约旦河东岸。打完胜仗后，有些人决定留在当地，不愿再走在以色列人的前头，渡过约旦河，费时费力地夺取上帝所应许的土地。环顾四周，他们发现自己已经牛羊成群，而且周围有好山好水，正是梦想中的家园。于是，他们请求脱离进军迦南的队伍，就地定居，安顿家人，从此安居乐业。这正应了那句俗语："人不为己，天诛地灭。"

接到这样的请求，摩西非常不高兴。他语气严厉地告诉这些人，他们的所作所为，与40年前被禁止进入迦南的父辈们一模一样。他痛斥他们"起来接续先祖，增添罪人的数目"（民32：14），又说："难道你们的弟兄去打仗，你们竟坐在这里吗？"（民32：6）显然，他在指责这些人自私自利。然而，这些支派的人回答说："我们要在这里为牲畜垒圈，为妇人、孩子造城。我们自己则要带兵器行在以色列人的前头，好把他们领到他们的地方。但我们的妇人孩子，因这地居民的缘故，要住在坚固的城内。"（民32：16～17）既然他们答应承担上阵打仗的责任，摩西就允许了他们的请求。约书亚提醒这些希望留在东岸的人，当初那两个支派的人重信守义，顾念耶和华的圣工和别人的福祉，所以才被允许谋求私利。这就是圣经里所说的"爱人如己"——爱耶和华和邻居们，好像爱自己一样。

大难当头时，人们力求自保本来是无可厚非的，但如果不懂得加以节制的话，一个人就无法真正长大，损人利己的事也会层出不穷。只有学会关爱他人，一个人才可能真正长大成人。

水的审判　第220天　经文：《约书亚记》3：1～17节

> 他们到了约旦河，脚一入水（原来约旦河水在收割的日子涨过两岸），那从上往下流的水，便在极远之地，撒拉但旁的亚当城那里停住，立起成垒；那往亚拉巴的海，就是盐海，下流的水全然断绝。于是百姓在耶利哥的对面过去了。
> （书3：15～16）

西方司法体系的基础在于对抗，在于证明被告"有罪"还是"无罪"。首先原告进行公诉，然后被告进行反驳，提出自己的陈词，最后由法官或陪审团考查证据，做出判决。这套体系并不完美，曾有许多无辜的人被判有罪，同时许多恶贯满盈的人被判无罪。但是比起古代近东地区的司法体系，这套体系还是更靠谱一些。因为从前在近东地区，判定一个人是否有罪的方法非常简单——把被告丢进河里。如果被告淹死了，说明他有罪；如果他死里逃生，他就是无辜的！这种审判方法被称为"水的审判"。

当以色列百姓要渡过波涛汹涌的约旦河时，约书亚说："看哪，普天下主的约柜必在你们前头过去，到约旦河里。因此，你们就知道在你们中间有永生神。"（书3：10）约书亚的这一番话是指着"水的审判"说的，是说耶和华上帝会把自己放在水里接受试验。约书亚命令祭司们，将"普天下耶和华约柜"（书3：11）抬到约旦河里。这象征着全能的上主——耶和华将站在水里，亲自接受水的审判。结果，"他们到了约旦河，脚一入水（原来约旦河水在收割的日子涨过两岸），那从上往下流的水，便在极远之地，撒拉但旁的亚当城那里停住，立起成垒；那往亚拉巴的海，就是盐海，下流的水全然断绝。于是百姓在耶利哥的对面过去了"（书3：15～16）。以色列百姓安全地渡过了大河，约柜被运到了对岸。这个事件的意义在于，耶和华亲自显明，无论是对以色列人而言，还是对那些战战兢兢的当地原住民而言，自己都是"又真又活的神"。后者见证了这一切后，吓得不敢阻止以色列人过约旦河。耶和华的这一神迹，不仅有效地震慑了那些外邦人，更证明了自己是唯一的真神，以色列百姓是他拣选的族类。

这一代以色列百姓曾从先祖那里听说过当年过红海的故事，但那已经是陈年往事，他们需要亲自见证耶和华的能力和主权。通过过约旦河这件事，耶和华满足了他们的需要。

上帝亲自带领以色列百姓的故事数不胜数，每一代人都需要学习这些历史，但是他们更需要亲眼见证历史，需要在他们的时代，以他们能接受的方式见证耶和华是一位"又真又活的神"，是唯一的真神。对于这种需要，上帝向来乐意满足。

永远的记念　第221天　经文：《约书亚记》4：1～24

> 这些石头在你们中间可以作为证据。日后你们的子孙问你们说："这些石头是什么意思？"你们就对他们说："这是因为约旦河的水在耶和华的约柜前断绝；约柜过约旦河的时候，约旦河的水就断绝了。这些石头要作以色列人永远的纪念。"　　　　（书4：6～7）

美国政府在华盛顿建立了越南战争纪念碑和无名烈士公墓，借此提醒国民，曾有无数人英勇地为国捐躯。出于同样的目的，英国政府在伦敦建立了白厅纪念碑，用以缅怀那些在保家卫国的战争中献出宝贵生命的烈士。除了上述两地，世界各地随处可见各式雕塑，用以纪念先烈。可是，虽然无数个人名被刻在石头上，但那些曾经鲜活的生命为之奋斗的精神，却很少能代代相传。对大多数美国人来说，"阵亡将士纪念日"不再是用来纪念阵亡将士的，而变成了夏天到来的标志。一旦忘记历史，我们就不可能真正珍惜今天所拥有的一切，同时有可能重复先人所犯过的错误。因此，纪念碑的意义非常重要。

在以色列历史上曾发生过许多重大事件，而且几乎每次上帝都会要求以色列百姓立碑纪念。通过立碑，上帝希望以色列百姓能够牢记这些事件以及背后的意义，其中包括"过约旦河"这件事。这件事标志着以色列人正式结束了40年的旷野生活，走进了新的历史阶段，走进了上帝从前所应许的美地。所以耶和华告诉约书亚，要从十二支派中各派一人，每个人都从约旦河里扛一块石头，"在你们中间可以作为证据"（书4：6）。这些石头日后大有用处——"日后，你们的子孙问你们说：'这些石头是什么意思？'你们就对他们说：'这是因为约旦河的水在耶和华的约柜前断绝。约柜过约旦河的时候，约旦河的水就断绝了。这些石头要作以色列人永远的记念。'"（书4：6～7）通过这些石头，耶和华希望下一代以色列人能够牢记，当年他是如何带领以色列百姓的。

好父母不仅会积极学习这些纪念碑的意义，将这些意义教导子女，而且更知道要在家里保存各种纪念物，以便孩子们能够好好地接受传承。好父母也会懂得利用孩子的好奇心，教给他们重要的功课，其中最重要的莫过于"认识耶和华"。所以，好父母会专门用一天——礼拜天，来感谢上帝的恩典（用对耶和华的敬拜开始每周的生活），用圣餐中的饼和葡萄酒来纪念人类历史上最伟大的救赎。那些参加纪念活动的孩子们，早晚有一天会将这些传给自己的后代。

一个人的价值　　第222天　经文：《约书亚记》2：1～21；6：15～25

> 这城和其中所有的都要在耶和华面前毁灭；只有妓女喇合与她家中所有的可以存活，因为她隐藏了我们所打发的使者……约书亚却把妓女喇合与她父家，并她所有的，都救活了；因为她隐藏了约书亚所打发窥探耶利哥的使者，她就住在以色列中，直到今日。
>
> （书6：17，25）

荣获多项大奖的电影《拯救大兵瑞恩》讲述的是一小队人深入险境，冒死拯救一名士兵的故事。该片战争场面逼真，特技效果出神入化，其中所展示的精神更是感人至深。然而，同时也有人批评说，不应该置那一小队人马的安危于不顾，派他们冒着枪林弹雨去搜救一个士兵。

他们说的不无道理。但是在耶利哥城的故事里，在上帝眼中，喇合一个人的价值是不可替代的。当约书亚的探子潜入耶利哥城，打探这城内情况时，他们暂住在妓女喇合的家中。当敌人找到家门口时，喇合冒着生命危险，救了他们的性命。

喇合这么做的目的很明显。她对探子说："耶和华你们的神，本是上天下地的神。"（书2：11）她很清楚，耶利哥人是以色列人前进路上的绊脚石，一定会被铲除。在这个紧要关头，她以行动表明自己愿意"火线皈依"，以保全自己的性命。于是，探子们相信她，并向她保证，攻占这个城的时候，一定会保全她和她家人的性命，并嘱咐她一定要"把这条朱红线绳系在缒我们下去的窗户上"（书2：18），以便进城的士兵辨认。

喇合按照探子的嘱咐——照做，以色列人也信守了自己的诺言，保全了她一家人的性命。经过激烈的战斗，以色列人"各人往前直上，将城夺取"，并杀死了城里所有的人（书6：20~21），却没有忘记喇合和她的一家人。约书亚命令当初的探子出去，在城里城外打得不可开交的时候，找到她的家，然后杀开一条血路，将他们安全护送出城。以色列人为什么这么做？因为他们信守承诺，也因为喇合在耶和华眼中看为宝贵。

这个女人到底能有多宝贵呢？说来你可能不信：主耶稣的族谱里就有喇合的名字（参见太1：5）。虽然她曾坠入风尘，但在《希伯来书》的作者（参见来11：31）和使徒雅各（参见雅2：25）的笔下，喇合都是值得信徒学习的信心榜样。

当战争机器开动的时候，个人生命的价值往往显得微不足道，但在上帝眼中，没有任何一个人的生命是可以白白牺牲的。在他眼中，我们每个人的生命都极其珍贵。现代人的生活里同样危机四伏，但上帝慈爱的目光却从未离开过他的子民。

三心二意与一心一意　第223天　经文：《约书亚记》14：1~15

> 然而同我上去的众弟兄，使百姓的心消化，但我专心跟从耶和华我的神。当日摩西起誓说："你脚所踏之地，定要归你和你的子孙永远为业，因为你专心跟从耶和华我的神。"　（书14：8~9）

当一场竞技比赛进入最后阶段，比赛双方难分高下时，最后胜出的往往是最渴望胜利的人。如果运动员的体力、状态和技巧都在伯仲之间，最后决定输赢的往往是运动员的心理。正所谓"狭路相逢勇者胜"。

　　勇气不仅在竞技比赛中至关重要，在一个人的属灵生活里也具关键作用。比如说迦勒，那个"专心跟从耶和华我的神"的人（书14：9），他在年近85岁时仍然忠诚于自己的信仰，不偏离左右。出生时，他的父母都在埃及做奴隶；以后的岁月里，迦勒遭遇了许多的磨难，最终成为专心跟从耶和华的人。在此期间，他见过无数三心二意的追随者。对于是否要全心全意信靠上帝，这些人犹豫不决。迦勒将这些人的行为看在眼里，记在心上，最终他选择了完全委身于耶和华。

　　迦勒的忠诚意味着无论身处何境遇，都会始终如一。这份忠诚不仅给予他勇气克服眼前的困难，更给予他毅力，经受住长期的考验。当身边的人一个个知难而退时，他守住自己的那份信心；别人面前的绊脚石，永远是激励他不断前进的动力。同时，上帝每次都兑现诺言，给予他所需的一切。迦勒没有请求上帝剪除所得之地的敌人，而是求上帝按照从前承诺的，给他一个机会"把他们赶出去"（书14：12）。面对困难，他永远走在最前面；面对质疑，他总是直言不讳；面对敌人，他总是带领众人勇往直前（参民14：5～9，24）。

　　有人将人分为三类：积极做事的人，坐视旁观的人，总是问"怎么回事"的人。大家不用想，就能知道迦勒属于哪种人。

　　一个做任何事都三心二意的人有可能成为耶和华上帝忠诚的子民吗？如果可能，什么力量能改变这种人？正确答案是：如果上帝如他所说、所应许的那样全能、信实，他就配得我们的爱、倚靠和顺服。只要认识到这一点，每个人都可以保持对上帝的忠心。

成功的隐患　　第224天　经文：《约书亚记》23：1～16

　　　　因为耶和华已经把又大又强的国民从你们面前赶出，直到今日，没有一人在你们面前站立得住。你们一人必追赶千人，因耶和华你们的神照他所应许的，为你们争战。你们要分外谨慎，爱耶和华你们的神。

　　　　　　　　　　　　　　　　　　　　　　　　　（书23：9～11）

　　昨天的成功不能保证明天的胜利。拿破仑的铁骑曾横扫欧洲大陆，最终却失脚于滑铁卢；希特勒的坦克曾所向披靡，但最终不得不在斯大林格勒的城外停下。所有曾经叱咤风云的体育冠军，最终都会被更优秀的运动员取代；所有顶级销售商都知道，早晚有一天，会有他做不成的买卖。

　　正所谓"祸兮福所倚，福兮祸所伏"。当人们被胜利冲昏头脑的时候，失败常常会悄然而至。因为这时，人们的"自信"会变成"自大"，"虚怀若谷"会变成"党同伐异"，"三思而后行"会轻易被"三行而后思"取代。

作为一名常胜将军，约书亚非常清楚成功背后的隐患。在带领以色列百姓南征北战的那些年里，他曾战无不胜、攻无不克。所以，在垂暮之年，约书亚提醒以色列的新领袖："耶和华已经把又大又强的国民从你们面前赶出；直到今日，没有一人在你们面前站立得住。"（书23：9）为强调耶和华的带领，他补充说："你们一人必追赶千人，因耶和华你们的神照他所应许的，为你们争战。"（书23：10）按理说，以色列人在耶和华的带领下获得如此辉煌的战绩后，一定会坚信这些都是耶和华亲自为他们争战的结果。但是，被胜利冲昏头脑后，曾经征战得胜的队伍会变得肆无忌惮，甚至自以为是。以色列的队伍也难保不犯这种错误。所以，约书亚再三强调："你们要分外谨慎，爱耶和华你们的神。"（书23：11）赢得战争，往往意味着获得和平。不论在战争年代，还是在和平时期，以色列百姓都应该倚靠、顺服和爱耶和华上帝。

约书亚居安思危，意识到以色列人可能会被胜利冲昏头脑，在上帝面前犯错。他意识到，在以色列人中间仍然有许多敌人，静静地等待着打败以色列人的机会，所以他做出一个"万一"的假设："耶和华你们的神，必不再将他们从你们眼前赶出；他们却要成为你们的网罗、机槛、肋上的鞭、眼中的刺，直到你们在耶和华你们神所赐的这美地上灭亡。"（书23：13）

约书亚并没有假设以色列的常胜之师突然丧失战斗力，或他们久经沙场的将领们有一天会离奇地大脑短路，他所担心的是一个更严重的隐患：那支时刻倚靠耶和华的军队有一天会变得妄自尊大，不再敬爱、荣耀他们的上帝；有一天他们将对上帝三心二意，忤逆不化，最终招致灭顶之灾。如果真有那么一天，昨天的胜利就会成为明天失败的预报。

与耶和华对话　第225天　经文：《诗篇》27篇

> 耶和华啊，我用声音呼吁的时候，求你垂听；并求你怜恤我，应允我。你说："你们当寻求我的面。"那时我心向你说："耶和华啊，你的面我正要寻求。"　　　　（诗27：7~8）

作为一位年轻的布道家，比利·格雷姆曾在伦敦海灵格地区进行福音布道活动并取得了惊人的成绩。因此，当他接到二战名相温斯顿·丘吉尔的会谈邀请时，不禁惊喜交加。关于那次与首相会谈的内容，格雷姆博士事后三缄其口，只是大略地谈到自己步入唐宁街10号首相官邸时的心情：面对一代伟人，年轻的格雷姆受宠若惊，甚感不配。

大卫王年轻时也曾收到过这样的邀请，面对过同样的殊荣。同样，他也是"受宠若惊，甚感不配"。大卫在诗中写道："你说：'你们当寻求我的面。'那时我心向你说：'耶和华啊，你的面我正要寻求。'"（诗27：8）这是一个与耶和华上帝交谈的邀请。面对至高、荣耀的耶和华，大卫——伯利恒野外的小牧童，感觉自身无比渺小、卑微。所以，当得知自己被邀请进入圣殿，与耶和华交谈时，他的第一个感觉就是"自惭形秽"。

但是，大卫深知："耶和华是我的亮光，是我的拯救，我还怕谁呢？耶和华是我性命的保障，我还惧谁呢？"（诗27：1）邀请大卫交谈的那位，已经一再表明自己将保护他。因此，当大卫应邀赴会时，既不是漫不经心，也不是忐忑不安、诚惶诚恐；他恭敬、自信地来自耶和华面前，自由地倾心吐意，提出要求。

大卫到底想要什么呢？他最想要的，就是体会住在耶和华圣殿里的荣美，正如圣经上所说："有一件事，我曾求耶和华，我仍要寻求：就是一生一世住在耶和华的殿中，瞻仰他的荣美，在他的殿里求问。"（诗27：4）对于大卫这样一位国王、战士、能人、伟人来说，这样的要求显得不同寻常——但这的确是来自大卫内心深处的声音，是一个灵魂因渴望走近耶和华而提出的请求。大卫希望走近耶和华上帝，向他询问自己一生的沉浮，祈求他时刻的指引、带领和保护。所以，他在诗中向上帝呼求说："不要向我掩面"，"求你将你的道指教我"（诗27：9，11）。

上帝郑重地邀请每个人来与他交谈，并且渴望在交谈中听到每个人的心声。无论是谁，与这样宝贵的邀请失之交臂，都将是终生的遗憾。

大苦和大恩　第226天　经文：《路得记》1：14～22

> 路得说："不要催我回去不跟随你。你往哪里去，我也往那里去；你在哪里住宿，我也在那里住宿。你的国就是我的国，你的神就是我的神。"……拿俄米对他们说："不要叫我拿俄米（"拿俄米"就是"甜"的意思），要叫我玛拉（"玛拉"就是"苦"的意思），因为全能者使我受了大苦。"
>
> （得1：16，20）

经历多年的属灵生活后，人们可能会渐渐漠视其重要性，属灵生活会慢慢变得世俗，日积月累，就会全盘变质。那时，祷告会被丢到九霄云外，敬拜会变得乏味无聊，教会侍奉越来越像一种负担。最终，他将不再是上帝的子民。有时，一位信徒长久信奉上帝后，会心生厌烦，对身边的事也漠不关心。然而，新信徒却会为自己里面新生的灵命欢呼雀跃，对上帝给予的每个恩典都满怀感恩，无比喜悦——他们每次祷告都会感受到上帝的光照，每次敬拜都充满喜乐，每次侍奉都心甘情愿，每次聚会都大有收获。

那么，当一个哀叹人生无趣的老信徒遇到一个刚得救赎、满心喜悦的年轻信徒时，会发生什么样的故事呢？拿俄米和路得正是这样的一种关系，她们之间的故事值得所有人借鉴。拿俄米是一位来自伯利恒的老妇人，因为饥荒，与家人一起逃难到了摩押（当地居民向来对犹大居民不友好）。在那里寄居的10年期间，她的儿子们分别娶了摩押女人为妻，违反了上帝的旨意。此后，拿俄米经历了三重打击——丧夫及两次丧子。当听说犹大居民的日子比以前好多了，拿俄米想到自己在摩押已经一无所有，就决定返回家乡。

拿俄米有两个儿媳妇，其中一个决定留在摩押，另一个媳妇路得，却决定陪婆婆一起回到伯利恒。路得非常孝顺婆婆，发誓说："你的国就是我的国，你的神就是我的神。你在哪里死，我也在哪里死，也葬在那里。除非死能使你我相离，不然，愿耶和华重重地降罚与我。"（得1：16～17）可见，路得此时已经成为上帝忠诚的子民。她不再拜摩押诸神，而转向耶和华上帝，寻求救赎。正是因为她拥有了这新的信仰，才会对婆婆表现出忠诚和怜悯。

回到伯利恒后，拿俄米要求乡亲们不要再叫她从前的名字（那个名字意味着"喜乐"），她解释说："因为全能者使我受了大苦。"（得1：20）因此要叫她"玛拉"（就是'苦'的意思）。拿俄米在告诉大家："你看，我这一辈子哪有什么喜乐的事呢？有的只是痛苦。"遍尝人生的苦楚后，这位老信徒开始变得心灰意冷。然而，她身边的新信徒却满怀希望，满心喜悦。

在奔走天路的旅程中，那些出发很久的老信徒们，本应为那些刚刚上路的新信徒们做出表率，然而，有时他们的表现实在令人失望。

家谱　第227天　经文：《马太福音》1：1～17

> 撒门从喇合氏生波阿斯，波阿斯从路得氏生俄备得，俄备得生耶西。
>
> （太1：5）

很久以来，家谱一直被人们用来记录家族历史，其中包括家族成员的出生、死亡、婚姻以及其他重大事件。这些信息是制作世系图的重要依据。然而，因为现代人的家族观念越来越淡漠，宝贵的家谱已经像恐龙一样几乎永绝于世，使家谱研究和保留越来越困难。

但是在古代人眼中，保留家谱是一件非常重要的事，圣经在许多处证明了这一点。例如，《以斯拉记》中写道，书记以斯拉是"西莱雅的儿子"，并追溯14代至以色列第一任祭司——亚伦（拉7：1～5）。面对这样一份家谱，没有人可以质疑以斯拉的祭司身份。同样，福音书里记载的耶稣家谱，也是圣经最重要、最令人惊叹的内容之一。在《马太福音》里，马太追溯耶稣的世上家谱至亚伯拉罕和大卫；在《路加福音》里，路加将救世主的血脉起源追溯至人类第一人——亚当。显然，马太希望借此告诉世人，耶稣是大卫王的后裔；路加希望世人明白，"亚当是神的儿子"（路3：38），而耶稣正是亚当的后代。两者之间最大的区别还在于，马太列出的家谱里包括女性。犹太人家谱是很少出现女性的，而马太列出的家谱里却出现了4位女性！更令人称奇的是，这4位女性都不是犹太人。而且当时，就犹太人的传统观念而言，她们的出身和家世都不够清白：他玛和喇合都曾是妓女；拔示巴是与大卫通奸的淫妇；路得则是摩押人。

为什么这4位女性会出现在耶稣的家谱里？我们不得而知。也许，马太是想借此表明，哪怕是那些似乎不堪重用的人，上帝也会按自己的心意，把他们放在自己的计划里。这倒是千真万确。正如保罗对哥林多信徒们所说："上帝也拣选了世上卑贱的，被人厌恶的，以及那无有的，为要废掉那有的。"（林前1：28）就拿路得来说，虽然她出自一个卑贱的民族，并可能因此饱受犹太人的歧视，然而她却表现出了高贵、非凡的品质——忠诚、无私，堪称典范。

可见，在上帝的眼中，真正重要的不是一个人的家世、出身或过去，而是一颗追求公义的心。

神迹　第228天　经文：《路加福音》7：11～17

> 那死人就坐起，并且说话。耶稣便把他交给他母亲。众人都惊奇，归荣耀与神说："有大先知在我们中间兴起来了。"又说："神眷顾了他的百姓。"
> （路7：15～16）

英国著名评论家马太·阿诺德在1883年完成的名作《文学与教条》的序言里，大胆宣称："没有神迹。"然而，那些热衷于体育而非文学或教条的人们却反驳说，1969年就曾出现过神迹：纽约棒球队不仅赢得了全美联盟杯，更在职业棒球赛中获得冠军！当然，阿诺德说的不是这个意思，那些球迷只是在拿名人名言开涮。

但是，到底什么是"神迹"？按照西方人的观点，神迹就是那些没有办法解释的现象。同时，在相信上帝的人看来，神迹就是上帝的作为。基督徒们相信，上帝创造并掌管着这个世界，完全可以按照自己的心意随时介入、改变这个世界，使自己的旨意得到彰显。但是，阿诺德这些人坚信，上帝根本不存在，或被隔离在这个世界之外，所以这个世界根本没有神迹。

可是，圣经里多处谈到神迹，其中就包括耶稣出于对人的怜悯所行的那几个著名的神迹，例如，使寡妇的独生儿子从死里复活（路7：11～17）。然而当时在耶稣身边，丧子的寡妇绝不止那一位，可怜的乞丐更是数不胜数，耶稣并没有一一解除他们的痛苦。这并不是因为他对施恩的对象有所甄别，而是因为他对使用能力的时机与方式有所甄别。

有些与马太·阿诺德的观点相左的人认为，上帝应该随时、随地施行神迹，使神迹日常化。然而，就"神迹"的定义而言，它本身就是"非常化"的——耶和华上帝从未应许任何人，当他们渴望或需要神迹的时候会按时提供。另外，就算上帝给了那些人神迹，他们也未必会因此成为虔诚的信徒。许多人曾亲眼见证耶稣所行的神迹，并且想得到更多神迹，但当耶稣被钉十字架时，却没有几个站出来反对的。

说神迹根本不存在，无疑是不正确的；同时，要求把神迹变成"日用品"的举动，也是愚蠢的。真正敬虔的人不会在乎是否有神迹，只在乎自己是否在生活中顺服了神的旨意。除了1969年的职业棒球赛，世上还有许多真正的神迹。

疑惑　第229天　经文：《路加福音》7：18～35

　　那两个人来到耶稣那里，说："施洗的约翰打发我们来问你：
　　'那将要来的是你吗？还是我们等候别人呢？'"　　　　（路7：20）

《时代》杂志每年都会评选出一位"年度人物"，但每次都招来一片非议。在激烈的2000年美国总统竞选中，以微弱优势获胜的乔治·布什总统当选了《时代》杂志当年的"年度人物"。1999年年末，该杂志曾评选出了一位"世纪人物"——伟大的理论物理学家阿尔伯特·爱因斯坦，他提出的"相对论"改变了所有人看待世界的方式。然而，无论是"年度人物"还是"世纪人物"，评选的结果都没有得到读者一致的认可，因为每个人主张的评选标准都不一样。

有一天，耶稣选出了他的"千年人物"。耶稣说："告诉你们，凡妇人所生的，没有一个大过约翰的。"（路7：28）他说的是施洗约翰。但是，他并不是想为约翰歌功颂德，而是想说下面的话："然而神国里最小的比他还大。"（路7：28）耶稣真正想说的是，虽然施洗约翰出类拔萃，却没有像那些真正谦卑的人那样相信耶稣，看到在他里面成就的上帝的国度。

即便如此，施洗约翰非凡的能力和正直仍然堪称表率。有趣的是，耶稣在称赞约翰的同时，指出了他人生中的一处败笔，好像阿喀琉斯的脚跟一样①。这件事与施洗约翰派出的两个门徒有关：他们问耶稣："那将要来的是你吗？还是我们等候别人呢？"（路7：19）谁能想象，当初正是施洗约翰指着耶稣，大声宣布说："看哪，这是神的羔羊！"（约1：36）然而时过境迁，他开始心生疑窦，显露出"阿喀琉斯的脚跟"。

也许，施洗约翰会心生疑窦是缺乏亲身经历，因为他知道，弥赛亚降世后会"使被掳的得释放"（路4：18）。但是，当他在黑暗的牢房里一天天衰弱下去的时候，并没有如圣经所说，得到释放。耶稣告诉那两个门徒，自己已经在多处实现了以赛亚所说的弥赛亚预言（路7：22；参见赛61：1～2）。在开始传道事工的时候，耶稣曾引用过这个预言（路4：18～19）。虽然他明确地告诉约翰，自己所行的神迹包括"瞎子看见、瘸子行走、长大麻风的洁净、聋子听见、死人复活、穷人有福音传给他们"（路7：22），但对于约翰的牢狱之灾，他却没有提到"被掳的得释放"。

面对施洗约翰所经历的苦难，耶稣没有多说，只是希望他能够持守信仰。虽然施洗约翰的信心出现了动摇，耶稣仍然认为他是最了不起的人——毕竟，圣经里的伟人都有各自的弱点，其中就包括"疑惑"。

逻辑和爱　　第230天　经文：《路加福音》7：36～50

> 所以我告诉你，她许多的罪都赦免了，因为她的爱多。但那赦免少的，他的爱就少。　　　　　　　　　　　　　　（路7：47）

在爱面前，逻辑往往会成为无用之物。因为爱有自己的一套规则，其中的

---

① 荷马史诗《伊利亚特》中的英雄，出生后被母亲握住脚跟倒浸在冥河水中，除未沾到冥河水的脚跟外，周身刀枪不入。

感性成分远远大于理性，而逻辑却往往以"无情无义"著称。逻辑建立在大、小前提上，经过缜密的论证，得出毋庸置疑的结论。然而，在这个过程中，人和人的需要往往被忽略。

例如，当耶稣被法利赛人西门邀请在自己家吃晚饭时，一个声名狼藉的妇人（一个"有罪的妇人"——路7：37）不请自来，出现在宴席上（不合乎当时的文化风俗）。她不顾众人诧异的目光，在耶稣的脚前哭泣，将名贵的香膏涂抹在他脚上，连连亲吻，并用自己的头发将脚擦干。

这时，西门脑子里的逻辑开始运作起来：

> 大前提——真的先知不会理会有罪的女人；
> 小前提——耶稣允许这个女人碰他，甚至抚摸他；
> 结论—所以，耶稣不是先知。（路7：39）

在法利赛人西门眼里，这个女人热情奔放的行为，毫不掩饰的崇拜、尊敬，以及她混合着悲伤与快乐的热泪都无足轻重。可见，逻辑将爱赶出了他的内心。

耶稣洞察人心，看穿了西门的心思，告诉他："我有句话要对你说。"（路7：40）耶稣通过举例，深入浅出地教导西门说，如果有两个人被饶恕，往往其中负债更多的人会感恩更多。对于西门发达的逻辑头脑来说，这个道理再容易不过了。但是接下来，耶稣就此引申，得出的结论却令他难以接受：虽然这个女人的行为令西门感觉不以为然，却比他冷漠、虚伪的"欢迎"更加真诚、可爱。因为自从耶稣进门，西门都没有给予他基本的礼遇——洗脚（路7：43～46）。

耶稣说这番话，并不是要指出西门礼数欠周，而是要让他明白爱的道理。在耶稣眼中，西门的行为与那个女人之间最大的区别，就在于后者的心里有爱，而且至真至诚！这爱，恰恰来自恕罪的恩典。西门对此一窍不通，因为他从来没有意识到，自己也需要赎罪。他满脑子的"因为……所以"，使他对自己的罪浑然不觉，感受不到恕罪的恩典。但是这个自知罪孽深重，极度渴望得到恕罪的女人，不顾一切地想得到主的饶恕。虽然她行为似乎有些另类，却实实在在、美轮美奂地表达出自己的爱。

当然，要想感受并表达对基督的爱，男人们不必"故作妇人态"，他们只要好好想想耶稣和他的恕罪恩典，让内心的爱自然流露就可以了。当他们这么做时，一定会惊讶地发现：在爱面前，看似强大的逻辑原来一无是处！

积极倾听　第231天　经文：《路加福音》8：1～15

门徒问耶稣说："这比喻是什么意思呢？"他说："神国的奥秘只叫
你们知道；至于别人，就用比喻，叫他们看也看不见，听也听不明。"

（路8：9～10）

有一次，一位传道人对一群学生说，他有满肚子的话，却不知该从哪里说起。不料，一位机灵的学生应声说道："那就从结尾开始说吧。"有些传道人的讲道的确很糟糕。几乎所有人都遇到过冗长乏味、令人昏昏欲睡的讲道。对于这样的讲道，有些机智的冷嘲热讽，反而说得恰如其分。

然而，有时听众在倾听时表现消极，同样会影响交流的效果。有效的交流往往是"听"与"说"并重，"理解"与"表达"并举。

对于这种听众，耶稣明确地说，自己将用比喻讲道。耶稣采用这种"小故事，大道理"的教导方式，原因在于听众领受教导的能力千差万别（路8：9～10）。听到喻道故事时，有些人只能理解一些浅显的表面意思，根本不懂得其中的现实及属灵意义，不知道如何在生活中应用；然而那些积极领受、努力追问的人，却可能因此受益终身。就是说，耶稣与听众之间的交流是否有效，与其说在于讲道的人是否讲得精彩、深刻，不如说在于听众是否专注。

在耶稣讲过的众多比喻中，撒种的比喻最耐人寻味。因为当时的听众都是农民，所以非常熟悉撒种的过程。在耶稣的故事里，有些种子落在了路旁，有些落在了浅土里，有些落在了荆棘里，有些则落在了好土里。显然，这些听众非常熟悉这些细节。他们知道，的确有些种子后来长得不茁壮，结实不丰富，而有些种子最后却结出累累硕果。但即使如此，有些人仍然没有听出弦外之音，未能领会耶稣的言外之意。其实，耶稣说的正是这些听众的光景。他私下对门徒们说："那落在好土里的，就是人听了道，持守在诚实善良的心里，并且忍耐着结实。"（路8：15）

要想做到积极倾听，需要满足两个条件。第一，要有一个正确、积极的态度，并且愿意认真地活出真道；第二，愿意持之以恒地实践听到的真道，而不是浅尝辄止。因为，要想真正拥有真理，必须持之以恒地实践所听到的教导。当听众做到这两点时，就会有丰富的祝福充满在他们里面。

许多著述都在强调讲员的说辞是否精辟至关重要，却少有人强调专注倾听的重要性。当然，走上讲坛的传道人需要不断提高讲道水平。但是，只有作听众的专心致志听道，教导才会真的有果效。

只能生活在黑暗里。

权欲熏心　第234天　经文:《士师记》9: 1～21

> 众树对荆棘说:"请你来作我们的王。"荆棘回答说:"你们若诚诚实实地膏我为王,就要投在我的荫下,不然愿火从荆棘里出来,烧灭利巴嫩的香柏树!"　　　　　　(士9: 14～15)

有一位智者曾说:"权力滋生腐败,绝对的权力滋生绝对的腐败。"即使如此,权力仍然充满诱惑,令无数人为之折腰。有些人自认为可以"出污泥而不染",既可以玩弄权力于股掌,又可以远离腐败。

上帝曾试图警告以色列百姓不要玩这种危险的游戏,他们却充耳不闻。按照上帝的旨意,以色列本应是一个神权国家,百姓们追求圣洁、公义的生活。作为一个神权国家,首先,人们必须荣耀耶和华,顺服他的带领,然而,以色列百姓却对邻国的君主制羡慕不已,热切地希望自己也有一个王。于是,他们要求公认的英雄基甸作他们的王。但是基甸一口回绝,说:"我不管理你们,我的儿子也不管理你们,唯有耶和华管理你们。"(士8: 23)

然而,他庶出的儿子亚比米勒却与父亲不同,热衷权力。基甸死后,亚比米勒一心要登上王位,于是开始暗地筹划。首先,他来到母亲的故乡示剑,极力拉拢亲族,告诉众人:"我是你们的骨肉。"承诺会比自己的70个兄弟给予众人更优的待遇,借此暗示夺权。结果,亚比米勒如愿以偿,得到了众人的拥戴,用他们的钱雇了一批打手。接着,他残酷地杀害了所有兄弟。真是心狠手辣!他自以为已经斩草除根,不料却漏掉了弟弟约坦。在亚比米勒登基的日子,约坦勇敢地站在山顶,向示剑人大声讲述了一个无用的荆棘当王的故事。这个故事的寓意非常明显:约坦那狼心狗肺的哥哥向众人许了张空头支票,不择手段地谋取权力!

在生活中追求一定程度的权力原本无可厚非,然而,总有人妄图凌驾万人之上,他们相信"宁可我治人,不可人治我"——无数的血雨腥风,就是由此开始的。俗语说"人心叵测",今天那些为摆脱压迫、追求自由而摇旗呐喊的斗士们,难保明天不会摇身一变,成为追权逐利的恶棍。到时,这些人会无所不用其极。他们手段卑劣,只有你想不到的,没有他们做不出的。法国大革命在一声惊天动地的口号——"自由、平等、博爱"中拉开了序幕,最终却演变成一场冷血大屠杀。一旦那些昔日被压迫的人翻身做主,往往会反过来变本加厉地迫害从前的压迫者。这种源自权力角逐的相互倾轧，在人类历史上从未停止过。只有一种方法可以使这种悲剧不再上演，那就是基甸所说的——"唯有耶和华管理你们"。

有心无力　第235天　经文：《士师记》13：1～14

> 你必怀孕生一个儿子，不可用剃头刀剃他的头，因为这孩子一出胎就归神作拿细耳人。他必起首拯救以色列人脱离非利士人的手。
>
> （士13：5）

在西方发达国家，孕妇们大多都清楚，她们的饮食起居与腹中胎儿的健康密切相关。如果这些准妈妈有危害胎儿健康的行为，甚至会被相关机构起诉。

在旧约圣经的时代，虽然没有指导孕妇饮食起居的专业书籍，但当孕妇腹中的胎儿不同寻常时，的确出现过一些关于饮食的特别指导。

但族玛挪亚的妻子就接受了这种特别指导（士13：2）。起初，她不能怀孕。后来，她遇到一位上帝的使者，告诉她一个天大的喜讯：她将怀孕生子；并说这个孩子将成为拿细耳人，终生侍奉耶和华。同时，天使嘱咐玛挪亚的妻子："你当谨慎，清酒浓酒都不可喝，一切不洁之物也不可吃。"（士13：4）因为她儿子将成为一个特殊的人，承担特殊的责任，所以不可喝酒的戒律，从母腹时起就要持守。并且，他永远不能剃头，以此表明他是专门侍奉上帝的人。玛挪亚和他的妻子一丝不苟地执行了天使的指导，如期生下了一个儿子参孙。等他长大后，父母告诉了他关于他出生前后的这些经过，并向他申明了拿细耳人的权利与责任。

然而，这个孩子长大成人后，开始拥有自己的思想，父母发现他喜欢自作主张，他们已经无力约束儿子。如果有一天儿子忽然想剃头或喝酒的话，这对父母即便想管，也是有心无力。

几乎所有敬虔的父母都会面对类似的问题：他们凭着信心，将儿女献给耶和华上帝（虽然不是每个父母都任由孩子的头发疯长），并认真地教导他们信奉、追求上帝。然而，总有一天，他们会发现自己变得有心无力，不得不让年轻的子女为自己的行为负责。这时，他们需要的不是放弃，而是更细心地履行责任。粗暴、武断的训斥，往往会适得其反。看到年轻气盛的子女行为乖张，父母的一味抱怨丝毫没有用处。但是，如果父母们能够坚持以身作则、关怀备至，循循善诱并恒切祷告，儿女就一定会顺服、改变。虽然你无力为上帝塑造一个忠心的仆人，但你可以在儿女成长的道路上做一个尽力帮扶、耐心指引的人。

使命和品格　第236天　经文：《士师记》14：1～20；16：1～4

> 参孙下到亭拿，在那里看见一个女子，是非利士人的女儿。参孙
> 上来禀告他父母说："……愿你们给我娶来为妻。"……参孙到了迦
> 萨，在那里看见一个妓女，就与她亲近……后来参孙在梭烈谷喜爱一
> 个妇人，名叫大利拉。　　　　　　　　　　（士14：1～2；16：1，4）

当年，对于总统威廉·杰斐逊·克林顿被弹劾这件事，当时美国民众议论纷纷，众说不一。人们不仅关注事主如何在危机中运筹帷幄，同时也谈论着此事对总统领导力的影响。有些人主张："公是公，私是私"，生活不检点并不代表克林顿不是一个好总统；另一些人认为，身为总统，应当是国民的道德楷模，克林顿的所作所为有负 "总统"的身份。显然，这场辩论的焦点在于"领袖是否应该品行无缺"。

这个问题实在应该拿来问问参孙——这位力大无穷的以色列士师。上帝拣选参孙作拿细耳人，希望他能够至死效忠上帝，完成上帝给予的使命，带领上帝的子民克敌制胜。为此，上帝还赋予了他神力。在参孙身上，作为拿细耳人最明显的特征就是他永远不剪的头发。他非凡的天赋（他的神力）与他的使命密切相关，只要头发不剪，他的力量就无穷无尽。无论是他的使命，还是他的神力，都真实可靠。然而，不幸的是，这位士师品行不端。

虽说"英雄难过美人关"，但参孙不仅好色，而且荒淫无耻。起初，他要做一个非利士女人的丈夫（士14：1～20）；后来做了一个非利士妓女的嫖客（士16：1～3）；最后深陷与大利拉（另一个非利士女人）的孽缘（士16：4～22），无法自拔。这些行为都充分说明他的品性。要知道，参孙生命里最重要的事，本应是履行拿细耳人的责任，谨守操行。然而，他一见到大利拉，就神魂颠倒（士16：4），以致当大利拉不断探问他力量的秘密时，他丝毫没有觉察出其中的异常，从没想到这是非利士人设下的美人计，要借此置他于死地。正是因为参孙重美女、轻誓言，最后才会大难临头。在参孙眼中，宝贵的天赋无足轻重，上帝的使命无关紧要，因此丧失神力是在所难免的。

总统应该具备哪些品德——这个问题可以留给政客或公众去评说，但对于一个属灵的领袖来说，绝对不可以在德行上有缺失。彼得·库兹米克博士是前南斯拉夫的一位深具恩赐、能力的基督徒，他接受记者关于波斯尼亚危机的提

问时曾说过一句名言："没有操守的领袖是大众的灾难。"这句话，说的正是参孙这样的领袖！

回天乏力　第237天　经文:《士师记》16：4～22

> 大利拉使参孙枕着她的膝睡觉，叫了一个人来剃除他头上的七条发绺。于是大利拉克制他，他的力气就离开他了……非利士人将他拿住，剜了他的眼睛，带他下到迦萨，用铜链拘索他，他就在监里推磨。然而他的头发被剃之后，又渐渐长起来了。
>
> （士16：19，21～22）

20世纪80年代，一些在电视上道貌岸然的布道家被曝光干了许多丧尽天良的坏事。直到21世纪，这些被披露的丑闻仍然严重影响着基督教领袖的公信力。当一个基督教领袖被发现行为不检时，其破坏力往往是惊人的。不仅这个领袖从此抬不起头来，他的家庭更会永无宁日，他的追随者们会茫然失措，他的敌人会为此欢呼雀跃。最重要的是，福音事工备受打击。这种事情往往会将主的事工置于风口浪尖。因此，属灵领袖们必须时刻警醒，不越雷池半步。

可是，对于那些已经失足的人应该怎么办呢？保罗说："弟兄们，若有人偶然被过犯所胜，你们属灵的人就当用温柔的心把他挽回过来；又当自己小心，恐怕也被引诱。"（加6：1）这句话似乎在说，失足的领袖应该尽量重振旗鼓。其实不然。在这句话里，保罗真正想说的不是领导力，而是主内肢体间的交通与关怀。当一个弟兄犯错时，主内的肢体们应该尽量帮助他认罪悔改、重新做人。至于他是否应该挽回从前的领袖力，完全是另一码事。然而，与他交通的时候一定要有分寸，否则就会使人误以为，这个声名狼藉的领袖已经开脱了所有罪责。显然，这是那些被蒙骗、伤害的追随者们所无法接受的。同时，如果旁观者们发现，信徒们仍然与这位声名扫地的领袖密切来往，教会的声誉也会受影响。所以，在给予帮助的时候，一定要遵守这样一条规则：将一个失足的弟兄从罪恶的泥潭里挽救出来，是理所当然的，但这绝不意味着他可以重回领袖的位子。

在参孙身上，这条原则体现得非常清晰。当他被抓后，敌人剜去了他的双眼，用锁链捆住他，把他投入监里，百般羞辱他。观其所作所为，我们不得不得出这样的结论：他完全辜负了上帝交付的使命，羞辱了至圣者的名。参孙落难后的心情，我们不得而知，但是随后发生的一系列事件证明，他内心悔恨，希望重拾过去力量的荣耀。可是，这几乎是不可能的。

在今天这段故事的结尾，有一句话非常耐人寻味："他的头发被剃之后，又渐渐长起来了。"（士16：22）上帝借着头发的生长，再次给了他履行诺言的机会。拿细耳人的头发同所有正常人一样，生长缓慢。同样，一位失足领袖重新振作，也不是一朝一夕之功。但是，只要诚心悔过，持之以恒，泥潭再深也可以爬出来，甚至可以爬回原来的高度，只不过，这个过程注定是漫长、艰辛的。

软弱者的力量   第238天 经文：《士师记》16：23～31

> 参孙求告耶和华说："主耶和华啊，求你眷念我。神啊，求你赐我这一次的力量，使我在非利士人身上报那剜我双眼的仇。"
>
> （士16：28）

由于沉迷女色和鲁莽无知，参孙被以色列的宿敌非利士人擒获，被剜去双眼，在监狱里推磨。在非利士人看来，参孙的惨败意味着他们的大神大衮的胜利。于是，他们预备一次盛宴，向大衮献祭，同时向百姓宣布："我们的神将我们的仇敌参孙交在我们手中了。"（士16：24）在祭祀中，非利士人载歌载舞，纵情狂饮。为了助兴，他们派人将参孙从监里押来，要当众羞辱他。于是，这位昔日豪杰，睁着空洞的双眼，可怜兮兮地被领进了狂欢的人群，遭戏耍以取悦非利士人。

参孙原本是带着使命出生的，"拯救以色列人脱离非利士人的手"（士13：5）既是他的使命，也是他存在的唯一理由。然而，此时此刻，他却成了敌人的阶下囚，一败涂地。他不仅没有救以色列脱离非利士人的手，反而自己落得个"剜眼"、"推磨"的悲惨下场。参孙不仅使自己颜面扫地，更使以色列人成为世人口中的笑柄。更有甚者，因为他的失败，那些大衮的膜拜者们到处夸口，说他们那人手所造的偶像高过至高的上帝，强过万军之耶和华。

参孙站在嬉笑的人群中，虽然双眼看不见，却默默祷告说："主耶和华啊，求你眷念我。神啊，求你赐我这一次的力量，使我在非利士人身上报那剜我双眼的仇。"（士16：28）显然，在这个关键时刻，参孙想到的依然不是完成使命——救以色列脱离非利士人的手，而是报仇雪恨。但是他清楚一点：耶和华是他力量的源泉，而他的失败使自己远离了上帝。现在，他希望上帝恢复他的力量。

上帝答应了他的请求。虽然参孙只想抱剜眼之仇，但上帝希望借此证明其至高与全能是任何偶像不能比拟的。于是，参孙以惊人的力量，紧紧抱住殿内的两个柱子。在众人的惊叫声中，参孙推倒柱子，将人群和自己一起埋葬在废墟中。

相信有人会问：为什么上帝会帮人复仇、帮人自杀呢？这个故事要表达的意思远超这个问题：只要愿意信靠上帝，无论一个人多么差劲，上帝都愿意在自己的事工中使用他。参孙也好，你我也罢，上帝都愿意使用。

发家致富　第239天　经文：《诗篇》62篇

> 不要仗势欺人，也不要因抢夺而骄傲；若财宝加增，不要放在心上。
>
> （诗62：10）

不久前，涉足股票市场的美国家庭已历史性地突破了50%。在快捷的网络交易和"一夜暴富"噱头的双重影响下，许多年轻的家庭卖掉了自己的传家宝，将所有的钱都投入了股市。有些人看好华尔街"钱生钱"的魔力，甚至将自己家的房子进行了二次抵押，幻想着不久就会财源滚滚。还有一些人，希望能够努力挣钱，以便在50岁前就退休。当经济前景大好，股市牛气冲天的时候，的确有无数人希望趁机发家致富！

在大卫王生活的那个年代，不仅没有股票市场，甚至放债取利都被人不齿。但是大卫发现，周围仍然有许多人渴望"财宝加增"（诗62：10）。他警告这些人，不可靠着"仗势欺人"或"抢夺"发家致富。同时，对那些无意损人利己的人，大卫告诫说："若财宝加增，不要放在心上。"这些话，真是至理名言。

俗话说"有钱能使鬼推磨"。对于这个世界而言，有钱，往往意味着你会获得无数个"最好"：观众席上最好的位子；饭店里最好的菜肴；停车场里最炫的汽车；孩子上当地最好的学校。有了钱，你可以尽情地寻欢作乐，似乎可以从此无病无灾、随心所欲。有了钱，无论在哪里，你似乎都可以畅通无阻，化险为夷。有些人不仅将财宝放在心上，更放在头上，顶礼膜拜。

其实，财富本身并不坏，否则上帝不会把"得货财的力量"赐给我们（参申8：18）。但是，一头钻进钱眼里却十分不妥。无论是寻找财富，拥有财富，还是使用财富，都不应该是生活的中心。再怎么说，财富也只是身外之物。

虽然财富绝非立身之本，可是很少有人能够抵挡住金钱的诱惑，因为人性是软弱的。正如圣经所说："下流人真是虚空，上流人也是虚假；放在天平里就必浮起。他们一共比空气还轻。"（诗62：9）财富不仅无法使那些"比空气还轻"的人变得更重，而且，当一个"财迷"离世时，会发现自己两手空空。等到面对主耶稣的审判时，他更会看清自己的错误，但为时已晚。

论资排辈　第240天　经文：《路加福音》9：37～48

> 门徒中间起了议论：谁将为大。　　　　　　　　　　（路9：46）

男人们聚在一起的时候，总喜欢自吹自擂。吹牛的内容，从当兵时的冲锋陷阵，到高中时橄榄球场上的叱咤风云；从上次出海时钓到的大鱼（后来不幸脱钩了），到做成的大买卖；从要求加薪成功，到自家的座驾和将来的升迁等等，无所不包。这些话题并不一定是用来攀比的。他们刻意表现得随意，好使自己显得更加了不起。可以说，男人天生就喜欢争强好胜。

耶稣的门徒们也是这样一群男人。路加在福音书里写道，门徒们一直搞不懂，为什么耶稣一呼百应、神通广大，却告诉他们自己会被人出卖？因为在他们看来，他只差一步就可以功成名就了，但耶稣心里想的却只有十字架。耶稣试图向门徒们解释，自己正在一步步走近死亡（路9：44），不料，他们之间却因此起了争执，议论"谁将为大"（路9：46）。门徒们以为耶稣将成为一代英君，带领以色列人独立，赶走罗马人，重塑以色列的辉煌。想到前景一片灿烂，自己即将成为开国元勋，门徒们禁不住开始论资排辈，提前讨论谁应该坐什么位子。很快，讨论就变得火药味十足。

但是，"耶稣看出他们心中的议论"（路9：47，可能是说当耶稣进房间时，他们急忙转移了话题）。他不打算参加这场讨论，而是用一种特殊的方式告诉他们什么是"大"。耶稣将一个小孩子带到他们面前（当时，孩子没有任何社会或法律地位），告诉他们：只有乐意帮助社会弱势群体的人，才是真正了不起的人；接待那些"弱者"，就是接待耶和华上帝。

耶稣不是想故意抬高穷人，而是想强调：所有人都是上帝视为珍贵的。因此，真正了不起的人，不应该热衷于竞争或比较，不应该努力往上爬，而是应该向下伸出援手。如果他担心自己会因此显得软弱无能，不妨看看主耶稣——至高者独生爱子为我们树立的榜样。

做门徒的代价   第241天   经文：《路加福音》9：49~62

> 耶稣说："手扶着犁向后看的，不配进神的国。"（路9：62）

1945年4月9日，年轻有为的德国神学家迪特里希·朋霍菲尔在福洛森堡集中营被纳粹处以绞刑。这位殉道士生前曾对"作门徒的代价"进行过深入的探讨，即使在最危险的日子，仍然写出了不少名著。他认为，耶稣传给众门徒的福音里充满挑战，同时也充满安慰。朋霍菲尔说："对于那些有名无实的基督徒来说，耶稣的命令很难奉行；但是对于那些真心顺服的基督徒来说，他的轭是容易的，他的担子是轻省的。"[1]

这句话千真万确，耶稣无意批评那些刚愎自用的门徒。但是，当他们禁止别人奉耶稣的名赶鬼时，耶稣对他们说："不要禁止他。因为不敌挡你们的就是帮助你们的。"（路9：50）当他们想要除灭不接待耶稣的撒马利亚人时，主耶稣责备他们内心冷酷无情（路9：51~55）。当有人表示愿意追随耶稣，但首先要尽家庭义务时，主耶稣告诉这个三心二意的信徒："手扶着犁向后看的，不配进神的国。"（路9：62）

如果一个人在耕作时一直往后看，不仅会脖子抽筋，更会使垄弯弯曲曲，不成样子。同样，如果一个基督徒在追随基督时三心二意，他的生活也一定会不成样子。那些三心二意的基督徒，只将生命中有限的部分献给基督，其他的部分用来满足一己之私。

当一个基督徒从内心深处拒绝完全委身于主耶稣，拒绝顺服他的教导时，他的生活就不会有真正的平安。因为，这将是一场意志的较量——"主的意志"和"我的意志"。"我的意志"注定会败给"主的意志"，所以他的百般挣扎只会自己徒增痛苦、烦恼。与其如此，不如接受耶稣的责备，丢掉一切私心杂念，努力在生活中实践他的真道。无论基督怎样带领，如果我们能够卸下自身的枷锁，主动背负他的轭，就一定会获得真正的自由。

在朋霍菲尔看来，死亡是"通往永远的自由的盛典"。他坚信，为了追随基督，任何事都可以舍弃。真正的门徒，就应该是这样的。

羊与狼的战争   第242天   经文：《路加福音》10：1~20

> 你们去吧！我差你们出去，如同羊羔进入狼群。（路10：3）

---

[1] 迪特里希·朋霍菲尔，《作门徒的代价》

　　在各种体育赛事中，我们经常会看到"熊"队、"狮子"队、"美洲虎"队或"公牛"队，但是绝不会看到"松鼠"队和"羊羔"队。因为前面那些动物代表着"强悍"、"凶猛"和"威胁"，受人尊敬，而后面那两个动物往往代表着"软弱"和"可怜"。

　　在耶稣生活的那个年代，虽然没有职业体育赛事，但当时的人同样凶猛彪悍，常像熊或狮子一样咄咄逼人。耶稣并不担心这些人，而是担心那些即将出去传道的门徒。因为他们此去，就"如同羊羔进入狼群"（路10：3）。他手下这支传道的队伍，没有叫"迦百农猎豹队"，也没有叫"耶路撒冷老虎队"，而是叫"羊羔队"；而且，第一个回合就要面对凶猛的"狼群队"。相信你一定会说："绝对没戏！如果这是职业联赛的话，肯定第一个回合就会被裁判员叫停。"

　　但是耶稣不这么认为。虽然他知道在如狼似虎的世人面前，门徒们的确像羊羔一样软弱，但取胜的玄机就藏在前面那句话里："我差你们出去。"（路10：3）基督教福音事工无往不胜的秘诀，并不在于被差派的人能力出众，而在于那差遣人出去的无所不能。如果发出命令的不是主耶稣，这72个门徒永远都不会迈出门槛；如果主耶稣没有明明白白地告诉他们："我已经给你们权柄，可以践踏蛇和蝎子，又胜过仇敌一切的能力，断没有什么能害你们。"（路10：19）这支"羊羔队"就毫无胜算。但事实是，他们大获全胜！最终比分是多少？"羊羔队"72分，"狼群队"0分。

　　"设立"这72个人的是主耶稣（路10：1），"庄稼的主"（路10：2）——他是门徒们祈求、祷告的对象（路10：2），是唯一能够"打发"人传讲天国信息的人。他不仅仔仔细细地教导门徒外出传道的具体方法、技巧，更耐心地向他们解释了其中的轻重缓急。不久，门徒们风尘仆仆回来，无比兴奋地向主耶稣报告各自的成绩。主耶稣却告诫他们说："不要因鬼服了你们就欢喜，要因你们的名记录在天上欢喜。"（路10：20）

　　那么，那些被耶稣差遣的人到底应该怎么做呢？首先，无论胜算有多少，力量对比多么悬殊，身边的人是否一致反对，他们都应该勇敢地走出去。然后，他们应该大胆地宣讲主耶稣和天国的好消息，并随时祈求主耶稣基督的帮助。最后，他们应该坚持不懈。这样，就可以保证"羊羔队"每次都会大败"狼群队"！

好撒马利亚人　第243天　经文：《路加福音》10：25～37

> "你想，这三个人，哪一个是落在强盗手中的邻舍呢？"他说：
> "是怜悯他的。"耶稣说："你去照样行吧。"　（路10：36～37）

生活在社会底层的人都不喜欢假仁假义的"伪君子"，对夸夸其谈的"空想社会改良家"也不屑一顾。与前者相比，后者往往有一副古道热肠，似乎是"好撒马利亚人"。"帮助老人过马路"、"为身体不便的人跑腿"这些典型的童子军活动，他们会乐此不疲，但是在那个著名的喻道故事——"好撒马利亚人"里，主耶稣想说明的远非这么简单。

要想正确理解这个故事，我们首先要了解它的背景。在耶稣说故事前，"有一个律法师，起来试探耶稣说：'夫子，我该作什么才可以承受永生？'"（路10：25）可见，"好撒马利亚人"的故事其实说的是"永生"，以及来世将"永远与上帝隔绝"，还是"永远与上帝同在"。面对这个刁钻的问题，耶稣反问这个律法师，怎么理解摩西的诫命："你要尽心，尽性，尽力，尽意，爱主你的神；又要爱邻舍如同自己。"（路10：27，同时参见申6：5；利19：18）借着这个问题，耶稣暗示他，要想承受永生，就必须一丝不苟、完完全全地履行上帝的律法。这位律法师不服，"那人要显明自己有理，就对耶稣说：'谁是我的邻舍呢？'"（路10：29）为了回答这个问题，耶稣给他讲了"好撒马利亚人"的故事。可见，耶稣是想借这个故事说明，这个撒马利亚人就是"爱邻舍"的好榜样。

显然，在这位律法大师的"神学大典"里，无论是"邻舍"还是"爱邻舍"，说的都只是一个特定的人群。然而，耶稣借着这个故事告诉他，"邻居"可以是身边的任何一个人，所以"爱邻舍"就是指爱所有人。那遍体鳞伤、奄奄一息的路人就是"邻舍"，备受以色列人歧视的撒马利亚人也同样是"邻舍"。

更重要的是耶稣还指出，无论人们多么努力，爱邻居也好，遵守律法也好，都不可能因此承受永生。人们只能信靠主耶稣，因为他是通向永生唯一的道路。在与律法师们辩论的同时，耶稣宣称："我来本不是召义人悔改，乃是召罪人悔改。"（路5：32）

许多人认为，只要今生"行善积德"，就可以在来世承受永生。但是"好撒马利亚人"的故事证明，这个想法不仅错误，而且十分危险。对于这一点，使徒保罗说得更清楚："因为罪的工价乃是死。唯有神（白白）的恩赐，在我们的主基督耶稣里乃是永生。"（罗6：23，作者加注）可见，永生是来自上帝白白的恩赐，与行善积德无关。但是每个承受了恩典的人，都应该一生致力于行善，做一个"好撒马利亚人"。

碌碌无为　第244天　经文：《路加福音》10：38～11：13

> 耶稣回答说："马大，马大！你为许多的事思虑烦扰，但是不可少的只有一件，马利亚已经选择那上好的福分，是不能夺去的。"
>
> （路10：41～42）

艾萨克·瓦茨有句名言："撒旦差闲汉，欲把坏事干。"[1]说的是游手好闲很危险。

游手好闲的生活容易滋生太多试探。正当有益的工作不仅仅会增强体质，赚钱养家，更可以遏制掉这些试探。但是，若要把忙碌当做游手好闲的解毒剂，就要警惕其副作用。

耶稣的朋友马大就是一个很好的例子。当她看到耶稣带着一群饥肠辘辘的门徒来吃午饭，她为之操劳是无可指责的。而她的妹妹本该下厨尽职，却围坐聊天，她为之失望也合情合理。但是当马太提醒耶稣"请吩咐妹妹来帮助我"（路10：40）时，耶稣却回答说，马利亚已经选择了她所忽视的东西。这是什么东西？

在那些忙碌到无暇顾及自身灵魂饥渴的人当中，马大堪称典范。确实，这种人所做的事情是必须、重要、且又有益的，但从终极意义上来讲却是无益的，他们忙于身心情感的同时，往往会忽视了灵性力量的补给。

马利亚选择了上好的福分，而不是身心情感之事。她选择了一个对于那个时代的女性来说弥足珍贵的机会，"在耶稣脚前坐着听他的道"（路10：39）。

有一个言简意赅的成语"碌碌无为"。忙碌使我们不能阅读、谨记、思量上帝的话语，更不用说融入生命。将上帝的话语融入生命，就好像是两个朋友之间对话——两人相互倾听，彼此应答、鼓励。当我们经常在主面前摆上时间，倾听他的话语，并且在祷告中回应上帝的话语，属灵的营养就涌入我们的生命。

当然，基于上帝话语的祷告更能摸着上帝的心意，而自我关注型、自言自语的祷告则可能性较小。从耶稣教导门徒的祷告中我们可以清楚地看到这一点

---

[1] 艾萨克·瓦茨，《圣诗》

（参见路11：1～4）。耶稣的祷告首先关注的是"愿人都尊你的名为圣"，接着是"愿你的国降临"。之后，才开始祷告个人所关心的正当需求——诸如"我们日用的饮食"，我们在人际关系中的罪和"亏欠我们的"，以及试探等灵性问题。

　　的确，医治游手好闲的良方是忙碌。但我们也应当警惕碌碌无为，因为它忽视了幸福的真谛。

一叶障目，不见泰山　第245天　经文：《路加福音》11：14～28

　　　　若撒旦自相纷争，他的国怎能站得住呢？因为你们说我是靠着别西卜赶鬼……我若靠着神的能力赶鬼，这就是神的国临到你们了。

　　　　　　　　　　　　　　　　　　　　　　　　　　　（路11：18，20）

　　最高法院对罗伊案的一纸判决令堕胎从此在美国合法，但关于堕胎的激烈争论却并没有因此消失。赞成这一判决的人们倾向于把辩论双方称为"赞成堕胎权"和"反对堕胎"。他们选择的字眼清楚地指明了他们的思维倾向。其实，他们应该称双方为"扼杀婴儿"和"尊重生命"。

　　赞成堕胎的人把这场争论归因为自由选择权之争，一方是妇女，另一方是拒绝让政府干涉个人（堕胎妇女）的最私人领域。那些所有努力反对的争论中，有一点是大家经常忽视或遗忘了的：美国这最近30年，每年有150万名婴儿死于非命，他们甚至是在出生前就被剥夺了生存权！换句话说，争论"自由选择权"，却完全忽略了最重要的一点：每年有150万人被剥夺了选择的自由！

　　我们有时会因一叶障目而不见泰山。具体在这场争论中，因为一位女性的选择权这一"叶"，而看不见整座"泰山"：数以百万计婴儿的灭绝。但是人类搞错这一点，早就不是第一次。比如说，耶稣显出了神迹。现代人趋向于消解对于神迹的描述，他们或者说："神迹没有发生。"或者说："耶稣那时代的人们不能解释我们现在所能解释的，他们看为神迹的，现在我们看来不过是稀松平常的，可以轻松解释。"不过，当时的目击者可不是这样辩解！他们从未怀疑过耶稣所显出的神迹，他们只是质疑耶稣是如何做到的。有人说："他是靠着鬼王别西卜赶鬼。"（路11：15）另有人不能确定，为保险起见，"向他求从天上来的神迹"（路11：16）。

　　耶稣马上揭穿了说他是靠着鬼王别西卜赶鬼的谬论，反问："若撒旦自相纷争，他的国怎能站得住呢？"（路11：18）真是一语中的！鬼王别西卜怎么会耗时耗力来赶鬼呢？正如耶稣所说："凡一国自相纷争，就成为荒场。"

（路11：17）

认为耶稣是靠着鬼王别西卜赶鬼？那些人当然搞错了！问题在于，在争论他是怎么显出神迹时，他们忽视了这样一个事实：这些神迹是为了表明"神的国临到你们了"（路11：20）。

争论"自由选择"和"政府干涉"这些法制内的细枝末节，却忽视了婴儿正丧失生命这座泰山，不能不说是一个悲剧。同样，关注于神迹而忽视了上帝的国临到，也是灾难性的。

历史和上帝的故事　第246天　经文：《诗篇》85篇

> 我要听神耶和华所说的话，因为他必应许将平安赐给他的百姓，他的圣民；他们却不可再转去妄行。　　　　　　（诗85：8）

悲观主义者认为："如果问历史教给了我们什么？唯一的答案就是：它没有教给我们任何东西。"从一个普通读者的角度，这种看法可以总结成一句话：把历史扔进垃圾篓；但对于教授历史的人来说，是把历史扔进废话堆。同样，这种看法也可以成为一种悲观论，是对人类顽固和愚蠢的忧虑。不管我们怎么解释，都需要拒绝这一结论，因为一些伟大的真理，只有通过省察历史才能获悉，所以历史里面蕴含着无尽的价值。比如说，一个相信上帝掌管人类历史的人，把历史看为上帝的故事，并且通过历史学到了从上帝而来的宝贵功课。历史中所透露出的都是这位创造主和拯救者的行为与介入——斗转星移，甲子更替，积聚成千百年光阴，从而立定他的旨意，显明他的本意。

毫无疑问，在上帝介入以色列历史的故事中，我们可以学到很多功课。甚至在以色列历史的黑暗时期，那些"有眼可见"的人仍旧可以清楚辨明上帝掌控历史的方式。所以，通过学习以色列的历史，回顾、思想上帝过去的作为，就可以拥有预见到上帝未来作为的洞察力。比如《诗篇》的作者，满怀喜乐地写下了上帝的历史行为："耶和华啊，你已经向你的地施恩，救回被掳的雅各。你赦免了你百姓的罪孽，遮盖了他们一切的过犯。"（诗85：1～2）这并非一厢情愿的痴心妄想和胡言乱语，而是有史可考的事实。上帝实实在在成就了那一切的事。它们可以确信，而且值得确信。

《诗篇》作者明了过去，并对未来满怀信心，所以他唱道："拯救我们的神啊，求你使我们回转……你不再将我们救活，使你的百姓靠你欢喜吗？"（诗85：4，6）为什么他会向主求这个呢？因为上帝以前已经成就过这事。上帝过去怎样，未来仍将怎样；曾经成就的，以后仍将成就。

《诗篇》作者学会了一个重要的功课：上帝是昔在、今在、以后永在的，一直掌管着历史。《诗篇》作者确信自己的祷告会蒙应允，所以开始述说他的祷告，如同祷告已经成就："慈爱和诚实，彼此相遇；公义和平安，彼此相亲。"（诗85：10）接着他无比确信地说："我们的地，也要多出土产。"（诗85：12）他已经从历史中学到了上帝的做法，因此能够看到将要发生的事。

历史并非没有意义的事情的无尽演绎，也不是虚空轮回的不断循环；它是天上的上帝在地上的作为。从历史中学到功课的人会知道，历史是拥有无尽智慧的宝藏。

一诺千金   第247天   经文：《撒母耳记上》1：1~28

> "我祈求为要得这孩子，耶和华已将我所求的赐给我了。所以我将
> 这孩子归与耶和华，使他终身归与耶和华。"于是在那里敬拜耶和华。
>
> （撒上1：27~28）

通常，人们在极度痛苦时许下诺言，而一旦痛苦过后，诺言就会从记忆中消逝。有人祷告说：我的神啊，只要你将我的妻子带回家，我保证再也不伤害她了；主啊，若你帮我找到工作，我保证以后滴酒不沾了；天父，只要你使飞机平安降落，我将奉献余生成为一名宣教士、神职人员或其他什么。我们都听到过诸如此类的祈祷，甚至自己也曾这样祈祷过。

这些诺言的问题在于它们很少出自坚信，更多是出于便利。我们既然不喜欢身陷困境，便使出百般解数以求避开，甚至会对全能者开出一张空头支票；但真的要为此买单，或支付我们一方的"利润"，便会使我们浑身不舒服。所以，这种诺言通常会不了了之。然而，例外还是有的，比如马丁·路德从闪电中幸存下来，便遵从自己的诺言，成为一名神职人员。但是，对于芸芸大众来说，这绝非惯例，而是特例。

哈拿是另外一个特例。她深深渴望生下一个孩子。她诚挚祈祷，并且许诺："万军之耶和华啊，你若垂顾婢女的苦情，眷念不忘婢女，赐我一个儿子，我必使他终身归与耶和华，不用剃头刀剃他的头。"（撒上1：11）就当时而言，奉献孩子给主耶和华不仅仅是一个简单的宗教仪式，这孩子将会离开家，置身于一个老祭司的照看下。而当时，这个老祭司自己的家已经被两个逆子搞得乌七八糟，哈拿本可以有很多很好的理由来违约，但她却自始至终信实

地守约。所以，撒母耳一断奶，就离开家，住在圣殿中长大成人。

哈拿的丈夫以利加拿并非一个心灵敏感的人（参见撒上1：8），但他非常关切妻子以及她对诺言的信守，对她说："但愿耶和华应验他的话。"（撒上1：23）这就是整个事件的关键：假如向主耶和华许诺，并且主耶和华成就了请求，那么主耶和华一定会赐她能力，完成约定中她的那一部分；她若信实，他也一定会信实。

患难中"临时抱佛脚"式的信口许诺，往往不值得效仿，但是如哈拿一样做出庄严誓约，坐言起行，却是令人敬佩的。在上帝面前许下诺言，就要像哈拿一样践约，否则还不如不许诺言。"庄严许诺"与"忠实践约"才是真正的一诺千金。

耶和华的助手　　第248天　经文：《撒母耳记上》2：12～26

> 那时撒母耳还是孩子，穿着细麻布的以弗得，侍立在耶和华面前……耶和华眷顾哈拿，她就怀孕生了三个儿子，两个女儿。那孩子撒母耳，在耶和华面前渐渐长大。
> 　　　　　　　　　　　　　　　　　　　　　　（撒上2：18，21）

一名年长的店主曾说过："给我一个小伙计做助手，我会得到一个助手；给我两个小伙计做助手，我会得到半个助手；给我三个小伙计做助手，我半个助手也没有了。"这实在是经验之谈。小伙计帮忙，往往会越帮越忙。

因此，当读到"撒母耳还是孩子，侍立在耶和华面前"（撒上2：18）时，不禁令人大吃一惊。这孩子的表现中规中矩，已然难能可贵，但更让人吃惊的是上帝竟然接受了一个孩子的帮助！他是全能的上帝，为什么需要一个孩子的帮助？

毫无疑问，上帝毫无缺乏或不足。他铺张穹苍，使诸星运转；他以大能束腰，立定地极，掌管万有。但他也在自己的旨意中，挑选合适的人与他同工。而且，他所委派的事情都是人类可以担负的。

所以，撒母耳年幼时就晓得，自己肩负着重要的使命。因着与众不同的圣殿生活，他失去了正常的家庭生活（家人一年只看望他一次），但他经历到非比寻常的恩典——"在耶和华面前长大"（撒上2：21）。从某种意义上说，既然上帝是无处不在的，那么我们都是在他面前长大的。但在耶和华面前长大是一回事，能够认识到这一点，并且与上帝同行又是另外一回事。在成长的过程中，许多成人和孩子都没有意识到，自己是在上帝的看顾下生活，时刻接受着上帝的供给和养育，每天从他那里获得力量与智慧。但耶和华面前的侍立者撒母耳却不是这样。虽然他与家人分离，在一个特别的环境中成长，却一点没有受到伤害。正如经上所记，当他"渐渐长大，耶和华与人越发喜爱他"（撒上2：26）。可见这是一个均衡发展的孩子，在主耶和华面前侍立的有用之才。

认识到自己在上帝的永恒旨意中与他同工，也许生命中再也没有比这更大的恩典了。看自己为上帝面前的侍立者，为之做工，这简直是天底下最大的美事。同时，一个人在年轻时就认识到这一点，更是难能可贵。我们在成长中得到的认识，虽然会在某个时期暂时忘记，却会深植于心灵深处，永不离开。每个父母所期待的，不正是这点吗？

聆听声音　第249天　经文：《撒母耳记上》3：1～21

> 因此，以利对撒母耳说："你仍去睡吧！若再呼唤你，你就说：'耶和华啊，请说，仆人敬听！'"撒母耳就去仍睡在原处。耶和华又来站着，像前三次呼唤说："撒母耳啊！撒母耳啊！"撒母耳回答说："请说，仆人敬听！"　　　　　　　（撒上3：9～10）

在我们这个时代，如果有人宣称自己听到了上帝的声音，通常会被质疑。这倒不足为奇，因为常有人以此为离奇的、甚至是罪恶的事辩解。对于那些自称见到异象的人，我们满心狐疑，但是对于他们宣称所看到的却往往不置可否。当然，问题在于宣称听到上帝的声音或看到异象，这通常都不是第三方所能够辨明真伪的。

在半夜听到一个声音时，小撒母耳并没有什么非同寻常的猜想，他以为是年纪老迈、眼目昏花的以利叫他帮忙。撒母耳三次来到以利的床前后，大祭司以利终于明白这是耶和华的呼唤。可见，主耶和华的显现和声音那时也是少有的。就算是主圣殿的管家以利都没有期待听到主的声音。值得庆幸的是，当以利最终认出那是主耶和华打破沉默、呼叫撒母耳时，他给出了正确的建议："你仍去睡吧！若再呼唤你，你就说：'耶和华啊，请说，仆人敬听！'"撒母耳就去继续睡在原处。（撒上3：9）

读到这个故事时，今天的人们也许会问："上帝现今仍旧对人说话吗？"对于这个问题，大家各执一词，看法迥异。有的人可能会立刻否定，也有人会声称自己曾像听到人说话一样，清楚地听到上帝的声音。有些人更为谨慎，称自己从未耳闻过上帝的声音，但相信上帝会通过圣经或某个朋友，甚至梦境与他们交流。

　　宣称上帝当下不再对人说话，这显然说不通，因为我们不能说"上帝不能说话"，也没有理由主张"上帝沉默不语"。同时，声称上帝对自己说话的人，也需要注意分辨，不要把自己的心声当做上帝的声音。若他们认为自己所听到的有悖于圣经，就更应该谨慎考察。

　　正确倾听的关键在于正确的态度，就好像撒母耳。一个好的倾听者会明白，自己不过是主耶和华的一个仆人，听到主的呼唤时，应该立刻回答："是的，主。请您吩咐。"

丢失的约柜　第250天　经文：《撒母耳记上》4：1~11

　　　百姓回到营里，以色列的长老说："耶和华今日为何使我们败在非利士人面前呢？我们不如将耶和华的约柜，从示罗抬到我们这里来，好在我们中间救我们脱离敌人的手。"……非利士人和以色列人打仗，以色列人败了，各向各家奔逃。被杀的人甚多，以色列的步兵仆倒了三万。

　　　　　　　　　　　　　　　　　　　　　　　　（撒上4：3，10）

　　现在，妈妈给孩子起名时，一般不会使用何弗尼或非尼哈。不仅因为这两个名字毫无吸引力，还因为这两个名字曾经的主人令人厌恶。何弗尼和非尼哈与年迈的父亲以利一样，是在示罗的耶和华殿中供职的祭司。但他们利用特权，与会幕门前伺候的妇人苟合。这些事若放在当下，足以让他们坐上几十年的大牢。他们的父亲以利完全知道他们这样做的后果是什么，并且亲口责备他们，却没有进一步阻止。或许是因为以利已经老迈，两个儿子早已不把他看在眼里。

　　这期间，以色列人和非利士人打仗，并一时败北。以色列的统帅认为是耶和华使他们战败（参见撒上4：3），于是决定将耶和华的约柜抬到战场上来，好扭转战局。这两个声名狼藉的年轻祭司不仅满口应允了这个荒唐的请求，更亲自把约柜运送到战场上。

　　以色列人的假设是这样的：鉴于耶和华上帝罕见地离开他们，那么现在把他的约柜搬来，他就一定会再次临在他们中间，他们就胜券在握了。

　　约柜向来只能放在最为神圣的地方，而非战场，所以祭司没有权力把约柜运到战场上。但是，约柜的到来的确会对战事有些帮助。要知道，虽然非利士人对以色列人的宗教了解不深，但他们很清楚约柜代表着上帝的同在。当上帝与他的子民同在时，以色列人就会有坚不可摧的力量。奇怪的是，非利士人面对上帝的临在，不但没有膝盖发软，反而更为刚强，并且取得胜利——他们不但击败了以色列人，更是掳去了约柜。不可思议的事情发生了，上帝被异教徒所劫持！

从一开始以色列人就已经意识到，军事问题并非他们的首要问题——属灵的争战才是，但他们的解决方案却完全错了。他们以为，通过一次宗教行为，使用一个宗教符号就可以解决问题。殊不知，约柜中装着的"十诫"，并非可以使用的宗教符号，而是需要遵守的律法。甚至抬约柜的祭司也已经违背了"十诫"。以色列真是堕落透顶了。这才是他们战败的原因。

宗教符号从来不能洁净属灵的堕落。只有通过悔改和上帝的恩典，人们才能获得真正的洁净。

荣耀离开以色列了　　第251天　经文：《撒母耳记上》4：12～22

> 她给孩子起名叫以迦博，说："荣耀离开以色列了！"这是因神的约柜被掳去，又因她公公和丈夫都死了。她又说："荣耀离开以色列，因为神的约柜被掳去了。"
> 　　　　　　　　　　　　　　　　　　　　（撒上4：21～22）

在1904年的威尔士宗教大复兴时期，教堂无论大小都挤满了信徒，他们一心寻求"行在主的道路上"。矿工们往往等不及换下满是煤灰的衣服，就直奔教会，用威尔士口音高喊赞美诗，响彻山谷，信心激荡。后来，一位对大复兴的事迹很熟悉的美国人到威尔士旅行，满怀渴慕地访问了上帝的灵所运行过的村镇。他找到了一名年老的威尔士人，请他带他四处寻访那些教堂。在那里，老人忆及过去的岁月，谈到从前振奋人心的讲道和赞美。但是接着，老人无比惋惜地说："这一切荣耀都已成为往事。你不妨在教堂前面大大地写上'纽约的荷兰后裔'。"其实，这位老人想说的是"以迦博"。

我们应当称赞这位威尔士老人。他虽然弄混了词，但至少知道一个大多数人都不知道的圣经故事。这个故事讲述的是：一个报信的人带消息回到示罗，说以色列战败，约柜被掳。当瞎眼的胖祭司、可怜的老以利听到约柜被掳、儿子双双死去（看起来他更关心前者而不是后者）的消息时，就从他的位子上往后跌倒，折断颈项而死。以利的儿媳、与女人苟合的祭司非尼哈之妻，这时恰好早产生下一个儿子，并在生产中死去。临死之前，她低声说道："荣耀离开以色列了。"并且给自己的儿子起名"以迦博"，意思是："荣耀哪里去了？"（撒上4：21）

在中东，一些壮观的废墟随处可见，彰显着久已逝去的大都市的繁华。这许多大都市曾是公元1、2世纪的教堂所在地，如今这些教堂早已不复存在，基督信仰也随之消逝了。荣耀已经离开了。在欧洲的大教堂中，曾经云集敬拜上帝的人群已被蜂拥而至、挤满古老长廊的游客所取代。这些无知的游客，不假思索地登上教堂内的墓地，在从前的信仰伟人们高高屹立的地方闲逛。荣耀已经离开了。

教会大多未过一代就会消逝。有些地方的教会因为暴力逼迫而消逝；而在另外一些地方，则是因为道德日益败坏而消逝。这种败坏就发生在何弗尼和非尼哈一类人的心里，使他们与上帝渐行渐远。当败坏和远离一起发生时，"以迦博"——荣耀就离开！

相信本能　第252天　经文：《撒母耳记上》8：1~21

> 耶和华对撒母耳说："百姓向你说的一切话，你只管依从，因为他们不是厌弃你，乃是厌弃我，不要我作他们的王。"
>
> （撒上8：7）

人类有一个致命的骄傲，就是相信自己的本能，而不是上帝的准则。我们驾轻就熟地遮盖上帝的警告，毫不理会上帝的提示，一意孤行，随波逐流。所以，上帝放手让他的孩子们前行，任由他们撞上自己早已告知的"南墙"。

撒母耳晚年时，上帝的子民们觉得自己按照上帝的方式生活显得很吃亏。他们发现，邻国的宗教远没有敬拜耶和华那么严格。他们也更欣赏邻国的王权和军事力量。对比之下，他们认为，上帝为以色列人命定的宗教和政治结构，一方面看起来太过严格，另一方面又不够安全。那时，外邦人所信奉的假神，不仅拥有人类所有的劣根，更怂恿其追随者变本加厉。周边的邻国都是如此，所以以色列人很容易被它们同化，转去信奉假神。同时，与众不同地敬拜耶和华上帝，过一种分别为圣的生活，却显得异常困难。确实，当大军压境，相信国王远比相信上帝要容易的多，因为毕竟前者可以呼兵点将，击溃敌人。

当以色列人提出变革要求时，撒母耳很不喜悦。他明白他们的心思：以色列扭转心意，不再相信主，而去相信自己。正如上帝所说："他们不是厌弃你，乃是厌弃我。"（撒上8：7）耶和华允许他们凭己意而行，不过警告了他们这么做的后果。撒母耳传达了上帝的旨意，丝毫没有引起众人重视。他们任意而行，决心要一个人，而不是上帝来做他们的王。对于上帝所说"让人作王的代价"，他们充耳不闻。

人类本能并非一无是处，但上帝的准则才真正毫无谬误。假如我们的本能与上帝的准则大相径庭，我们就必须放弃本能。要想做到这一点，我们需要把本能置于他的监管之下，而非将我们的意图凌驾于他的权能之上。如果我们真的尊他为王，就不会轻易相信那些眼见的事情，而是坚持追随上帝。因为永在的全能上帝，永远都为我们着想。

敬拜上帝　第253天　经文：《诗篇》29篇

> 神的众子啊，你们要将荣耀能力归给耶和华，归给耶和华。要将
> 耶和华的名所当得的荣耀归给他，以圣洁的妆饰敬拜耶和华。
>
> （诗29：1~2）

敬拜者历来使用音乐赞美、呼求上帝、交流信息和励志。但随着世界音乐风格的变化，敬拜音乐也出现多种形式。于是，音乐常常成为教会敬拜争论的焦点，甚至在宗教改革时期也是如此。当时，改革者之间达成了许多共识，却在音乐主题上争持不下。现如今，在某些区域，对于用什么来组成敬拜音乐的争论是如此剧烈，以至人们称之为"敬拜战争"。

19世纪，威廉·布斯在英国教会卓然而出。面对家乡现状在灵性和经济上的双重低迷，他组建起了救世军。这是一支生气蓬勃、极富激情并且颇为先锋的军队。它走进赤贫者当中，带给他们一个好消息：在耶稣基督里有全部的救赎。布斯的所作所为并非没受过指摘。比如，他喜欢在福音和敬拜事工中使用世俗曲调。面对质疑，他反驳说："为什么要让魔鬼得到最好的曲调呢？"

令人称奇的是，在大卫谱写的《诗篇》29篇里，我们在字里行间看到了类似的观点。学者宣称，在这篇诗歌里发现了崇拜古巴比伦的偶像——巴力的迹象。假如果真如此，大卫王和威廉·布斯"将军"倒是真有一个共同之处。

但可以确信的是，巴力崇拜者归之于巴力的，大卫把它归之于上帝。主耶和华是创造的主，而巴力不是。因此，大卫告诫敬拜者："耶和华的声音发在水上，荣耀的神打雷。"（诗29：3）这句经文指出，在大自然中，尤其是在巴勒斯坦经常发生的狂风暴雨，昭示世人："耶和华的声音大有能力，耶和华的声音满有威严。"（诗29：4）

敬虔的灵魂可以在万物中见到上帝的作为，因为万物都是他的圣工；他们也会从大自然的宏音稀声中倾听到上帝的声音。这样的灵魂会毫不费力地转向上帝，敬拜他。以大卫为例，他呼唤上帝的众子与他一起"将荣耀、能力归给耶和

华"；他呼唤众天使和人类一起"以圣洁的妆饰敬拜耶和华"。（诗29：2）

那些假神窃取了本属于上帝的荣耀，所有认清这个事实的人都会满怀激情将荣耀归给主，并邀请别人一起来敬拜。最好的曲调不应该属于魔鬼。同样，所有的荣耀也不应该错误地归于假神。

带刺的玫瑰　第254天　经文：《马太福音》10：16～42

> 学生不能高过先生，仆人不能高过主人。　　　　（太10：24）

公众人物和广告商们向来只讲拜年话。我们对此早已心知肚明，所以总是半信半疑，私下里揣摩："难道就没有一点坏的吗？"

耶稣的宣讲却截然不同。他从不含混其词，也不会言利匿弊。他清楚地告诉每一位门徒，他们都会经历患难，正如自己所受的一样。他警告门徒们说："学生不能高过先生，仆人不能高过主人。"（太10：24）众门徒不仅会遭受诸般的患难和逼迫，其中一些甚至会来自身边最亲近的人（参见太10：21～22，34～36）。

尽管代价如此巨大，两千年来仍旧有千百万的人选择跟随主耶稣。他们从这个空虚无聊的世界中找到了活着的理由。他们相信耶稣基督是这世界的唯一盼望；相信效法基督、继续基督的使命是解决人类罪恶的唯一途径。他们确信耶稣的话语："那杀身体不能杀灵魂的，不要怕他们"（太10：28）。他们知道，耶稣预先告诉他们的这些逼迫患难，并不超过他们所能受的，因为他应许将赐下圣灵住在信徒里面。他们从上帝那里得到了极大的安慰，因为天上的麻雀他都看顾，我们的每一根头发都被他数算（参见太10：29～30）。他们相信，在上帝那里没有意外之事，凡事他都看顾。并且，当这一切过去后，上帝应许给他们在天上有永恒的奖励。

有时人生并非童话般美好。谁说人生是一座玫瑰园呢？但耶稣却清楚明白地这样说过。玫瑰园中，玫瑰和花刺共存——这两样，主耶稣都已经预先指出了，并且是所有追随者将亲身经历的。他给我们的爱和恩典就是玫瑰，而我们经历的逆境和敌视就是花刺；你不能取其前者而舍弃后者。

当你遭受锐利的逆境之刺时，不要忘了耶稣在十字架上为救赎你所遭受的痛苦，这样你才可享受到救赎的馨香之气。为了盛开的玫瑰，他认为花刺是必须并且是值得的。所以，品享馨香玫瑰时，别忘了花下有刺。而这两者，都来自主的应许。

脱发   第255天 经文：《马太福音》10：28~42

> 那杀身体不能杀灵魂的，不要怕他们；唯有能把身体和灵魂都灭
> 在地狱里的，正要怕他。……就是你们的头发也都被数过了。所以，
> 不要惧怕，你们比许多麻雀还贵重。   （太10：28，30~31）

电视广告宣称，脱发对男人来说是头等大事。当头上出现秃块，发际线退后，男人就会忧心忡忡地盯着镜子，查看生发过程（或秃顶过程），担心青春不再，并且拼命想重振雄风。但是广告又同时告诉我们，只要使用正确的护理方法，头发可以再生，从而重现青春活力。谢顶或脱发男人完全可以重新拥有一头浓密的头发，再次信心百倍、无所挂虑地面对世界。

如果说男性关注他们的头发，上帝则更是如此。耶稣宣称，在天国，连人的头发都无比珍贵。正如经上所记："就是你们的头发也都被数过了。"（太10：30）耶稣极力强调这一点，希望世人能明白，在上帝的眼中，人是如此宝贵，以至被上帝看为"眼中的瞳人"。因此，他们应该在生活中充满自信。这不仅仅是因为他们的发际线恰在其位，更因为他们的头发都被数过，就是说上帝知道他们生活的每一个细节，并且时刻看顾和保守。上帝到底有多在意？耶稣话锋稍转，说道，"两个麻雀不是卖一分银子吗？若是你们的父不许，一个也不能掉在地上……所以，不要惧怕，你们比许多麻雀还贵重。"（太10：29，31）正如一首古老的赞美诗所唱：

> 他既看顾小麻雀，
> 深知我必蒙眷顾。[1]

我们可能会在生活中身心交瘁，也可能陷入窘境。但对人生的忧虑，却必须置于一个大环境里正确把握。掉头发固然不能与掉脑袋同日而语，但远比掉脑袋更为糟糕的，莫过于丢掉灵魂。耶稣对此的讲解引人注目："那杀身体不能杀灵魂的，不要怕他们；唯有能把身体和灵魂都灭在地狱里的，正要怕他"（太10：28）。

所以，下次你盯着镜子看自己的发际线时，别忘了在天国中，你的每根头发都被登记在册。因为对上帝来说，你生命的每个细节都无比宝贵。更不要忘记，有一天，你的头发将是无关紧要的，唯一要紧的是上天堂，还是下地狱！

---

[1] 马珊薇，《天父必看顾你》

种子和土壤　第256天　经文：《马太福音》13：1～23

> 我栽种了，亚波罗浇灌了，唯有神叫他生长。　（林前3：6）

教会的使命就是传讲福音，两千年来始终不变，只是各个时期的果效不尽相同。近些年来，教会更多关注于以不同人能够理解和接受的方式去传讲福音。对此，耶稣也曾有过教导。

公元1世纪，中东的农民在臀部挎着一个篮子，行走在田间播撒种子。种子呈弧形撒落田间，落在各种不同的土地上，有的会苗壮成长，有的则根本不会发芽。借着这个普通的事例，耶稣向门徒们解释了传播天国福音的道理。

上帝的话语就是种子。人听了道，各人反应不同。有些人已经预备好了，他们热切回应；他们得到福音就信了，成为信徒，新的生命生长出来（参见太13：23）。可惜的是，另一些人内心刚硬——或冷漠或反对——真理很快就被他们丢失（参见太13：19）。再有些人仅仅理智上认同，浅浅地做出回应，表面上似乎认可真理，内心却始终不曾改变（参见太13：20～21）。还有的人则完全没有认识到福音的独特意义，将宝贵的福音埋没在各种琐事当中（参见太13：22）。

这对于热心传讲福音的门徒有什么意义呢？首先，他应该确信上帝话语的能力，就像农民确信种子会发芽一样。第二，他必须认识到，自己有责任传达真理，但是反应如何却不在他的掌控中。农民负责播种，但是不论做了多少准备工作，收成都不是他能担保的。第三，他会遇到评价福音的人，或者说，福音在"评价"他们。就像土壤不能"评价"种子一样。第四，他必须记住，人们在属灵上本来就是又聋又瞎，需要上帝不可思议地进入到生命之中，才会有变化（参见太13：12，15）。

保罗正确地领会了耶稣的话，因此才说："我栽种了，亚波罗浇灌了，唯有神叫他生长"（林前3：6）。我们负责播种，但生长却是上帝在负责。

约拿的神迹　第257天　经文：《路加福音》11：29～36

> 当众人聚集的时候，耶稣开讲说："这世代是一个邪恶的世代，他们求看神迹，除了约拿的神迹以外，再没有神迹给他们看。"
>
> （路11：29）

那些在"信"与"不信"之间挣扎的人常说，如果他们亲眼看到、亲耳听到耶稣的传讲，就会毫不迟疑地相信。这似乎可以理解，但并不确然。有些人见到了耶稣的作为，听到了他的宣讲，却仍旧难以接受信仰；他们拒不领受他的话，觉得他行的神迹还不够，继续求更多的神迹。

面对这些缺乏信心的人，耶稣循循善诱。他认为，他们之所以会这样，并不是因为在信仰上踌躇，而是因为他们属于一个"邪恶的世代"（路11：29）。耶稣相信，自己给这些人看的诸多证据，已经足以证明他就是自己所称的那一位；而他们的不信，并非因为八字不好，或生性多疑，而是因为他们内心邪恶，所以他们才会选择不信，并要求更多的神迹。

对于这样的人，耶稣告诉他们："除了约拿的神迹以外，再没有神迹给他们看。"（太11：29）听道的人熟知先知约拿的故事。当初上帝的话临到约拿，要他起来往东到尼尼微城去，他却故意向西往他施。可是船驶出没多远，上帝就在海上兴起了大风暴。船上的人发现是约拿连累了大家，使船只陷入这样的险境，他们各自祈求自己的神灵无效后，大家迫不得已，只好把约拿扔下了船。接着，一条大鱼吞了约拿，他在鱼腹中三天三夜。之后，上帝的话再次临到约拿，要他去尼尼微。显然，这个命令是没有协商余地的。约拿只好进入尼尼微城，宣告上帝的话语。尼尼微全城回转，离开所行的恶道。

听耶稣讲道的人中，有些人或许听明白了耶稣所说"先知约拿的神迹"的真正含义，但也有不少人不知其所云。所以，耶稣另给了他们一个启示，接着说："这里有一人比约拿更大。"（路11：32）他说的这个人就是他自己。他要行的神迹将超越一切神迹，其形式与约拿的经历类似：耶稣会进入死荫的幽谷（而不是大海），被埋葬三天（葬于坟墓而非葬身鱼腹），第三天从死人中复活（凭借自身力量而非被吐出来）；此后，他将显现在众人面前，向他们传讲天国的福音。在耶稣看来，这将是最终的神迹，足以成为所有世代、所有人信心的根据。

所以，今天的人们需要思考这样一个问题："耶稣已从死里复活，我该如何回应？"基督教的生死存亡皆在于这一基本教义。如果基督已经复活，那么他就正是自己所宣称的那一位——弥赛亚，永生上帝的儿子，永远的王。如果基督没有复活而坠入阴间，那我们就是徒然相信了。不管是哪一种，我们都不需要更多的神迹。面对铁证如山的事实，我们需要决定相信前者还是后者。拒绝相信前者，就是邪恶。

人前人后　第258天　经文:《路加福音》12: 1～12

> 这时,有几万人聚集,甚至彼此践踏。耶稣开讲,先对门徒说:
> "你们要防备法利赛人的酵,就是假冒为善。掩盖的事,没有不露出
> 来的;隐藏的事,没有不被人知道的。"　　　　　　　　　（路12: 1～2）

　　一个人的品质和名声从来是两回事。一个人的名声是他在人们心目中的印象,而品质则是上帝所知道的那个"自我"。当下的社会非常注重形象,一个人在公众面前的衣着打扮、言谈举止等甚至都被一再强调。商界人士被告知,只有正确着装才能事业有成,所以通常会西装革履;政界人士更要倾听主流民众的声音,认真观察民意调查结果,努力掌握其"形象"中所有的细微变化。即便是十几岁的年轻人,也敏感于同龄人的压力或赞扬,强烈要求着装合潮流,以展示出其特有的风格。在我们的文化中,印象、公众形象、名声这些东西变得越来越重要。可是一个人私下里是什么样,他在上帝的眼中是怎样的——也就是其品质,却没有得到同等重视。事实上,我们被反复告知,私生活是个人的事,与其他人无关。因此,公众形象固然被大家所关注,而私生活却只是一个人自己的事儿。这么说对吗? 当然不对!

　　耶稣非常清楚,许多公众形象不过是"金玉其外,败絮其中",因为他曾亲眼目睹这样的人。所以,他警告说:"你们要防备法利赛人的酵,就是假冒为善。"（路12: 1）法利赛人长于伪装;他们所展现出来的敬虔并不是内心的真实情况。耶稣给这种行为起了一个名字——假冒为善。可以说,他们的人生是一场表演和作秀。

　　耶稣接着说:"掩盖的事,没有不露出来的;隐藏的事,没有不被人知道的。"（路12: 2）就是说,隐秘和公开之间的围墙注定会被拆除。无论是在世人眼中,还是在上帝眼中,我们将是同一个样子;私人生活和公开生活之间的区别将不再存在——一切隐秘的都将成为公开的,人们对我们的了解,将如同上帝对我们的了解。

　　如此,每个人该如何行? 他应该更关心自己在上帝眼中的样子,而不是在众人面前的装扮。比起公众面前的形象（也就是他的名声）,他私下的样子（也就是他的品质）将更为重要。名声并非不重要,但是名不符实的事情到处都是。有时,好人会得恶名,流氓却被捧上了天。但是,在天国绝不会如此。就这个世界而言,天国需要的是人们以响当当的品质来赚取实实在在的名声。我们的品质蒙上帝喜悦,我们的名声才会流芳百世。

数算代价　第259天　经文：《路加福音》14：25～35

> 这样，你们无论什么人，若不撇下一切所有的，就不能作我的门徒。
>
> （路14：33）

每个谈到这句经文的人都会强烈地感受到其中的英雄气概——它直来直去，不拐弯抹角，是典型的大丈夫口气。人们常说，这就是他们想听的。这也正是耶稣给他们的。可是，现今却少有人愿意听这话了！

毫无疑问，耶稣本人充满魅力。无论是他的人格，教训，还是他所行的神迹，都备受世人瞩目。他声名远扬，随者如云，给世人带来了前所未有的祝福。但是要想获得这莫大的祝福，所有的追随者都必须谦卑地俯伏在他的权柄之下。显然，并不是所有人都甘心情愿这么做。通过耶稣详细宣告他的权柄，人们开始认识到跟随他的巨大代价。

耶稣并没有巧舌如簧，向人们承诺下天花乱坠的奖赏。相反，他明白地告诉世人，要想获得丰盛的生命，就必须承认他是自己生命的主，唯一的救赎者。正如经上所记："若不撇下一切所有的，就不能作我的门徒。"（路14：33）因为耶稣的爱长阔高深，所以以色列百姓需要对他报以满腔热情。如果配做生命之主的耶稣要求他们放下所有的，他们就应该乐意交出生命的主权，因为那本来就属于他。

正因为主耶稣的话丝毫不打折扣，所以我们在如实宣讲耶稣的话语时，有时会惴惴不安。这也不足为奇，因为我们的文化推崇"软推销"：产品说明书上尽量避免介绍产品的缺点。而且，"免费"、"不满意无条件退款"、"某某年前免费"等用语，都是软推销的招牌技巧。于是有人认为，没有人会去理睬主的荆棘之途。但是，在这一点上，这些人却是大错特错了。无数人一想到自己的生命可以从此不再一样，可以更有意义，就激动不已并乐于接受挑战。耶稣不仅愿意将人们从虚空中拯救出来，更乐于赋予他们荒芜的生命以真正的意义和价值。他来到世间是为要改变世界；而且，将有无数人响应他的话语，奋起改变世界。

耶稣的话语的确无比凌厉——因为耶稣知道，包着糖衣的话语永远塑造不出能做盐、做光的圣徒。

上帝和卑鄙竞争　第260天　经文：《诗篇》10篇

恶人为何轻慢神，心里说"你必不追究"？　　　　（诗10：13）

"人生就是一场卑鄙的竞争，卑鄙者永远都是获胜者！"许多人这么想，有时似乎也确实如此。当然，《诗篇》作者绝不会认为这个世界就是一场卑鄙的竞争，更不会称世人为卑鄙者，但这句话却恰如其分地表达了他对周遭事物的感受。

功能性无神论者便是卑鄙竞争中的卑鄙者。他们并非哲学意义上的无神论者，因为后者是从哲学的角度宣称上帝不存在。这些人却一方面承认上帝的存在，而在日常生活中却完全无视这个事实（参见诗10：4，11～13）。在他们看来，上帝可有可无，与他们毫不相干。"上帝掌管宇宙万物，决定着人类的生活方式，并时刻看护、保守我们。"对于这样的话，功能性无神论者向来嗤之以鼻。对于神圣统治、神圣秩序或神圣惩罚等思想，他们不屑一顾，似乎那些东西永远与他们无关。没有上帝的生活，对于他们来说甘甜如饴。

对《诗篇》作者来说，生活却是苦如黄连。当卑鄙者正如花绽放时，《诗篇》作者却是荆棘缠身。看起来，卑鄙者似乎大获全胜，《诗篇》作者反而苦难深重，哽咽难言。此情此景，不禁令人相信上帝已死，或者至少是无能为力。更为糟糕的是，上帝居然选择退场，以支持他们的谬论。于是，卑鄙者们大言不惭地说："我必不动摇，世世代代不遭灾难。"（诗10：6）甚至得意洋洋地说："神竟忘记了，他掩面永不观看。"（诗10：11）上帝似乎撒手不管，作为仲裁者却看都不看，任凭他们肆意而为。

但是，《诗篇》作者抓住两件事情。他全然相信"耶和华永永远远为王"（诗10：16），而且他"要申冤"（诗10：18）。若果真如此，正义还是有希望最终取得胜利的。因为主耶和华永永远远为王，我们可能无法在有生之年亲眼目睹最后的胜利，无法以我们渴望的方式经历胜利，但我们可以将上帝的话存在心里——"谦卑人的心愿，你早已知道。你必预备他们的心，也必侧耳听他们的祈求"（诗10：17）。最终，上帝一定会使公义得以伸张（参见路16：19～31）。

我们能够直面卑鄙竞争，而且知道上帝而非卑鄙者终将获胜，因此我们会以上帝喜悦的方式而非卑鄙者的方式进行竞争。我们将定睛在创始成终的主耶稣身上，而不是关注卑鄙者，使自己站立不稳。

选择和结局　第261天　经文：《创世记》4：1~16

> 你若行得好，岂不蒙悦纳？你若行得不好，罪就伏在门前。它必
> 恋慕你，你却要制伏它。
> （创4：7）

人们喜欢随心所欲地做出选择，却不愿对其后果负责。比如，有人想要性爱自由，但却不喜欢性病，于是寻求各种"安全性爱"的门道。可见，人们渴望的是不用负责的自由。

人类的始祖亚当，有顺服或不顺服上帝的自由，但却没有不用负责的自由。上帝在伊甸园中给了亚当很多自由——园中所有的果子，除了一种之外，别的都可以吃。他还告诉亚当："你吃的日子必定死。"（创2：17）但亚当并没有听从上帝，持守在上帝所给的自由界限内，而是听了魔鬼的话，犯了罪，并一再违背上帝的旨意。也许他以为上帝不会按自己所说的去行；也许他以为享受自己的"自由"，值得承担背后的任何惩罚。但是他错了，因为他这一决定的后果是死亡——与上帝永远隔绝，以及身体的死亡。不过，后果并不只是这些。

亚当的下一代，他的儿子该隐也逐渐与上帝隔绝。他也将上帝的警告抛在脑后，听从魔鬼的话继续犯罪。之后，他抱怨说："你如今赶逐我离开这地，以致不见你面。我必流离飘荡在地上。"（创4：14）他是怎么落到了这样的光景？为什么会抱怨呢？这都是因为他违背了上帝的命令，选择了"自由之路"。上帝早就告诉过该隐："你若行得好，岂不蒙悦纳？你若行得不好，罪就伏在门前。它必恋慕你，你却要制伏它。"（创4：7）可是他没有选择"警醒"，而是一意孤行。该隐一心追求自由，却极力排斥罪所带来的后果。从他的抱怨中不难看出，他不仅希望能够自由地犯罪，还妄想能够逃脱罪责，永远不会尝到自酿的苦果。

如果说人们选择其行为的自由是等式的一端，上帝选择后果的自由就是等式的另一端。我们可以自由选择自己的行为，却不能选择是否承担后果。犯罪只要一眨眼的工夫，其后果却可能持续一生之久，甚至到永远。

名字里的玄机　第262天　经文：《创世记》17：1~14

> 亚伯兰年九十九岁的时候，耶和华向他显现，对他说："我是全
> 能的神，你当在我面前作完全人。"……"从此以后，你的名不再叫
> 亚伯兰，要叫亚伯拉罕，因为我已立你作多国的父。"
> （创17：1，5）

亚伯兰99岁的时候，耶和华向他显现，对他说，"我是全能的神"——希伯来语为El Shaddai（伊勒沙代，全能者）。通过这个名字，上帝向他显明自己。这不仅意味着他希望亚伯兰知道他是谁，也意味着他邀请亚伯兰与他有亲密的关系。也就是说，上帝在说："亚伯兰，你可以叫我伊勒沙代。"亚伯兰发现，全能的上帝希望他能够亲近自己。

当伊勒沙代——全能的上帝邀请亚伯兰与自己缔结盟约时，他给了亚伯兰一个新名字，里面包含了上帝神圣的应许。伊勒沙代希望亚伯兰新朋友明白，将来会有什么样的事发生在他身上。上帝已定意让万国因着亚伯兰而受祝福，他的后裔极其繁多。为强调这一信息，上帝为亚伯兰改名为亚伯拉罕，因为前者的意思是"尊贵的父"，后者是"多国的父"。

全能的上帝不仅给予了他这个新名字，同时也给了他和他的家庭一个新的身份：被分别为圣归给上帝。这种关系的标志就是亚伯拉罕及其后裔将接受割礼。新的名字以及这一明显的标志，都是用来显明"上帝的子民"这一新身份的。

如今，上帝也许不会给我们起一个新名，但他赐给天国里所有与他立约者一个新名字（参见启2：17）。这个名字象征一个人被基督改变，获得了新的身份。当一个人被改变，接受和研读上帝话语时，会对上帝有更深的认识，对自己也会有更清晰的理解。（只有用上帝的眼睛看自己，在与上帝的关系中了解自己，我们的自我认知才是正确的。）当一个人的认识更深、发现更多时，就会获得更新的信息，拥有更深的关注。以此生活在伊勒沙代权柄之下的人，就会成为多国的父。

名字确实举足轻重——它传递出我们是谁，我们属于谁。所以当我们给自己的孩子起名时，一定要使其充分表达出我们的期待，使他们今后可以时刻牢记。这样，他们就可以通过自己的名字知道自己是谁。一个名字可以传达出来的信息，确实非常丰富。

身边的上帝   第263天　经文：《创世记》28：10~22

> 雅各睡醒了，说："耶和华真在这里！我竟不知道。"就惧怕说："这地方何等可畏！这不是别的，乃是神的殿，也是天的门。"
>
> （创28：16~17）

为了躲避哥哥，雅各孤身一人逃到了不毛之地。夜间，他拾起一块石头当做枕头睡下——这样的环境肯定不是什么温柔乡。但是落得这样一个境地，的确是他咎由自取。那个夜晚，他躺下后都想了些什么，我们无从知晓。可以肯定的是，那晚发生的事是他以前做梦也想不到的。那晚他得到一个异梦，见到上帝和天使实实在在地参与到地上人类中来。梦中，上帝告诉他会一直与他同在，并且在他身上有一个伟大的计划。上帝应许必会成就这个计划。

雅各一觉醒来，说："耶和华真在这里！我竟不知道。"（创28：16）他没有察觉到上帝就在身边，这并不稀奇。显然，他当时正忧心忡忡，苦思冥想自己的出路。然而一个异梦，使他戏剧性地放下了自己的思虑，转而定睛在上帝身上。

这的确令人吃惊。我们自以为无所不知，可是却常常无视上帝的存在。如今，分心之事如此之多，远超过雅各的时代，如果我们终日长争竞之心，生喧嚣之气，当然不会察觉到上帝的存在。当一个人沉浸于往事，担心后果如何时更是如此。心中充满担心，生命满载忧虑，这样的人往往难以觉察上帝的存在。但不管怎样，上帝仍旧存在。

我们需要在心中留出一片静寂之地，好让上帝在无限慈爱中昭示真理。假如只有在梦中，他才可以停下我们纷乱的思绪，那么我们实在太过忙碌，内心就真的会被"今生的思虑、钱财、宴乐挤住了"（路8：14）。但是只要我们定睛在他身上，就一定会看到他的无限荣光。毫无疑问，我们也会像雅各一样，完全委身于上帝。他始终在我们身边，只是我们一直没有察觉到。

约瑟成功的秘诀　第264天　经文：《创世记》39：1～23

> 约瑟住在他主人埃及人的家中，耶和华与他同在，他就百事顺利。
> 他主人见耶和华与他同在，又见耶和华使他手里所办的尽都顺利。
>
> （创39：2～3）

约瑟的早年生平可以这样描述："从平地跌入坑底，再升上房顶，又掉进大牢。"简直就像是坐过山车。他被哥哥们卖为奴隶，进入了一个大户人家。但他并没有哀叹命运，相反，他把上帝所赐的天赋应用到了手中的工作上，结果获得认可并升职。不幸的是，他不仅获得了主人的认可，更得到了女主人的青睐，并且诱惑他。约瑟断然拒绝了这诱惑，没有羞辱他的主人，更没有犯罪得罪上帝。但女主人恼羞成怒，诬告约瑟，令他身陷囹圄。然而，约瑟获罪却更显荣耀。即便在牢狱之中，他仍以诚实、正直立身。很快，约瑟不但成为监狱里的红人，还为一些失宠于法老的人解梦。

从约瑟的故事里，我们可以学习到许多成功的法则。首先，身陷囹圄之时，他并没有怨天尤人，自暴自弃。第二，他渴望成功，但更坚持原则。第三，他努力适应环境，而不是对抗环境。第四，他把每个困难都看成机会。第五，他知道如何抓住机会反败为胜。第六，他知道任何时候都需要努力工作。第七，正如保罗忠告身为奴隶的信徒那样，约瑟"无论作什么，都要从心里作，像是给主作的，不是给人作的"（西3：23）。

约瑟"成功的秘诀"就在于他和上帝之间的关系。当他被丢进坑底时，是上帝与他同在并赐给他各样恩典。同样，也是上帝为他指明是非，在他身上成就永恒的旨意，所以约瑟最终要在上帝面前交账。当上帝在生命中居首位、掌王权时，我们身处何地并不重要。无论是平地还是坑底，无论是房顶还是牢狱都无关紧要。真正重要的是，活在主里，为主而活；靠主引导，与主同行——这便是成功之道。所以，无论一个人身在何处，只要有耶和华同在，就可以真正成功。

我是自有永有的　第265天　经文：《出埃及记》6：1~8

> 所以你要对以色列人说，我是耶和华。我要用伸出来的膀臂重重地刑罚埃及人，救赎你们脱离他们的重担，不作他们的苦工。我要以你们为我的百姓，我也要作你们的神，你们要知道我是耶和华你们的神，是救你们脱离埃及人之重担的。 　（出6：6~7）

在非洲，父母会根据一个孩子出生前后发生的事情给他命名。在美国，父母喜欢用他们最喜爱的名人的名字来为孩子起名。在我的祖国英国，父母通常用另外一个家庭成员的名字为孩子起名。但在古代，一个人名字里的意义远远超出这些——他们的名字通常指向人格意义。比如，雅各的生命被上帝改变后，上帝就给他了一个新名字"以色列"。耶稣的名字同样是上帝赐予的，意思是"上帝是救主"。

摩西和亚伦面见法老，请求他允许以色列人离开埃及、在旷野中敬拜上帝时，法老却因此大发雷霆，决定加重以色列奴隶的负担。于是以色列人的首领向摩西和亚伦抱怨苦重，摩西和亚伦此时里外不是人。但是，摩西选择了一如既往地向上帝寻求帮助。

上帝回答摩西说："我是耶和华。"（出6：6）对于犹太人来讲，这个名字无比神圣威严，以至他们不敢随便说这个词。这个名字的前面是动词

"是"，这一点非常重要，因为上帝告诉摩西，他的名字是"我是自有永有的"（出3：14）。上帝要摩西知道，他是从不改变、一如既往、无始无终，完全自在自为、独立、至善至美。

莎士比亚曾发问："名字里有何玄机？"对于至高至大的自有永有者而言，他的名字充分表明了自己的身份。我们这些堕落的被造物需要铭记：上帝是自有永有的。我们若能持守这一信息，就不怕世事变迁，不会因前途未知而胆战心惊，或者疑心四起。因为上帝从不改变，因此在他里面，我们可以得到安息和确信。我们应该记住耶稣升天前对门徒说的那句话："我都与你们同在，直到世界的末了。"（太28：20）因为他与我们同在，所以我们可以全心全意地依靠他。

眷顾穷人   第266天   经文：《出埃及记》23：1～13

> 不可在穷人争讼的事上屈枉正直……不可欺压寄居的，因为你们
> 在埃及地作过寄居的，知道寄居的心。   （出23：6，9）

几乎每个社会都有下层阶级。社会学家对这个现象非常感兴趣，因此运用各种理论对其进行分析，试图找出背后的原因。然而，圣经并不在理论分析上赘言，而是一再要求掌权者对穷人负责。

在埃及为奴时，以色列人一直是社会的最下层阶级。脱离奴役，到达应许之地后，上帝希望他们记得自己的社会责任，尽力照顾那些不幸的人。穷人、鳏寡孤独和外邦人极易受到恶人欺压和剥削者的伤害，理应受到保护。这些穷苦人身陷窘境的原因各不相同，但无论如何他们都当受到公平对待，享受到爱，因为他们也是有尊严的人，是按照上帝的形象造的。

虽然圣经里所示的具体规则已经过时了，但其中所强调的原则，如严禁剥削、申张公义等仍旧适用于当今社会。例如，圣经里明令禁止放债取利，这是为了确保穷人有机会脱离贫困，但不一定是指商业贷款；关于不许存留人的外衣过夜的禁令，说明即便是需要抵押的无息贷款，如果唯一可抵押的是穷人的一件外衣，借贷人不可以在寒冷的长夜夺走这件外衣。即便是"一是一，二是二"的商业行为，在上帝眼里也应该有温情的一面。

我们对弱势群体的关注并非源自某个政治理念或乌托邦式的理想，而是源于根深蒂固的基督教理念：所有人都是按照上帝的形象造的，所以必须得到尊重、关爱和怜悯。这些古老的法律体现在现代商业中，表明掌权者不可欺压平

民；富人需要照顾穷人；商业不可单单被利益驱使。健全的商业行为必须包含公正、怜悯和慷慨。显然，当上帝与我们同在时，"确保最低收益"就不应该是我们生意中最重要的事情。

赞美主　第267天　经文：《诗篇》19篇

耶和华我的磐石，我的救赎主啊，愿我口中的言语，心里的意念，在你面前蒙悦纳。　　　　　　　　　　　　（诗19：14）

这个世界从来不缺愚妄人，同时也拥有许多义人。在挪亚大洪水之前，狂妄的人们自认为胜过上帝，因此罪恶满了全地，整个世界充满黑暗。显然，他们就是愚妄人。而正是因为有义人的存在，这个世界即使被愚妄人糟蹋了，仍旧可以见证奇妙创造主的荣耀。

宇宙星辰，诸天诉说上帝的荣耀，天下万物，穹苍传扬上帝的手段，处处彰显着上帝创造的荣耀和辉煌，却又无声无息，不置一词而风流尽显。朝阳之辉，与时并明，每天都见证着上帝的无限信实；繁星闪耀，暮烁其芒，每个夜晚都提醒我们上帝的博大浩瀚。有眼可见的就会看到，有耳可听的就会听到，因为"诸天述说神的荣耀，穹苍传扬他的手段。"（诗19：1）。

但对很多人来说，万物中透露出的信息却好像朦胧而模糊。他们听不到无声的诉说，就算听到了，也不清楚言者何意。所以，上帝赐下他的话语，来补充说明其创造、启示和荣耀。在万物无法言及之处，它铿锵有力；对于那些无法从日月星辰中看到上帝作为的人，它开启他们的眼目。拥有上帝话语的人会发现，他的话语"比蜜甘甜"（诗19：10）。从其中，他们可以发现真理，欢呼雀跃；发现教训，防患于未然；发现教诲，不偏离正道；发现应许，笑逐颜开。事实上，圣经里的每个字都在述说上帝的荣耀。

可是，有些人碌碌终日，却无暇读书，或者觉得圣经索然无味，掩卷他顾。所以，圣经上的白纸黑字对他们没有任何价值。这恰恰是我等用武之地。不管是藉着无语的日月，或是闪烁的群星，还是白纸黑字传讲的真理，或是信徒活出的生命，上帝必要在其中得着荣耀，他的真理终要传开。文字和宇宙穹苍所不能之处，正是我等应当奋力实践之处。我们可以热情洋溢地讲述真理，为"瞎眼的人"引路。在这个世界中，只有人类才可以清楚地表达对上帝的赞美。

上帝赐予我们诸般能力，是要我们在敬拜中宣告他的名，并在世上见证他的真道。因此，我们必须像《诗篇》的诗人一样祷告："耶和华我的磐石，我的救赎主啊，愿我口中的言语，心里的意念，在你面前蒙悦纳。"（诗19：14）我们是这世上绝无仅有的上帝特别的代言人！

手艺　第268天　经文：《出埃及记》31：1～11

> 我也以我的灵充满了他，使他有智慧，有聪明，有知识，能作各样的工。 　　　　　　　　　　　　　　　　　　　　　　（出31：3）

有一位谦逊的诗人曾经写道："我等蠢人摆弄诗词，而只有神能够创造树木。"他不算是蠢人，因为他能够认识到自己的有限，对于只有上帝能够创造树木这一点更是洞若观火。有幸的是，上帝将部分创造能力赐给了人。于是，上帝能够创造，而人能够制作。

说起制作，就不能不提起一个叫犹八的人。他是"一切弹琴吹箫之人的祖师"（创4：21）。上帝给他一个恩赐，可以听到风行于林间，鸟鸣于枝头。他觉得这些声音真是妙不可言，触发了重现这些天籁之音的念头。凭着上帝所赐的创造力，他妙手慧心地做出了一支长笛。接着，也许是听到溪水潺潺跃过卵石的声音，他镂月裁云，制成竖琴，曲尽其妙。他的堂兄弟土八该隐是工匠而非艺人，但一双巧手也能做出各式漂亮物件，正如圣经里所记："他是打造各样铜铁利器的。"（创4：22）

此外，还有被圣灵充满的比撒列。上帝赐给他的才能涉及百艺，对金属制品、木工和宝石等无不精通。他制作的东西经久耐用，美轮美奂，件件都堪称传世精品。在他的作品中洋溢着对上帝所造万物的喜悦。他的作品就是对上帝的赞美和感谢，每件作品本身都是一种敬拜。

不幸的是，在世人手里，音乐也可能粗俗不堪，青铜白铁所铸的器乐同样可能发出刺耳的噪音。好在上帝所造的世界，处处美不胜收，追求上帝的人会慧眼识珠，然后运用上帝所赐的才能，将万物的美好再现在世人面前，荣神益人。这个世界的丑陋和污秽随处可见，对此人类难脱其咎。所以我们需要更多的犹八、土八该隐和比撒列，以巧手创造出美，传递欢乐。有些人看到万物是如此美好，不禁想要运用奇思妙想，绘其声色，以双手再现其中的盎然生机；有些人明白上帝是至高的创造主，赐给他们才能成为技艺高超的匠人。这样的人越多越好。有人总是怀着毁灭的欲望，我们需要的却是更多的人来美化这个世界，并且以此荣耀上帝。

在小事上忠心　第269天　经文：《出埃及记》39：32~43

> 这一切工作，都是以色列人照耶和华所吩咐摩西作的。耶和华怎样吩咐的，他们就怎样作了。摩西看见一切的工都作成了，就给他们祝福。
>
> （出39：42~43）

西方有句谚语："细节之处见魔鬼。"但是你可能没有听说过，上帝也关注细节——他要求那些敬虔的人，无论是大事还是小事，都要同样忠心。

全能的上帝清楚地告诉所拣选的以色列人，自己将与他们同在；当他们在旷野游荡时，上帝也宣告自己就在他们中间，作他们的主心骨，为他们提供庇护。因此，上帝命令以色列百姓，为自己建起一处居所——旷野中的帐幕。更重要的是，这居所要合乎上帝的身份。因此，上帝向摩西详细说明了这帐幕的各种细节，包括尺寸、结构、材料和装饰等。

当时以色列人的生活环境极其恶劣，可是他们并没有急于求成，也没有偷工减料、以次充好，而是兢兢业业地按照要求完成了工作。因为他们知道，在旷野中建造会幕是为了接近上帝，所以一点都马虎不得；工程的质量是他们完全委身于上帝的明证。检查完工程时，摩西记下："这一切工作，都是以色列人照耶和华所吩咐摩西作的。"然后，他招聚众工匠，"给他们祝福"（出39：42~43）。

如今，工人们不再勤勉如昔。即使无病无痛，他们也会打电话请病假；如果没有监工，就会投机取巧，甚至偷工减料，以次充好。员工怠工，经理辱骂员工，这种事情几乎每天都在发生。很多人认为职场如战场，而胜利者永远是那些卑鄙小人。显然，上帝的子女与这样的环境注定格格不入。

我们既然被呼召为主耶稣的门徒，就应该在生命中的点点滴滴献上忠心。因为上帝是轻慢不得的，我们尽心尽意地侍奉他乃是理所当然的。忠心的行为有许多种，但投机取巧、偷工减料、以次充好绝不在其列。忠心，尤其在小事上的忠心，才是上帝想要的。

饶恕　第270天　经文：《利未记》4：22~35

> 民中若有人行了耶和华所吩咐不可行的什么事，误犯了罪……为他赎罪，他必蒙赦免。
>
> （利4：27，31）

有些人做错事之后，会觉得不可思议，因为他们从未想过自己会做出这种事。通常他们会很快恢复平静，然后把这件事抛到九霄云外。如果它偶尔在脑海里萦绕，他们会努力"饶恕自己"。现在，"饶恕自己"这个概念颇为流行。可是试想一下，一个人怎么有资格饶恕自己呢？如果大错已铸，并且有人因此受屈，也只有那个遭受了委屈的人才有资格饶恕干错事的人，做错事的人不能饶恕自己，第三方也不能饶恕他。就是说，如果你一拳打在我鼻子上，那么只有我才能饶恕你，你不能免掉自己的罪，甚至溺爱你的妈妈也无权饶恕你。

这就是罪的关键之处。大多数罪都会伤害到别人，而我们应该为他人所受的伤害负责。同时，真正受折损的是上帝，因为罪是对上帝权柄的否认，排斥上帝的裁定善恶之权，拒绝上帝的指引。因此，罪首先是对上帝的悖逆。既然上帝是那位受折损的，也就只有他可以饶恕。

这个关键之处带出了两个重要问题。第一，假如只有上帝可以饶恕罪，那么他会这样做吗？答案是会！以色列人通过献祭而被上帝赦罪就证明了这一点；通过耶稣基督，我们罪得赦免，也证明了这一点。第二，上帝需要什么样的代价才肯饶恕我们的罪？显然，即使人类付出所有的一切都无济于事。我们永远偿还不起自身罪的代价，所以耶稣代我们付出了。

论到罪，新约圣经上记着说："凡祭司天天站着侍奉神，屡次献上一样的祭物，这祭物永不能除罪。但基督献了一次永远的赎罪祭，就在神的右边坐下了"（来10：11～12）。不要假设你能够饶恕自己，因为你没有这个资格；只有上帝才能赦免我们。他能够，并且他愿意。

赎罪日　　第271天　经文：《利未记》16：1～22，29～34

> 因在这日要为你们赎罪，使你们洁净，你们要在耶和华面前得以
> 洁净，脱尽一切的罪愆。　　　　　　　　　　　　　　（利16：30）

上帝决意住在旷野中的以色列百姓中间。会幕——上帝要他们为自己所建的住所——是一件杰作。这会幕里的细枝末节也都精雕细琢，象征着上帝的神圣临在众民之中。以色列人被邀至上帝的住所，祭司长可以进入至圣所。但是，作为罪人，他们的到来必定会玷污上帝的居所，所以在赎罪日，祭司和会众必须郑重地洁净这两个地方。

在赎罪日那天（现在的赎罪节），祭司长要洁净全身，取一头公牛为自己和家人的罪献祭。然后，两只山羊将被带到洁净的祭司长面前。第一只用来洁净会幕，因为这是敬拜的场所。通过仪式，将人们所认的罪愆归在第二只山羊

的头上后，祭司长会打发人将这只羊送到旷野去。

在现代人看来，这些宗教仪式不免荒诞离奇，但对当时的以色列人来说，却非常了解这么做的象征意义：上帝对罪恶的判决被一只替罪羔羊承担，人们的罪恶因此被从眼前和记忆中抹去。以色列人严格遵守这些仪式，因为他们相信圣洁的上帝"万不以有罪的为无罪"（出34：7）。以色列人很清楚，上帝对以色列百姓的滔天罪恶痛心疾首，却怀着巨恸提供和解和饶恕的机会。

辉煌的会幕和圣殿已经完成了它们的使命，成为过去；基督取而代之，成就了它们所有的承诺。山羊不必再被献上，血不用再流，因为基督已经成就了一切。因着他的死，献上了最终的祭；因着他的死，上帝的居所——教会，已经被洁净成为圣洁；因着他的死，世人的罪被赦免，从上帝的眼中和记忆中抹去。基督死亡的日子，就是我们永远的赎罪日，所以我们不再需要这一年一度的仪式。但是通过省察古代以色列的仪式，我们可以看到基督的本质，并因此感恩和赞美。

神圣和摘葡萄　　第272天　经文：《利未记》19：1～19

> 在你们的地收割庄稼，不可割尽田角，也不可拾取所遗落的。不可摘尽葡萄园的果子，也不可拾取葡萄园所掉的果子，要留给穷人和寄居的。我是耶和华你们的神。　　　　　　　　　（利19：9～10）

将上帝的神圣与摘葡萄联系在一起似乎有些勉强，但既然上帝如此说，我们就要尽力解读。

上帝的神圣不仅仅是指他与罪隔绝，从根本上说是指上帝的"分别为圣"。上帝将许多事物分别为圣，如特别的铁錾和特殊的日子，不是因为它们无罪（一个铁錾怎么可能无罪），而是因为它们是被上帝分别出来，所以特别。同时，不同于任何事物的上帝呼召他的子民成为圣洁，这并不意味着上帝期望他们完全无罪（他知道人的本性），而是命令他们"分别为圣"，与众不同。这包括不与邻邦同流合污，过罪恶的生活。那么，圣洁的生活到底是什么样的呢？

从本质上说，圣洁是非常具体的行为，它体现在家庭关系、工作和休闲爱好、邻里关系以及有关怜悯和公义的行为中。这就带我们一步步来到了葡萄树面前。当以色列人最终到达了应许之地，享用着现成的葡萄园时，他们可能会将面前的葡萄一扫而光，将穷人抛诸脑后。穷人们要么渴望填饱肚子，要么希望靠在葡萄园里工作养家糊口。上帝一直都眷顾贫苦人，所以规定要留下一些葡萄不摘，专门留给穷人；也特意留下一些庄稼，给那些没有收成的人。这件事之所以事关圣洁，是因为它充分显示出上帝子民与周边邦国之间的不同，而后者对穷人完全没有慈爱之心。这样，在分别为圣和摘葡萄之间，就的确是有关系的了。

此外，比如为老人开门、拾起地上的易拉罐、关爱艾滋病人、检讨对待员工的方式、谦恭对待搬运行李的工人、尊重服务员等，也都事关圣洁。有时，圣洁并不容易做到。在我们的文化中，很多人举止粗鲁，缺乏教养，所以只要我们为人处世中规中矩，就可以轻易地与他们区别开来，分别自己为圣。

万众一心   第273天   经文：《利未记》23：1~22

> 六日要做工，第七日是圣安息日，当有圣会，你们什么工都不可作，这是在你们一切的住处向耶和华守的安息日。   （利23：3）

上帝喜悦庆祝活动，也鼓励以色列人在其中欢乐。当上帝完成了创造的工作，他就安息了。此后，上帝告诉以色列人，第七日是安息日，他们在这一天应当安息。以色列的异教邻国中也有一些国民在第七日不工作，但他们这样做是因为第七日不吉利，但以色列人相信，这一天是被分别为圣出来，用以休息、敬拜和庆祝。休息并非安息日的唯一目的，在安息日还有一些特别活动，如上帝的子民要以"圣会"方式庆祝"圣安息日"（利23：3）。

定期休息、敬拜和集体庆祝在以色列人生活方式中所起的作用至关重要。人们作为一个整体，在特定时间里停下工作，聚在一起，这样就可以全体承认、感谢主耶和华。这种整体性非常重要，因为集体庆典能够帮助人们意识到共同的起源、盼望、归宿和前景，将一切都聚焦于主耶和华，从而使人们合而为一。当安息日代代相传并被恪守时，以色列的子孙就在主耶和华里强大，在充满敌意的世界中胜过仇敌；但当公共庆典退居二线，可有可无时，摩擦、冲突和分裂就变得很平常。

这对现代人是一个教训。现如今，人们最感兴趣的只是定期休息，敬拜和集体庆典却没有得到足够的重视。我们的文化和以色列文化不同，我们是多元文化，缺少集体性，裂痕和区分随处可见，甚至触目惊心，实在需要引起我们的重视。一个共同体缺乏公共性，这在概念上本身就是矛盾的。既然没有公共性，我们就应该创造出更多的集体活动，让人们有机会聚在一起，在轻松愉快的气氛下彼此了解，学习不同的文化，观察不同的传统。不仅世俗社会需要这么做，信仰共同体也同样需要。有些基督徒不看重自己隶属某个信徒共同体的重要性，甚至很多基督教共同体也没兴趣组织联合敬拜和赞美。然而，《独立宣言》的起草者深知共同体的重要性。作为起草人之一，本杰明·富兰克林曾说："先生们，现在我们必须要同生共死。因为如果不'同生'，就只有'共死'。"他们关注的是个人存活，而我们应该关注的是主内肢体的团结和共同体的健康。

耐心等候　第274天　经文：《诗篇》40篇

> 我曾耐性等候耶和华，他垂听我的呼求。　　　　　　（诗40：1）

身边的人在不断考验着我们的耐心，环境也是如此。有些地方我们不想去，却发现身在其中；有些事我们不想做，却一直在做；有些环境我们不想面对，却无法回避。对此我们真是无能为力，或者感到烦恼、愤怒，或者备受挫折。

大卫知道自己属于上帝，但他很多时间都在躲避仇敌。以色列的王位理应归他所有，可他却在旷野度过了许多日子（参见撒上16：13；18：1～24：22）。他说："因有无数的祸患围困我，我的罪孽追上了我，使我不能昂首。这罪孽比我的头发还多，我就心寒胆战。耶和华啊，求你开恩搭救我；耶和华啊，求你速速帮助我。"（诗40：12～13）。大卫向上帝寻求帮助，这一点儿也不令人惊讶；他希望上帝"速速"来帮助，也绝对可以理解。人们遇到问题时，总是希望速战速决，而不是过会儿再解决。但在《诗篇》40篇的开头，大卫说："我曾耐性等候耶和华。"（诗40：1）他本来急于寻找捷径，但因为深知上帝做事的方式，所以他急切的心缓和下来，按捺住急躁的心，情愿"耐性等候"。以往的经验告诉他，时间长短并非问题的关键，面前的困难正是为了见证"他从祸坑里、从淤泥中把我拉上来；使我的脚立在磐石上，使我的脚步稳当"（诗40：2）。

上帝不是一位快速修理师，也不是速成师。他让橡树从一粒种子，慢慢长成一棵参天的橡树；他让大地历经漫漫冬日，才迎来春之温暖。但是正因为春之必至的应许，冬天才不会那么漫长难耐；正因为确有种子藏在壳中，橡树的生长才不会那么百无聊赖。

想知道为何上帝要耽延吗？毫无疑问，这里面有很多实实在在的理由，但原因或许是，只有当我们彻底经历过泥淖后，才会发现石头竟然如此坚实！

疑恨的心　第275天　经文：《民数记》5：11~31

> 妻子背着丈夫行了污秽的事，或是人生了疑恨的心，疑恨他的
> 妻，就有这疑恨的条例。那时他要叫妇人站在耶和华面前，祭司要在
> 他身上照这条例而行。
> （民5：29~30）

在美国文化中，性道德只是个人私事，与旁人无关；淫乱和不忠的事也只在夫妻间解决。但在以色列，这却是一个社会事件。早在创世之初，上帝就命令男人和女人共同建立家庭，成为构建社会的基础。所以，任何破坏家庭和婚姻幸福的事情，都不是个人私事，因为它会对社会整体构成威胁，所以应引起整个群体的关注。

如果丈夫怀疑妻子不忠，社会群体如何干预呢？这时，他需要将妻子带到祭司面前，由祭司通过一道复杂的程序来确认她清白与否。程序的设计旨在保护处于弱势的妻子；丈夫不能仅凭一己之见来断定妻子的清白，而要在圣殿里，"在神面前"澄清，让整个会众知晓，接受属灵领袖的指导。事实上，这一程序对以色列女性十分仁慈。以色列周边国家出现类似情况，女人将会被丢到河里：如果她活下来了就是清白的；淹死了，就被认为死有余辜。

基督徒丈夫和妻子之间的疑恨要在上帝面前坦诚公开地解决。他们需要同对方交流，进行深入的自我分析，一起准备，共同为灵性和道德的整全祷告。此外，夫妇两人还需要学习如何沟通，彼此敞开，一起为一些小事祷告。这样，当发生问题时，他们就有解决问题的基础。

由此可见，性道德问题绝不仅仅是个人私事，关系到社会安定。稳定的文化生活需要稳定的家庭，而稳定的家庭需要稳定的婚姻。只有在婚姻里彼此忠诚，才有稳定的婚姻；婚姻里的忠诚需要夫妻双方彼此敞开。所以，我们现在就从彼此敞开、忠诚和真诚地沟通开始吧。

上帝的平安　第276天　经文：《民数记》6：22~27

> 愿耶和华向你仰脸，赐你平安。
> （民6：26）

上帝赐福给他的百姓。藉着与上帝联合，我们得享祝福和丰盛的生活，成为周围人的见证，影响他们。上帝的祝福就是让他的百姓成为别人的祝福。

大祭司为以色列民"祝福"成为一种习俗。以色列人成为蒙上帝呼召的选民，这就是上帝给他们的祝福。当看到上帝子民的生活环境及独特的生活方式

时，周围的民族就会发现他们如此非同寻常，他们的上帝无比奇妙可畏。通过展示上帝是赐"平安"的上帝，他们表明了自己受到了上帝的眷顾。"平安"的字面意思是"完整"或"整全"，不是一般意义上的"顺风顺水"。平安单单来自上帝，是上帝自己的平安。

保罗提到"神所赐出人意料的平安"（腓4：7），指的是"属乎上帝的平安"，不是"与上帝和好"的平安。"属乎上帝的平安"是内心归于完全的一种状态，是回应上帝赦免之恩者与生俱来的权利，他们因此进入"与上帝和好"的境地。"属乎上帝的平安"是因，"与上帝和好"是果。

内心整全的状态是一种超乎人能够理解的状态。也许在释放了所有压力，消除了一切敌意后，人会感觉心平气和，但上帝的平安，即便在压力不减，敌意仍存的情况下，依然能使我们的内心波澜不兴。这怎么可能呢？我们知道，当我们不断顺服和信靠这位拯救我们的上帝时，他就把所有我们的事当成自己的责任。所以，纵然面临人生中的狂风暴雨，我们仍能在他的慈爱和大能之中得享安息。我们可以平静地生活——这种平静无法描述，也超乎我们的所思所想。

为食物发怨言　第277天　经文：《民数记》11：1~15

> 他们中间的闲杂人大起贪欲的心；以色列人又哭号说："谁给我们肉吃呢？我们记得在埃及的时候，不花钱就吃鱼，也记得有黄瓜、西瓜、韭菜、葱、蒜。现在我们的心血枯竭了，除了吗哪以外，在我们眼前并没有别的东西！"　　　　　　　　　（民11：4~5）

出国旅行向来不是一件容易事。食物经常不尽人意；住宿条件令人难以恭维；旅行安排总是乱七八糟，有时甚至没有空调。抱怨不满是常事。

以色列民远赴他乡，一路上怨声载道。离开埃及为奴之地的新奇与兴奋，随着第二年征途的开始逐渐淡漠消逝。纵然勉强可以安顿，但旷野生活依然不易。刚刚走了3天，他们就开始向上帝抱怨种种困难。他们中间的"闲杂人"开始大谈对埃及食物的怀念，于是以色列人也同他们一起抱怨，为什么吗哪总是定量供给，并且还没有其他食物？我猜想，我们中间过惯了安逸生活的人，十分理解这些旷野旅行者当时的心情。

我们可能会惊讶，上帝竟如此严厉地惩罚他的百姓。但我们必须明白，原本上帝对他的百姓有一个伟大的计划。这计划包括拯救他们离开埃及（已经奇妙地实现了）；养活旷野中好几百万口人；带领他们到达应许之地；帮助他们清除当地民族等。上帝希望他的百姓拥有坚定不移的信心，矢志不移地顺服他，完成他的计划。他一直期待他们合作而非抱怨，数算恩典而非大发牢骚。但是他们未曾响应。上帝致力于实现他对百姓的宏伟计划，而他们却为食物哭号抱怨。

长远来看，不管我们觉得舒服与否，与上帝同工才是上策。最好的方式是去信靠上帝，因为他知道自己在做什么。我们需要顺服上帝的命令，感谢他为我们预备的一切。否则，上帝会因他子民缺乏感恩的心和不合作的态度发怒。他也许会回应我们的需求，但我们却可能不再知足。如果我们与上帝同工，我们就能到达应许之地，这可比吃"韭菜、洋葱和大蒜"好多了。

忍耐是美德   第278天   经文：《民数记》14：1~25

> 现在求主大显能力，照你所说过的话说："耶和华不轻易发怒，并有丰盛的慈爱，赦免罪孽和过犯，万不以有罪的为无罪，必追讨他的罪，自父及子，直到三四代。"求你照你的大慈爱赦免这百姓的罪孽，好像你从埃及到如今常赦免他们一样。　　（民14：17~19）

谈及男人的美德时，"忍耐"这个词不会立刻浮现在脑海中。可能是因为男子汉们天生喜欢修理东西，而且干活讲求效率之故。男人们喜欢运筹帷幄，但在上帝神圣的计划中，我们会遭遇一些无法应对的环境，面对一些难以处理的问题。这时应该怎么办呢？我们一般的反应是：再努力一些，然后发现血压升高了许多。但在上帝的国度不是这样。在上帝眼里，忍耐是美德。

上帝在与人的互动中显出了极大的忍耐。在选民所经历的漫长历史过程中，上帝无数次展现了他的忍耐。他宣告说，他"不轻易发怒"（诗103：8）。有一次，上帝甚至想要除灭以色列人，转面不再顾念约书亚和迦勒。即便这时，上帝依然忍耐他们的背叛，又给了他们一次机会。上帝竟如此忍耐！但这并不意味着上帝总是睁一只眼，闭一只眼，容许他们背叛。相反，上帝定意惩罚他们的恶行，但这惩罚总是在历经忍耐，久经考验之后才来到。

百姓进到应许之地后，上帝的忍耐并未减少。百姓依然不断挑衅，说："主要降临的应许在哪里呢？因为在列祖睡了以来，万物与起初创造的时候仍是一样。"（彼后3：4）这时，上帝同样可以立即差他的儿子来解决问题，而且迅速地灭绝他们，但他并没有这样做。为什么呢？彼得说："主所应许的尚未成就，有人以为他是耽延；其实不是耽延，乃是宽容你们，不愿有一人沉沦，乃愿人人都悔改。"（彼后3：9）上帝没有回应挑衅，而是选择了忍耐。上帝知道他的计划，只是现在时间未到，尚未预备完毕。

由此可知，并不是所有的事情都能够照着我们想当然的方式发生，但这并不意味着我们不能从中得益处。上帝无所不能，他却选择同那些不甚完美的百姓一起完成自己的计划。既然如此，我们也可以拥有耐心。上帝的忍耐对我们大有益处，否则，我们怎能存活下去呢？学会忍耐对我们益处良多；相反，缺乏忍耐，我们将一无是处。

别有企图　第279天　经文：《民数记》22：4～41

> 耶和华的使者对他说："你为何这三次打你的驴呢？我出来敌挡你，因你所行的在我面前偏僻。"　　　　　（民22：32）

"所见即所得"不总是正确的，尤其是在一个商业社会中。以巴兰为例，他是圣经中最令人困惑的人物之一。当以色列民逼近应许之地——摩押王巴勒的后花园时，摩押王差派巴兰咒诅他们，拦阻他们的进程。巴兰求问上帝时，他被告知，即使经济上的回报相当诱人，他也不可接受摩押王的请求。巴勒王一听到巴兰拒绝了此事，就增加了回报。为了回应，巴兰又寻求上帝，并得着上帝"可行"的应许——前提条件是只能说上帝要他说的话。可是当巴兰出发时，上帝却因为他的离开大发烈怒。要知道，上帝已经允许他去了！要么是上帝令人难以置信的变化无常，要么是巴兰在隐藏什么，这只有上帝才知道。当然，根据我们对上帝品性的了解，后者的可能性最大。

在被他的驴斥责及上帝"顽强的抵挡"之后，巴兰最终获得成功，并做了正确的事情。也许他一直都为是否顺从上帝而挣扎，否则他没有必要屡次回应巴勒让他咒诅以色列民的请求。同时，尽管巴兰口头上祝福以色列民，但他后来还是引诱他们违背上帝的旨意（参见民31：16；民25：1～3，启2：14）。表面上看，巴兰声称做正确的事，但是他的内心一直在与做坏事的欲望周旋着（参见彼后2：15～16）。在这个案例中，诱因是钱，动机是贪婪。

这并不奇怪。对于人来说，当钱参与进来时，原则就很难持守，自然的反应总是选择令人舒服、有利可图、"万众一心"的那一边。有时候，选择介于令人舒服和正确、流行和真实，或者有利可图和美好之间。正确的选择是选择美好、正确、真实的东西。商人必须经常仔细检查自己的内在动机，做出艰难的决定。在裁剪入时的衣服下面，欲望总是蠢蠢欲动，但是上帝鉴察人的肺腑良心，并按公义施行审判。总之，贫穷但正直做人，总好过富有却奸邪做人。

全心全意　第280天　经文：《民数记》32：1~42

> 耶和华的怒气向以色列人发作，使他们在旷野飘流四十年，等到
> 在耶和华眼前行恶的那一代人都消灭了。谁知，你们起来接续先祖，
> 增添罪人的数目，使耶和华向以色列大发烈怒。你们若退后不跟从
> 他，他还要把以色列人撇在旷野，便是你们使这众民灭亡。
>
> （民32：13~15）

生命中总有某个时刻，我们被呼召"尽全力或放弃"，听到"要么行动，要么闭嘴"的命令。在旷野中，疲乏不堪的上帝子民就遭遇了这样的时刻。结束了旷野漂流后，以色列民迅速逼近将要进入的应许之地。这个时刻的到来表明他们相信上帝并委身于他的计划。他们将要越过约旦河，战胜那地的居民，分割指派给他们的土地，然后得到自己的产业。没有时间犹豫或退缩，这是全心全意委身的时刻！

就在这时，流便子孙和迦得子孙却求问上帝，是否可以得蒙应允，居住在约旦河以东，因为他们更喜欢那里而不是对岸的土地。我们不难想象此刻摩西的失望和反感。事实上，他的反应无比强烈！他为他们明显的缺乏委身而大发雷霆，认为他们的态度与父辈如出一辙。从前，正是因为父辈们选择不过约旦河，才在旷野漂流了40年。他指责他们破坏以色列民的士气，使整个行程陷入危险之中。耶和华尖锐地指出，在整个以前的世代中，只有约书亚和迦勒将会进入这块地，因为"他们专心跟从神"（民32：12）。

等摩西冷静了一些之后，这群人向他保证，他们会履行对过约旦河的另外10个支派的责任；他们将在完成所有军事任务后才重返家园。基于此，摩西勉强答应了他们的请求。

在百姓不冷不热的态度中，摩西敏锐地觉察出潜在的危险，实在是难能可贵。他知道不完全的忠诚会导致不冷不热的委身，从而导致肤浅的相信，最终导致妥协和失败。只有当以色列百姓拥有坚定的信念时，他们才能进入一个新的时代。

我们所面临的情况与那个时代相差无几，我们的需要也如出一辙。我们中间需要像迦勒和约书亚那样的人在前方开路，指明前进的方向，坚定信心软弱的人，挪去众人心中所有的疑虑，坚持走在上帝指明的道路上。这需要我们全

心全意的委身。

内疚，羞愧和认罪　第281天　经文：《诗篇》51篇

> 求你将我的罪孽洗除净尽，并洁除我的罪。因为我知道我的过
> 犯，我的罪常在我面前。　　　　　　　　　　　（诗51：2~3）

并非每个罪人都会感到羞耻，因为意识可以被麻醉，假装无知也可以自欺欺人。同时，并非每个感到羞耻的人都是罪人，因为无知者或者施虐者常使人误以为自己有罪。但是，当我们做了上帝明令禁止的事情，亏欠了他的荣耀时，内心有负罪感和羞耻感则是完全正常的。一个人犯错后内心感觉羞耻，没有什么值得难为情的。真正应该感觉羞耻的是一个人"寡廉鲜耻"，甚至"厚颜无耻"。这样的人既不寻求饶恕，也不会得到饶恕。

大卫王做了上帝禁止做的事情。在犯了奸淫罪后的很长一段时间里，他串通谋杀部下，并处心积虑地掩盖真相，妄图逃避罪责，一错再错（参见撒下11）。后来，勇敢的拿单出面质问他（参见撒下12：1~14）。大卫一定天真地以为，自己的所作所为已经被时间冲刷得一干二净，真正是"神不知，鬼不觉"。然而，他错了。他所做的每一件事情都在上帝的笔记本中用粗体字和红色墨水写得一清二楚，由上帝大声地读给先知拿单。所幸，被拿单当面质问的时候，大卫勇敢、谦卑地承认了自己的罪行，然后向上帝祈求："求你将我的罪孽洗除净尽，并洁除我的罪。因为我知道我的过犯，我的罪常在我面前。"（诗51：2~3）。一旦面对自己的罪，大卫立刻滔滔不绝地倾吐内心的罪恶、奸邪和羞耻，同时祈求上帝的怜悯、爱和同情，其中没有丝毫狡辩。

大卫的内心充满负罪感、羞愧和痛苦，但是他想有一个新的开始，并且他也得到了：支离破碎的生命中，他破碎的骨头得到了医治，失丧的灵被再次建立起来；从前的活力得到了恢复，喜乐再次回到生活中来。这个被饶恕的人继续满怀喜乐地服侍上帝。（但他并非不需要承担罪的后果——参见撒下12：10）

人们不必因为认罪而感到羞耻，也不必因为否认自己羞耻的行为而内疚。对于大多数人来说，"我错了，对不起。请帮助我！"这句话真的是"千呼万唤不出来"。这也许与男性的自我形象有关。显然，我们迫切需要建立自信、能干和节制的形象。可是我们也需要明白，真正的自我不应该躲藏在脆弱的假象背后。只有明白自己的缺点、承认自己的失败时，我们才会更加刚强。

未来的道路　第282天　经文:《申命记》1: 19~33

　　我对你们说: "你们已经到了耶和华我们神所赐给我们的亚摩利
人之山地。看哪,耶和华你的神已将那地摆在你面前,你要照耶和华
你列祖的神所说的上去得那地为业,不要惧怕,也不要惊惶。"

（申1: 20~21）

　　若不以史为鉴,我们将可能重蹈覆辙。也许这就是摩西一再叮嘱以色列
民,他们的列祖曾在勇气和信心方面屡经失败,结果在旷野里游荡了40年的原
因。如果人们不以那次的经历为鉴,再次失去勇气及缺乏信心,很难说他们的
下场会有什么不同。显然,摩西不愿看到悲剧重演,再也不想返回旷野。对于
以色列民来说,要想前进,就一定要有信心。

　　40年前,在进入迦南人控制的领土时,以色列民派探子侦查那地,而探
子的报告使他们左右为难。一方面,正如所应许的,那确是一块美地!另一方
面,那地的居民都是巨人。关于这一点,显然,探子的回报既有真实的内容,
也有想象的内容。亚衲族人的确高大,但是以色列人完全不必因此惊恐万状,
把对手想象成凶神恶煞。他们没有认识到,全能的上帝是何等高大和真实。结
果,他们因恐惧而撤退了。

　　以色列民手中有详尽的关于上帝作为的记录,按理说一个信徒应该对上帝
拯救的大能信心十足。但是,我们中间有些人谨小慎微,有些人精于算计;有
些人能够在困境中抓住机遇,另一些人却会把每个机遇都看得困难重重。我们
的被造是如此的不同,但是有一件事比个性或脾气更加重要,那就是上帝——
当我们认识到上帝是谁、他的应许是什么时,我们应该毫无疑问地相信他,并
持之以恒地相信。

　　上帝是谁? 他做了什么? 他应许做什么? 这些都已经很清楚地写在纸上。
我们需要做的是在"他是否值得相信"以及"是否相信他"之间做出抉择。
"抉择"这个词切不可小看,因为它直接指向"选择"。当初,以色列的先祖
选择不相信耶和华他们的神（参见申1: 32）,而后来的世代则有机会选择相信
或拒绝。在每天的生活中,我们也面临着同样的机会,我们要么选择相信,要
么拒绝相信。选择不同,结果当然也不同——要么住在应许之地,要么在旷野
漂流。

属灵的万有引力定律　第283天　经文：《申命记》4：1～14

> 你只要谨慎，殷勤保守你的心灵，免得忘记你亲眼所看见的事，又免得你一生这事离开你的心，总要传给你的子子孙孙。你在何烈山站在耶和华你神面前的那日，耶和华对我说："你为我招聚百姓，我要叫他们听见我的话，使他们存活在世的日子，可以学习敬畏我，又可以教训儿女这样行。"
>
> （申4：9～10）

人们不会自发地遵守法律，而且遵章守法确非易事。有时我们会觉得法律很糟糕，缺乏公平性。政府居然会通过这样的法律！于是，我们不去遵守法律，反而设法在里面钻空子。那么，上帝的律法又如何呢？为什么我们同样不能正确对待呢？也许这是因为我们还没有意识到上帝的律法对我们是有益的。

摩西提醒以色列民遵守上帝律法的重要性："你们要听从遵行，好叫你们存活，得以进入耶和华你们列祖之神所赐给你们的地，承受为业。"（申4：1）上帝子民得享美福的途径，就是听从、遵行他的律法；过去如此，现在亦如此。

比如上帝给自然界设立各种定律。遵守热力学定律，我们就会保暖，不至于被烧伤或冻伤；遵守万有引力定律，我们就会保持平稳，处于安全状态，否则，我们自己或他人就会因我们违反这一定律而陷入危险。

创造之初，上帝赐给人类道德和社会法则。邻里之间彼此相爱，互相尊重，这是多么美好的关系啊。倘若没有偷盗、杀人或说谎，那会是怎样一种不同的景象呢？我们为人处世的方式一定会因此大不一样，但只有当我们遵行上帝的律法，这些才能成为现实。

如果任凭人们自由发展，他们就会全然藐视上帝的律法，轻视远离创造主的可怕后果。所以，不断查考上帝的律法很重要。只要略窥旧约就能发现，上帝不断派他的仆人提醒百姓们遵守他的律法，这是十分必要且重要的。

如果一个世代没有用上帝的律法教导下一代，那么整个世代将不认识真理，从而导致社会瓦解，万民沉沦——这其实就是我们当下的光景。所以，教导下一代听从上帝的呼声十分紧迫。教导孩子遵行上帝的律法也许不那么时尚，却绝对是明智之举。正如摩西所说，教导孩子遵行上帝律法的父母"聪明并智慧"。每个父母都应该以此为戒。

谦卑的实质 第284天 经文:《申命记》9: 1~9: 21

> 你当知道,耶和华你神将这美地赐你为业,并不是因你的义,你
> 本是硬着颈项的百姓。 （申9: 6）

翘着鼻子走路的人最容易被绊倒。或者你会更赞同这种说法: "骄傲在败坏以先"（箴16: 18）。相反,那些谦卑的人则是低头看路行走,因为他们知道自己容易走错路,随时可能失足。

以色列的孩子们以为上帝给予他们的特别恩典是理所当然的。这并不奇怪。确实,上帝曾将他们从埃及的奴役中解放出来,主动和他们立下独一无二的约,又在旷野里喂养和保护了他们40个年头,最终更将那片原本是属于他人的美地赐给他们。

蒙受了如此多的恩典,以色列人本应以公义立身,然而他们行事为人并不公义。于是,摩西试图带着他们看清楚这个事实,使他们能够谦卑下来。摩西对他们说: "你心里不可说: '耶和华将我领进来得这地,是因我的义。'……耶和华你神将这美地赐你为业,并不是因你的义,你本是硬着颈项的百姓。"（申9: 4, 6）随后,他叙述了一系列的事实,毫不含糊地指出他们是如何不配享有上帝的祝福。如果以色列人认为蒙祝福是因为自己配得,那是他们的自义。

上帝提醒以色列人不配并非他不仁慈,而是上帝之道。这些以色列人越是自我满足,就越容易落入属灵的骄傲,导致最终衰落。反之,如果他们更多地承认上帝的恩典和怜悯,他们的心就会更多地被上帝的爱所吸引,被他的恩典感化,被他的怜悯触动。让他们的心被感化以至充满爱和顺服,这是真实祝福之所在,也正是上帝的期望。

如今的世代,让人谦卑是一件难事,因为人们都太聪明,太有成就了。但是只要稍加思考,我们就不难发现谦卑的宝贵。和谦卑相比,其他任何心态都显得不合时宜。习惯思考的人知道,若非上帝提供呼吸的空气,养生的食物,用以加工的原材料,那么人类根本无法生产和生活。因此,有见解的人明白,若不是上帝有预先的祝福给予人类,人类就根本无法存在。在这样的事实面前,人们只能谦卑,上帝真正喜悦的也正是那些谦卑虚己的人。

慷慨就是经商 第285天 经文:《申命记》15: 1~15: 18

> 你总要给他,给他的时候心里不可愁烦,因耶和华你的神必在你
> 这一切所行的,并你手里所办的事上,赐福与你。 （申15: 10）

　　商业公司都会宣称，自己的存在是为了"盈利"和"提供服务"，有些还会加上一句："照料员工的身心健康。"无论怎么说，"员工快乐才会多产"这一条是千真万确的。当然，这一说法显然更适用于底层工作者，而非流水线上的工人。

　　上帝教给以色列人一系列经商的原则非常独特，比如豁免的条例。每个第七年都不可耕种土地，要守圣安息，这样土地就会更加多产。豁免的条例指出，当安息年到来时，欠债的弟兄都要被豁免。不过，这种豁免是永久的免除，还是暂时的延期，尚有争论。不管是哪种情况，在豁免年即将来到之际，精明的商人都不希望借贷出去，因为还贷会被拖延，甚至被取消。但是上帝教导他们不要"忍着心"，而是不管怎样都要借贷。还有一个相似的条款是针对那些因为破产被迫卖身为奴的人——身体是他们唯一剩下的资产。豁免的条例规定，当安息年来到时，要任由这些奴隶自由离开。有些商人在豁免奴婢的这件事上有所迟疑，然而上帝告诉商人们，不仅要给这些奴隶自由，还要给他们"丰富的告别礼物"。

　　那么，基督徒商人应该以什么方式经商呢？如果不提供产品或是服务，就只有停业；如果没有任何利润，就只有破产。这两个目标同样是他需要遵循的原则。那么，面对合作伙伴或者雇员，他又该持什么样的态度呢？要回答这个问题，我们首先需要记住，从商的基督徒首先是基督徒，其次才是商人。也就是说，他的生意是他作光作盐的场所，在这个场所里如何为人处事，将是他最有力的见证。那么，他到底该如何对待员工呢？他应该记住，自己不是在和机器而是在和人打交道，他们都是上帝创造的、基督为之付上了生命的人；这个人的身心健康是上帝所关注的，所以，基督徒商人最需要注重的就是如何用上帝所喜悦的方式对待他人，因为这些人都有永恒的价值。

　　对上帝而言，慷慨是一个既定的原则。当有上帝同在时，慷慨就意味着生意兴隆——不只在今生，而要得那永远的奖赏。

商业信誉　第286天　经文：《申命记》24：10～24：22

> 困苦穷乏的雇工，无论是你的弟兄，或是在你城里寄居的，你不可欺负他。要当日给他工价，不可等到日落，因为他穷苦，把心放在工价上，恐怕他因你求告耶和华，罪便归你了。　（申24：14～15）

　　所谓正直，是指对事物保持公正坦率的态度，如基督徒的信仰和行为。这一原则同样适用于其他方面。例如，商业信誉（正直）是指商人重信守诺，言行一致。承诺和践行，二者是不可分的。

摩西临终前谈到将来在应许之地的生活，他一再叮嘱以色列人务必持守正直。他解释说，各种法规都是为了驱除百姓当中的邪恶；如果他们遵行这些规条，上帝也会"以此为义行"。换句话说，以色列人的日常举止都有深远的属灵意义。这么做，不仅是因为他们立意行善，也不仅是因为邻舍们个个慈眉善目，而是因为这是上帝所立的律法，为要除灭邪恶并荣耀上帝。

从现代人的观点来看，这些法规似乎过于琐碎，但这些法规的根本都在于正直。因为"以屈待人"就是邪恶，"以诚待人"就是正直。这一点同样适用于商业行为，尤其在对待弱势群体时更应该如此，否则就会招来上帝的责难。

在生意中保持正直非常重要，因为它能帮助整个社会抵制道德的堕落，提醒人们关心那些弱者，并有助于制约掌权者，防止他们滥用权力而导致灵性堕落。用正确的方式彼此相待，有助于保护那些富有的人远离贪婪，也让那些贫穷的人不致因满心嫉恨而损害身心健康。同时，这样的工作环境也会让人愉悦。当人们在家里践行这些原则时，家人也会因此受益。

在我们这个社会，要想争取更好的工作环境或报酬，手段无外乎"加入工会"、"罢工"和"仲裁"。许多情况下，通过这些手段的确能得到公正的结果。但是在古代以色列，另有一个强有力的手段。一个受屈的工人可以"因你求告耶和华"。如果真是你的不义，"罪便归你了"。即使在今天，这种处事方式仍然非常适用，因为在天上，在上帝的手中，同样有一本关于我们的账。

快乐的顺服　第287天　经文：《申命记》28：1～28：24

> 你若谨守耶和华你神的诫命，遵行他的道，他必照着向你所起的誓，立你作为自己的圣民。天下万民见你归在耶和华的名下，就要惧怕你。
> （申28：9～10）

俗话说："天下没有免费的午餐。"很多人都坚信："如果想拥有，就得努力争取。"于是有人认为，上帝会对他的子民说："要想得到渴望的东西，就得乖乖听话。"这样的价值观认为，只有表现好了，上帝才会奖励他们，因为上帝的确说过："你若听从耶和华你神的话，这以下的福必追随你，临到你身上"（申28：2）。这种看问题的角度和常说的"天下没有免费的午餐"看似一致，于是有人认为：上帝的祝福是努力争取来的。然而，这节经文所要表达的绝非这个意思。

所有经文的理解都必须观照其背景，看它是否和其他经文一致。摩西律法的背景即是约。约是由上帝主动提出并免费赐给其子民的祝福，他们不仅根本不配得这些祝福，更不可能凭自身的努力争取到；上帝这样做完全是出于他单纯的爱和属天的恩典。上帝对以色列民的要求就是用谦卑的信靠来回应上帝"奇异的恩典"，带着感恩的心过充满爱和顺服的生活。面对恩典，人们需要通过顺服表现出自己的信。

这个原则在今天同样适用，并且在新约圣经中也得到了清楚的阐释。保罗对以弗所教会的信徒们说："你们得救是本乎恩，也因着信。这并不是出于自己，乃是神所赐的；也不是出于行为，免得有人自夸。"（弗2：8～10）不管是古代以色列人还是今天的我们，都不可能通过顺服使自己获得祝福；顺服只是我们对所受的祝福心存感恩的证据。

发自感恩的顺服往往是温馨、心甘情愿、诚心诚意的，而情非得已的顺服则是勉强、粗糙、斤斤计较的。令人痛心的是，那些深受上帝恩典之人的表现往往无异于那些从未蒙福的人，因此过了不久，他们就变成被上帝管教和责难的对象。但上帝管教和责难的目的永远都是为要他们重新发现这份恩典所带来的种种益处，以及顺服背后的无限祝福。

如果我们的态度是："如果非得这样，那我就做吧。"或者是："如果你先这样做了，我也这样做。"那么无论是上帝还是我们，就都没有喜乐可言。然而，如果我们的态度是："主啊，因为你为我付出的，我会如此行，这是出于感激。我也知道这样会给你带去愉悦。谢谢你，我爱你。"那么，我们就会满心喜乐。许多人认为顺服是一种负担，然而敬虔的人却会以顺服为乐。

为黑暗之地的祷告　第288天　经文：《诗篇》74篇

> 神啊，你为何永远丢弃我们呢？你为何向你草场的羊发怒如烟冒出呢？求你记念你古时所得来的会众，就是你所赎作你产业支派的，并记念你向来所居住的锡安山。　　　　（诗74：1～2）

曾经满是应许的"应许之地"，如今到处是黑暗，满了强暴（参见诗74：20）；曾经华美的圣所和其中一切所雕刻的，现在都不复存在了；曾经高耸的城墙只剩下残垣，城门也被砍下，如同一堆烧火的干柴（参见诗74：3～8）。人们被赶到很远的异乡，哀悼他们的命运，落下悔恨的泪水，从远方发出满是期望的祷告。过去所期盼的，现在均已落空，而这一切只能怪他们自己。

　　但是，有一件事困扰着这些流落异乡的以色列人（诗74：1）——上帝永远丢弃了他们吗？没有神迹表明上帝仍然顾念他们，也没有话语从上帝的宝座出来并透过先知赐下（参见诗74：9）。天沉默了，地也荒凉了。难道上帝真的已经永远地丢弃了他们，一切都无法挽回了吗？

　　这个问题是有根据的。在以色列国家的历史上的确曾有这样的时刻——上帝说："够了！够了！我受够这些人了！"正如诗人所说，上帝子民的历史清楚地表明：当其子民自卑、祷告时，上帝会很乐意赦免他们的罪行，重建他们的国家。（参见代下7：14）

　　这首诗的作者提醒上帝，说他是一位有着伟大救赎历史的神（参见诗74：2）。现在，他的圣名被亵渎（参见诗74：7，10），他的子民处于危险的困境（诗74：19），他的仇敌则在大展淫威（参见诗74：18）。同时，他也提醒上帝曾有确切的应许——他所立的约都会实现（参见诗74：20）。

　　那么，世上的列国又如何呢？有没有需要亮光的黑暗之地？人们本该和平相处的土地上，不是充满了暴力吗？事实的确如此。那么，上帝的子民应该如何面对这一切呢？他们应该祷告呼求上帝，回顾历史上上帝的作为，数算上帝恩典的应许，斥责上帝的敌人。正如生活在各种凶禽猛兽之间的鸽子一样，上帝的子民应该靠着上帝的大能满有智慧，精彩地活着。他们不仅要随时祷告，同时也要为上帝的回应积极地预备，并参与其中。最终赞美上帝的，正是"贫穷和有需要的"人；软弱的和愚拙的人才是上帝所使用的器皿（参见林前1：26～29）。那些向上帝祷告的人才会与他的圣工有份（参见民1：11）。

　　当上帝在黑暗和强暴之地运行时，他会透过其子民做工。因此，与其咒诅黑暗，不如尽早呼求主名，并积极行动——为了上帝！

选择生命　第289天　经文：《申命记》40：1～40：20

> 我今日呼天唤地向你作见证，我将生死、祸福陈明在你面前，所以你要拣选生命，使你和你的后裔都得存活；且爱耶和华你的神，听从他的话，专靠他，因为他是你的生命，你的日子长久也在乎他。这样，你就可以在耶和华向你列祖亚伯拉罕、以撒、雅各起誓应许所赐的地上居住。　　　　　　　　　　　（申30：19～20）

人生充满了选择，有些是别人为你而做，有些是你自己做的。你无法选择你的出生，但是可以选择如何去生活。你无权选择自己的DNA，但你可以选择是否要拿到MBA。你所做的决定，影响着你的人生。

以色列人进入应许之地之前，摩西要求他们选择如何回应上帝，以及如何面对背后的结果——选择与结果。他清楚地向他们解释说，如果他们偏离了上帝的道，并被上帝惩戒，就应该重新转向上帝，努力与上帝和好。无论如何，生命和死亡之间的选择绝不可能一样——爱上帝就意味着生命，远离上帝就意味着死亡。

今天，我们也需要勇敢地面对"生与死"、"祝福和咒诅"之间的选择。祝福不是毛毛雨，随随便便地落在某个人的头上。只有当我们坚定地回应上帝的呼召，并且顺服上帝时，祝福才会临到。耶稣重复摩西的话说，"你要尽心、尽性、尽意，爱主你的神"（太22：37），并且命令门徒们，"跟从我"。耶稣以类似摩西的话警告人们："你们要进窄门。因为引到灭亡，那门是宽的，路是大的，进去的人也多；引到永生，那门是窄的，路是小的，找着的人也少"（太7：13～14）。今天，上帝仍旧把选择摆在我们面前。一方面是信靠、顺服，另一方面是任意违抗。同时，上帝也清楚地列出了两种选择的不同结果。一种是永恒的生命，另一种则是灭亡。

上帝赋予了人们自由选择道路的权力。当然，如果不是上帝早已决定要得着我们，我们面前就根本不会有选择可言。所以，人类自由选择的权力本身就是一份恩典的礼物。上帝选择给我们生命，同时决定让我们来做选择。现在，选择是我们的了。上帝给了所有愿意悔改和相信的人一份永生的礼物，呼召我们回应他。如果我们顺服他的呼召，选择走他的道，我们就会领受到那份礼物。这是上帝所给予的最大的礼物，也是我们能做的最大的决定。

有异象的带领　第290天　经文：《士师记》4：1～4：24

> 巴拉说："你若同我去，我就去；你若不同我去，我就不去。"
> 底波拉说："我必与你同去，只是你在所行的路上得不着荣耀，因为耶和华要将西西拉交在一个妇人手里。"于是底波拉起来，与巴拉一同往基低斯去了。
> （士4：8～9）

领导力有不同的形式，领导者的个性也都迥然不同。不是所有的领导者都身高马大，粗犷豪迈。有些领导者温柔、谦卑，细心关怀；有些领导者在老迈时才展露出领导力，而另外一些人则从青年时代就表现出领导才能。上帝并不偏宠哪一类人作领导者。有时他喜欢抬举那些意想不到的人，委派那些看起来并不像领导的人，比如底波拉。

有20年之久，耶宾王一直都是以色列人的眼中刺。在这段时间，底波拉做了以色列的先知和士师。以色列人在困境中呼求耶和华，上帝就回应他的子民，透过底波拉任命巴拉率军攻打耶宾王的军队。上帝甚至提早应许了巴拉在这次交战中的胜利，可是，巴拉不愿意独去。他说，除非底波拉和他同去，他才去。底波拉应邀前往，并一同赢得了战斗。耶宾王被打败，以色列人和平地生活了40年之久。

这个事件中包含了许多关于带领的信息。显然，上帝把辨别和沟通的恩赐给了底波拉。当她使用这些恩赐时，就被认作士师和先知。从她对巴拉的评论我们可以清楚地看出，在那时的文化中，作为一个女人，处于她的地位是很罕见的。有人认为，她能有那个位置是因为巴拉软弱，但是早在巴拉出现之前，她就已经是当时的士师了。所以，上帝的确以其大能提拔了一位女性作领导，希望她来带领以色列百姓。

另一方面，巴拉经常被刻画成"软弱"和"无用"的人。但谁也不能否认，他的确带领了10000人上战场与敌人厮杀，并且大获全胜。软弱和无用的人竟能取得如此大的成就！显然，他更多是"靠着肉体"而非圣灵（腓3：3）。他信心的双眼或许有点朦胧，而底波拉的异象却是坚定和清晰的。最后，正如底波拉所预言的，胜利的荣耀归给了一个妇人，而非大丈夫巴拉。不可思议的事情就那么成就了。

从这里，我们可以看到，领导力更多是在乎异象，而非性别。属上帝的领导者会欣然地靠信心而非眼目去行事。面临未知时，他们会选择信靠上帝的话语，而且众人也会追随这样的领导者。可见，领导力的关键在于"契合"，它的作用是决定性的。因为如果没有人跟随，领导力就无从谈起。

处变不惊　第291天　经文：《撒母耳记上》13：1～13：14

> 扫罗照着撒母耳所定的日期等了七日。撒母耳还没有来到吉甲，百姓也离开扫罗散去了。扫罗说："把燔祭和平安祭带到我这里来。"扫罗就献上燔祭。　　　　　　　　（撒上13：8～9）

很多优秀的人会在压力面前败下阵来。比如，面对即将到期的账单和日渐枯竭的资金流，他从老板的资金里"借"了一些，打算过两天就把钱还回去；

或者某个流水线上的工人，在生产业绩不高的情况，"调整"了一下规则，篡改了事实，暂时挽救了局面——虽然表面上见效了，后来却难保不东窗事发。

扫罗王就是一个很好的例子。他的属灵导师撒母耳指示他去吉甲，在那里等候7日，等撒母耳到了再为军队祝福，带领他们敬拜上帝，之后他们才可以去打仗。吉甲是一个很偏远的地方。面对不共戴天的敌人非力士人，吉甲是一个安全的避难所。所以在等待的同时，扫罗可以做各种准备工作，并且不会被打扰。然而非力士人召集了大批人马尾随扫罗，来到密抹安营。密抹离吉甲只有扔一块石头远的距离。于是，扫罗的军队变得躁动不安，开始四处逃窜。扫罗看到自己的军队涣散，觉得十分恐慌，于是做出了有违上帝旨意的决定。扫罗自己径自做了各种属灵的仪式，虽然这些根本就不是他应该做的。正在他即将做完这一切时，撒母耳到了。他严厉地斥责扫罗，并且告诉他，他的王位必不会长久。

人们容易在压力下暴露自身的缺陷。扫罗有恐惧的倾向，而不是信靠。同时，他还有一种倾向，就是自己掌控所有的事情，而非相信上帝凡事都掌权。他绕开了顺服，结果却证明他大错特错。扫罗信心的缺乏直接导致了对上帝的不顺服，而不顺服则是导致身为上帝子民的领袖却遭惨败的根本原因。

无独有偶，在压力下，人们常会犯同样的错误。但是，在压力巨大时，用自己的方法和能力来取代信心与顺服，就好像一个飘浮在空中的人丢弃降落伞，使劲拍动手臂来代替一样。无论是扫罗，还是压力下选择丢弃降落伞的人，两者无疑都是在表演一场"惊险秀"，但是都不会获得梦想的结果，最终将以自由落体的方式堕入灾祸。对于我们来说，与其这样，还不如一直张开信心的降落伞呢。

信心的战斗　　第292天　经文：《撒母耳记上》17：32～17：51

> 大卫对非利士人说："你来攻击我，是靠着刀枪和铜戟；我来攻击你，是靠着万军之耶和华的名，就是你所怒骂带领以色列军队的神。"
>
> （撒上17：45）

信仰生活就是一场争战。耶稣基督提醒门徒，既然这个世界拒绝和迫害了他，那么他们也要准备好被拒绝和被迫害。此外，信徒多半都会承认，自己的信仰并不总是那么纯全，自身的渴望很容易堕落成必须对抗的情欲。再者，一门心思要破坏上帝计划的那恶者，憎恨一切与基督联合、阻挡他谋计的人。因此，在典型的敌人——这个世界、肉体和恶者面前，坚持信仰生活本身就是一场争战。

那么，我们究竟如何打赢这场信心之战呢？大卫和巨人歌利亚的战斗给了我们不少启示。显然，大卫所面对的战斗任务几乎不可能完成，否则，早在年轻的大卫到达战场之前，扫罗就已经得胜了。然而，扫罗及其手下都被巨人的能力给吓住了，恐惧万分；大卫则毫不惧怕，因为他所关注的并非巨人的能力，而是他所见识过的上帝更大的能力。同时，他也把巨人的虚张声势看为对上帝的军队，也就是对上帝的蔑视。大卫不肯接受这样的现状，所以决定采取行动。这时，有人在旁边唱反调，企图阻止他和巨人争战，可他并没有因此受阻。相反，大卫告诉他们自己的经历——上帝有能力救赎，他也非常确信，在当时情况下上帝同样不会袖手旁观。之后，他拒绝了扫罗提供的战衣，认真地为甩石的机弦挑选了5块光滑的石子。带着这点少得不能再少的武器装备，他靠着万军之耶和华的名迎面走向巨人（参见撒上17：45）。值得注意的是，大卫并没有单单站在那里，等全能的上帝亲自攻击巨人，而是用手中准备好的、在伯利恒偏僻的山野上练就的本领，掷出了石子。事情的结局令人震惊。随后，大卫用巨人的刀割下了他的头。

我们灵魂的敌人真实且不容低估。我们不应回避，而应与它们勇敢地交战。我们用来反击的5块石头就是：圣经、祷告、团契、敬拜和节制。正如大卫一样，我们也应该靠主的大能，提升自己使用"石子"的能力。如此行，我们也同样会获得出人意料的结果。

雪中送炭　第293天　经文：《撒母耳记上》20：1～20：15

> 你要照耶和华的慈爱恩待我。不但我活着的时候免我死亡，就是我死后，耶和华从地上剪除你仇敌的时候，你也永不可向我家绝了恩惠。
>
> （撒上20：14～15）

救难解危往往耗时、耗力，危险又麻烦。但是这样做不仅值得，也是荣耀上帝的选择。

大卫一生经历的危难数不胜数，单是他和扫罗之间的恩恩怨怨就够麻烦了。扫罗是名副其实的情绪障碍者，类似抑郁症的症状更使他凶残、易怒。他长期处于一种严重的偏执状态里，而大卫则不幸地成为扫罗仇恨和嫉妒的靶子，这让无辜的大卫吃尽了苦头。当他发现自己在扫罗的营中是一个不受欢迎的人时，不得不逃向旷野，以求保身。

　　然而大卫又是幸运的。贵为王子的约拿单是他的挚友，在他危难的时候向他伸出了宝贵的援手。约拿单非常了解大卫，知道这位年轻的英雄满有上帝所赐的能力，是王位强有力的竞争者。事实上，单从政治的观点来看，对约拿单而言，大卫死了显然要比他活着更有利。所以，当约拿单极力否认大卫对当时境况的判断时，大卫很可能怀疑过，约拿单是否在心底希望自己从此消失。

　　虽然这两位年轻人的身份和境况差异悬殊，却有着极其重要的相似点——看重友谊。他们都很慎重地看待自己向上帝做出的承诺，都认识那位慈爱的上帝（参见撒上20：14）；他们也认定，上帝的追随者们应该用这样的"慈爱"彼此相待。这不仅仅是人与人之间深厚的情谊，同时也是正确的相处之道，承认上帝在看顾和关心着一切。

　　我们所侍奉的这位上帝是通过救难解危来彰显自己的神。就如约拿单一样，他看到大卫身处迷失的境况就心生怜悯，向他做出承诺；基督耶稣毫不犹豫地为我们付上了巨大的赎价，当我们身处困难时，他向我们施以援手，把我们带向他，并在天国里为我们安排位置。所以，当你感觉无助、需要帮助时，最好认真想想早已帮助过我们的那位上帝。

求问上帝　第294天　经文：《撒母耳记下》5：17～25

　　大卫求问耶和华说："我可以上去攻打非利士人吗？你将他们交在我手里吗？"耶和华说："你可以上去，我必将非利士人交在你手里。"

（撒下5：19）

　　咨询师通常是指通过长期积累的经验拥有真知灼见，并愿意与那些寻求帮助的人分享，同时收取费用的人。上帝比任何咨询师都更有经验和洞察力。上帝的证书毫无瑕疵，他渴望向我们提供帮助，并且免费给予建议。可悲的是，很少人去咨询他，也不寻求他的建议。

　　大卫聪明绝顶，当然不会犯这样的错误。听说大卫要作以色列王，非利士人立刻决定控制他，差派人马去捉拿他。于是，这位新国王登基伊始便面临危机。大卫对军事行动并不陌生，并且多次证明自己是骁勇善战的勇士。况且，他还有很多与外族交战经验丰富的老兵相伴，因此他并不缺乏军事实力。但是大卫很聪明，知道自己需要的不止如此——他还需要上帝的指引。他用王的智慧求问上帝，自己该做什么。

很多人在这一点上也曾困惑过。有一些人过于自信，不愿意求问上帝；而另外一些人却不知道该怎样求问。他们相信自己的直觉和专业知识而不是上帝，喜欢针对问题做出决定。他们没有认识到，只有上帝才知道什么对他们是最好的，并且他渴望在他们的生命中动工。

因此，关键是求问上帝。那么，应该怎样求问呢？大卫的方法并非一成不变。他或者通过乌陵与土明（我们对这种沟通方式了解甚少）得到确信，或者从有恩赐的先知那里获得上帝的旨意。我们可能不知道大卫的方法，但是我们可以仿效他，因为我们讨论的是同一位上帝。我们可以在祷告中将自己的选择告诉上帝，也通过学习上帝的话语获得指导原则，同时聆听生活中智者的劝告，利用上帝赐予的理性深思熟虑；如果我们的方向错了，就求他阻止我们。我们以这种方式将自己的决定带到上帝面前，没有什么比这一点更让人欣慰了。然后，我们要前行，相信上帝掌管一切，并将藉着圣灵引导我们。

上帝破碎的心　第295天　经文：《诗篇》78：11～57

> 他们在旷野悖逆他，在荒地叫他担忧，何其多呢！他们再三试探神，惹动以色列的圣者。　　　　　　　　　　（诗78：40～41）

你曾经想过上帝对人类行为的感受吗？当人们伤害我们时，我们会很伤心；如果我们经历疼痛，我们会感到难过。但是我们的行为会给上帝带来什么影响呢？

经上记着说，在挪亚的时代，"耶和华见人在地上罪恶很大，终日所思想的尽都是恶，耶和华就后悔造人在地上，心中忧伤"（创6：5～6）。很明显，人类的罪让上帝伤了心。

洪水过后，这种情况并没有明显得到改善。在以色列人漫长而曲折的历史中，上帝一直遭受着心痛的煎熬。犯罪、悔改——再犯、恢复、冷漠、堕落、苦恼、悔改——再犯，这样的循环无情地上演着，表明人的顽固及上帝的忍耐。

《诗篇》78篇记录了古代以色列人所犯的许多罪，同时提及上帝充满恩典的作为。上帝施予他子民何等多的好处或惩罚，但"他们不遵守神的约，不肯照他的律法行"（诗78：10；参见诗78：11～16，31～33）。有时候他们悔改，回转归向上帝，但是热心稍纵即逝，并且通常不真诚（参见诗78：36～37）。对此，《诗篇》的作者总结说："他们在旷野悖逆他，在荒地叫他担忧，何其多呢？他们再三试探上帝，惹动以色列的圣者"（诗78：40～41）。

我们确实需要思想人类的行为会对上帝造成什么影响。人类的罪是对上帝的公然冒犯，也是否认他的主权；是出于尘土的人宣称从创造者那里获得控制权的陈述——这一切都伤害了上帝的心。当邪恶的行为主导我们的生活时，它体现了人类堕落的程度。当一个人的心堕落时，他的人性就被玷污了。毋庸置疑，上帝对人类的境况和行为感到愤慨，因此他管教犯错的孩子们，他的管教来自他痛彻心扉的爱。

上帝的心意可能软化及破碎大多数刚硬的心，将其重塑成当初所造的样子，并救赎我们。我们的生命永远应该是他爱和良善的彰显，而不是人类邪恶的表征。

英雄难过美人关　第296天　经文：《撒母耳记下》11：1~27

> 过了一年，到列王出战的时候，大卫又差派约押率领臣仆和以色列众人出战。他们就打败亚扪人，围攻拉巴。大卫仍住在耶路撒冷。一日，太阳平西，大卫从床上起来，在王宫的平顶上游行，看见一个妇人沐浴，容貌甚美。
> （撒下11：1~2）

试探即是犯错的诱因，也是端正自身的机会。试探是一个潜在的诱惑，但如果处理得当，也会产生积极的效果。只要把约瑟和大卫稍做比较，我们就可以清楚地看到这一点。这两个人都曾面临奸淫的试探，也都知道奸淫是不对的。不同的是，约瑟以极大的代价抵挡了诱惑者的把戏，持守了自己的正直；而大卫不但屈服于诱惑，之后更一错再错，深陷罪恶的泥潭无法自拔。

大卫的失足并不是突然的。显然，已经有一段时间他放松了自己。他没有亲自率领军队出征，反而待在家中，让手下的勇士们战场拼杀。并且，他睡到黄昏日落才起床，看起来也不可思议。这位年轻勇敢的战士、上帝忠心的仆人、合上帝心意的人到底怎么了？是他开始疏忽大意了吗？是他年近中年，安逸淫乐了吗？

也许他并不知道拔示巴在光天化日之下沐浴——她很可能动机不纯，因此大卫不必为看到她承担责任。但是他确实需要为后来偷窥并顺从诱惑，将她接来与她同房承担责任。在这个过程中，他随时都可以并且应该说"不"。但是他的原则和自律已经沦丧，道德的缺失最终导致了灾难。

前事不忘，后事之师。从别人的错误中吸取经验教训，远比从自己在生活中所酿的苦果中顿悟要好受的多。大卫的失足告诉我们，灵性的软弱必然会导致道德的缺失。因此，当诱惑摆在眼前时，失败和崩溃就在所难免。

剛强的人懂得如何站立得稳。但如果忽略了基本的预防措施，同时又与诱惑争战，认为任何时候都能胜过时，即使最剛强的人也会变得不堪一击。

飞蛾喜欢烛光。它们被诱人的光吸引，在其温暖的怀抱中肆意飞舞。它们被吸引的越来越近，直到翅膀噼啪作响，烧成灰烬。你可以从大卫身上汲取教训，也可以观察飞蛾的结局。无论如何，请你为抵制诱惑做好准备，否则就会自取灭亡。

临终遗言　第297天　经文：《列王纪上》2：1～12

> 我现在要走世人必走的路，所以你当剛强作大丈夫。
>
> （王上2：2）

一个人死去的方式往往清晰地阐释了他是如何生活的，临终遗言更是意义深远。例如，约翰·卫斯理在临终前说："最重要的是，神与我们同在。"路德希·凡·贝多芬去世时说："喜剧结束了。"都是遗言，但内容不同。卫斯理去世前，不仅知道他要往哪里去，而且明白那位曾伴其一生的至高者将与他一同走过死亡的汪洋；贝多芬去世的时候则没有这样的确据，从遗言中不难看出，他对自己的生命深感失望。

躺在临终的床上，大卫王言简意赅地对儿子所罗门说："你当剛强做大丈夫。"这句话不仅是他对自己一生的总结，也是对儿子的期盼（王上2：2）。那么，在大卫眼中，什么样的人才算是"大丈夫"呢？

首先且最重要的是，"大丈夫"应该勇于承认，成功取决于对上帝旨意和目的的顺服。大卫吩咐子孙顺服上帝，并且保证，如果他们能够照着上帝所吩咐的去行，就必亨通（参见王上2：3）。同时，"大丈夫"要勇敢持守上帝的道，当有意见相左甚至相反的力量牵拉时，更要如此。比起"用上帝的方式去做"，"用自己喜欢的方式去做"显然更加普遍，且更加流行，但是只有前者才是通向成功的道路。

第二，"大丈夫"应该相信上帝的应许。大卫向儿子指明，上帝的应许是确信和力量的源泉（参见王上2：4）。只有当一个人知道如何"信靠并顺服"时，他才会相信上帝在其生命中积极做工。

第三，"大丈夫"应该秉行公义（参见王上2：5～9）。大卫的遗言看似在鼓励所罗门对敌人进行报复，解决个人恩怨，但其实是在秉行上帝的公义。同样是为了伸张公义，大卫一再叮嘱所罗门，要善待那些义人（参见王上2：7）。

临终遗言意义深远，因为它们令人难忘，同时也是对生平的总结，直指人生问题要害。所以，我们应当在去世前，在儿女们为生活疲于奔命之前，努力教导他们把上帝放在第一位。

真理的汪洋　第298天　经文：《列王纪上》3：1～15

> 所以求你赐我智慧，可以判断你的民，能辨别是非。不然，谁能判断这众多的民呢？　　　　　　　　　　　　　　　　（王上3：9）

伟大的科学家艾萨克·牛顿爵士在生命垂危时说："我觉得自己就像一个小孩子在海边玩耍，在我面前有一个真理的汪洋有待开发。"尽管在数学和物理科学领域取得了巨大的成就，可是他却意识到，与自己所不知的相比，自己所知的仍然是九牛一毛。面对这样的事实，他只有选择谦卑。

开始接手治理上帝子民的任务时，所罗门王也意识到自己对治理之事所知甚少，因此他也选择了谦卑。在同样情况下，有些人会灰心丧志，自暴自弃；另一些人会不懂装懂，自命不凡。而所罗门却知道该怎么处理自己的不足，如何弥补自己的短处——敬拜上帝。他转向上帝，在他那里找到知识、智慧的泉源。上帝邀请所罗门，问他想要什么，并应许一定会实现他的愿望。对上帝来说，这可能是一件危险的事情，但是看到所罗门的敬拜，上帝知道他的心。结果，所罗门向上帝要智慧。经上记着说："所罗门因为求这事，就蒙主喜悦"（王上3：10）。

面对不足，所罗门没有想到强化自我。他首先关心的是应该装备自己，做好上帝呼召他做的事情。他知道自己需要智慧，这就是他的智慧；他明白自己不够聪明，这就是他的聪明。同时他也知道，从上帝那里得到的智慧，比得到更多的财富或权力更重要。没有智慧去管理，财富和权力会演变成各种各样败坏的事。同时，如果漫长的一生中没有智慧，生活也将是痛苦和空虚的。

财富、权力及长寿，对于每个年龄段的人都有吸引力，但是聪明的人会从上帝那里寻求智慧，持守自己的本分。很多人发现，就像所罗门一样，上帝在给予智慧的同时，也会赐给各样宝贝以资奖励——因为上帝知道，他们将会智慧、合理地使用它们。所以，聪明人就应该懂得寻求智慧。

罢了   第299天 经文:《列王纪上》19: 1~18

> 自己在旷野走了一日的路程，来到一棵罗腾树下；就坐在那里求死，
> 说:"耶和华啊，罢了! 求你取我的性命，因为我不胜于我的列祖。"
>
> （王上19: 4）

每个人都有崩溃的时候。在某一时刻，只要条件具备，一个人就可能说:"我受够了!"。当爆发点真的来临时，人们总是猝不及防，在突如其来的沮丧感面前完全崩溃，甚至巴不得去死。

这就是以利亚的感受。他曾靠着上帝的名轻而易举地打败了服侍巴力的450个先知，无所畏惧地挑战反对上帝的民族，使强悍的亚哈王心服口服。可是忽然之间，没有任何征兆或暗示，他崩溃了。

耶洗别——这个可怕、恶毒且能呼风唤雨的女人是压倒以利亚的最后一根稻草。尽管耶洗别可以毫不费力地要了他的命，她却没有这么做。她只是恐吓他，限他24小时内离开这座城。于是，以利亚灰溜溜地跑了。

为什么以利亚会如此恐惧? 对此我们只能做些推测。毋庸置疑，他多年生活在凶险当中，可能同巴力的争战使这位机智多谋的人身心疲惫。面对属灵的高山，他不由自主地陷入了属灵低谷，变得不堪一击。在一段时期内，属灵能量的大量消耗使他灯枯油尽;同时，在王的战车前后奔跑，更加重了身体的劳累。但最终使他崩溃的是上帝没有施行神迹，除掉耶洗别。以利亚意识到，这个女人好像蚀骨之蛆，一心要置他于死地。

以利亚逃出城后躺下来，心里充满了委屈、沮丧和忧愁，向上帝絮絮叨叨地说起自己经历的一切。于是，上帝温柔地给他上了一堂难忘的"实物教学课":神奇的食物、超凡的力量、烈风、地震、熊熊烈火和徐徐微风。借着这些，上帝向以利亚表明，自己的能力远比它们大得多，可以使软弱者得刚强。这堂"实物教学课"之后，上帝让以利亚起来，继续往前走，继续做他的工作。以利亚遵行不渝。最后，他明白了"上帝藉着细微的方式和卑微的人行大事"的真理。

当以利亚说"罢了"之后，他慢慢明白，上帝的恩典是够他用的;当他认为"我不能"时，他渐渐发现，上帝无所不能。因此，他的沮丧并不全是负面的。实际上，只有当陷入低谷后，人才能被抬举得更高。"衰残是通往复兴的必经之路"——这句话放诸四海而皆准。

惊慌失措　　第300天　经文：《列王纪下》1：1～18

> 亚哈谢在撒玛利亚，一日从楼上的栏杆里掉下来，就病了，于是差遣使者说："你们去问以革伦的神巴力西卜，我这病能好不能好？"但耶和华的使者对提斯比人以利亚说："你起来，去迎着撒玛利亚王的使者，对他们说：'你们去问以革伦神巴力西卜，岂因以色列中没有神吗？所以耶和华如此说：你必不下你所上的床，必定要死。'"以利亚就去了。　　　　　　　　　　（王下1：2～4）

人们总是会在生活中经历各种危机时惊慌失措。这时，从一个人的反应里可以很容易看出他的信仰。拿以利亚和亚哈谢为例，他们在危急关头的反应使我们有机会略窥其内心。

以利亚是一个"身穿毛衣的人"（王下1：8），生活在一个恐怖主义的时代。亚哈王带领以色列人反对耶和华，拥护巴力；亚哈谢接续他的父亲亚哈做王，继续背教。当他从栏杆里掉下来严重受伤后，他立刻求问巴力西卜，而不是向上帝寻求帮助。同时，上帝差派以利亚拦截王的使者，斥责王的失误，并预言了他的死亡。谁知，王不仅不接受这信息，反而恼羞成怒，派人逮捕以利亚。让王意想不到的是，以利亚处乱不惊，为上帝的愤怒留下了余地。

先知和王形成了鲜明的对比。以利亚相信上帝的话语，也深信他有能力阻止王的暴行；亚哈谢无视上帝，肆意妄为，竟然要杀掉上帝的先知。两种截然不同的世界观跃然纸上。显然，前者是基于"耶和华是创造者上帝"的认知，知道他拣选以色列民作为他宝贵的产业，赐给他们所居住的美地，应许祝福其子民及世界；他们需要做的就是在爱中顺服，回应上帝。而后者的世界观是基于敬拜巴力——一位自然和多产的神，如果人们想要获得成功，就要在敬拜中满足他的要求。前者相信耶和华是至高无上的，值得信赖；而后者则相信巴力掌管一切。这两者之间没有任何妥协的余地，非此即彼。要么耶和华是上帝，要么巴力是上帝。对于自己应该站在哪一边，以利亚没有任何疑虑，亚哈谢也同样没有疑虑。这两人碰到一块，正是"针尖对麦芒"，拉开一场混战。结果，耶和华再次证明："耶和华是神！"（王上18：39）

现代人也常常面对类似的境遇——敬拜或反对上帝。有些人轻视上帝，有些人拒绝上帝；还有一些人既信奉上帝，又信奉与上帝对立的其他神，看不到自身的矛盾，或不以为然。但是每个人都必须明确地宣告，谁是真正的上帝——因为总有一天，他会发现身边危机四伏，急需帮助。到那时，他所相信的那位，要么给予他有力的支持，要么像朽木一样倒塌。显然，后者会令人惊慌失措！

当断必断　第301天　经文：《列王纪下》19：1～19

> 耶和华我们的神啊，现在求你救我们脱离亚述王的手，使天下万国都知道唯独你耶和华是神！　　　　　　　　（王下19：19）

当海湾战争最激烈之时，英国首相玛格丽特·撒切尔夫人对美国总统乔治·布什说："当断必断，乔治。"当然，她说得没错。在国家危难之际，领导者必须果断决策。但是领导者们也是人，在危机面前同样会疑虑重重，甚至不堪一击。

当耶路撒冷被西拿基立率领的亚述军队团团包围时，希西家王需要同样的鼓励才能站立得稳。民众惊慌失措，领袖也忧心忡忡。此时，希西家处事得当。西拿基立傲慢无礼，质疑希西家的能力及耶和华的权能。希西家立刻脱去王袍，披上麻衣——悲痛欲绝时穿的衣服。他没有装出一副勇敢的模样，也没有急着发表演讲。他知道情形相当危急，因此将情况通报了民众。衣着得体的国王进了耶和华的殿，并差派使者去见以赛亚，寻求帮助和支持。希西家及时地发现，面前的危机不仅仅是一个军事或政治危险，而且是一场属灵的争战，需要属灵的回应。同时，这场入侵也是公开冒犯上帝。由于上帝的名声危如累卵，希西家督促上帝施以援手。

结果他得到了一个天大的好消息！以赛亚告诉希西家"不要惧怕"，因为耶和华掌管一切。西拿基立扬言，列国的神都不能与他的能力相媲美，以赛亚却提醒希西家，耶和华并非无能者，而是万物的创造者和掌管者、历史的主宰，也是与他子民立约的上帝。因此，上帝可以藐视一切挑衅者，保守所有软弱无力的人；他必会为他的子民出头，证明他的权能。

为被围困的信徒指引方向时，领导者们往往会备感压力，看到自身的软弱及敌人的强大，需要找到力量的源泉。正如希西家一样，他们需要面对现实并寻求上帝，明白他的旨意就是正确的道路。在孤单无助的时刻，他们必须置身于能够支持及鼓励他们的人中间。这些鼓励者会提醒他们，因为上帝在掌管一切，所以"当断必断"。

上帝发光的脸   第302天   经文：《诗篇》80篇

> 神啊，求你使我们回转，使你的脸发光，我们便要得救。
>
> （诗80：3）

人类发明了很多交流方式，但这些方式的人情味却越来越少。电话、电报、传真、电子邮件以及过时的邮递信件，使人们自由地传递信息。但同时，它们亦无一例外地缺乏人情味和亲密感。这些方式只告诉我们，发信人想要我们知道什么，让我们自己揣摩他的感受。若要真正地明白事情的全貌，我们需要知道更多，需要面对面的交流。

脸部是由多块肌肉组成的，它可以表现出上千种表情，表达出各种情感：皱眉、扮鬼脸、泰然自若、屏气凝神、怒骂或嬉笑。其中，嬉笑是我们最想看到的。

上帝吩咐亚伦和其他祭司向以色列人宣布自己赐予的特别祝福（参见民6：22~27）。这个祝福里包括"愿上帝对你微笑"（参见民6：25）。旧版本翻译为："愿耶和华使他的脸光照你"（KJV版）。光照或微笑，这样的景象无疑是美好的，它表达了上帝的愉快和满意，展现了他对子民深深的满足。

但是《诗篇》的作者哀叹道，他在上帝的脸上看不到微笑（参见诗80：3）。人们没有沐浴在他满意的目光中，因为他们远离他；他们自己的脸上也没有微笑，而是喝"大量的眼泪"（诗80：5）。应该做什么呢？他们需要寻求上帝，正如经上所说："神啊，求你使我们回转，使你的脸发光，我们便要得救。"（诗80：3）

如果你背对着一个面带微笑的人，是不可能看到他的笑容的；你需要转向他，与他面对面。同样，如果你朝着自己的方向走，你也无法经历上帝的应许。再小的婴孩也会知道，父母的笑容比皱眉更好看，并会因此调整自己的行为。我们需要记住，如果我们信靠基督，那么我们就是上帝的孩子。因此在行动之前，我们应该想一想，"这样的行为会给天父带来快乐呢，还是痛苦呢？会使他微笑，还是皱眉呢？"

在我们内心深处，大多数人都知道什么是蒙上帝喜悦的。如果真有什么不清楚的，尽可以参考圣经。对我们来说，经历上帝发光微笑的脸，是何等美好的事情。

一个模子里出来的？ 第303天 经文：《历代志上》28：1～21

> 耶和华赐我许多儿子，在我儿子中拣选所罗门坐耶和华的国位，治理以色列人。耶和华对我说："你儿子所罗门必建造我的殿和院宇，因为我拣选他作我的子；我也必作他的父。"
>
> （代上28：5～6）

有的父亲热心教导儿女如何立身处事，但是很多时候，他们的教导都是错误的。有一位父亲努力工作，并最终成就了一番事业。他衷心希望儿子能够继承他的产业，可是到头来却发现儿子根本不感兴趣。另有一位父亲在自己的运动员生涯中很不得意，于是逼着儿子有所作为，好让自己夙愿得偿。结果他却发现儿子更喜欢舞台上的灯光而不是橄榄球；更喜欢莎士比亚的戏剧而不是橄榄球赛。

同样，大卫也为儿子所罗门设计好了将来。但是这里有一个不同之处——上帝已经告诉大卫，他想让所罗门做什么，甚至给了大卫很多详细的说明（参见代上28：19），然后大卫描绘了蓝图，开始为儿子的工作搜集原材料（参见代上22：1～5）。他语气坚定，不容反驳地向他儿子述说他将要做的工作（参见代上22：6～19；28：20～21）。与其他父亲不同的是，大卫没有把自己的计划放在所罗门的肩上，而是根据上帝的旨意，将上帝的计划放在儿子面前。显然，这么做更加高明。

即使在今天，父亲们仍然能发现上帝在子女身上的计划，并且为此收集有用的材料，并按照计划指导孩子。通过认真学习上帝的话语，父亲们可以找到指导孩子的大体原则，通过认真祷告和观察，发现孩子的天赋、能力、机会和兴趣，从而帮助孩子找到上帝计划里更多的细节。今天的父亲们应该提醒孩子，无论从事什么职业，他们都应该首先做上帝的仆人；不管拥有什么样的成功，他们的能力都来自上帝的赐予。父亲们应该提醒孩子，他们所拥有的一切都是来自上帝，他们在地上生活是走进永恒前的预备。父亲们应该告诉孩子，无论在哪个领域奋斗，只要满怀热情地寻求上帝的旨意，他们都可以见证上帝的同在和大能。

将自己的愿望强加在孩子们身上并且忽略上帝的旨意，这样的父亲是可耻的。细心观察自己的孩子，全心寻求上帝对孩子的带领，这样的人是有福的——他们明白将自己的愿望强加在孩子身上与给予孩子影响的区别，也明白恐吓与鼓励的区别。

如果有谁缺乏智慧　第304天　经文：《历代志下》1：1~13

> 耶和华神啊，现在求你成就向我父大卫所应许的话，因你立我作
> 这民的王，他们如同地上尘沙那样多。求你赐我智慧聪明，我好在这
> 民前出入，不然，谁能判断这众多的民呢？　　　　（代下1：9~10）

如果你继承了100万美元，你会如何使用呢？如果你能够心想事成，你会
要什么呢？因为很少有人严肃地问到这样的问题，所以也很少有人能够理智
地做出回答。但所罗门从上帝那里收到了一个很严肃的邀请，要求他回答这
样的问题。

当上帝邀请新王，问及他内心深处想要什么时，新王的回答令人难忘。所
罗门王没有求财、平安或长寿，而是要求一件工具，好完成上帝给予的责任。
他说："耶和华神啊，现在求你成就向我父大卫所应许的话，因你立我作这民
的王，他们如同地上尘沙那样多。求你赐我智慧聪明，我好在这民前出入，不
然，谁能判断这众多的民呢？"（代下1：9~10）所罗门的请求如此不同凡
响，以至上帝不但称赞他、赐给他所要的，还赐予他各种要求之外的福分，以
资奖励。

所罗门向上帝要智慧和知识，说明他非常成熟。知识是信息的累积，而
智慧则是知道怎样运用信息并做出明智的决定。所罗门非常清楚，摆在他面前
的任务远远超过自己的能力范围，他也深知自己的不足。于是，他特意寻求知
识，好明辨是非；寻求智慧，好做决断。很多人无论在德行上，还是在能力上
都出类拔萃，却因此看不到自身的缺乏。所罗门却完全相反，他知道自己需要
帮助，这是他的明智；他知道从哪里能够找到它，这是他的聪明。

上帝在每个人身上的旨意都不一样，所以每个人面临的挑战也都不一样。
每个人都需要认清挑战，同时需要明白，仅靠自己的能力，根本无法完成上帝
所赋予的使命。聪明的人知道自己的不足，也知道自己的帮助从何而来。他们
认识到自己的缺乏，并为此转向上帝——智慧和知识的源泉，从他那里获得所
需的资源。他们发现"你们中间若有缺少智慧的，应当求那厚赐与众人、也不
斥责人的神，主就必赐给他"（雅1：5）这句话千真万确。真正聪明的人知道
自己不聪明，真正明智的人知道他们是多么愚蠢，并因此寻找更多的智慧。

"哭墙"　第305天　经文：《历代志下》7：11~22

> 这称为我名下的子民，若是自卑、祷告，寻求我的面，转离他们

的恶行，我必从天上垂听，赦免他们的罪，医治他们的地。

（代下7：14）

　　耶路撒冷的"哭墙"是世界上最哀伤的地方。日复一日，虔诚的犹太人站在哭墙壮观的废墟前，向耶和华吐露心声，求他赐下应许中的弥赛亚。犹太人至今没有认识到耶稣就是弥赛亚，这实在令人扼腕叹息。同时，"哭墙"作为以色列雄伟圣殿的唯一残迹，也在诉说着自己的忧伤。它默默地诉说着许久以前的荣华，讲述着被毁的约与破碎的梦，罪与罚以及永远不会实现的盼望。

　　当所罗门王终于建成了圣殿与自己的宫殿时，耶和华在一天晚上向他显现。他告诉所罗门王说，倘若以色列人背弃耶和华，他将降下一个比一个重的灾祸，以示警戒（参见代下7：19～22）；倘若百姓拒绝回应耶和华并离弃他，他们必被从那地拔出，圣殿也将被毁。面对一个伟大建筑物的毁灭，一代又一代的人将感叹唏嘘。后来，以色列人果然背弃了上帝，上帝的审判也随之降临，圣殿不复存在，只留下一堵"哭墙"——它始终矗立着，无声地见证着以色列人背弃上帝的恶果。

　　然而，上帝不仅应许了对罪的审判，同时还赐下了通往赦免与洁净的道路。赐下灾祸的目的，不仅是要惩罚不顺服的百姓，更是要敦促他们悔改。任何时候，只要上帝的子民真心悔改，以谦卑的心回转，上帝都会立刻恢复对他们的祝福（代下7：14）。这种悔改不应该只有流泪的表现，而是真正的心灵忧伤和痛悔，完全离开罪行，全心呼求上帝。只有这样的悔改才能释放出应许的祝福。需要悔改的不仅是单个个体，更包括他们所属的整个群体。

　　类似的原则同样适用于今天。故意犯罪是对上帝的冒犯，也会带来严重的后果；这些后果最终带来属天的审判，而且这审判应该带来悔改与修复。许多人意识到自己所在的群体需要道德上的回转，却不明白上帝的子民应该做什么。因为群体要有回转，就需要教会的复兴；教会要复兴，基督徒就要有更新。回转、复兴、更新的基础就是悔改。

青春年少　　第306天　经文：《历代志下》34：1～13

　　　　他作王第八年，尚且年幼，就寻求他祖大卫的神。到了十二年，
　　才洁净犹大和耶路撒冷，除掉丘坛、木偶、雕刻的像和铸造的像。

（代下34：3）

　　一般来说，16岁的男孩子中很少有虔诚的人，而他们的幼稚、没有责任

感、顽皮以及贪婪的欲望、活跃和躁动倒是非常普遍。即使贵为君主，也很难在他们身上看到"虔诚"二字。

年轻的约西亚王却与众不同。我们不知道是什么因素促使约西亚热切地渴望经历上帝，但肯定不是他父亲亚们王，或者祖父玛拿西王给他做的榜样，因为他们两个都是邪恶的王。约西亚扪心自问，发现自己需要严肃看待自己的灵魂及国民的幸福。于是短短的几年内，他使用王权和威望，除掉了国内声名狼藉、陷国民于不义的偶像崇拜，修缮了被荒废的圣殿（参见代下34：8）。而这一切，发生在他26岁那一年。

虽然约西亚因为圣经的记载而流芳千古，但他对上帝的委身和属灵的领导力却并非得益于圣经。因此，当祭司希勒家发现了遗失的圣经后（参见代下34：14），约西亚震惊地发现，他和国民完全背离了上帝的诫命。他立即要求进一步学习，并向户勒大请教。明白了上帝话语的重要性后，他马上付诸实践，并呼吁国民跟随他的领导。

重新发现圣经之前，约西亚已经对上帝有了足够的了解，现在，他知道需要了解更多。他见过无数的偶像崇拜，知道那是不对的。按照所知的有限信息，他已经取得了巨大的成就，但是当他真正得到上帝的话语时，眼界被扩大了，经验也被扩大了。

上帝希望每一个人都不只是对他所知的做出回应，更要了解上帝的话语。知道上帝的话语却不遵行，显然是不明智的；如果拥有上帝的话语却不去读，也不去了解，也是十分可悲的。套用马克·吐温的话："既不阅读，也不顺服的人，比那些不能阅读或不能回应的人好不到哪儿去。"约西亚不知道丢失的那本书里写着什么，现代人却没有这样的问题，现在圣经唾手可得。因此我们必须做到"知行合一"并积极读圣经。人们应该通过读圣经发生改变，哪怕其中有一些很难做到。总之，我们朝上帝迈出的每一步都会使我们更加接近祝福。

热情与经验　第307天　经文：《以斯拉记》3：1～13

> 然而有许多祭司、利未人、族长，就是见过旧殿的老年人，现在
> 亲眼看见立这殿的根基，便大声哭号，也有许多人大声欢呼。

（拉3：12）

年轻人喜欢向前看，老年人喜欢向后看。年轻人喜欢奔向未来，开启人生的一个个篇章；老年人看重过去，因为那是一部部完成的篇章。年轻人的过去

没有什么值得参考的，同时老年人的未来也没有什么可以计划的。因此，当年轻人和老年人站在同一个地点时，他们总是注视着相反的方向，看到不同的情景。老年人看到旧日的美好时光，年轻人则看到璀璨夺目的地平线。难怪他们会时常起争执，整天闹矛盾。

流亡70年之后，当被毁的圣殿在耶路撒冷重新立下基石的那一天，不同年代的人的反应迥然不同。看到眼前崭新的东西，年轻人无比兴奋，以至于彼此唱和，手舞足蹈，脸上堆满笑容；但是欢呼声中夹杂着啜泣声，因为当年轻人兴高采烈的时候，老年人们却唏嘘不已，他们的面颊上没有笑容，反而泪流满面（参见拉3：12）。因为他们缅怀从前的圣殿，过去的时光以及发生过的一切；看着新的事物注定要取代旧的事物，他们无比失望，因为在他们看来，新的远不如旧的。

兴奋的呼喊和叹息声混在一起，很难从远处清楚地分辨（参见拉3：13）。这是一个好现象，因为如果只听到年轻人的欢呼，那将会很不幸；如果遍地都是老年人的呻吟，同样不合时宜。老年人有经验，他们对过去所发生之事洞若观火；年轻人有热情，可以有力推动未来的事业。

没有从经验得来的谨小慎微，热情就难免落得无疾而终的下场；反之，没有热情的推动，经验再多也无济于事。老年人对陈年旧事念念不忘会扼杀未来的希望，同样，如果不以史为鉴，奋勇直前的年轻人早晚会遍体鳞伤。

上帝把年轻人和老年人放在一起，因为他们需要彼此！因此，我们应该为年轻感谢他，也为老年赞美他。希望热情和经验永远和谐一致，永远相依相伴。

恶魔的面孔　第308天　经文：《以斯拉记》4：1～5；5：1～5和6：1～18

> 犹大长老因先知哈该和易多的孙子撒迦利亚所说劝勉的话，就建造这殿，凡事亨通。他们遵着以色列神的命令和波斯王居鲁士、大流士、亚达薛西的旨意，建造完毕。　　　　　　　　　　　（拉6：14）

恶魔有很多面孔。有时它笑逐颜开，诱惑毫无警惕之人；有时它面目狰狞，恐吓没有安全感之人；有时它甜言蜜语，热情体贴；有时它以末日宣判威胁人，疾声厉色地叫人满足他的要求。因为恶魔总是以不同的形式出现，所以必须用不同的方式来反击，但是首先，我们需要知道它是什么。

虽然恶魔有很多面孔，但它的目标只有一个，就是反对上帝。恶魔和悖逆者们有时看起来非常友善，比如他们曾主动提出与圣殿的重建者们合作建殿。这些敌人声称自己敬拜上帝,却没有说同时也敬拜他神(参见王下17:24～34),因此一旦让他们帮忙,就会使他们有机会进入圣殿,玷污敬拜上帝之人的圣洁。犹大和便雅悯的领袖们准确地识别出这些敌人(参见拉4:3),知道他们"在耶路撒冷无份、无权、无纪念"(尼2:20)。

于是,遭到拒绝的敌人开始公然地与圣殿重建者们作对(参见拉4:4～5)。严厉的恐吓需要强硬的回应。后来,当亚达薛西王听信了关于建殿人的谣言下令停止重建时,先知们鼓励百姓反击恶魔,继续推进建殿工作。

当总督达乃到达现场质问圣殿重建者的所作所为时(参见拉5:3～5),他彬彬有礼,但还是要终止重建工作。他记下了建殿人的名字以示恐吓,然后致信亚达薛西王,询问以色列人被放归回是否属实。他很快就得到了回复:犹太人确实被授权重建圣殿。达乃别无选择,只得允许他们继续建造圣殿。尽管他想终止建殿工程,但只能在法律框架内行事。因此,危险过去了。可见,反对上帝的人尊重法律和秩序,有时也能让上帝的子民从中受益。

智慧的人能在微笑或冷笑中看出恶魔的真面目,撕下它们的面具,与它们针锋相对。但是恶魔狡猾无比,所以智慧的人最好向其他人征求意见,以免称恶为善,或称善为恶。

全心全意的委身　第309天　经文:《诗篇》84篇

> 我羡慕渴想耶和华的院宇,我的心肠、我的肉体向永生神呼吁。
>
> (诗84:2)

男人们热衷于体育。看到篮球高手在终场哨声前投中三分球时,他们会一跃而起,手舞足蹈,大呼小叫,与身边最近的粉丝相拥。那份喜悦真是挡也挡不住!

然而,《诗篇》的作者却不是这样。进入圣殿敬拜时,他毕恭毕敬,正如经上记着说:"我羡慕渴想耶和华的院宇,我的心肠、我的肉体向永生神呼吁。"(诗84:2)他无比渴慕圣殿及其院宇,因为它们象征着上帝的同在(诗84:3～4)。他甚至羡慕在那里搭建暖巢的雀鸟。他无比渴望进入敬拜,希望与上帝的子民们分享自己的感受,所以在诗中真诚地说:"在你的院宇住一日,胜似在别处住千日。宁可在我神殿中看门,不愿住在恶人的帐篷里。"(诗84:10)

这首诗的作者并非不知道恶人的生活充满诱惑,甚至被称为"美好的生活"——舒心快乐，声色犬马。但是，这样的生活对他没有什么吸引力，因为他发现上帝未曾留下一样好处不给他的仆人（参见诗84：11），他每天赐下恩典，并应许了将来的荣耀。

《诗篇》作者的选择是明智的。因此，通常情况下，"美好的生活"缺乏深度和目的，最终只会留下空虚和失望，以及痛苦的幻灭。"美好的生活"里有夜宴美酒，但是对早晨真实的疼痛却绝口不提。相比之下，《诗篇》作者更喜欢朝圣者清苦的生活方式，并且勇敢地面对流泪谷的真实，没有醉生梦死。他知道，"美好的生活"其实并不都是美好的。

《诗篇》作者定睛在上帝身上，渴望上帝了解自己的全人。今天，那些行事公义、信靠上帝的人也是如此。他们通过欢快的敬拜和赞美，使自己的心欢喜、灵快乐。他们毫无保留，也没有丝毫勉强，"心肠和肉体"都沉浸在无限的喜乐中。

"我错了"　第310天　经文：《尼希米记》1：1~11

> 愿你睁眼看，侧耳听你仆人昼夜在你面前为你众仆人以色列民的
> 祈祷，承认我们以色列人向你所犯的罪。我与我父家都有罪了。
>
> （尼1：6）

人们发现，说"我错了"和"对不起"并不是一件容易的事情，但是我们需要学习。如果我们不承认自己的过失并道歉，那么我们的人际关系就会受到破坏。

尼希米是给王做酒政的。不仅如此，他还是王身边的红人，值得信任的助手，在国家事务中举足轻重的人物。同时，他也是一个属灵的人，知道怎样向天上的父神祷告。当他听到遥远的耶路撒冷形势不容乐观时，尼希米同时采取了两个措施（参见尼1：4；2：1~8）。这个通达的人知道怎样给地上的王递酒，也知道该怎样向天上的主祷告，因此产生了戏剧性的结果。

尼希米的祷告充满激情。他知道以色列百姓的困境完全是咎由自取，因此他没有对上帝说任何抱怨的话，心里没有任何质疑，脑子里也没有出现任何指责。上帝已经清楚无误地说过，如果他的子民顺服就会蒙福；如果不顺服，就要吞下自酿的苦酒。他们现在所经历的水深火热，正是一再作恶的结果。在尼希米的祷告里，这一点说得非常明白。

尼希米代表整个以色列民族认罪。就祷告本身而言，这个认罪可能太笼

统，太模糊，重点不突出。整个民族都犯罪了，这是事实，但是正如尼希米所承认的那样，集体的犯罪是所有个人犯罪的总和。尼希米认为，在以色列的罪行里也有他自己的罪。集体的认罪至关重要，个人的认罪同样不容忽视。这是对个人罪行的合理回应，而不是文过饰非的托辞。

上帝应许了因果报应，同时也保证，只要认罪就会饶恕，就会与以色列百姓重新和好。尼希米对这一点了如指掌，所以他在祷告中深深地忏悔，并自信会得救。

我们应该渴慕亲近上帝。就像推销员向客户推介商品一样，我们也应该将自己的心思意念呈现在上帝面前。就像尼希米一样，我们也应该准备好认罪悔改，并相信上帝必会垂听、赦罪。然后，当我们提出要求时，确信上帝必会应许。

完成这项工作　第311天　经文：《尼希米记》4：1~23

> 我察看了，就起来对贵胄、官长和其余的人说："不要怕他们，当记念主是大而可畏的。你们要为弟兄、儿女、妻子、家产争战。"
>
> （尼4：14）

有些人习惯做工作有头无尾，比如很多项目只有构思却没有结果。起初的热情耗尽了，资本枯竭了，精力也用完了，无法预料的障碍横亘眼前，不可预见的问题赫然出现，拖后腿的因素到处都是。这时，人们精疲力竭，百无聊赖，心怀不满，失望、不诚实、愤怒、嫉妒、易怒、好争竞、好斗，种种情绪暴露出来，最终导致项目还处于设计阶段就泡汤了。"我退出"成了流行的口头语。

这一切或许正是尼希米所经历的。如果建立一个项目的目的是为了打击做工之人的士气，浪费各种资源，尼希米的圣殿重建项目可能堪称榜样——待遇低，工作时间长，问题不断；工作环境险恶，人员配备不足，材料短缺，缺乏福利；没有监督，工作满足感甚微，凡此种种，应有尽有。但是即使困难重重，尼希米还是完成了这项工作。他是怎么做到的呢？尼希米能够成功是因为上帝赐他能力并保护他。他不断地依靠上帝，从上帝那里得着帮助和力量，并且从未失望过（参见尼4：4~5，9，14~15，20）。

在此期间，尼希米还向工人灌输了"先天下之忧而忧，后天下之乐而乐"的思想。他们所参与的这个项目意义重要，远远超出个人好恶。尼希米要求工人们不要只看薪资待遇，而要多想想肩负的责任——他们的亲人，他们的家园（参见尼4：14）。为了保护身后的父老乡亲，给他们一处安身之所，他们应该努力工作。

除了这些动机之外，还有一个更高的异象，更高贵的目标——"记住神"，尼希米对百姓说。他知道，这个重建项目最终是被用来服侍上帝的。只有重建圣城，才能实现这个神圣的目标。所以，他和工人们齐心协力，汗流浃背，立志要使上帝的旨意行在地上，如同行在天上。

当环境不尽如人意时，以自我为中心的工人们开始躁动，甚至干脆扬长而去，好像这样就能改变处境。但是拥有更高的异象并因此抛开个人好恶的人们，则情愿得的更少，干的更多。他们努力完成手中的工作，知道自己是在遵行上帝的旨意，帮助他人，从而使世界更美好，因此是完全值得的。

受人尊重的代价　第312天　经文：《以斯帖记》1：10～20；3：1～6和4：1～17

> 你当去招聚书珊城所有的犹大人，为我禁食三昼三夜，不吃不喝；我和我的宫女也要这样禁食。然后我违例进去见王，我若死就死吧！
> （斯4：16）

要想受人尊重，就必须付出代价。你可以要求别人尊重你，但是永远不能勉强别人。恐惧和顺服可以被用来获得表面的尊重，但是真正的尊重来自对令人敬佩的品格和行为的欣赏，是从一个人内心深处自由流淌出来的。

显然，波斯王亚哈随鲁不知道这一点。当美貌的王后瓦实提拒绝在喝醉的大臣们面前抛头露面时（参见斯1：10～12），他怒不可遏。在他看来，瓦实提没有给他应有的尊重，于是罢免了她王后的位分，并将其放逐（参见斯1：19）。王和身边的人一起做出的这样的决定（参见斯1：20），可能是为了确保男人们能够得到妻子的尊重吧。可从另外一个角度看，恐怕没有任何女人会真正尊重这样的男人。

此后，名声不好的哈曼被王抬举，升至"一人之下，万人之上"的位置（斯3：1～6）。他要求别人尊重他，甚至每个人都要在他面前下拜。但是，一个叫末底改的犹大臣仆却倔强的不理睬哈曼，拒绝下拜。哈曼一怒之下决心灭绝所有的犹大人，希望以此来教训犹大人，使他们明白尊重的意义。用"种族灭绝"来雪耻，这显然出自一颗扭曲的心灵。

有些领导者自我意识很强，不能忍受轻微的怠慢，因此他们滥用权力，喜欢用"莫须有"的罪名惩罚人。毫无疑问，这样的领袖只会得到众人的憎恨和唾弃。

但是我们有一个好榜样以斯帖。以斯帖是波斯的王后，前王后瓦实提的继任者，同时也是末底改的外甥女。虽然贵为王后，但她是犹大人这件事却无人知道，因为末底改告诉她，不可将籍贯宗族告诉人（参见斯2：10，20）。当以斯帖得知自己的民族即将被毁灭时，末底改在旁提醒她，可以利用自己的身份做一点事情。她必须走近王，但这么做不合规矩，而且非常危险（参见斯4：11）。然而，她必须利用自己的身份伸张公义。为此她需要暴露自己的种族身份，这或许会使她大难临头。她知道自己迫切需要亲人和上帝的支持（参见斯4：16）。

亚哈随鲁王和哈曼心胸狭窄、刚愎自用，渴望得到尊重，结果却只会散布恐惧。然而以斯帖却用她安静的勇气、责任感和单纯的信心，拯救了她的民族，赢得了他们的尊重。经常要求别人尊重的领袖们总是与尊重无缘；那些以身作则的领袖，才能真正拥有尊重。

发生不幸的事情　第313天　经文：《约伯记》1：6～22

> 耶和华对撒旦说："凡他所有的都在你手中，只是不可伸手加害于他。"于是撒旦从耶和华面前退去。　　　　　　　　（伯1：12）

在人们单纯的想象中，完美世界里的一切都是其乐融融，而我们的世界通常是黑暗丑陋的。我们梦想通过努力工作实现自己的乌托邦，但是它从来不会到来。不幸的事情总会发生——它们不断残酷地、无情地发生在坏人身上，同时也发生在好人身上。有时候，似乎发生在好人身上的要比发生在坏人身上的多。为什么会这样呢？

约伯的世界当时确实堪称其乐融融。他不仅拥有万贯家财，还生意兴隆，家里人丁兴旺，更有好名声。此外，约伯又公义，又虔诚，天底下找不到比他更好的人了。然而，灾难接踵而至，最后他只剩下一个刚修好的坟墓、破损的粮仓、被宰杀的牲畜和受慢性病折磨的妻子。上帝所给予的美好事物，转眼被灾难吞得精光。这究竟是为什么呢？

无神论者可能很快给出答案："发生不幸的事情，是因为好神不存在，自然没人拦阻不幸的发生。"无神论者自认为自己的论点毫无争议。但是，如果发生不幸的事情可以证明上帝不存在，那么如果发生好事的话，是不是就说明上帝存在呢？这位无神论者可能会点头称是。那么，如果上帝存在，他究竟是什么样的一位神呢？如果他是美善的，为什么会默许邪恶存在？如果他是全能的，为什么他不阻止邪恶呢？

约伯的故事并没有就以上问题给出答案。我们的创造者上帝用大能统管万有，他是美善的，而我们的控告者撒旦则是邪恶的。我们不明白的是，为什么上帝允许撒旦胡作非为？当然，那一定是在他的掌管之下。上帝创造了万物，甚至允许邪恶也是他计划的一部分，他要藉着短暂的不幸带来永恒的美善。

这个道理可能令人难以接受，好像一颗令人难以下咽的药丸。那是因为上帝的道路高过我们的道路，他的意念高过我们的意念——"隐秘的事是属耶和华我们神的"（申29：29）。就是说，我们只能谦卑地接受上帝所告诉我们的，并相信他所做的是正确的。纵然"密云和幽暗在他的四围"，我们仍然可以相信"公义和公平是他宝座的根基"（诗97：2）。"祸兮福所倚，福兮祸所伏"，世界上的事情常常如此。

不妨看看耶稣基督的十字架：那是暂时的"祸"，却产生永恒的"福"。恶魔固然残暴，但上帝的荣耀胜过这一切。总之，上帝不会冷漠地看着我们受苦，反而藉着基督亲自经历了最大的苦难。

跟上帝较真儿　第314天　经文：《约伯记》22：1～30

> 你要认识神，就得平安，福气也必临到你。你当领受他口中的教训，将他的言语存在心里。你若归向全能者，从你帐篷中远除不义，就必得建立。　　　　　　　　　　　　　　　　（伯22：21～23）

约伯的朋友以利法总是妄下结论，而且每次都谬之千里。例如，看到约伯的苦楚，他马上假设是约伯从前作了孽，因此才落得这般悲惨的境地（参见伯22：6～7）。"你一定"做了这个；"你一定"做了那个。他说得头头是道，但都是捕风捉影，因为他所提的种种"罪行"，约伯一个都没有做过。

然而，以利法所说的也并非一派胡言。如果约伯确实在所控之事上有罪，就应该虚心接受以利法的建议，因为这些教导的确为犯罪的人指出了一条明路。"你要认识神，就得平安，福气也必临到你。你当领受他口中的教训，将他的言语存在心里。你若归向全能者，从你帐篷中远除不义，就必得建立"（伯22：21～23）。这是很好的建议，尤其适用于那些跟上帝较真儿的人。

也许约伯并不需要这个建议，但很多人确实需要它。有些人愤世嫉俗，喜欢跟上帝较劲儿。在他们看来，世上的一切都不对劲儿。他们心情不佳，身体状况不佳，甚至不知道什么使他们烦躁。他们内心躁动不安，人际关系岌岌可危，在生活中体会不到丝毫的满足感。他们可能将其归纳为身体原因，于是决定抽出更多的时间休息。或许他们认为，焦躁不安的根源在于其他一些事情，于是他们换工作，或者换妻子，或者干脆两者都换。其实他们需要明白，外在秩序的缺失，源自内在平安的缺失。显然，他们跟上帝的关系并不和谐。要知道，他们是从上帝而来，并最终要归回到上帝那里；他们不仅要依靠上帝生活，更要为上帝而活。没有上帝，他们将一无所有。同时，他们内心的空虚也必然导致平安的缺乏。

决定"认识神"（伯22：21）是上善之举，因为上帝是所有真理和智慧的根源。显然，"不和上帝较真儿"也是明智之举。因为在与上帝的争吵中不可能取胜。只有当我们不再渴望从"有板有眼"的生活中获得平安，才会享受到真正的满意和满足——保罗称之为"与神相和"（罗5：1）。

你要如勇士束腰　第315天　经文：《约伯记》40：1～14

> 你要如勇士束腰；我问你，你可以指示我。　　　　　　　（伯40：7）

孩子们总是喜欢问父亲："为什么？"但是父亲们不一定都能回答他们。上帝可以回答我们所有的问题，但他不是每次都会回答。然而这却引发了我们许多的质疑，正如我们自己的孩子不仅期待得到答案，更期待那答案称心如意一样。

上帝的沉默让约伯无法忍受。上帝没有回答他所问的诸多"为什么"，也没有回应他迫切的恳求。于是，就像朋友们凭自身观点妄下结论一样，约伯也对此下了结论。可惜约伯和他的朋友们都错了。在此之前，约伯曾明辨真理，洞察秋毫，可是后来却开始指责上帝，同时也承受着朋友们不公平的误解。

终于轮到上帝说话了。上帝告诉约伯："你要如勇士束腰。"这是一个很好的地提醒。当约伯沉浸在滔滔不绝的疑问中时，他呼求上帝垂听的祷告得到了应允，这让他非常感动。造物主清楚地解释了约伯和他朋友们的问题，他们这才发现自己的愚蠢。上帝就是上帝，唯独他有能力、智慧和公义。听到上帝的话语后，约伯发现了自己的贪婪和丑恶，不禁用手捂住嘴巴，安静在上帝面前。他从始至终都保持静默，这正是与全能上帝同在时最好的姿势。

现代人很少这么恭谨。他们手中有可以观测银河系的望远镜，可以到月球上去行走，甚至发射了很多精密的仪器在火星周围徘徊。可是他们探索的越多，就越发现自己无知。他们所积累的知识，只是一再证明了他们无知的程度。他们造出了探索宇宙起源的仪器，却在创造天地的上帝面前变得更加迷茫。现代人应该更谨慎，意识到自己知识上的空缺和经历上的有限，从而谦卑屈膝在上帝的脚前。但可悲的是，人们总是喜欢自吹自擂，却不是谦卑的束紧自己。他们总是说："哇！我成功了！"而不会说："我真可悲。"

当伟大的造物主问一个小小的被造物，他到底了解自己多少，或与上帝相比他能做什么时，我们唯一恰当的反应就是谦卑屈膝在上帝的脚前，在上帝面前意识到自己是多么的渺小。最有智慧的人所罗门曾说："你在神面前不可冒失开口，也不可心急发言。因为神在天上，你在地下，所以你的言语要寡少。"（传5：2）

小神灵与伟大的造物主　第316天　经文：《诗篇》95篇

> 来啊，我们要屈身敬拜，在造我们的耶和华面前跪下。因为他是我们的神，我们是他草场的羊，是他手下的民。唯愿你们今天听他的话。
> （诗95：6～7）

我们的世界满是小神灵。不仅可以在东方的庙宇里看到它们的身影，在西方的车库里、南方的海滩上以及北方的滑雪度假屋里，也可以找到它们。你也可以发现他们藏在拱顶下，或是被储存在陈旧的阁楼上，挂在墙上，也可能被悬挂在肩头。有一些被系在码头边上，一些则挂在颈间。或许你觉得我在胡说八道。这么说吧：所谓神灵，就是我们顶礼膜拜、无比珍视，同时使我们远离上帝并篡夺上帝在我们生命中地位的人或物。

到底上帝在我们生命中占有怎样的地位呢？他是我们生命的中心，处在一个至高无上的位置，坐在权威的宝座上。为什么他应得这样的地位呢？因为他高于一切。上帝创造了一切，他与万物的关系如同工匠与所造之物的关系。他远高于一切，包括那些给自己创造神灵的人们。上帝创造他们是为了让他们侍奉、崇拜自己，而不是去崇拜别的人或物！人们胆大妄为，竟敢接受敬拜；人们也愚蠢至极，竟去崇拜被造物。他们应该知道，造物主高过一切。

我们这个世界满是小神灵，所有人都应该留心听那呼召——"来啊，我们要屈身敬拜，在造我们的耶和华面前跪下。因为他是我们的神，我们是他草场的羊，是他手下的民。唯愿你们今天听他的话"（诗95：6～7）。但人们总是有一丝犹豫。这样的举动不仅仅意味着要销毁那些篡位的小神灵，也意味着全身心的投入。当接近上帝时，或许你会发现他很专横，也许你会变得狂热。

幸运的是，真正认识上帝的人能够了解其中的奥妙。他们知道，上帝不仅是一个伟大的君王，也是一个慈爱的牧者。正如经上所说："我们是他草场的羊，是他手下的民"（诗95：7）。有谁可以比造物主上帝更加在乎他的创造物呢？有谁能比上帝更让人信任呢？有谁能比他更值得我们崇拜与敬奉呢？所以，忘记那些小神灵吧，追随圣经上的话语——"来啊，我们要屈身敬拜，在造我们的耶和华面前跪下"，因为，只有造物主才真正关心我们。

无知地质疑上帝　第317天　经文：《约伯记》42：1～17

> 谁用无知的言语使你的旨意隐藏呢？我所说的是我不明白的；这些事太奇妙是我不知道的。
> 　　　　　　　　　　　　　　　　　　　　　　　　　（伯42：3）

上帝赞同言论自由。他让我们有能力思考，并能够阐明自己的思想；同时，他也期待我们能够运用他所赐予的这些能力。他允许我们对他说出心里的想法，即便它们可能是贬损和错误的。令人难以置信的是，他给了我们自由去亵渎他、质疑他的公平、公义和其他品格。但是同时，他也要求我们对自己所说的话负责。

听了约伯的质疑和抱怨，忍受了他朋友愚不可及的回答后，上帝尖锐地质问道："谁用无知的言语使我的旨意暗昧不明？"（伯38：2）这是一个需要回答的问题。约伯的回答简短且到位："我所说的是我不明白的；这些事太奇妙是我不知道的……因此我厌恶自己，在尘土和炉灰中懊悔。"（伯42：3、6）

上帝奇妙的启示使约伯认识到了自己的无知，因此告白说："我从前风闻有你，现在亲眼见到你。"（伯42：5）这不仅仅是因为上帝远超出人类理性的接受范围，更是因为上帝做事的方式总是与我们预想的相差十万八千里，以至当我们感知到一点他的作为时，才发现自己根本不懂得其中的奥妙。正如约伯所说："我所说的是我不明白的；这些事太奇妙是我不知道的"（伯42：3）。

没有必要去否认约伯对上帝的质疑，更何况是一些无知的质疑。尽管约伯对于自己为什么会身陷窘境没有得到一个完整的答案，他却得到启示，知道谁在掌权；他的回应也是正确的——谦卑地降伏在上帝面前，这使他对上帝认识更深；同时也明白自己一辈子都无法完全认识上帝。

就像约伯一样，我们也可以就自己有限的知识发表看似有力的言论，甚至发表一些所谓深奥的见解，但之后难免会被证明是荒谬的。所以，在质问上帝之前，我们需要好好推敲一下自己的话。当经文有明确释义时，发表有权柄的言论是正确、合宜的；但当讨论别的议题时，我们就应当"谦逊为本"。不然，我们或者也会见识到什么是真正"大而可畏"的。

更有智慧　第318天　经文：《箴言》1：1~9

（箴言）使愚人灵明，使少年人有知识和谋略。　　　（箴1：4）

信息时代已经到来了，几乎所有人都开始热衷于"网上冲浪"。似乎就在不久以前，"冲浪"还只是染金发的年轻人乐此不疲的东西，网还只是蜘蛛努力工作的产物。但是现在，人们早已能够舒舒服服地在家"网上冲浪"，收集信息。我们在网上浏览、下载，把大量的有用信息存储在电脑里。

但是"累积信息"与"有智慧"本质上并不相同。信息告诉我们"什么是什么"，而智慧则告诉我们"如何应用信息"。收集到的信息告诉我们什么可以做，而智慧告诉我们什么不可以做，或应该小心做。并非所有知识渊博的人都是明智的，有时他们会用好信息做坏事。同样，并非所有明智的人都是世上最博学的人，有些人甚至目不识丁，但他们能够利用有限的信息做出精彩的事情。没有信息，智慧就不能运用；但有了信息，也不能保证有智慧。

《箴言》是以精辟格言归纳出的真理。《箴言》里有智慧，也包括一些行为准则，例如，"恳切求善的，就求得恩惠，唯独求恶的，恶必临到他身"（箴11：27）。这里面的信息非常好，但智慧的人会说："嗯，我首先要知道自己在找什么。"有些箴言教导很好，比如，"多有财利，行事不义，不如少有财利，行事公义"（箴16：8）。智者会把它记在心里，明白其中的道理，确信正义不仅仅是最好的策略，更是立身的根本，于是奉行不悖。

我们需要阅读这些箴言，把它们牢牢记住，经过深思后大胆践行。箴言传授着纯全的知识，为我们带来了美好的回报。箴言也给予我们严格的警告，提醒我们谨慎行事，聪明做人。当人们认真思考并全心信奉箴言时，它们会深深地滋养我们，重新立定我们的信念，大大改变我们的生命。

一个人可以是信息巨人，同时也可能是智慧的矮子，这是非常危险的。因为在集中精神收集信息的同时，他有可能忽略自身的信仰；全身披挂重重信息的同时，他却无心为自己的生命找一块遮羞布。这就是为什么我们需要学习《箴言》——箴言可以"使愚人灵明，使少年人有知识和谋略"（箴1：4）；智慧"要作你头上的华冠，你项上的金链"（箴1：9）。可见智慧比单纯的信息强过千万倍。

性自由   第319天　经文：《箴言》5：1～23

> 恶人必被自己的罪孽捉住，他必被自己的罪恶如绳索缠绕。他因
> 不受训诲，就必死亡，又因愚昧过甚，必走差了路。
>
> （箴5：22～23）

"愚昧过甚！"《箴言》5章23节是这样描述奸淫的，但在世俗社会中，则有更多的词汇来描述奸淫，如"性自由"、"成人娱乐"、"成熟的冒险"、"恋爱自由"等。到底哪种形容是正确的呢？这些词的背后有什么玄机吗？

让我们一起来看看圣经揭开的真相。犯奸淫，你将失去你的尊荣以及财富（参见箴5：9）。一旦犯奸淫，多年积累的名誉、诚信以及受人尊重的社会地位，立刻会付之东流，成为一个彻头彻尾的骗子——因为犯奸淫的人欺骗了自己的配偶和孩子，并通过说谎来自保；他的妻子完全可以要求合法地终止婚约。正如圣经所说，"外人满得你的力量，你劳碌得来的，归入外人的家"（箴5：10）。到头来他会发现，所谓的"自由恋爱"并不自由！

此外，通过性，许多令人难以启齿的疾病在这些不忠诚的人之间传播，所以犯奸淫还可能让"你皮肉和身体消毁"（箴5：11）。这无疑会使他背负羞辱，被迫反思不自律的后果。如果他够聪明，就会认识到"我在圣会里，几乎落在诸般恶中"（箴5：14）。

虽然现代社会对奸淫的行为抱着一种偷着乐的态度，但是惭愧、耻辱、败坏和遗憾仍然是沉重的包袱。奸淫的背后隐藏的是道德、社会、精神和经济的败坏，所以，现代人应该尽量远离路边的野花，摒弃淫乱的想法，控制胡来的欲望。他们可以通过与妻子培养浪漫的性生活来抵制淫乱的诱惑，如此，不仅正当的需要会得到满足，婚礼上的誓言也可以得到保全。

自私是导致婚姻关系紧张的主要原因，利他主义则是治疗这种疾病的良药。自私的人渴望自己的性需要被满足，而一心利他的人想的则是满足对方的需要；自私的人将自己性需求放在第一位，利他的人则愿意给予对方性的满足。许多妻子能够满足丈夫的性需求，所以他们没有出轨的欲望，奸淫也就远离他们的思想。这样的丈夫会珍惜自己的妻子，他的妻子也会珍惜他。他的忠诚是不变的，他的诚信是高洁的——与此相反，都是"愚昧过甚"。

诱惑   第320天   经文：《箴言》7：1～27

> 对智慧说，你是我的姐妹，称呼聪明为你的亲人，她就保你远离淫
> 妇，远离说谄媚话的外女……她的家是在阴间之路，下到死亡之宫。
>
> （箴言7：4～5，27）

诱惑穿着各种外衣，看起来甚至"楚楚动人"。有时候，她的衣裙很性感，有时洒满了"金钱牌"香水，有时还挂着"权力"的外套。诱惑大多来自金钱、性欲和权力。

诱惑需要化很浓的妆来掩盖自身的污秽。她希望传达一个彻头彻尾的错误信息，却把它表达得无比诱人，如蜜般甜，比油更滑；载满了阿谀奉承，给予付出很少代价的一方以巨大的奖赏。

"跟我来吧，"穿着昂贵礼服的诱惑说道，"我可以给你很好的机会，让你变得富有，没有风险，不用付出代价；没有失败，得到的只有好处。那些老老实实往银行里存钱的人都是傻瓜。"这些骗人的伎俩屡试不爽。得到这个工作机会，难道不是因为他独特的才能吗？能够做成这笔交易，难道不是因为他有个这么好的朋友吗？这些大好机会令人难以置信，也不应该信。他本来并不蠢，但在诱惑面前，他就成了一个"无知的少年人"（箴7：7）。

随后，诱惑来到那个"无知的少年人"面前，穿着光彩夺目的衣裙，身上散发着迷人的香味，低声承诺那难以想象的欢乐。这时，毋庸置疑，他一定会认为自己充满男子气概，魅力四射。她说自己无法抵挡他的魅力，这时丈夫也出了远门，所以没有人会知道。为了让他的良心好过一些，她还告诉他，自己也是有信仰的："平安祭在我这里，今日才还了我所许的愿"（箴7：14）。于是，他乖乖地跟她走了，"直等箭穿他的肝，如同雀鸟急入网罗，却不知是自丧己命"（箴7：23）。

之后，诱惑以低廉的价格兜售权力。只要做一些举手之劳的事情，就可以得到名声、威望和地位，从而可以呼风唤雨；他可以从此大展宏图，泽被天下——这是一个令他无法拒绝的交易。

但是他必须拒绝，因为亲近诱惑会导致犯罪；同时，"罪的工价乃是死"（罗6：23）。因此，诱惑那美艳的衣裙会变成裹尸布，正如圣经所说："她的家是在阴间之路，下到死亡之宫。"（箴7：27）

智慧人懂得知足，并知道如何拒绝诱惑的花言巧语。他亲近上帝的旨意，按照主的旨意规划自己的生活；他在灵里有力量，可以站立得稳。在诱惑面前

站立不倒，智慧人可以凡事亨通，历久弥坚，收获美誉和荣耀。

发家致富　第321天　经文：《箴言》10：1~22

> 手懒的，要受贫穷；手勤的，却要富足。夏天聚敛的，是智慧之
> 子；收割时沉睡的，是贻羞之子。　　　　　　　　　（箴10：4~5）

"手懒的，要受贫穷；手勤的，却要富足。"（箴10：4）这样的箴言通常放诸四海而皆准，但凡事也都有例外。有些懒惰的人似乎可以点石成金：他们做的很少，可是随手就可以创造出财富。同样的道理，有些人努力工作，可是生活似乎总是捉襟见肘。

不工作会导致贫穷。这种劝诫显然是智慧的，正如圣经所说："穷人的贫乏是他的败坏"（箴10：15）。懒惰的人喜欢将自己的不幸归罪于环境或他人，却从不自省。要知道，他的问题根源在于自己的观念，在于他对工作的态度。他不知道工作是一种特权，也没有认识到劳动的尊贵。他不喜欢工作，并且觉得应该尽量避免一切不喜欢的事。对于"天行健，君子以自强不息"的道理，他嗤之以鼻，也不为主耶稣为他生命付出的巨大代价所动。他肆意挥霍上帝赐予的时间和天赋，根本不想做任何有价值的事情，使人受益。"收割时沉睡的，是贻羞之子"（箴10：5），这句话真是千真万确。

另一方面，一个工作时精力充沛、善始善终的人，通常会使家人富足有余，同时能慷慨接济贫苦人，正如圣经所说："义人的勤劳致生"（箴10：16）。他诚心诚意地将自己的劳动果实献给上帝，以此作为自己的敬拜，使上帝的工作在他手中得以实现。他明白，正是因为努力工作，所以"耶和华所赐的福，使人富足"（箴10：22）这句话才会变成现实。是上帝赐予了人致富的能力！智慧人明白这一点并善用上帝赐予的能力，因此以汗水当作赞美，以勤奋当作感谢。

因此，穷人可以高贵，富人可以无赖。同时，"懒惰导致衰微，勤劳致于繁荣"这句话永远都是正确的。辛勤工作的人会在工作完成时收获喜悦，安心享受双手赚得的美福；而那些因懒惰致穷的人，很少会笑得出来，因为他们手中空空如也。

钱财与意义   第322天 经文:《传道书》2: 1~12

> 后来，我察看我手所经营的一切事和我劳碌所成的功，谁知都是
> 虚空，都是捕风，在日光之下毫无益处。   （传2：11）

人不是动物，但这并不意味着我们比动物更快乐。动物们寻找食物，人寻找意义；动物被本能驱动，人类被欲望驱动；动物在泥潭里快乐地搜索食物，人却看着星空沉思存在的意义；动物在洞中安眠，人类却在床上辗转反侧，难以入睡；动物因很小的事情满足，人却在很多事上不满。我们为什么会这样？

人们通过努力工作获得一些满足，但是我们总是寻找更多。我们通过工作获得金钱，然后用金钱来换取内心渴望的所有东西。有了钱，人们可以在桌上摆满食物，在头顶上搭建房屋。如果家财万贯，他可以尽情享用山珍海味，使家里金碧辉煌，在车库里停满老式汽车，地窖里储满佳酿。的确，如果有钱，他可以买到很多的快乐，但是这些快乐会带来更多的欲望——更离奇的经验，更大的刺激，更豪华的冒险。然后，他更拼命地去追求，用所有的钱买所有想要的东西。等到退休后，他会躺在床上思考：为什么自己还是不满足？为什么生命看起来毫无意义？

这是成功人士们经常思考的问题。值得一提的是，那些被称为"传道者"（意思是"老师"）的人在古时就曾提出同样的问题。这些问题并不是新的，并且昨天、今天都困扰着人们。这说明关于意义和满足感的思考并不是环境的产物，而是来自于每个人内心的不满足。

的确，"神厚赐百物给我们享受"（提前6：17，NLT版本）。为什么人们还是很难感到快乐呢？那是因为他忘记了赏赐一切的上帝，他用"厚赐的百物"替代了上帝的位子！人类总是相信那些稍纵即逝的事物，却不理睬万物的根源——永恒的上帝。

那么我们该怎么做呢？我们应该将工作当成对上帝的敬拜，因为是上帝赐给我们工作的能力。其次，我们应该珍惜劳动成果，因为这是上帝要求我们看管的财富。我们应该用上帝喜悦的方式来管理那些财富。由此我们会发现，生命的意义不在于赚更多的钱，而在于服侍给予一切的上帝，并享受整个过程。

上帝温柔的慈爱   第323天 经文:《诗篇》103篇

> 我的心哪，你要称颂耶和华，不可忘记他的一切恩惠。他赦免你
> 的一切罪孽，医治你的一切疾病。他救赎你的命脱离死亡，以仁爱和

慈悲为你的冠冕。　　　　　　　　　　　　　（诗103：2~4）

真正的赞美是热烈的，可以热切地将周围的人吸引到喜乐的感谢和庆贺中。大卫就是一个很好的榜样。他说："耶和华在天上立定宝座，他的权柄统管万有。"（诗103：19）大卫觉得这是一个鼓舞人心、令人喜乐的理由。在敬拜赞美中喜乐，并且告诉所有的受造物：上帝稳坐在宝座上，邀请他们一起为之欢呼。

面对高坐在宝座上的上帝，人们总是忍不住想：他是否遥不可及，根本不关心我们的疾苦？但事实上，上帝无处不在，随时愿意与人交流。他是天地的主宰，并非不知道我们的生活细节，也绝非漫不经心。

上帝对我们是如此温柔，以至他不断包容我们的脆弱、跌倒和不足。正如圣经所说："父亲怎样怜恤他的儿女，耶和华也怎样怜恤敬畏他的人。因为他知道我们的本体，思念我们不过是尘土。"（诗103：13~14）面对人类的有限，上帝也不无痛心。他知道我们所有的罪孽，清楚我们在生活中会随时跌倒，所以，他对待我们既坚定又温柔。

但这并不意味着上帝对我们的跌倒和犯罪睁一只眼，闭一只眼。相反，他坚持要我们为自己的行为负责。同时，他通过基督在十架上的牺牲为我们开了一条赦免的道路。正如圣经所说："他赦免你的一切罪孽，医治你的一切疾病。"（诗103：3）我们应该记住，自己的罪最终会得到赦免，疾病终将得到医治。我们最终会被从死亡中救赎出来，与上帝同住天堂。这一切都是因着主基督在十字架上牺牲所成就的救恩。在此期间，我们应该像大卫那样感恩，赞美说："他用美物使你所愿的得以知足。"（诗103：5）

我们需要不断提醒自己上帝温柔的爱，因为遗忘是我们的本能，只有这样，我们才能"不忘记他的一切恩惠"（诗103：2，NLT版）。为此，我们每个人不论心态如何，都应该随时见证说："你们一切被他造的，在他所治理的各处，都要称颂耶和华。"（诗103：22）。每当回忆起上帝温柔的慈爱，我们的心就会备感温暖。同时，我们也应该以这颗温暖的心激励其他人，一起"称颂耶和华"（诗103：1）。

亲密和销魂　第324天　经文：《雅歌》4：1~5：1

〔新娘〕北风啊，兴起！南风啊，吹来！吹在我的园内，使其中的香气发出来。愿我的良人进入自己园里，吃他佳美的果子。〔新

郎〕我妹子，我新妇，我进了我的园中，采了我的没药和香料，吃了
我的蜜房和蜂蜜，喝了我的酒和奶。〔耶路撒冷的众女子〕我的朋友
们，请吃！我所亲爱的，请喝！且多多的喝。　　　（歌4：16～5：1）

男性容易被眼睛所看见的激起情欲，女人却常常被耳朵所听到的和感受
到的唤起情欲。男性的性欲更接近表面，所以男性的性欲比女性更快得到满
足。这种两性之间的差异是真实存在的，所以两性间常常会发生误会、失望
和挫败感。

在这首诗歌中，这位年轻的男性带着天赐的体魄靠近他的妻子，渴望告诉
她自己对她的感受。他对她的欣赏令她的心温暖，激起了她对他的渴慕。

今天的男性应该好好学习这一点，不要急于跟妻子亲热却不做好开场白、
提示或者准备。体贴的丈夫会花时间去理解伴侣，带着她和自己一起进入亲密
和激情之中；他不会假设妻子会跟随自己的速度，也不会假设当自己得到满足
时，妻子也得到了满足；他需要知道，在妻子没有准备好之前不要催她，也不
要在她刚感兴趣的时候倒头睡觉。

在诗歌中，这位年轻的女性渴望与爱侣享受鱼水之欢。她回应他，大声呼
喊："北风啊，兴起！南风啊，吹来！吹在我的园内，使其中的香气发出来。
愿我的良人进入自己园里，吃他佳美的果子。"（歌4：16）毋庸置疑的是，这
位男性迅速地回应这个邀请——她准备好了，他也准备好了去享受彼此的满足
感。"我的朋友们，请吃！我所亲爱的，请喝！且多多的喝。"（歌5：1）

诗歌的语言也许令我们感觉不知所云（比如歌4：1～11）。大部分现代
西方女性听到她们的牙齿使爱人想起才剪过毛的羊，或者她们的头发使爱人
回想起一群山羊时不会感到兴奋，因为我们有自己的情爱语言。但最重要的
是古代爱侣们的情爱坦坦荡荡，对性的享受自然、充分，他们彼此称对方是
自己的"私人花园"，绝不让他人染指（参见歌4：12），没有其他人可以享
受里面的果子。

婚姻里的亲密可以毫无保留、尽情表达，而且完全排他。在这种婚姻的亲
密中，会找到持久、相互的满足感。如果没有这种亲密，婚姻将会比战争更
可怕。

承认软弱　第325天　经文：《以赛亚书》6：1～13

那时我说："祸哉！我灭亡了！因为我是嘴唇不洁的人，又住在

嘴唇不洁的民中；又因我眼见大君王万军之耶和华。" 　（赛6：5）

大多数人都能意识到自己的软弱。他们可能不会花很多时间来克服这种软弱，如果他们彻头彻尾失败了，他们也只会承认自己不完美，甚至可能勉强承认自己在失败的方面存在问题。事实上，即使是一个非常坚强的人，在他最辉煌、光鲜的时刻，也需要坦承自己存在"阿基里斯的脚跟"（意为"致命缺陷"）。

以赛亚就是这样的人。他坦承自己在演说上存在着缺陷，而演说正是人们认为他最出色的方面。以赛亚是颇负盛名的文字工作者，且是技术娴熟的沟通者，他的演讲中充满华丽的辞藻和诗意的表达，从他的口中所流露出来的尽是真理与美善。然而以赛亚坦承，自己的嘴是有问题的，正如圣经所说："祸哉……因为我是嘴唇不洁的人"（赛6：5）。他的力量因为自身的软弱大打折扣。

显然，以赛亚意识到自己的嘴唇可以说出"不洁"之言——不良善，不真实，无所助益以及不可接受的事情。这里面至少有两个原因。其一，如以赛亚自己所言，他是一个"有罪的人"，偏离正轨是言语和行为的固有倾向。其二，他生活在充满罪恶言语的社会中——"又住在嘴唇不洁的民中"（赛6：5），自己也默认了这些不道德的行为。因此，以赛亚在自己能力上所犯的罪与在自己软弱上所犯的罪相差无几！

以赛亚的罪恶并不是通过与同时代的人比较得来的，因为他比身边的人好得多。他需要一个外在的参照点，于是转向上帝（参见赛6：1~4）。看到上帝的圣洁之后，以赛亚深知自己的堕落。

悔改有不同的形式和内容。有些"悔改"只是对自己的所作所为感到痛悔，有些则是对自己行为背后的痛苦懊悔，还有些是因自己做了坏事而感到后悔。但是，深层次的悔改，即真正的悔改远超因自己的行为而懊悔，它们植根于关注"我是谁"的问题。经历这种深层次悔改的人会承认自己堕落，行为时常偏离正轨——他们不仅会说"我做了坏事"，而且会承认"我是一个有罪的人"。深层次的悔改包括承认自己是一个堕落的人——特别是在自认为优秀的方面。

上帝不是政客　　第326天　经文：《以赛亚书》9：1~7

因有一婴孩为我们而生，有一子赐给我们，政权必担在他的肩头上。他名称为奇妙、策士、全能的神、永在的父、和平的君。他的政权与平安必加增无穷。他必在大卫的宝座上治理他的国，以公平公义使国坚定稳固，从今直到永远。万军之耶和华的热心必成就这事。

（赛9：6~7）

大多数政客热衷于竞选，但只有极少数政客会践行自己的承诺。因此，政客们很容易被定义为总是说一套、做一套的人。

在以赛亚所生活那个时代，人们是否对政治承诺与可信确据之间的差距产生怀疑，我们不得而知。但是，他们当时所面临的现实情况的确如此。大卫和所罗门的荣耀华美渐渐逝去，亚述人的铁蹄正在踏进他们的国门。就在他们的前程看起来一片黯淡时，上帝通过以赛亚向以色列人发出预言。

上帝向他的子民保证，他们的领土将失而复得，以色列之前伟大的国度将会像"树不(读音dǔn，编者注)子"（赛6：13）一样保留在土地上。"树不子"一词虽然令人不舒服，却仍然保有一丝希望。因为人们知道，一个被修剪过的树不子会再次发芽、生长并且结出果实。圣经上说："这圣洁的种类在国中也是如此"（赛6：13）。

后来，上帝又向他们保证，大卫王国将不会重现而是会被侵占，但是过后会复兴并且扩展到全世界；他要将平安与繁荣带给他们，从今直到永远（参见赛9：1~7）。一个容纳全世界的永恒的国度——这个全新王国的政权将会"担在"一个"婴孩"的肩头，这个非同寻常的婴孩被称为"奇妙策士"、"全能的神"、"永在的父"和"和平的君"（9：6）。

听到这些信息，以色列人一定认为以赛亚的预言跟现实完全脱节了。他们难以想象自己不仅能生存下来，而且还能复兴。而且，这复兴的奇迹怎么会通过一个彰显着非凡气质的婴孩来实现呢？这简直是一派胡言！但是，以赛亚并没有脱离现实，他的言语确确实实与现实的缔造者关联在一起。现实是："他的政权与平安必加增无穷。他必在大卫的宝座上治理他的国，以公平公义使国坚定稳固，从今直到永远。万军之耶和华的热心必成就这事"（赛9：7）。

当上帝做出这样充满热望的承诺时，理智清醒的人们便站立起来，热切关注着它的到来。上帝不是竞选某一个职位的政客，对于那些持怀疑态度和立场的人来说，他口中所出的言语就是强有力的保证。上帝开始说话时，人们应当倾听。历史表明，上帝的行为与他的言语永远一致。上帝言出必行，因为他不像任何的政客，他有权能实现自己所承诺的。他的承诺赋予我们消除绝望的信心，好让我们可以在毫无盼望的世界中找到盼望。

赛后展示　　第327天　经文:《以赛亚书》35: 1～10

> 对胆怯的人说: "你们要刚强, 不要惧怕。看哪, 你们的神必来
> 报仇, 必来施行极大的报应, 他必来拯救你们。"　　　　（赛35: 4）

　　球迷们用一生中大部分的时间来关注自己所钟爱的球队赛况。对真正的球迷来说, 仅仅观看比赛是不够的。铁杆球迷会认真关注球队的"赛前展示"。在这些展示中, 球迷们沉浸在各种推测和猜想中, 然后他们不断追踪比赛。他们将比赛视为极重要的事件。终场哨声响起时, "赛后展示"便立马启动, 球迷们继续满怀激情地分析赛况, 点评球队。比赛之前球迷们就开始关注球队, 比赛过后仍然保持关注。对于赛事, 球迷们总是感觉自己的关注程度不够高!

　　针对我们的救赎工作早在我们出生以前就开始了, 并且在我们离世后仍然会持续很久。救赎有3个时态, 因此历史也有3个阶段。救赎让我们思想过去上帝所做的工作; 我们也能够庆贺当下, 品尝上帝为我们所做的一切; 基于上帝的应许, 我们能够怀想未来, 期待上帝即将为我们成就的大事。我们个体被赎的3个时态, 同时与救赎历史的3个阶段重合。过去, 先知曾经预言基督将会降临, 这是我们可以默想的; 现在, 基督已经降临了, 我们可以为此庆贺; 将来, 以赛亚提醒我们说, 基督将会再来, 这是我们可以期待的。

　　我们当默想被赎之前的状况, 因为基督为此施行了救赎之功; 我们当怀想被赎之后的状况, 因为基督再临时, 会使救赎之功得以完全; 当基督在荣耀中再临时, 他将完成所有此前开启的事工。在他第一次降临的时候, 只有少数瞎眼的、瘸腿的、耳聋的得到医治, 但这一切都昭示着他再临时即将成就的事工（赛35: 5～6）。到那时, 基督将使一切得到更新。

　　我们应该满怀期待并且彼此鼓励, 以使疲乏的手得以坚定, 无力的膝得以稳固。心惊胆战的人被告知: "你们要刚强, 不要惧怕。看哪, 你们的神……必来拯救你们"（赛35: 4）。然而, 与球迷不同的是, 我们现在就可以享受"赛后展示"——我们知道自己已经得胜了! 即使"比赛"仍在进行, 我们却可以品尝胜果。

展翅上腾　　第328天　经文:《以赛亚书》40: 1～31

> 疲乏的, 他赐能力; 软弱的, 他加力量。就是少年人也要疲乏困倦, 强壮的也必全然跌倒; 但那等候耶和华的, 必从新得力。他们必

如鹰展翅上腾，他们奔跑却不困倦，行走却不疲乏。

（赛40：29～31）

　　有些人做事能够善始却不能善终，有些人开始时很慢，最后结束的时候却成绩斐然。希西家属于前一种人。希西家在人生的开始遇到了极大的挑战，但他有以赛亚在身边，告诉他上帝会帮助他。然而，当他奇迹般地被上帝医治之后却远离了上帝，只关注自己的事情。当以赛亚宣告希西家所拥有的一切最终将会被巴比伦所侵占时（参见赛39：5～7），希西家的生命状况降到了最低点。希西家想当然地认为："在我的年日中，必有太平和稳固的景况"（赛39：8）。

　　希西家的命运悲剧性逆转可能源自他对上帝认识的不充分，希西家的大部分臣民也是如此。以赛亚反问他们："雅各啊，你为何说：'我的道路向耶和华隐藏？'以色列啊，你为何言：'我的冤屈神并不查问？'你岂不曾知道吗？你岂不曾听见吗？"（赛40：27～28）他们可能已经听见上帝的话语，但显然没有明白里面的意思。对上帝的认识不足导致他们无法明白上帝的旨意，亦无法体会上帝长阔高深的爱。

　　以色列人以及希西家忽略了什么呢？圣经说："你岂不曾知道吗？你岂不曾听见吗？永在的神耶和华，创造地极的主，并不疲乏，也不困倦，他的智慧无法测度。"（赛40：28）上帝是世界万物的造物主，这万物当然包括以色列人！以色列人举目所望之处都彰显着上帝作为造物主的庄严与荣耀。他们应该记得：荣耀的造物主创造了他们，特拣选他们作他的子民，就如同上帝创造太阳、月亮、星星一样。这足以让以色列人坚定地相信上帝，并甘心乐意地侍奉他。但以色列人并没有这么做，于是灾难因着他们的不信降临在他们中间。

　　伟大的造物主仍然希望他的子民知道，即使他们前行时经历了深切的试炼，"疲乏的，他赐能力；软弱的，他加力量。就是少年人也要疲乏困倦，强壮的也必全然跌倒；但那等候耶和华的，必从新得力。他们必如鹰展翅上腾，他们奔跑却不困倦，行走却不疲乏"（赛40：29～31）。

　　有的人定睛在造物主创造之功的奇妙上，有的人则用心聆听造物主，随时准备接受祝福与供应。对于他们来说，上面这些话语显然充满激励。那些相信的人必将"如鹰展翅上腾"，其余不信的人则会困苦流离，如同没有牧人的羊一般。

平安与秩序　第329天　经文：《以赛亚书》48：12～22

耶和华你的救赎主，以色列的圣者如此说："我是耶和华你的神，教训你使你得益处，引导你所当行的路。甚愿你素来听从我的命令，你的平安就如河水，你的公义就如海浪。"（赛48：17～18）

外交官专门就世界上产生的是非斡旋和奔波，渴望给世界带来"持久的和平"。当孩子处于困境中时，心急如焚的父母亦渴望获得"情绪的平稳"。苦恼的商人驾驶着游艇，希望什么都不想而获得"一点点安宁"。对于大多数人来讲，没有什么比平安更有吸引力，同时又令人难以捉摸。

上帝与他选民的关系中始终存在一个问题，就是选民们总是不听话。当上帝的选民听到上帝的话时，他们经常不理解这些话的意思。或者他们明白了这些话的意思，却不一定奉行不怠，所以结果总是一团糟。我们知道，上帝并不是一个混乱的上帝，而是一个有秩序的上帝（参见林前14：33～40），所以混乱并不是他的心意，更不是他的设计。

上帝通过先知以赛亚说："甚愿你素来听从我的令，你的平安就如河水，你的公义就如海浪"（赛48：18）。上帝对平安的应许与对他的命令的遵行密切联系在一起。如果人们想获得平安，他们就能够获得，但必须付出一定的代价，这代价就是拒绝按照世界的方式去行事，而要按照上帝的方式生活。

上帝对古时的以色列人所传达的这一信息，今天仍然值得我们关注。我们制造了许多混乱，而上帝呼召我们归回秩序——归回安息。我们喜欢揣摩上帝所说的哪些内容是"好的"，质疑他所为我们选择的道路，所以我们偏行己路，做自己想做的事情，导致各种混乱的出现。我们总是认为上帝的命令麻烦又严厉，对于人们的幸福没什么好处，因此我们处心积虑地抗拒上帝的命令——质问、破坏这些命令并一心违反这些命令。只要看看这些命令，就知道我们对他的抵抗是何等的真实！然而，当上帝向他的子民发出命令时，摩西曾说："遵守他的诫命、律例，就是我今日所吩咐你的，为要叫你得福。"（申10：13）原来，上帝给我们命令是为了让我们得福！

按照上帝喜悦的方式生活就是走在正道上。当事情按照上帝的心意成就时，就像是一台运行良好的机器一般；不顺从上帝的结果，就是我们所做的工作受到阻碍，如同往机器的齿轮里扔沙子，各种各样的故障会接踵而至。失序是平安的对立面，但是秩序从何而来？它是从我们按照上帝的秩序来安排自己的生活而来。这就是真正的秩序。

万物都是美好的   第330天   经文:《诗篇》104篇

> 耶和华啊,你所造的何其多,都是你用智慧造成的,遍地满了你的丰富。
>
> (诗104:24)

夏季的天空中经常飞舞着五颜六色的蝴蝶。这些蝴蝶不停地扇动着轻盈的翅膀,飞来飞去,沉浸在欢乐的气氛中。但是如今,大多数蝴蝶都处在灭绝的边缘。多么令人惋惜啊!后代子孙可能永远不能像我们一样跟这些蝴蝶玩耍了。有些东西从我们的世界中不可挽回地消失了,再也不能与我们享受同一片天空。谁应当为此受谴责呢?当然是"尊贵的人",因为他们没有按照上帝的旨意管理万物(参见创1:26)。

上帝的命令非常清楚。上帝将被造时"甚美好"的万物托付给人类照管,吩咐我们管理"海里的鱼、空中的鸟,和地上各样行动的活物"(创1:28)。或许是我们将管理者理解为一个暴君,因此胡作非为;或许是我们曲解了管理"海里的鱼、空中的鸟,和地上各样行动的活物"(创1:28)的命令,以为我们可以随心所欲,完全不必顾及上帝所造之物的福祉。事实当然并非如此。

幸好并非所有的物种都已经消失了,所以我们仍然有机会像先祖一样,满怀惊讶地观看海里的鱼,空中的鸟和地上各样行动的活物,并给它们命名(参见创2:19~20)。可以像诗人一样感叹:"耶和华啊,你所造的何其多,都是你用智慧造成的,遍地满了你的丰富。"(诗104:24)海洋中充满着各种各样的生物,森林中也满是上帝所造之物,草场和高山是上帝所造之物的栖息之所。正如圣经所说:"至于鹳,松树是它的房屋。高山为野山羊的住所,岩石为沙番的藏处。你安置月亮为定节令,日头自知沉落。你造黑暗为夜,林中的百兽就都爬出来。少壮狮子吼叫,要抓食,向神寻求食物。日头一出,兽便躲避,卧在洞里。"(诗104:17~22)所有这一切都默默地见证着上帝创造万物时奇妙的心思意念,和他令人叹为观止的创造之功以及所造万物的美好。

看到这一切,人就应当学会敬拜(参见诗104:33)。我们应当明白自己与这些被造物一起是从何而来;明白"我们生活、动作、存留都在乎他"(徒17:28)。这样,我们才能够善待上帝所托付的万物,通过运用上帝所赐的能力,向他献上真诚的敬拜。上帝的奇妙可畏隐藏在大自然背后,只有那些有信仰的人才能看得到。

追随上帝的人看见一只蝴蝶翩翩飞舞时,他都能从中看到上帝创造之功的奇妙,并不住地"赞美耶和华!"(诗104:35)。

上帝的计划与苦难　第331天　经文：《以赛亚书》53：2~12

> 耶和华却定意将他压伤，使他受痛苦；耶和华以他为赎罪祭。他
> 必看见后裔，并且延长年日，耶和华所喜悦的事必在他手中亨通。
>
> （赛53：10）

正所谓"天有不测风云，人有旦夕祸福"。每当看见苦难，人们总是会问："为什么？"遇到"不测风云"时，我们总是非常惊愕："这样的事情怎么会发生在我的身上？"但是旦夕祸福或不测风云的到来却不以人的意志为转移。通常，对于"为什么"的回答总是不能令我们满意。我们能否据此假定苦难没有意义呢？我们能否得出结论，认为我们生活在一个荒谬的世界之中，它缺乏规律和理性呢？果真如此，我们是应该大声喊出心中的忿恨，还是努力装作镇定自若呢？

虽然圣经并没有给出我们想要的所有答案，但给了我们足够的确据，使我们相信苦难并非毫无意义，毫无价值。以赛亚为我们描绘了一个受苦仆人的形象，他遭受了极为深重的苦难（参见赛52：13~53：12）。在他所遭受的一系列患难中，我们看到"耶和华却定意将他压伤，使他受痛苦"（赛53：10）。这个仆人所受到的打击和痛苦使我们不寒而栗。同时，"神定意"这句话也使我们心生疑惑，"为什么？"幸运的是圣经给了我们一个答案——"耶和华以他为赎罪祭"（赛53：10）。原来，这位仆人受苦是在为我们这些罪人赎罪。

虽然我们经常忽视罪，认为罪无关紧要，但是圣经告诉我们，正是罪使我们冒犯了上帝，以至最终要面临死亡，并且永远与上帝隔绝。没有人能够承受罪的后果永死以及永远错失与上帝同在的机会。所以，需要一个无罪的人来替代有罪的人承受惩罚，才能使人的罪得到赦免，从而恢复与上帝的关系。也正是因为如此，受苦的仆人耶稣基督才被钉死在十字架上，洗净我们的罪愆。这极度的苦难是要带来极大的救赎。救赎者的赎罪所带来的益处遍及所有被赎者，并将存到末了。

我们所遭受的苦难不可能为任何人带来救赎（参见诗49：7~9）。我们所忍受的痛苦，不能清洗任何罪人的罪。但是如果上帝自己定意让自己的仆人遭受苦难，我们就可以享受由此而来的好处。即使我们自己亲自受苦也得不到这好处（参见罗8：28）——这将令我们更深地倚靠上帝，同时也会使我们对那些身受苦难的人抱有更深的同情。

灵魂的食粮　第332天　经文:《以赛亚书》55: 1~13

> 你们为何花钱买那不足为食物的, 用劳碌得来的买那不使人饱足
> 的呢? 你们要留意听我的话, 就能吃那美物, 得享肥甘, 心中喜乐。
>
> （赛55: 2）

我们吃的食物中很多都是垃圾食物。有些食物能够使我们的骨骼和肌肉健壮, 有些却只是会堵塞动脉血管; 有些食物能够提供能量, 有些却只能增加脂肪。简而言之, 有些食物是有益的, 有些则不是。为什么人们好端端把钱花费在于自己无益的食物上呢? 原因也许是因为他们喜欢这些食物的味道, 却看不到后果。

两千七百年前, 上帝问了一个与此相类似的问题: 他的子民靠什么来喂养自己的灵魂? 那时, 上帝的子民似乎更关注饭碗里的美食, 而不是如何吃属灵的健康食品。所以上帝问他们: "你们为何花钱买那不足为食物的, 用劳碌得来的买那不使人饱足的呢? 你们要留意听我的话, 就能吃那美物, 得享肥甘, 心中喜乐。"（赛55: 2）

但问题是, "对灵魂有益处的食物"到底在哪儿呢? 在上帝的话语中! 认真对待上帝话语的人、听从上帝话语的人, 会衷心渴慕它并在内心反复思考, 使里面可以翻转生命的能量在自己身上发挥作用, 从而收获兴旺和繁盛（参见赛55: 10~13）。以饥渴慕义的态度, 毫无保留、满怀期望、哀伤痛悔、充满信任地来到上帝的面前时, 我们就可以分享他话语中丰富的食粮。这些食粮不是廉价的, 而是免费的, 因为已经有人为我们付费了——耶稣为上帝的供应付了费, 并使所有人都可以分享其中的益处。完全免费!

这些味道鲜美的饮食包括永久的约、莫大的恩惠、无尽的慈爱（参见赛55: 3）、对丰盛生命的应许（参见赛55: 10~12）以及"荣耀"的经历（赛55: 5）。但要从这丰盛的饮食中获益, 我们必须戒除错误的心思意念, 因为它们都是"垃圾食物"。正如圣经所说: "不义的人当除掉自己的意念"（赛55: 7）。正是在意念的母腹中, 罪得以成形。所以, "恶人当离弃自己的道路"（赛55: 7）。我们必须归向上帝并形成新的生命样式, 敏感于上帝的心思意念。饮食上的改变很快会给我们带来新鲜的营养、全新的能量以及无尽的活力。

当灵魂的动脉塞满了坏的属灵饮食时, 属灵的心脏便会停止跳动; 充满上帝的爱时, 属灵心脏的跳动有规律, 也有力量。没有上帝的爱时, 心脏就会变得冰冷、沉重, 能量的流动便会毫无生气, 属灵的活动也会随之停止。其实有

一条更好的路径，即通过健康的饮食，为灵魂供应"有益的食粮"。所以饥饿时，最好想清楚了，再动筷子。

当我奔跑的时候，我感觉到他的喜乐　　第333天　经文：《耶利米书》1：4～19

> 我未将你造在腹中，我已晓得你；你未出母胎，我已分别你为圣；我已派你作列国的先知。　　　　　　　　　　　（耶1：5）

埃里克·利迪尔是苏格兰有史以来最伟大的运动员之一。他是国际橄榄球运动员，奥运会冠军，短跑世界纪录保持者。同时，他也是一个有着坚定信仰的属灵领袖。他认为自己奔跑的速度是上帝的恩赐，也深知上帝喜悦他的运动体能以及他由此取得成就。他说："当我奔跑的时候，我感觉到神的喜悦。"毫无疑问，埃里克·利迪尔生来就是做运动员的。

耶利米则生来就是做先知的（参见耶1：5）。耶利米从未在比赛中获胜，也从未戴过胜利者的桂冠，脸上甚至从未有过胜利者的微笑。相反，他的脸上常常流着痛苦的泪水。然而，当耶利米忠诚于自己的使命时，同样感受到了上帝的喜悦。即使在最黑暗的日子里，耶利米仍然坚信："我们不至消灭，是出于耶和华诸般的慈爱，是因他的怜悯不致断绝。"并深信"耶和华是我的份"（哀3：22～24）。

如果没有对上帝心思意念的深刻体认，耶利米不可能持续他手中的工作并独自完成。耶利米的工作就是向世人宣告上帝的审判。为此他势必会遭受冷遇，而不是热情的拥戴。没有人愿意接受不被欢迎的态度，相反，每个人都希望自己获得别人的认同，而不是被弃绝。但是，耶利米非常清楚自己肩负的是什么样的使命。

耶利米的使命非常重要，他手中的装备自然也不容忽视。上帝亲自触摸他的口，教导他要说的话并赐他力量，使他在遭受攻击时有免疫力。最重要的是上帝应许会与他同在，并且拯救他（参见耶1：9～10、18～19）。有了这样的确据作为装备，耶利米就能够面对仇敌，并且大获全胜。

上帝呼召耶利米并亲自装备他。上帝从来不会呼召一个人却不给他装备。上帝不会呼召一个人成为奥运短跑冠军，却不赐给他超乎常人的速度；上帝也从来不会呼召一个人作为先知，却不给他话语、勇气和非凡的坚忍。

我们许多人并非生来就会做运动冠军，也很少有人被呼召做先知，但是我们每个人身上都有上帝的使命。不管它是什么，我们都要相信、发掘并坚持下去。我们可能会发现，自己身上的使命并不是自己所喜欢的，但它们来自创造主。上帝按照他自己的心思意念给予我们使命，也给予我们所需的一切。做使命以外的事情永远都不是正道。奔走天路，意味着我们必须知道终点在哪里。同时，在此过程中，我们也能感受到上帝的喜悦。

医治背道之病　第334日　经文：《耶利米书》3：6~25

> 你们这背道的儿女啊，回来吧！我要医治你们背道的病。看哪，
> 我们来到你这里，因你是耶和华我们的神。　　　　　　（耶3：22）

背道之病犹如心脏病，若不加以治疗就会致命。心脏病的症状并不总是明显的。一个优秀的运动员，表面上看起来健康而有活力，但有可能在比赛时突然倒地，气绝身亡。身体条件非常好并且接受过良好训练的运动员，通常被认为是非常健康的，但他们往往意识不到潜藏在身上的沉默杀手——未被诊断出来、未及时医治的心脏病。

心脏病仿佛职业杀手，一般很难被发现，但是上帝——伟大的内科医生，却能够准确地诊断出病症来。他曾对古时的犹大国（南国）做出过精准的诊断——"背道之病"（耶3：22）。当时的犹大（南国）从外表上展示出良好的属灵状况：与他们的姊妹以色列（北国）一样，犹大国的子民也一直对上帝不忠，但他们屡次宣告悔改归向上帝，然而上帝指出他们"不过是假意归我"（耶3：10）。

北国以色列的行为则更加无耻，他们对上帝一点忠诚都没有，并且毫不掩饰。显然，他们已经病入膏肓。而犹大倒更像一个体格健壮，训练有素，但是却患有心脏病的运动员——外表看起来孔武有力，里面藏着一颗患病的心脏。这一点从上帝的关切中不难看出。他比较这两个国家，说："背道的以色列比奸诈的犹大还显为义。"（耶3：11）

幸运的是，那些身患"背道之病"的人仍有一线希望，因为上帝不仅能够诊断病症，更能根治疾病。他应许说："回来吧！我要医治你们背道的病。"（耶3：22）对犹大来说，归回上帝需要极大的坦诚——他们必须承认自己一直以来对上帝虚伪的忠诚。而北国以色列只需承认自己显而易见的背道，并要从罪恶的道路上转回。

医治"背道之病"只能由上帝来完成。只有当身处罪恶中的人愿意归向上帝时，他们才能得到医治。这位伟大的内科医生随时准备并非常乐意医治"背

道之病”，但病人必须做好准备，并且愿意接受手术——以此来回应上帝的邀请——“回来吧！我要医治你们背道的病。”（耶3：22）所以，不管我们“背道之病”的症状是公开的，还是隐藏的，都必须将它找出来。我们要停止伪装并接受上帝的治疗。我们所要接受的手术可能非常不舒服，恢复起来也可能非常痛苦，但是，一旦我们从根本上得到了治愈，我们的属灵状态将会恢复并日益强健。

不认识上帝　第335日　经文：《耶利米书》10：1~16

> 耶和华啊，没有能比你的；你本为大，有大能大力的名。
>
> （耶10：6）

如果放任人们自行其是，他们就会像漆黑的夜里、在浓密的森林里独自摸索的盲人一样。他们会受本能驱使，却找不到正确的方向。

人们不认识上帝，于是靠观看星象占卜未来。人们砍下一棵树，雕刻出一尊偶像，再把它装饰得漂漂亮亮，固定在墙上或其他高处，就顶礼膜拜它。偶像就像花园中无助的稻草人一样站立着（参见耶10：5），它前面站着一个困境中无助的哀求者。几乎所有人都能一眼看出这么做非常不明智。人们本能地知道上帝是创造者，可还是一意孤行，敬拜他自己所造之物，却不去敬拜创造主（参见罗1：20~23）。

如果有谁认为现代人不再会如此愚蠢的话，就应该好好看看浪费在汽车、计算机、医药和其他科技上的各种投入。从这些当中不难发现，即使是在今天，人类还是不断希望透过自己的手工制品去寻找依靠。我们可能会有一种错觉，认为现代人不会傻到不相信上帝，只相信那些屡次使他跌倒的东西。但事实恰恰相反，比如明知政客不可靠，人们依然找他们解决自己的问题；明知股票市场由恐惧和贪婪等各种不可靠的力量所驱动，却仍然把它看作自己安全感的来源。这难道不是极其荒唐的吗？

好在上帝不会对人们的无知置之不理。耶利米提醒同时代的人：“耶和华啊，没有能比你的。”（耶10：6）当基督显现时，他说，“我就是世界的光。跟从我的，就不在黑暗里走，必要得着生命的光。”（约8：12）在世上生活时，耶稣已经清楚地阐明上帝是谁，他是谁。

鉴于人们的无知与昏暗，基督决定以真理之光驱散世人心里的黑暗，明确指出人类既是宝贵的又是堕落的；既是堕落的又是可以原谅的；既是邪恶的又是可救赎的。当一个人明白这些时，他才会最终找到自己的位置，逐步认识上帝和自己，知道自己从哪里来，要到哪里去。他会认识到上帝是万物的主宰，自己是上帝的仆人；他才会下决心跟随上帝，而不是在错误的观念和破坏性的欲望中挣扎。这样的选择远超在长久的困惑中生活。

谨慎　第336天　经文：《耶利米书》17：5~18

> 耶和华如此说：依靠人血肉的膀臂，心中离弃耶和华的，那人有祸了！　　　　　　　　　　　　　　　　　　　　　　（耶17：5）

在我们的文化当中，人们经常被教导要谨慎。俗话说得好："人心隔肚皮。"因此人们通常认为人是不可靠的，会滥用他人的信任。这一点很可悲，却丝毫也不新鲜。当上帝向耶利米说话时，他表达了一个鲜明的观点："依靠人血肉的膀臂，心中离弃耶和华的，那人有祸了！"（耶17：5）现代人认为，不相信人是明智之举——他当然是对的，否则就有祸了。

但这并不是指我们不能相信任何人，而是指不信上帝却相信人是一种罪。

问题的关键在于人心。人们不配得到信任的原因是他们的心有罪。人们百般抗拒并痛恨这个观点，甚至当他竭尽全力保护自己以避免那些他完全不相信的人的伤害时仍是如此。所以上帝说："人心比万物都诡诈，坏到极处，谁能识透呢？"（耶17：9）为此，上帝继续自问自答："我耶和华是鉴察人心、试验人肺腑的，要照各人所行的和他作事的结果报应他。"（耶17：10）如果人们不相信上帝，不按照上帝的标准行事，他们的人际关系将是有缺陷的。或者如圣经所说，"有祸了"。

幸运的是上帝不仅寻求人心，更能够改变它们。这就是为什么耶利米在困境中呼求上帝为他祝福的原因——"耶和华啊，求你医治我，我便痊愈；拯救我，我便得救。"（耶17：14）

在这个世界上，因为人心险恶，所以谨慎确实是明智之举，毕竟小心吃不了大亏。但是要想得到真正的祝福，你需要相信上帝。就像一棵树栽在溪水旁，将信靠的根深深地扎在他经久不衰、信实的清水中（参见耶17：7~8）。也就是说要相信上帝所说的是正确的，并且他所做的也都正确，他的应许充满信实，可以信赖。当你开始信靠他的时候，你就会发现自己动机的不纯，因此对自己过分相信人、不充分相信上帝的倾向有所警觉。所以要小心，谨守你自己的心！

得胜的上帝　第337天　经文：《诗篇》110篇

> 耶和华对我主说："你坐在我的右边，等我使你仇敌作你的脚凳。"
>
> （诗110：1）

大卫王和他的继任者生活在动荡不安的世界中。他们在位的日子里连年征战，兵戈不断，但是他们战斗的方式与众不同——有得胜的保障。正如《诗篇》作者所说，被上帝膏立的王可以坐在上帝右边荣耀的位子上，静观耶和华得胜。这位王知道取得胜利只是时间问题，因为上帝主宰着战场。当然，这并不意味着他和他的军队不用参战。实际上，这位王被告知："你的民……甘心牺牲自己。"（诗110：3）这也不意味着王可以洋洋自得、懒惰、刚愎自用或凭侥幸成功。相反，坐在上帝的右手边，意味着与上帝的计划协调一致。

但是，这首诗歌不仅是对一个国王的应许，它同时也是被新约引用最多的一处旧约经文（参见太22：43~45；来5：6；7：17，21；10：12~13）。在这首诗歌中，门徒们欣慰地看到，至高全能的上帝将最终藉着他的儿子——主耶稣基督取得完全的胜利。门徒们见证了基督的死、复活和升天，见证了基督完成上帝对敌人最终普世性胜利的宣告。已经升天的主耶稣现在坐在天父的右手边——荣耀和权能的位子上，他不但为他的门徒们代祷，也等待着在荣耀中胜利归回的那一天。

这一点使信徒大受鼓励。作为耶稣的跟随者，我们今天仍然生活在充满危险和诱惑，同时又动荡不安的世界中。我们需要牢记主耶稣坐在天父身边，与上帝保持亲密无间的父子关系，他能够且愿意运用天上所有的资源，为受困的人们排忧解难。信徒需要永远记住：敌人必将被打败，得胜只是时间问题。因此我们可以满怀信心地行走天路，充满期待地切盼得胜的主耶稣凯旋。

知道谁最终会赢得胜利固然很好，但知道你站在上帝的一边更棒。如果你还没有站过去，最好马上行动！

展开新的一天　第338天　经文：《耶利米哀歌》3：1~24

> 我们不至消灭，是出于耶和华诸般的慈爱，是因他的怜悯不至断绝。每早晨这都是新的。你的诚实极其广大！　（哀3：22~23）

漆黑的暴风雨之夜过后，明亮、清新的黎明是最受欢迎的。和平和安宁代替了混乱和紧张，整个世界看上去重新变得和谐有序。人们紧张的神经平静下来，烦躁的心情得到慰藉，恐惧退去，盼望升起，清新的空气触手可及。

耶利米先知就经历过类似可怕的黑夜。他受到粗陋人的虐待和侮辱并最终陷入忧郁和灵性的黑暗。他的痛既是身体上的又是情感上的；他的灵饱受折磨，几乎不堪重负。但是当他描述过混乱、暴风雨般令人恐惧的夜晚之后，便立刻开始讲述上帝怜悯的不同凡响："我们不至消灭，是出于耶和华诸般的慈爱，是因他的怜悯不至断绝。每早晨这都是新的。你的诚实极其广大！"（哀3：22~23）每天都有新的怜悯——虽然没有列出这些怜悯，但我们知道它们来自上帝的信实，并且就在上帝的里面。

耶利米强调，"耶和华是我的份，因此，我要仰望他"（哀3：24）。耶利米得了秘诀，知道如何才能每天早晨更新自己与上帝之间关系，怎样深深沉浸在他"永不止息的爱"中。这永不止息的爱是上帝与他子民立约的来源和内容。这个约是一个永约，上帝应许永不会离弃他们。上帝承诺无论何时何地，他都会保守自己的子民。

就像耶利米一样，今天的人们也需要开始新的一天并提醒自己：在立约和守约的上帝里有永不止息的爱，他的怜悯每早晨都是新的。有些人在波澜壮阔的一周中尝试这么做，因为在周日的早晨，牧师曾将上帝的怜悯新鲜地传递给他们。不幸的是，到了周三，它们已经不新鲜了。在接下来的几天，他们努力回忆自己听到了什么及它们与新近发生的暴风雨有什么关联。其实，每天早晨上帝都会赐予新的怜悯——只有藉着他的话语、祷告和团契同上帝交流，才能找到这种怜悯。只有这样，漆黑的夜晚才会给清新的早晨让道儿——因着上帝的怜悯，我们才能以清新的能量和活力面对新的一天。真正明智的人，懂得如何开启新的一天。

上帝的预警系统　第339天　经文：《以西结书》3：16~27

> 我何时指着恶人说："他必要死"，你若不警戒他，也不劝诫他，使他离开恶行，拯救他的性命，这恶人必死在罪孽之中，我却要向你讨他丧命的罪。　　　　　　　　　　　（结3：18）

如今，人们可以通过人造卫星监视一场正在向人口稠密地区逼近的飓风，也可以精确地计算出未来的降雨量。得益于此，很多人幸免于难——倘若人们愿意聆听并采取行动的话。

以西结生活的年代没有人造卫星，只有先知——上帝赐予他子民的特别礼物。可是百姓们并不尊重他们。先知是一个守望者，被指派警告人们将要发生的危险，因此他的信息通常都是凶信。但是，人们不喜欢听审判，所以他们经常忽略这些信息，或恶待先知。

上帝给了以西结将要对以色列子民施行审判的信息。上帝告诉以西结，纵使百姓不听，他也必须传递这个信息（参见结3：17，27）。上帝一再向以西结强调，这个信息非常紧急。无数人民的性命危在旦夕，以西结对是否传递上帝的话负有直接的责任："你若不警戒他，也不劝诫他，使他离开恶行，拯救他的性命，这恶人必死在罪孽之中，我却要向你讨他丧命的罪。"（结3：18）这不是说要以西结一个人背起所有人的黑锅，而是说他要为自己是否正确回应这个信息负责。

现代基督徒们的角色与古代的先知或守望者相同。我们在基督耶稣里看到真理——罪得赦免的信息和审判即将到来的预警，就有责任告诉那些毫不知情的人。这个责任注定令人紧张不安，整个信息传递过程也会充满挑战。但是，每个信徒都应该将这份责任看作神圣使命，同时也是上帝赐予我们的特权。

有趣的是，以西结一接到使命就被绳索捆绑住，舌头也贴在上膛（参见结3：24～26），而他唯一可以开口说话的机会，就是传达上帝致他子民的信息（参见结3：27）。今天的信徒应该不会有此遭遇，但对于以西结和我们今天的基督徒来说，这个细节意味着不可着急以至随口乱说，要等到圣灵指引时才可以对周围人开口，转述上帝对你说的话。

如果有人对我说："你从来没有告诉过我。"显然我是有责任的。但是，如果事实是他们从来就不听我所传达的信息，责任就在他们自己。

酸葡萄　第340天　经文：《以西结书》18：1～24

> 你们在以色列地怎么用这俗语说："父亲吃了酸葡萄，儿子的牙
> 酸倒了"呢？　　　　　　　　　　　　　　　（结18：2）

遭遇不测风云时，我们通常会问"为什么"，在我们看来，那是因为有人作孽所致。的确，通常"恶果"来自"恶人"。但即便如此，我们也不能把所有的罪责都推到"恶人"身上。

这就是以色列人想要做的。当他们坐在旷野中时，他们念叨着古代的箴言："父亲吃了酸葡萄，儿子的牙酸倒了。"（结18：2）他们实质上是在说："我们身处困境是因为祖先作了孽。太不公平了！"从根本上说，这个问题挑

战了上帝的公义，指责了他的神圣。上帝藉着以西结立刻给出了一个答案。他教导他的子民："我指着我的永生起誓，你们在以色列中，必不再有用这俗语的因由。"（结18：3）为什么？上帝说："看啊，世人都是属我的，为父的怎样属我，为子的也照样属我，犯罪的他必死亡……义人的善果必归自己，恶人的恶报也必归自己"（结18：4，20）。毫无疑问，这个教导是对以色列人的当头一棒，尤其是上帝已经教导过他们："恨我的，我必追讨他的罪，自父及子，直到三四代。"（出20：5）

将自己的不幸归咎于他人，表面上能给人带来些许安慰。因为我们的生命总是不可避免地与他人交织，所以他人的行为影响到我们的生命也是情理之中的事。因此父母的行为无疑会对孩子的成长造成一定的影响，其中包括一些可能导致错误行为的影响。但是，这仍然不能成为我们免责的借口，使一个人不必承担自己罪行所带来的后果。每个人都需要对自己所做出的选择负完全的责任。

我们必须明白这个道理。我们这个时代习惯大谈特谈遗传、环境和行为之间的关系，其实我们就是在试图将所有事情都归咎于基因和环境。然而，不管"本性和教养"哪个影响更大，我们都需要对自己的行为负责。不过好消息是：我们每个人都可以得到饶恕！如果你承担了个人的责任，那么你就可以享受个人的饶恕。上帝如此安排是因为他不仅是公义的，同时也满有怜悯和慈爱。

品格和名声　第341天　经文：《以西结书》36：16～38

> 我必用清水洒在你们身上，你们就洁净了。我要洁净你们，使你们脱离一切的污秽，弃掉一切的偶像。我也要赐给你们一个新心，将新灵放在你们里面。又从你们的肉体中除掉石心，赐给你们肉心。我必将我的灵放在你们里面，使你们顺从我的律例，谨守遵行我的典章。
>
> （结36：25～27）

品格和名声有很大不同。品格说明"你是怎样的人"，名声则是"人们认为你是怎样的人"。名声固然重要，但是品格更加重要，因为人们对你的看法可能完全错误。同时，名声还具有很大的破坏性。

上帝的品格无可指责。但是在以西结的时代，因着上帝的子民以色列人的胡作非为，他的名声在列国中遭受指责（参见结36：16～20），受到侮辱。于是，上帝按照约定"将他们分散在列国，四散在列邦，按他们的行动作为惩罚他们"（结36：19），而周围的列邦却将此解释为上帝的软弱。上帝的名声再次遭到亵渎，于是他告诉他的子民，他再次将他们召回"乃是为我的圣名，就是在你们到的列国中所亵渎的"（结36：22）。

　　然而，上帝不是要让以色列人回到原来的老路上。他要改变他们的心，"我在他们眼前、在你们身上显为圣的时候，他们就知道我是耶和华"（结36：23）。上帝如何才能实现这样的质变呢？上帝将实施他的恢复计划，其中包括洗净他们的"污秽"；赐给他们一颗有着新的和正确欲望的"新心"，除掉他们有罪的"石心"；应许他们"我必将我的灵放在你们里面，使你们顺从我的律例，谨守遵行我的典章"（结36：25～30）。

　　圣灵自五旬节降临直到现在一直在圣民的生命中工作。正如圣经所说，上帝洗净我们的罪，并藉着圣灵赐给我们新生命（参见多3：5）；当我们相信上帝将我们从罪恶中拯救出来，借着我们的救主耶稣基督完成救恩，并藉着他将圣灵"厚厚浇灌在我们身上"（多3：6）时，他就赐给我们一颗新心和新灵，使我们能够顺服，并按着他的旨意行（参见罗8：1～17；12：2）。上帝为我们所做的这一切不是因为我们"配得"，而是要彰显他的圣洁、全能和怜悯。

　　要想让上帝的名声在列国中清白无瑕，他的子民就要努力像上帝一样完全。但是，只有获得圣灵所赐的大能，我们心灵深处的生命更新变化时，这一切才会发生。如此，我们才会更有活力，更加欢喜，更有能力；我们的生命给自己带来喜乐，也把荣耀归给上帝。

大师的养成　第342天　经文：《但以理书》6：1～28

　　　　但以理知道这禁令盖了玉玺，就到自己家里（他楼上的窗户开向耶路撒冷），一日三次，双膝跪在他神面前，祷告感谢，与素常一样。

（但6：10）

　　一位女士对一位伟大的钢琴师说："大师，您是天才。"大师微笑着回答："谢谢，女士。但是在成为大师之前，我是一个乏味、毫无魅力的人。"显然，他的钢琴造诣来自长年累月不断的练习，所谓"梅花香自苦寒来"。但世人为天才们星光般熠熠生辉的才华喝彩时，却看不见星光背后年复一年单调沉闷的训练。

　　麻烦临到时，我们可以随手应对——有时候胆大，有时候胆小。间或压力到来时，我们也本能地知道应该做什么。但有时我们也会进退两难，举步维艰。一般来说，压力到来之前，我们的反应已经决定了——正如这位成年累月进行练习的艺术家，是他背后无数的训练决定了他在登台献艺压力下的表现。

所谓"伴君如伴虎"。作为国王的侍从，可以说但以理每天都生活在刀尖上。他无瑕疵的行为、出众的能力、对原则的持守以及不同凡响的成功，使他结交到很多好朋友，同时也招来一些敌人。出于愤怒和嫉妒，他的敌人怂恿国王除掉他。国王一纸禁令剥夺了但以理的信仰自由，顿时令他的处境险象环生（但6：6～9）。

但是但以理的信仰生活却训练有素，雷打不动。想到自己在巴比伦的荣华富贵和远方家乡的被毁，他毫不掩饰自己对耶路撒冷的委身——"但以理知道这禁令盖了玉玺，就到自己家里（他楼上的窗户开向耶路撒冷），一日三次，双膝跪在他神面前，祷告感谢，与素常一样"（但6：10）。在遭遇挑战的时刻里，但以理一日三次打开祷告室的窗户，面向心中的圣城，公开表达自己对耶和华上帝的委身，因为上帝将耶路撒冷定为自己在地上的居所。训练有素的练习帮助他持守住了忠诚。

虽然他最终脱离了狮子的口，没有死亡，却仍然不能小视但以理所面对的极大危险。事实是，面对歧视、不宽容、憎恨、逼迫和不公义，但以理没有牺牲一点儿忠诚。他的成功是因为训练产生习惯，习惯转化成了品格。他知道如何屹立不倒——带着信心，不住地祷告！

励志的祷告　第343天　经文：《但以理书》9：1～19

> 就是他在位第一年，我但以理从书上得知耶和华的话临到先知耶利米，论耶路撒冷荒凉的年数，七十年为满。 （但9：2）

时常听有人谈论"在祷告中摔跤"。它们表达的是祷告并不容易。如果祷告内容永远都是陈年老调，祷告也许并不困难。但是真正的祷告，抓住上帝，热切地倾心吐意却并不容易。因此我们需要帮助。

但以理指出自己的祷告持续不断的原因，在于他从先知们的记载中了解了历史，因此不由自主地转向上帝，向他呼求（参见但9：2）。但以理读到先知耶利米的预言，知道上帝对以色列人的流放将持续70年（参见耶25：11～12）。但以理不明白为什么，于是向上帝祷告。在祷告中，他开始思想上帝子民的所作所为，进而联想到上帝的惩罚，最后承认：以色列百姓流离失所是因为自己的罪。

需要注意的是，但以理的祷告引用了很多他曾经读过的圣经经文。例如，当他说："我们犯罪作孽，行恶叛逆，偏离你的诫命典章"时（但9：5），他可能想到了《耶利米书》14章7节；当他确信"主啊，你是公义的，我们是脸上蒙羞的……正如今日一样"（但9：7）时，他可能想到了《耶利米书》3章25节和23章6节。但以理向上帝说话，是因为上帝先向他说了话。祷告的产生过程就应该如此，否则我们就无法确信，自己的祷告是否合乎上帝心意。

尽管但以理的信仰生活堪称楷模，可他还是应该为自己祷告。我们各人为自己的行为负责的同时，应该谨记自己也是所处时代文化的产物，如果我们的文化堕落了，那么我们也必将堕落。

但以理不断祷告的原因是内心被圣经深深触动。他从圣经的教导中认识到上帝的公义和人类的罪恶，因此他的祷告并不是漫无目标，而是对上帝话语的回应。

与其他各种关系一样，上帝与他子民间的关系和契合也需要沟通，其中包括聆听和谈话。在上帝与人的关系中，上帝藉着他的话语向我们说话，所以我们应该聆听；然后我们要在祷告中向上帝说话。他一定会垂听！

宝贵的真理　　第344天　经文：《诗篇》119：1～24

> 求你开我的眼睛，使我看出你律法中的奇妙。　　（诗119：18）

紧闭的眼睛和看不见的眼睛，共同之处是两者都不能看见美好。美好是用来欣赏的，但是如果没有眼睛去注视它，这样的美好在无人欣赏的处境中徒然发光，就如同沙漠里被埋没的钻石一样无益。

心灵也有眼睛，是我们生命之光的窗户。如果心灵的眼睛关闭了，即使真理熠熠生辉，仍然不会被我们发现。心灵黑暗了，思想迷惑了，欲望扭曲了，我们就容易做出错误的决定：正确和错误之间的区别开始变得模糊不清，正确的看起来像错误的，错误的看起来像正确的；至终，客观真理的存在被质疑，人们陷入情欲和罪的沼泽中不能自拔。这时，真理仍旧闪烁如初，却仍然不被欣赏。

无论是朝气蓬勃的年轻人，还是暮气沉沉的老年人都有心灵之眼。虽然后者的原则可能已经开始让步，道德的界线可能已经模糊，他的心灵之眼仍会半开半闭。他需要让上帝完全打开他的眼睛，从而能够看到上帝话语中"宝贵的真理"（诗119：18）——那是数十世纪以来一直闪闪发光的真理，正确无误地指出上帝是谁，我们是谁；他期待什么，我们做了什么；上帝对我们的行为有什么反应，我们应该怎么做以及应该怎样生活。

这些真理被人们小心翼翼地藏在心里，反复默想（参见诗119：11，15），心思意念在上帝的话语和应许中得到操练（参见诗119：7），情感变得充沛，生出合乎上帝心意的渴望（参见诗119：16），以至做出合乎上帝原则的决定。这样，一个人的生活才会变得有意义。

只有那些睁大双眼努力认识、渴慕和遵行上帝旨意的人，才是真正快乐的人。

危言耸听者　　第345天　经文：《阿摩司书》5：18～6：7

> 国为列国之首，人最著名，且为以色列家所归向，在锡安和撒玛利亚山安逸无虑的有祸了！　　　　　　　　　　　（摩6：1）

危言耸听者总是能在生活中发现危险和阴谋，但人们通常都不把他们的警告当回事儿，而是让自己舒舒服服地裹在毛毯般暖和的安逸感里。当这些危言耸听者的话应验时，要么几乎不差分毫，要么与事实相差十万八千里。旧约时代，阿摩司这样的先知通常就被认为是危言耸听者。人们把那种安逸的状态雕琢成一件唯美的艺术品，珍之重之，但是上帝的先知却从不会出错。

在阿摩司那个年代，住在耶路撒冷（南国）和撒玛利亚（北国）的人们都自以为十分安全。难道他们不是上帝的子民吗？难道他们不是最被看重的民族吗？难道说他们的宗教仪式不如其他国家吗？难道上帝没有奖赏他们辛勤的劳动，赐给他们繁荣和富足吗？难道这些人不知道上帝会审判他们的敌人，按着他们所做的惩罚他们吗？生活是如此美好，先知口中的警戒与现实南辕北辙，甚至荒诞不经。至少，对他们的平静生活是一种打扰。

然而，阿摩司是正确的：以色列人并非永远太平无事。人们期盼的审判会落在他们敌人头上，也会降在他们自己的身上。到时大难临头，没有谁能够幸免。为什么会这样呢？因为他们草率地对待手中的祝福，使"公平变为茵陈，将公义丢弃于地"（摩5：7，5：24）；他们所信奉的宗教绝大部分都停留在仪式上，并无实际的内涵；他们用自己的一套理念取代了上帝的真实，用崇拜偶像、神明和星星取代敬拜唯一的真神（参见摩5：25～26）。因为自以为是，他们的双眼已被蒙蔽了，对于先知的警告充耳不闻。

恩典、慈爱、怜悯的上帝同样是公义、圣洁、审判的上帝。当他的怜悯被滥用，恩典被藐视，慈爱被当作理所当然，圣洁被践踏时，他公义的愤怒就会被激起，他的审判就一定会临到。我们不需要在意危言耸听者对于黑暗和厄运的每一个预测，却绝不能轻视上帝对于罪的结局的警告。虽然上帝从未说过不审判他们，但骄傲的人却以为自己永远不会被审判。真正信上帝的人会接受上帝所有给予的，聆听上帝所说的一切话，也认真对待上帝所有的预警和宣告。只有这样我们才能得享安息。正如伊莱沙·霍夫曼所说："认真对待了所有的警告，才享有安全和稳固。"

爱你所憎恨的　第346天　经文：《约拿书》3：1~4：11

> 就祷告耶和华说："耶和华啊，我在本国的时候岂不是这样说吗？我知道你是有恩典、有怜悯的神，不轻易发怒，有丰盛的慈爱，并且后悔不降所说的灾，所以我急速逃往他施去。"　　（拿4：2）

我们可以选择朋友，却无法选择亲人。同样，敌人的出现通常出人意料，完全不受我们支配。那么，我们该怎么办呢？敌人不会自行离开我们，这一点也与朋友和亲属类似。

尼尼微住满了"不能分辨左手右手"的人（拿4：11）。上帝怜悯这些人，于是差派约拿去向他们宣告，警告他们的行为可能招致的后果。那城里的人对这个信息做出了正确的回应并且悔改，于是上帝收回了审判。约拿生气了，向耶和华祷告说："耶和华啊，我在本国的时候岂不是这样说吗？我知道你是有恩典、有怜悯的神，不轻易发怒，有丰盛的慈爱，并且后悔不降所说的灾。所以我急速逃往他施去。"（拿4：2）值得注意的是，圣经里的"慢慢地动怒"（雅1：19）意为"耐心地"——约拿如此愤怒，是因为上帝不够愤怒！对于约拿的这个抱怨，上帝却是耐心十足。然而上帝并非对罪视而不见，或是对不义置之不理。他扣留原本要赐下的审判是给尼尼微人机会正确地调整他们的生活。这就是耐心。真正对尼尼微人充满敌意的是约拿，他一心想看到这些人"恶有恶报"。这种态度不是不可以理解，何况尼尼微人向来对以色列人残暴、憎恨。然而，这也正是上帝的耐心和人的态度产生分歧的时候。

当人们执意拒绝上帝怜悯的邀请时，最终的审判一定会临到。当面对喋喋不休的妻子、咄咄逼人的老板或者执拗不听话的青少年时，我们的职责就是要明白，我们不能废除上帝给予他们的被饶恕的机会，让他们可以将一切恢复至正确的状态。我们需要回想上帝对我们的忍耐。与其希望那些冤家对头大难临头，不如耐心地鼓励他们去寻找上帝的饶恕。那些"恶有恶报"的人，生活将变得一团糟；而那些珍惜上帝的宽容并抓住机会改弦易辙的人则会被祝福。希望看到自己的敌人被祝福而非受折损，这才是属灵上的成熟。

选择喜乐　　第347天　经文：《哈巴谷书》3：1~3：19

> 然而，我要因耶和华欢欣，因救我的神喜乐。　　　　（哈3：18）

有些人生性乐观，纵然四面楚歌，他们却相信明天太阳会照样升起，没有什么能偷走他们乐享正午的荫凉。但是对大多数人来说，喜乐和高兴并不是一件容易事。那么，我们应该如何做呢？

显然，因着上帝的恩典，哈巴谷被赋予了非凡的洞察力。当时，他和同胞们正处在很深的困境中。上帝定意要将他的子民交给巴比伦——那是一个发明了闻所未闻的酷刑、充满了悲哀和残忍的国家！上帝对自己子民的审判竟是透过上帝自己的敌人来完成的！思想这些事，哈巴谷不禁发抖战兢（哈3：16），疑问陡升。

哈巴谷曾祷告说："耶和华啊，我听见你的名声就惧怕。耶和华啊，求你在这些年间复兴你的作为，在这些年间显明出来；在发怒的时候以怜悯为念。"（哈3：2）但他心中的恐惧并没有立刻减轻，那些关于未来患难的异象也并没有改变，他对于上帝必行公义、施怜悯的信心却依旧稳固。即使面临如此的困境和灾难，哈巴谷依旧从心中迸发出这样的感叹："然而，我要因耶和华欢欣，因救我的神喜乐。"（哈3：18）

生活中总有一些乐不起来的日子。这时，问问哈巴谷吧。在那些日子，我们往往不记得"因救我们的神喜乐"。因主喜乐与因环境喜乐有很大的区别。如果我们的思想被环境所掌控，我们就会因试图改变环境而精疲力竭，并不会因此喜乐，反而满心沮丧。但是如果我们寻求上帝，让他来超越我们所处的环境，在其中动工并掌权，他就会用喜乐来充满我们的心思意念，不会落空的信靠和确信将成为我们不断更新的喜乐之源。但是这一切并不会自动发生，就如哈巴谷一样。我们要做一个选择，说："然而，我要因耶和华欢欣，因救我的神喜乐。"（哈3：18）

喜乐是一种选择。

被热情燃烧　第348天　经文：《哈该书》1：1~1：15

> 你们要上山取木料建造这殿，我就因此喜乐，且得荣耀。这是耶
> 和华说的。　　　　　　　　　　　　　　　　　　　（该1：8）

美国著名橄榄球队"GBP"最富传奇色彩的教练文斯·隆巴尔迪曾对队员们说过这样一句话："如果你没有热情，就给我走人。"的确，没有热情，我们就会一事无成。

度过了在巴比伦的70年流浪生涯后，犹大的子民在所罗巴伯和祭司耶书亚的带领下回到了故乡。一安顿下来，他们就立刻开始充满热情地重建圣殿（参见拉3：1~7）。他们相信，上帝呼召他们做的事具有重大意义，于是倾注了巨大的精力，动手重建圣殿。然而，随着时间的推移，当初重修圣殿的热情渐渐退去。人们在这项自愿工程中的付出和项目本身的价值一样巨大。日子一天天过去，人们的热情被打击和削弱，奉献也变得不再那么恳切，越来越追求自我利益的满足。他们有可能在思量："为什么连我们自己都没有像样的居所，却要花费这么多精力修建这个敬拜之地呢？"于是，他们停止了修建圣殿的工作，开始装饰自家房屋的天花板（参见该1：2~4）。

直到有一天，哈该站出来严厉地责备人们竟然允许这个重要的工程虎头蛇尾。当意识到大家开始只顾自己，对重建圣殿的热情已经衰退时，哈该指出了这种做法的错误。他清楚地告诫他们："盼望多得，所得的却少。"（该1：9）他们穷困潦倒，哈该却看出这是他们咎由自取。他给出的补救方法也很简单：排好优先次序，把主放在第一位——"'你们要上山取木料，建造这殿，我就因此喜乐，且得荣耀。'这是耶和华说的。"（该1：8）

哈该的话深深触动了会众和他们的带头人。他们的热情被重新点燃，恢复了在耶和华面前敬畏的心（参见该1：12），重新开始了修建圣殿的工作（参见该1：14），并最终完成了这个工程（参见拉6：15）。

教会里的信徒们通常会被不同的事情所激励。懂得如何重燃会众的热情并保持这热情，对教会领袖来说是一种挑战。有些人会因宏伟的异象而激动，有些却不会为崇高的理想热血沸腾。明智的领袖需要懂得如何在保持热情之火持续燃烧的同时，避免让会众因为疲劳过度而失去热情。

成为肉身的道　第349天　经文:《约翰福音》1: 1～1: 18

> 律法本是藉着摩西传的，恩典和真理都是由耶稣基督来的。从来
> 没有人看见神，只有在父怀里的独生子将他表明出来。
>
> （约1: 17～18）

越是见多识广的人越是对事物的起源着迷。随着见识的增长，他会仔细研究宇宙，发现新的星系和所有以前从未听说过的奇迹。"这一切是怎么开始的呢？"这类问题深深地吸引着这种人的注意力。科学的答案是："确切的答案我们也不知道。"所以就继续调查起源、意义和内涵。

科学和推测所不能判定的一切，上帝却通过启示完全向我们揭示出来。上帝通过圣经告诉我们："太初有道，道与神同在，道就是神。这道太初与神同在。万物是藉着他造的；凡被造的，没有一样不是藉着他造的。"（约1: 1～3）

读到"道"这个词时，犹太人会联想到权柄——"上帝说什么"，"就有了什么"。当上帝说"这是主所说的"也会如此。这就是上帝话语的权柄。而当希腊人读到"道"，他们就会联想到信息背后的"因"——上帝的话语就是人类拥有的最大的"因"。

但是这个"道"又是谁呢？他变成人，住在人当中，有无尽的爱和信实，被使徒约翰称为耶稣基督、神之子（参见约1: 17～18）。这"道"就是永恒的上帝。透过他，也是为了他，这个世界被创造出来；然后他来到这个世界，被那些从未见过上帝的人所拥护并向他们传讲上帝真实的样子。科学无法做到这一点，各种推理也没有用，只有上帝自己才能将自己显现给世人看——他也的确这样做了。令人难以置信的是，当时大多数人都拒绝了这个启示，而是选择继续生活在自己建立的各种信仰的黑暗中。可是耶稣依旧带着无穷的爱，赐给那些相信并接受他的人做神儿女的"权柄"（约1: 12）。

士兵们为了自己所心爱的人，放弃安逸生活，离开家园，奔赴异国战场。因此世人对他们极尽赞美之辞。我们同样尊重那些勇气可嘉的宣教士们。他们勇敢地面对孤独、疾病和各种不可预知的危险和误解，给那些还在捆绑中的人们带去希望和拯救的信息。相比之下，我们更应该敬畏基督耶稣。他虽知道永恒中父神的荣耀，却道成肉身，高高兴兴地放下所有的特权，成为人的样式，背负我们的忧伤，真实地感受我们的痛苦，担当了我们的罪。可是竟然有那么多人不承认他，也不尊崇他，真是令人难过！而那些尊崇耶稣的人，却是何等的快乐啊！

上帝之子　第350天　经文：《约翰福音》5：1～5：30

耶稣就对他们说："我父作事直到如今，我也作事。"

(约5：17)

教会历史中有许多污点，如宗教法庭、十字军东征等。不少自称是基督徒的人所犯下的弥天大罪，同样罄竹难书。一方面，我们不能简单地一笔勾销这些失败和矛盾，同时也要牢记，基督教的信实是建立在耶稣基督身上的。人类需要思考有关耶稣的一切——他的话语、生命、行为、死、复活及他对人类历史的影响。

有一天，耶稣去了毕士大池子。那里聚集了一大群生病的人，都在等待被人推进池水中。因为他们相信，在特定的情况下池子里的水能让他们得医治（参见约5：3～4）。耶稣走近其中一位，问了他一个直接的问题："你要痊愈吗？"（约5：6）如果他不是想痊愈，又怎么会在那里呢？然而，这是一个充满智慧的问题。或许这个人已经习惯了被抬到各地，或许已经习惯了乞讨，不然就根本无法谋生。那人没有回答耶稣的提问，只是一味抱怨。但是，当耶稣充满权威地命令他站起来时，他听从了，从而被医治了。

这天是安息日，律法规定了安息日不可以劳作。在耶稣的反对者们看来，医治就是工作，因此认为耶稣干犯了安息日并且必须对此负责（参见约5：16）。然而顷刻之间，事情发生个戏剧性的转弯。耶稣声称："我父作事直到如今，我也作事"（约5：17）。这句话简单又略带隐蔽，当时的人却听得非常清楚。显然，他们意识到这是一种把自己和父神放在同等位置的宣称，是耶稣对自己神性的宣称。这足以为他招来杀身之祸！

耶稣却没有就此打住，而是继续说，自己只是在做眼中所见的父正在做的（参见约5：19）。他说父差遣了他来（参见约5：30），交给他一项叫死人复活的事工（参见约5：21），并答应给那些相信这个信息的人永生（参见约5：24）。同时，父也赐给了他审判的权柄（参见约5：26～27）。这是多么惊人和伟大的宣告啊！

今天仍有人坚称耶稣并没有宣告过自己的神性。如果这段话不是在宣称他的神性，那又是什么呢？这个问题的答案非常重要。如果基督没有道成肉身，那么基督教就什么都不是；如果他是上帝，那么基督信仰就意味着下面这一切——上帝来到世间寻找我们；向我们显现；为我们受死；为我们复活。因此，有一天他会再来，并把我们带到他那里去。

信靠顺服 第351天 经文：《诗篇》119：89～119：112

> 你的言语在我上膛何等甘美，在我口中比蜜更甜！我藉着你的训
> 词得以明白，所以我恨一切的假道。　　　　　　（诗119：103～104）

如同人有亲戚一般，言语也有近亲——有时它们会承载彼此类似的信息。以"门徒"和"训练"这两个词为例，它们很接近。"门徒"就是懂纪律并顺服的人；而"门徒训练"不仅与顺服有关，同时也包括对师傅的信任。如果没有顺服和信任，就没有"门徒训练"一说。有一首古老的赞美诗对两者作了很好的比较和总结："信靠顺从，此外别法全无；若要得耶稣喜乐，唯有信靠顺服。"

顺服并不总是甘心乐意的，恰恰相反——有时候顺服意味着去做我们根本不愿意做的事，我们会因此很不开心。所以，当面对顺服的训练，明知它不会令你心情舒畅时，你还能够继续做那个快乐的门徒吗？显然诗人是这么认为的。他说："你的言语在我上膛何等甘美，在我口中比蜜更甜！我藉着你的训词得以明白，所以我恨一切的假道。"（诗119：103～104）

比蜜还甜的命令，怎么可能呢？诗人说："我永不忘记你的训词，因你用这训词将我救活了。"（诗119：93）当上帝的命令让人觉得厌烦时，人们通常会把命令抛掷到一边，去追求所谓的自由，也就是随己心而非顺上帝的意。但是，这样的喜乐通常都是短暂的。因为很快，对健康和福乐带来的负面影响就会显明出来。只有按着上帝的旨意生活，才能带来持续的喜乐和福乐。

顺服上帝的命令就如同拥有了从上帝而来的利剑。从上帝的观点看待问题显然比有限的属世眼界要宽广得多，正如诗人在《诗篇》119篇98节所说："你的命令常存在我心里，使我比仇敌有智慧。"那是一种极佳的状态。

在人生的道路上转错弯是件再容易不过的事了（参见诗119：104），但是上帝的训词帮助我们看清楚正确的道路，避免走错道。这种智慧可以使我们远离忧伤。上帝的训词的确很甘甜，顺服上帝的确就是该行的路。

不可否认，上帝的训词是很甜蜜，但同时也很艰难。幸运的是上帝从不会赐下无法完成的命令。一方面他赐下命令，另一方面他又加添给我们力量。所以，我们顺服他的命令时，也会去依靠他赐给我们的能力——这就是门徒在接受顺服的训练同时保持快乐的窍门。

信为支点，爱为杠杆　第352天　经文：《马太福音》5：1～5：16

> 你们是世上的盐。盐若失了味，怎能叫他再咸呢？以后无用，不
> 过丢在外面，被人践踏了。你们是世上的光。城造在山上，是不能隐
> 藏的。
> 　　　　　　　　　　　　　　　　　　　　　　　　　（太5：13～14）

阿基米德曾经说过，如果给他一个支点，一根够长的杠杆和一个站立的地方，他可以撬起整个地球——当然他没有做到。耶稣则表示，如果给他一群普通却全心付出的人，他能够改变整个世界。结果他做到了。

无数的会众被神奇的医治事工吸引到耶稣身边后，他开始教导来到这个世界所要释放的信息。但是他没有用我们所期待的方式。他的方式是把一小群人聚集起来，从训练他们开始。

乍一看，这种方式显得有些见效缓慢。如果不是花这么多时间和这一小撮人在一起，耶稣完全可以走进大批的人群中，影响更多人。但是他知道，他在地上的时间有限。他的方式就是使用这样一群人：在他离开后，他们不仅会继续做工而且会训练更多下一代的门徒，而这一代又一代的门徒会世代相传耶稣的教训与宣告。

耶稣在"一小群虔诚人"中投入精力时，他也讲求质量和数量。质量在于通过他们对上帝、对耶稣、对他人的态度领受到的福分。耶稣关于"八福"及得祝福的态度的教导是他的基础课。直到今天，这仍然是门徒训练的基本功。

如果说透过门徒被祝福的态度可以看到质量，那么数量的体现则在于门徒在世上的生命如盐一般洒在人群之间，如光四散在黑暗中。耶稣没有呼召门徒们闭门造车般地接受祝福。他教导他们，说他们是地上的盐，世界的光；他们就是上帝所选择用来传播好消息的途径。那些明白上帝的祝福、有"蒙福的态度"、为着上帝的国度聚集在一起的人，在这个社会中就如添味的盐、驱散黑暗的光，给他人指引当走的路。耶稣就是这样得着了质量和数量双重收获。

当耶稣在人们心中得着站立的地方，他就收获了他们生命奉献的支点。随后，当他撬动全能的爱的杠杆，就可以改变门徒们所居住的整个世界。而且，运动的方向总是朝上！

诚实的工价　第353天　经文：《马太福音》20：1～20：16

> 家主回答其中的一人说："朋友，我不亏负你，你与我讲定的，
> 不是一钱银子吗？……我的东西难道不可随我的意思用吗？因为我作

好人，你就红了眼吗？"　　　　　　　　　（太20：13，15）

歧视、不平等和仲裁是当今劳务市场的热门词汇。用不着多想，我们就能猜出其中的原因——人们都有自私的倾向。不仅如此，贪婪、懒惰、不诚实，还有一系列其他因素，让我们的工作变得困难重重。所以，长期以来，一大批立法人员为解决这些问题付出了很多努力，结果却收效甚微。

带着这些思考阅读耶稣在那个遥远的时代讲述的关于工作的故事，或许会令人觉得有些过时，离现代工作的情况相差甚远。但不管怎样，故事中所蕴含的意义却和今天密切相关。

耶稣讲了一个葡萄园的故事。园主按着市价，清早雇佣了一个工人，然后在上午9点、中午和下午3点、5点分别雇佣了几名不同的工人。当这一天结束的时候，按着当地的法律，园主聚集这些工人在一处，给他们发工资。下午5点那个工人最先领到他的工资，得到了一整天的工价。于是其他人就猜想，自己应该会得到更多。可是事实并非如此，于是他们就提出了抗议。园主挑战这些情绪不满的工人，让他们解释为什么要生气，因为园主这样做只是出于一片好心（参见太20：13）。他声称，自己是按着之前与他们的协议给付他们工价；如果他自己想要对其他人做好人，这也是他的权力，因为他给的是自己的钱（参见太20：15）。

这就是故事的重点：上帝按着他的公义对待每一个人；只要他乐意，他会选择一些根本不配的人给他们额外的恩典。谁能因此和上帝争论呢？我们应该为着上帝没有按着我们的"劣量"来"支付"工价感恩不已，他甚至白白赐给了我们永生（参见罗6：23）。

一个人的工作经验也是门徒训练的一部分。谚语"诚实工作，按劳取酬"适用于雇主和雇员双方。雇主要确保支付雇员一天的工作对应的工价，而雇员则要确保他这一天付出了与薪水相称的劳动，这才公平。

工作必须是公平的。但是对于信徒来说，我们心里必须永远怀有恩慈，怜悯也应该永远伴随我们的工作。

预兆和预备　第354天　经文：《马太福音》24：37～25：13

所以，你们要警醒；因为那日子、那时辰，你们不知道。

　　　　　　　　　　　　　　　　　　　　（太25：13）

每一代基督徒都期待能在有生之年看到基督的再来。然而，一代又一代的人们都没有等到。

主耶稣的确应许了他会再来并把他的子民带回家，但是他却并没有说会在什么时候。事实上他还特别嘱咐门徒们"那日子、那时辰，你们不知道"（太25：13）。但这并没有阻止一些预言家自称，他们或许不知道具体是哪一天，哪个时辰，却能推算出是哪一年，哪一个月。

为什么耶稣把他再来的日子与挪亚时代洪水的日子相比较呢（参见太24：37～39）？当时，有数不清的机会让人们听到，或者看到大难将至的预兆，然而挪亚同时代的人却拒不接受这些预兆，依然照常过日子。为什么耶稣把他再来的日子比做"梁上君子"的到访？把那没有任何预兆的日子比作夜贼神不知、鬼不觉的潜入呢（参见太24：43～44）？所有这些描述，都是再三强调耶稣再来的必然性和时间的不确定性。

假设耶稣说："我再给你们1000年的时间传福音，然后在公元3001年1月1日格林威治标准时间9点整回来。"（以作者写作时间假设。编者注）那么耶稣再来的应许对生活在这时间之前的人们意味着什么？面对他们所经历的苦难、放逐和殉道，如果知道耶稣并不是就要回来，那么耶稣的应许又能给他们带去多少安慰？哪里又会有紧迫感、对圣洁生命的挑战以及翘首期盼呢？

耶稣那句话的要点是要门徒们带着期盼生活，努力成就他的计划并坚持不懈，好等耶稣再来的时候不至于羞愧。他的教导再清楚不过："所以，你们要警醒；因为那日子、那时辰，你们不知道。"（太25：13）

推测耶稣再来的日子虽然有趣，却是徒劳的；积极预备迎接主的再来却是必要的，并且需要持之以恒。

空坟墓　第355天　经文：《马可福音》16：1～20

> 那少年人对她们说："不要惊恐！你们寻找那钉十字架的拿撒勒人耶稣，他已经复活了，不在这里。请看安放他的地方。"
>
> （可16：6）

事实上，每个人都承认耶稣是"有史以来最好的人"；很多人也都同意他是"世界上众所周知的最伟大的老师"；也有人强调他"指示了我们应该怎样生活"；还有一些人认为，他"显明了如何面对死亡"。无论这些观点听起来多么合理，都与圣经中关于耶稣的描述有出入。

耶稣从十字架上被放下来后，身体被恭敬地放在坟墓中。一些勇敢的妇女们意识到，他的身体还没有被埋葬用的香料膏抹。因此，在七日的第一日清早，她们战战兢兢地走到坟墓那里，想去照料他的尸体。可是，她们抵达时，面对的却是一个空坟墓。一位天使模样的使者宣告说："他已经复活了，不在这里。"（可16：6）这位天使给她们进一步的提示，并应许说她们将看到耶稣。然后，那些妇女们离开了这个让她们恐惧得说不出话的场所（参见可16：8）。但是当她们见到门徒时，她们说话了。这个消息不胫而走。然后耶稣显现。这些活生生的证据显示，死去的耶稣确实毫不夸张地从死里复活了，并且还活得很好。曾经弃绝耶稣的门徒们不愿意相信妇女们所说的话也是情有可原。但是，当他们亲眼看到基督的显现后，他们变得心服口服。他们就"出去，到处宣传"耶稣复活的好消息（可16：20）。

毫无疑问，这一系列事件证明耶稣的身份远非一般人们认为的那样简单，而是独一无二的。他不仅是一位令人尊敬的老师、光辉的榜样、死亡的勇敢面对者和无懈可击的楷模，他的复活更是天父对耶稣所有宣告的认可，是"他的死亡去除了我们的罪"这一事实的封印。他从死里复活是"永恒存在"这一事实的声明。因他胜过死亡，我们吃惊地发现，相信耶稣的人无需再恐惧死亡。

如果你没有满怀欢喜地相信耶稣的复活，就不可能真正领会耶稣对于生命的教导。如果基督真的死了，无论他的死亡多么值得尊敬，多么高尚，对于一个步向灭亡的罪人来说都是毫无益处的。只有从死里复活的主，才能使我们充满盼望并得到满足。

街头智慧　第356天　经文：《路加福音》16：1～18

> 我又告诉你们：要藉着那不义的钱财结交朋友，到了钱财无用的
> 时候，他们可以接你们到永存的帐幕里去。　　　　（路16：9）

当传道人谈到钱财的时候，人们就会在凳子上坐不住了；当开始讨论财务的时候，很多讲坛上的传道人就会忸怩不安。耶稣没有这种迟疑。他理直气壮、单刀直入、频繁且公开地讲这个话题。通常，他会强调追求和拥有钱财给个人生命带来的各种负面影响，但他并不是排斥钱财。虽然钱财可能变成灵性的陷阱，但同时也可以变成有用的工具。为了阐明这一点，耶稣讲了一个令人匪夷所思和怀疑的故事——不仅令现代读者匪夷所思，也令那个时代的听众怀疑。

这个故事说的是一个财主的管家和一桩不当的交易。当这个管家发现自己的窝藏行为将被识破，自己将面临失业时，于是他四处走动，做了些交易，为

自己预备后路。这些交易根本不诚实，当他的主人发现这些行为及原来的窝藏时，一方面气愤，另一方面又表现出佩服。主人指出，从管家在财务管理上所做的这些手脚来看，他的确是一个精明的人，懂得为自己准备出路。

这个故事令人匪夷所思之处在于耶稣似乎在表扬这个管家的不义之举。但事实上，耶稣的重点在于提醒门徒们，要学习这个管家在钱财管理方面的精明，善于打算。他似乎有点担忧，因为门徒们在处理钱财方面不够精明，没有看到正确管理财务的积极意义。这个名声不好的管家知道怎么利用钱财结交朋友，所以耶稣想让门徒们从中学习如何利用钱财获得永远的友谊。

那么，我们应该怎么做呢？把钱投在福音事工中，引导世人获得永恒的救赎，这样就可以收获许多永恒的友谊；把钱捐给那些孤儿寡母，使其获得暂时及永恒的福祉，也是最值得的选择。

问题就在于你是用钱财服侍上帝，还是服务自己——做钱财的奴隶？如果你不好好管理自己的钱财，你的钱财就会辖制你。当然，你可以在寸土寸金的华尔街投资，但更重要的是你也要在黄金铺就的天堂投资。因为在那里，你会惊奇地发现许多朋友——历代圣徒，是我们在世上从未见过的！

人，运动和纪念碑　　第357天　经文：《使徒行传》1：1～11

> 但圣灵降临在你们身上，你们就必得着能力；并要在耶路撒冷、犹太全地和撒玛利亚，直到地极，作我的见证。　　（徒1：8）

可以用"人"、"运动"、"纪念碑"这3个词来概括人类奋斗的历史。首先，一个颇具魅力的个人出场，动员其他人加入，然后成就伟大的事业。当领袖去世或者离开时，跟随者会在一段时间之内继承他的精神。可是通常，缺乏创立者的活动最后都会无疾而终，被世人遗忘。结果，创立者要么彻底失败，要么空留下一座毫无荣耀可言的纪念碑。

然而，基督教的发展没有遵循"人——运动——纪念碑"的规律。耶稣在世传道时，他的魅力毋庸置疑。但是当他去世的时候，却死的很寂寞。从死里复活后，他不断向门徒们显现，使他们确信自己确实从死里复活了（参见徒1：3）。他不得不一再向他们解释，他的国与他们想象的国相去甚远（参见徒1：3，6；详见约18：36）。即使是当他戏剧性地升天时，门徒们仍然站着望天，久久不愿离去（参见徒1：11）。显然，他们不明白，耶稣的离开是早已计划好的，他的再来亦是不可避免的！

这不像是一个好的开始。然而，基督的"事业"不仅存留至今，并且还兴盛繁荣，以至于两千年后，地的四极和世界最远之处都在大声颂扬主耶稣。怎么会这样呢？

耶稣升天之前曾告诉门徒："但不多几日，你们要受圣灵的洗……你们就必得着能力；并要在耶路撒冷、犹太全地和撒玛利亚，直到地极，作我的见证。"（徒1：5，8）神的灵，"叫耶稣从死里复活者的灵"（罗8：11）的能力，给予了他们超凡的能力，使得他们成为基督引人注目的见证人。

第一代门徒们死后，这场圣灵的运动仍然继续着，而不是灰飞烟灭，相反，它激励着无数跟随者献身、服侍耶稣。圣灵将他的信息充满很多人的心，成就大而奇妙的恩典事工，让人们"从撒旦权下归向神"（徒26：18）。

虽然，在许多情况下，基督教已经退化成一座纪念碑，敬拜的地方退化成了博物馆。但是同时，无数被圣灵充满的普通男女，却正在传扬基督施行救恩的好消息，教会持续增长和兴旺。这一切有力地杜绝了所谓的"人——运动——纪念碑综合症"。藉着圣灵，主基督耶稣仍然在做工。这个工作只有他可以做，而且只有他才能做好！

"求你快点儿，上帝！"　第358天　经文：《诗篇》141篇

> 耶和华啊，我曾求告你，求你快快临到我这里。我求告你的时候，愿你留心听我的声音。
> （诗141：1）

在你最不经意的时候，试探来临了：当你失去警惕的时候，或感到情绪低落的时候；当你沉浸在成功的喜悦之中时；当你在挫败中舔着伤疤时——没有任何警告，不容你有任何思考，没有经过许可，它们犹如旋风一样呼啸而至，或者像蛇一样缓缓接近。无论是公然的或者隐藏的，明显的或者隐伏的，试探只有一个目的：将你往下拉。

当试探来临时，反应时间通常很短。这就是为什么祷告必须是瞬间的和紧急的。正如圣经所说："耶和华啊，我曾求告你，求你快快临到我这里。"（诗141：1）

耶和华啊，求你快点儿！因为如果你延迟的话，那就太晚了——我可能已经说了不该说的话；或者出于恶意，我只说了一半儿事实；出于愤怒，我可能恶意地扭曲了事实。总之，我的话语已经直飞目标，没有任何回转的机会了，箭一般地射向毫无防备之心。它们可能已经毒害了某个人对一个无辜之人的看

法，毁坏了他的名声；或者揭开了一个已经治愈的伤疤。

耶和华啊，求你快点儿！我可能已经被贪欲辖制，以至以邪恶的美味为食了。上帝啊，我怎么能这样做呢？明知不对，我怎么能认为这样的欲望是美味并参与这样的邪恶之事呢？但是上帝啊，我确实做了这些恶事。我需要你的帮助，因为在我品尝了这些看起来美味的东西之后，却无法使我的嘴摆脱那令人作呕的余味。

耶和华啊！我的祷告紧急，令人感觉唐突，但是它来自信任，知道你必乐意接受这祷告，愿意满足我的需求和欲望。这祷告是信任的宣言！

耶和华啊！如果你能差派一位弟兄帮助我走正路，回应我的祷告，那就太好了。可能会有伤害，也可能会有疼痛，但最终一定会化险为夷。我将领受他所告诉我的、从你而来的所有话语。我将按着他所说的去做，就好像你站在这里一样。但是请速速地差派他来！剩下的时间实在不多了。

当试探抬起它丑陋的头时，如果上帝不动作快点儿，魔鬼将造成严重的破坏。但是，如果上帝的动作不快，唯一的原因却是我们没有打定主意向他求救。

通向人心的途径　第359天　经文：《使徒行传》19：21～41

> 这保罗不但在以弗所，也几乎在亚细亚全地，引诱迷惑许多人，说："人手所作的，不是神。"这是你们所看见、所听见的。这样，不独我们这事业被人藐视，就是大女神亚底米的庙也要被人轻忽，连亚细亚全地和普天下所敬拜的大女神之威荣也要消灭了。
>
> （徒19：26～27）

很多人认为"通向人心的途径是胃"。根据这个理论，如果你使一个人的基本需求得到满足，他就会无比温顺。然而，还有一条通向人心的捷径，那便是他的钱包。几乎没有任何其他东西能比金钱更快速激发一个人的热情。在以弗所这座大城市宣教的过程中，保罗就见证了这一点。

在以弗所亚底米女神庙的周围，许多有利可图的生意层出不穷。有一个叫底米丢的工匠通过制造亚底米女神银龛谋取暴利（参见徒19：23～24）。当保罗的讲道使人们远离敬拜亚底米时，底米丢无比愤怒，因为保罗砸了他的饭碗。他将同行的工人及其他生意同样受到威胁的商人们聚集在一起（参见徒19：25），历数保罗的讲道对他们的生意和女神声誉所造成的不良影响（参见徒19：27）。随着这些人愤怒的升温，示威开始了，许多人都围了上来，尽管大多数人"不知道是为什么聚集"（徒19：32）。事态的发展几近失控，情势非常危险。所幸书记举措得当，化解了一场灾难。

底米丢至少是诚实的，直截了当地说自己首先担心的是钱包，其次是他的声誉，然后才是亚底米女神的地位。但是大众并没有高呼："底米丢的钱包万岁!"他们的战斗口号是："以弗所的亚底米万岁！"在为女神团结一致的背后是他们对受到威胁的钱包的深深忧虑。

如果一个人面临丧失生计的危险，反应强烈是很正常的。但是很多人像底米丢一样，对钱包的强烈关注超越其他任何兴趣和需要优先考虑的事情。这些人可能制造一些合理的宗教噪音，但是他们真正的兴趣是金钱，而不是灵性。他们可能对上帝的事情感兴趣，但是没什么激情；激情是为钱包而留的。他们吞食美味的"道琼斯"，满心欢喜地炫耀财富，陶醉在来自拥有之物的满足之中。

但悲哀的是，这些人忘记了"得货财的力量是他给你的"（申8：18）。如果他们能够恢复理智，或许就该对上帝抱有同样的激情了。

抓住机遇　第360天　经文：《使徒行传》26：1～32

> 亚基帕对保罗说："你想稍微一劝，便叫我作基督徒啊？"保罗说："无论是少劝，是多劝，我向神所求的，不但你一个人，就是今天一切听我的，都要像我一样，只是不要像我有这些锁链。"
>
> （徒26：28～29）

乐观者和悲观者的区别在于，悲观者随时随地会发现困难，而乐观者则随时随地会看到机遇。

当保罗面对困难时就看出了其中的机遇，并且毫不迟疑地抓住这个机遇。在传道的过程中，他经历了九死一生，几乎在耶路撒冷的暴民手中命丧黄泉。后来，保罗被罗马人营救，偷偷地运到城外后，又被下在监里。有一天，他被传唤到亚基帕王面前。国王被随从们众星捧月般包围着，而他面前站立的使徒却是衣衫褴褛，镣铐加身。这时，保罗一点儿也不害怕。他首要的顾虑，不是肉体的解放，而是如何拯救听众们的灵魂。

保罗在险境中抓住机遇的方法非常值得我们借鉴。他彬彬有礼，言辞坚定，话题从不离开基督。他称赞王熟悉"犹太人的规矩和他们的辩论"（徒26：3），也表达了能够向王说话的感激之情。当非斯都粗鲁地控告他癫狂时，他礼貌地回应说："非斯都大人，我不是癫狂。"（徒26：25）保罗的回应不是干巴巴的理论或者政治演说，而是对个人经历真心真意的解释。他将所有听众的眼光都引到主耶稣身上，强调了他的受死和复活。

耶稣差派门徒们告诉人们有关他的一切，"直到地极"（徒1：8）。这个消息和传福音的事工从来没有改变过。我们无论是热情万丈，还是危机四伏，都应该尊重听众的感受、观点、缺点及误解。见证生命中得救的恩典时，一定要简明扼要。同时，这一切都是为了解释耶稣是谁——他做了什么；他给予了什么；他渴慕什么；他配得什么以及他要求什么。

在与保罗交谈的过程中，亚基帕渐渐明白了使徒的用心，于是拂袖而去（参见徒26：28）。对于这位听众的反应，见证人保罗不需要负任何责任，他的责任只是说出清晰、准确无误的信息。我们从保罗身上应该学会识别机遇并抓住机遇。同时，传讲福音时语言要清晰，态度要礼貌，信心要坚定。

有眼无珠　第361天　经文：《罗马书》1：1~5和16~20

> 自从造天地以来，神的永能和神性是明明可知的，虽是眼不能见，但藉着所造之物就可以晓得，叫人无可推诿。　　　　（罗1：20）

"有眼无珠的人不如瞎眼的人。"当我找不到东西时，妈妈经常这么说。她认为我找不到是因为我讨厌它！有时候，她暗示我，男人都是这样。她可能是对的。

上帝对人类的责备与我妈妈相同。正如圣经所说："神的永能和神性是明明可知的，虽是眼不能见，但籍着所造之物就可以晓得，叫人无可推诿。"（罗1：20）受造之物中间充满了上帝的本质和品格的确凿证据。因此，"神的事情，人所能知道的，原显明在人心里"（罗1：19）。但是，人拒绝对他们来说很清晰的东西，将真理撇在一旁。不是人们无法认识上帝，而是他们不愿意回应来自各方的知识。

事实还不止如此。人们拒绝认识上帝甚至到了执迷不悟的地步：他们编造许多理论来否认和拒绝上帝；他们将不能朽坏之神的荣耀变为偶像（参见罗1：23）。人们对上帝所创造之物更感兴趣，而不是创造主本身。全世界的人都在敬拜受造物而拒绝创造者，因此人类罪孽深重。这真是荒唐之极！但是人们却意识不到这一点。人们将这样的愚拙看作是人类智慧、优越性的证据——不相信的人还不如瞎眼的人！

　　智者会查验所有受造之物的错综复杂，决定那是偶然出现的还是被创造出来的秩序。然后他会问，这个秩序的存在是否表明背后有奇妙的智慧呢？显然，上帝期待人们藉着所造之物，能够确信自己的存在和永能。如果一个人得出的结论是确实有一位创造者的话，那么他应该明白，世上一定还有更多的关于这位至高者的信息。只要好好阅读、学习并消化圣经的话语，他就会找到关于人类、个人财产的起源、目的、原因的答案。因为这一切都在我们的主基督里。

　　无论是今生还是死后来世，对于人们来说，没有什么比找到上帝更重要。上帝藉着受造之物将自己的一部分展示给世人，同时引导寻求他的人在基督里发现更多关于他的奥秘。最后，人们可以在基督里找到真理并在他里面获得拯救。

　　有眼无珠的人不如瞎眼的人——那些有眼能看并且真正看到的人是有福的。

忠心　　第362天　经文：《罗马书》15：1～13

> 但愿使人有盼望的神，因信，将诸般的喜乐平安充满你们的心，
> 使你们藉着圣灵的能力大有盼望。　　　　　　（罗15：13）

　　热衷于垂钓的人都知道，如果想获得捕鱼的乐趣，就必须在天亮之前起床，勇敢地面对各种自然环境；还要准备好接受"徒劳无功"的结果。但是，"忠心耿耿"的垂钓者认为，所有这一切都是值得的。

　　忠于基督有无限的喜乐。那些"相信他"的人，知道上帝会使他们"喜乐平安"，并且能够使他们"藉着圣灵的能力大有盼望"（罗15：13）。但是，效忠基督也有要求。

　　基督忠于天父的旨意，以至他"不求自己的喜悦"（罗15：3）。有时候，天父的旨意难以奉行——想一想客西马尼园就知道了。在那里，耶稣在天父交给的任务面前畏缩了。可是即便如此，他仍然忠于天父并遵行他的旨意。

　　同时，耶稣也致力于满足周围人的需要。即使是社会上那些无家可归的人，也能够在他里面找到友谊和支持。对于那些对他的邀请做出回应的人，他的双臂总是敞开的，永远不会离开真正悔改的人（参见太11：28～30）。因此保罗说，基督已经"接纳你们"（罗15：7），并且强调主耶稣来是"作执事（亦即仆人）的"（罗15：8）。

　　效忠于上帝的人需要"效法基督耶稣"（罗15：5）。当我们致力于其他人——即使是"外邦人"的福祉时，就是在效法耶稣。我们应该接触那些还不认识基督的人，好"叫外邦人因他的怜悯荣耀神"（罗15：9）。

如果信徒对效忠的要求感到紧张不安，那么他应该记住：忠心会带来喜乐和平安。服侍他人，主动接触并接纳他人而不讨自己的喜悦，听起来确实不像一个世俗之人的幸福之道。但是，对于效法基督，愿意忠诚于福音事工的人来说，有太多的确据证明，这正是通向丰盛生命的道路。

对于专心等待鱼儿上钩的垂钓者来说，各种钓鱼的要求都不值一提。将荣耀归给上帝的过程中，信徒们发现了喜乐并给人类带去了祝福。对于他们来说，效忠于基督是一大喜乐。

和平调解人　　第363天　经文：《腓利门书》1：1～25

就是为我在捆锁中所生的儿子阿尼西母求你。　　（门1：10）

生活中，有些人以任务为重，有些人则以人为重。虽然每个人的爱好和倾向各自不同，但从某种程度上说，我们既要以任务为重，也要以人为重。人生精彩意味着能把该做的事情做好，把该培养的关系培养好。

保罗大部分时间是个以任务为重的人。他称自己的志向是"不在基督的名被称过的地方传福音"（罗15：20），并且孜孜不倦地朝这个目标努力。但是同时，他也致力于建立和维护长久稳定的人际关系。

保罗同虔诚的歌罗西商人腓利门的关系就是一个很好的例子。或许是腓利门虐待了阿尼西母，或许只是阿尼西母渴望主宰自己的生活而从主人家跑出来，总之，保罗在信中请求腓利门厚待阿尼西母（参见门1：10），努力恢复他们之间破裂的关系。保罗能够提出这样的请求靠的是自己与腓利门的私交。

有些人总是喜欢与人闹矛盾。许多人在努力调解的时候会经历挫折，备感失望，于是不禁自问："我那么努力去调解，可是双方压根儿就不买账，这是何苦呢？"圣经里有两个现成的答案：第一，"又要叫基督的平安在你们心里作主，你们也为此蒙召，归为一体"（西3：15）；第二，"神召我们原是要我们和睦"（林前7：15）。上帝努力与他的儿女们和睦相处，因此我们也应该努力与人和睦相处。上帝最想看到他的儿女们是一群使人和睦的人，而不是一群整天闹矛盾的人。因此，我们应该尽力做到这一点。

面对我们这群努力促进世界和谐的人，并不是每个人都会积极回应。圣经对此有很明确的教导——"若是能行，总要尽力与众人和睦"（罗12：18）。就是说，并不是所有使人和睦的尝试都会成功，但我们应该完成自己分内的工作。即使是耶稣也不能做到与那些和他完全对立的人和睦相处，但这并没有阻止他继续走近他们。他的责任是去接触，如果他们不愿意回应，那是他们自己的责任。

这个世界不需要破坏和睦的人，需要的是更多像保罗一样的和平促进者。

主的日子   第364天   经文：《彼得后书》3：8~18

> 但主的日子要像贼来到一样，那日，天必大有响声废去，有形质的都要被烈火销化，地和其上的物都要烧尽了。　　　　（彼后3：10）

当伊拉克的独裁者萨达姆·侯赛因决定占领科威特时，多个国家达成共识，认为他应该被驱逐并为此付出代价。于是，巴格达这座古老的城市遭受着大规模的空袭，人们不断从电视上看到智能炸弹准确无误地命中锁定的目标。世界各地的人们在自己舒适的家里目睹着这一切。但对于那些因萨达姆而身处险境的伊拉克人来说，家中已毫无舒适可言。对于他们来说，空袭的"烟花表演"是毁灭性和灾难性的。

这很像"主的日子"。先知约珥说，主的日子将"大而可畏"（珥2：11）。在耶路撒冷讲道的彼得称之为"主大而明显的日子"（徒2：20）。现在的问题是——是大而明显，还是大而可畏，完全取决于你身处何地——论到上帝满有荣耀的显现时，那些在基督里得救并满有平安的人将会经历喜乐；而那些不在基督里的人将经历上帝大而可畏的审判。

面对这些严肃的真理，很多人的内心会无比挣扎。上帝真的会对所造之物施行烈火般的审判吗？他真的打算创造"新天新地"吗？在即将到来的审判中，人们真的会灭亡吗？这些都将在什么时候发生呢？

"主的日子"何时到来是个秘密，只有上帝自己知道。我们确信，那个伟大的日子一定会到来，只是不知道具体的时间（彼后3：10）。为什么不知道呢？为什么上帝不告诉我们具体什么时候到来呢？也许是因为他太了解人的本性了——如果知道具体时间，那些为上帝国度受苦、百般忍耐的人一定会大失所望，因为他们望眼欲穿，一刻都不愿多等。而那些对末日不感兴趣的人，知道主耶稣不会马上就来，会更加不以为然。人们都是以自我为中心的，所以不到最后一刻，我们一定不会想按上帝的旨意生活，而是选择随心所欲地生活。

当彼得说到"主的日子"时，似乎已经想到了这些问题。时间的不确定性正是要鼓励我们"过圣洁敬虔的生活"。我们应该"期待"这件盛事，"切切仰望神的日子来到"。有一件事我们非常确定——"主的日子必会来到"！

大自然之主宰　第365天　经文：《诗篇》147篇

> 我们的主为大，最有能力。他的智慧无法测度。　　（诗147：5）

古代以色列人的生活并不发达，但得益于此，他们整个民族的生活贴近大自然。他们知道牛奶不是桶装的，面包也不是成片的，母鸡会下蛋。他们不会夜以继日地看电视或网上冲浪，他们有工作要做，并且必须在外面做，在各种自然环境中做。他们通过观看云朵而不是看CNN来识别天气。他们看到上帝降雨，如果没有雨，他们将不能生存下去。下雪或结冰的时候，他们不会提着滑雪板冲出家门。他们看着上帝将坚硬的土地打碎，否则他们根本无法耕种及收获。当冰雪融化的时候，他们拥抱春天，走向田地，期待着只有上帝才能赐予的大丰收。贴近大自然，他们就贴近了大自然的创造者。在生命的每一分钟、宇宙的每个细节中，他们都可以找到喜乐的理由。

古代以色列人的能量不是来自电能或核变。他们能够使用的最大能量是6马力——真的是6匹马的力！驱使这些马拉货物时，人们因为上帝所赐给的这一了不起的动物而感恩。但同时他们也知道，跟上帝相比，马的力量算不了什么。既然马的力量都无法与神相提并论，那么人的力量就更微不足道了（参见诗147：10）。因此，他们只能寻求上帝，在他里面发现只有他才能赐予的各种资源。

我们文明了，同时却更加愚蠢；我们有文化了，同时却更加迟钝。古时候的农学家知道应该依靠谁，那正是我们所忘记的；他们知道该向谁表示感谢，我们却漠然四顾。我们需要花一会儿工夫——或者几个小时，几天——去思想奇妙的创造，才能记起是谁创造出各种能量，万事万物最初是藉着谁造的。如果我们放下手中精密的仪器和玩具，想想百合花，研究一下小鸟，聆听一下树林里的风，嗅一嗅夜空中的紫丁花香，就会记住上帝大能的作为并为此轻轻地吟唱，"我们的主是何等的伟大！他最有能力！他的智慧无法测度"（诗147：5）。我们也许就同诗人一样宣告："你们要赞美耶和华！因歌颂我们的神为善为美；赞美的话是合宜的。"（诗147：1）

参考文献

罗伯特·贝拉，《心灵的习性》，纽约：哈珀&罗欧出版社，1985。

艾伦·布鲁姆，《美国精神的封闭》，纽约：西门&舒斯特出版社，1987。

迪特里希·朋霍菲尔，《作门徒的代价》，纽约：西门&舒斯特出版社，
　　1995。

诺曼·戴维斯，《欧洲简史》牛津大学：牛津大学出版社，1996。

伊丽莎白·埃利奥特，《全能者的荫下》，纽约：哈珀兄弟出版社，1958。

《穿越荣耀之门》，惠顿，伊利诺斯：廷代尔豪斯出版社，1981。

《不列颠百科全书》，第15版。

华兹·吉尼斯，《呼召》，纳什维尔，田纳西：文字出版社，1998。

乔治·赫伯特，《乔治·赫伯特诗选》，加雷斯·瑞乌斯编辑，纽约：巴尼斯
　　和诺摩出版社，1971。

卡特·哈尔满。《音乐通史》，纽约：戴尔出版社，1969。

赛缪尔·约翰逊，《赛缪尔·约翰逊信札》，布鲁斯·雷德福编辑，第一卷，
　　普林斯顿：普林斯顿大学出版社，1992。

赛缪尔·约翰逊，《漫步者》，第二卷，<http：//etext.lib.virginia.edu/toc/
　　modeng/public/JohlRam.html>。

拉克坦修斯，《圣会》，第三卷，华盛顿：美国天主教大学出版社，1964。

C·S·路易斯，《惊喜》，纽约：Harcourt Brace，1955。

亚历克·默蒂耶，《以赛亚书注解》，丹森，伊利诺斯：校园团契出版社，
　　1993。

《牛津大学语录词典》第二版，以利沙伯·诺利斯编撰，牛津大学：牛津大学
　　出版社，1999。

布莱斯·帕斯卡，《潘斯帝斯》，W·F·特罗德译，1660，<http：//www.ccel.
　　org>。

亚历山大·蒲伯，《愚人志》，瓦莱丽·朗博尔德编撰，纽约：朗文出版社，

1999。

伯特兰·罗素，《自由者的崇拜》，伯特兰·罗素的神观和宗教观，艾尔·斯科尔编撰，水牛城：

普罗米修斯图书出版社，1986。

乔治·桑塔亚纳，《生命的理由》第一卷，水牛城：普罗米修斯图书出版社，1998。

约翰·R·W·斯道特，《上帝的新城》，丹森，伊利诺斯：校园团契出版社，1979。

底波拉·坦嫩，《醉翁之意不在酒》，纽约：莫若出版社，1986。

《其实你不懂我的心》，纽约：莫若出版社，1990。

亚历克西斯·德·托克维尔，《美国的民主》，哈维·C·曼斯菲尔德和戴奥巴·温丘珀编译，芝加哥：芝加哥大学出版社，2000。

马克·吐温，《马克·吐温全传》，劳伦斯·帝切尔编撰，费城：奔腾出版社，1976。

查尔斯·卫斯理，《约翰·卫斯理日记》，伯西·利温斯顿·派克编撰，芝加哥：慕迪出版社，1951。

威廉·华兹华斯，《威廉·华兹华斯诗选》，华福德·戴维斯编撰，伦敦：大众书屋出版社，1975。

CPSIA information can be obtained
at www.ICGtesting.com
Printed in the USA
LVHW031333280421
685824LV00001B/26